L'IA en low-code

L'IA en low-code

Gwendolyn Stripling
& Michael Abel

FIRST INTERACTIVE

O'REILLY

L'IA en low-code

Traduction française publiée et vendue avec l'autorisation de O'Reilly Media, Inc. de *Low-Code AI*
ISBN 9781098146825 © 2023 Gwendolyn Stripling et Michael Abel.

92 avenue de France
75013 Paris – France
Tél. : 01 44 16 09 00
Fax : 01 44 16 09 01

Courriel : firstinfo@efirst.com
Site Internet : editionsfirst.fr

ISBN : 978-2-412-09837-0
Dépôt légal : novembre 2024
Imprimé en Italie par Grafica Veneta

Traduction de l'anglais : Hervé Soulard
Corrections : Anne Rothé
Mise en page : Pierre Brandeis

Table des matières

Introduction

On pourrait considérer que l'intelligence artificielle (IA) est le vaste domaine d'étude dans lequel les ordinateurs font preuve d'intelligence. « Faire preuve d'intelligence » est plutôt vague, mais on pourrait l'interpréter comme un ordinateur capable de prendre des décisions normalement attendues d'un être humain. Le concept d'IA existe depuis l'Antiquité, tout au moins dans la mythologie. Le mythe grec mettant en scène Talos en est un exemple célèbre. Cet automate en bronze avait pour mission de protéger Europe des envahisseurs qui souhaitaient la kidnapper. Au fil des siècles, les formes basiques de l'IA sont passées du mythe à la réalité.

En ces temps modernes, le rôle de l'IA est d'augmenter les capacités humaines et d'automatiser la prise de décision ainsi que d'autres processus chronophages. Les systèmes experts, apparus initialement dans les années 1970, sont un exemple d'IA moderne. Un tel système exploite une base de connaissances, un ensemble de faits et de règles, et un système d'inférence pour synthétiser de nouvelles connaissances. Son principal inconvénient vient du temps et des efforts demandés aux experts du domaine pour créer les faits et les règles de la base de connaissances.

Au cours des dernières décennies, une autre forme d'IA a émergé, pour finir par devenir omniprésente. Il s'agit de l'apprentissage automatique (ML, *machine learning*), dans lequel les programmeurs ne fournissent plus les algorithmes aux ordinateurs, mais les ordinateurs apprennent des algorithmes à partir des données qu'ils reçoivent. En comparaison des systèmes experts, qui exigent l'intervention d'experts pour écrire les règles, l'apprentissage automatique exploite des données pour découvrir les règles.

Aujourd'hui, l'apprentissage automatique se retrouve dans presque tous les domaines. Dans le commerce de détail, il sert à anticiper les demandes, en prédisant plusieurs mois à l'avance les ventes attendues de produits ou de services. L'industrie du voyage l'utilise pour recommander des points d'intérêt touristiques et des destinations aux clients en fonction de leur historique de voyage et d'autres informations. Dans le domaine de la santé, il peut être utilisé non seulement pour déterminer si une radio montre un poumon sain ou malade, mais également pour identifier la région de la radio que les médecins devront explorer plus en détail. La liste des utilisations actuelles de l'apprentissage automatique pourrait remplir un livre entier. Dans cet ouvrage, nous

nous focalisons sur quelques cas d'utilisation spécifiques, notamment la vente *via* des canaux publicitaires, la production d'énergie et le taux de désabonnement des clients, afin de vous aider à démarrer.

En raison de la grande diversité d'applications industrielles, l'exploration des possibilités de l'apprentissage automatique devient passionnante. Nombreux sont ceux à penser que ce sujet est réservé aux experts. Autrement dit, si vous ne possédez pas de bonnes connaissances de base dans de nombreux domaines différents (informatique, mathématiques, statistiques, etc.), vous n'avez aucune chance de pouvoir mettre en pratique l'apprentissage automatique. C'est totalement faux !

Ces dernières années, le concept de *data scientist citoyen* s'est répandu. Il s'agit d'une personne qui ne possède pas nécessairement une formation en science des données ou dans des disciplines connexes et qui ne travaille pas forcément dans ces domaines, mais qui est capable d'effectuer certaines tâches liées à la science des données en parallèle de son expertise propre. De nombreux outils simples d'emploi ont été développés pour l'apprentissage automatique et sont accessibles à toutes ces personnes. L'objectif de cet ouvrage est de permettre au plus grand nombre de devenir des data scientists citoyens.

À qui est destiné ce livre ?

Cet ouvrage souhaite apprendre aux lecteurs à formuler des problèmes d'apprentissage automatique avec des données structurées (tabulaires), à les préparer pour les flux de travail, et à créer et à utiliser des modèles d'apprentissage automatique grâce à différentes solutions sans code (*no-code*), avec peu de code (*low-code*) et avec du code personnalisé. Des processus progressifs permettront de comprendre ces objectifs en prenant pour contexte un problème professionnel spécifique. Le public principal de ce livre est constitué des analystes d'affaires, des analystes de données, des étudiants et des aspirants data scientists citoyens qui souhaitent savoir comment appliquer rapidement cette forme d'IA à leur travail en utilisant l'apprentissage automatique automatisé (AutoML), BigQuery ML (avec SQL) et un apprentissage personnalisé en Python. Nous supposons que le lecteur possède quelques connaissances de base en analyse des données, mais il n'a pas besoin d'être un expert pour bénéficier du contenu de cet ouvrage.

Toute personne qui envisage de poursuivre sa carrière dans le domaine de la science des données et/ou du monde de l'apprentissage automatique verra cet ouvrage comme un excellent tremplin vers cet objectif. Les acteurs de l'apprentissage automatique trouveront probablement ce livre trop basique pour leurs besoins, mais ils pourraient être intéressés par les présentations de certains outils qu'ils ne connaissent peut-être pas.

Aucune connaissance préalable de l'apprentissage automatique ou d'un langage de programmation spécifique n'est requise. Cependant, quelques connaissances de base sur les concepts de la programmation, de Python et de SQL faciliteront la lecture de cet ouvrage. Nous fournissons des liens vers du contenu fondamental supplémentaire en fonction du contexte. Outre les concepts de l'apprentissage automatique et les exemples de cas d'utilisation, vous découvrirez différents outils, comme les notebooks Jupyter, et l'utilisation de base du terminal Linux.

Contenu de ce livre

Ce livre se veut être la première étape qui permettra à ceux qui le souhaitent de devenir des praticiens de l'apprentissage automatique. Mais il ne fera pas de vous un expert de ce domaine. La théorie de l'apprentissage automatique n'est pas détaillée, pas plus que les statistiques et les mathématiques indispensables aux *data scientists*. Nous couvrons la théorie nécessaire aux projets abordés afin de vous aider à travailler dessus, mais aller plus loin dépasserait le cadre de cet ouvrage. Nous proposons néanmoins de nombreuses références à des ressources qui vous permettront d'approfondir le sujet.

Les Chapitres 2 et 3 se focalisent sur les types de données rencontrés dans les problèmes d'apprentissage automatique, ainsi que sur différents outils utilisables en pratique. Cependant, aucun livre ne peut couvrir tous les cas avec tous les outils disponibles. Nous nous limitons donc aux données structurées et proposons, aux Chapitres 2 et 9, une présentation brève de l'apprentissage automatique avec des données non structurées. Certaines des applications les plus intéressantes, comme les chatbots à base d'IA et la génération d'images, exploitent des données non structurées, mais, dans la pratique, la plupart des applications d'entreprise s'intéressent à des problèmes impliquant des données structurées.

Nous nous restreignons également à quelques outils afin que vous puissiez vous concentrer sur des cas d'utilisation métier. Certains packages Python, comme NumPy, Seaborn, Pandas, scikit-learn et TensorFlow, sont omniprésents, quel que soit le domaine industriel, et nous les abordons dans de nombreux cas d'utilisation. Quant aux notebooks Jupyter, ils constituent une solution classique pour l'exécution interactive d'un code Python.

Nous profitons du service gratuit Google Colab pour exécuter les notebooks Jupyter. Nous employons d'autres outils de Google Cloud, comme Vertex AI AutoML pour l'entraînement de modèles sans code et BigQuery pour l'analyse de données SQL et l'entraînement de modèles avec SQL. D'autres grands fournisseurs de cloud, à l'instar de Microsoft Azure et Amazon Web Services (AWS), proposent des services similaires pour ces mêmes besoins. Nous vous encourageons et vous recommandons vivement d'explorer les autres outils mentionnés, mais non utilisés ici. Vous trouverez également des liens vers des informations et de la documentation supplémentaires.

Conventions utilisées dans ce livre

Les conventions typographiques suivantes sont utilisées dans cet ouvrage :

Italique

Indique les nouveaux termes, les URL, les adresses électroniques, les noms de fichiers et les extensions de fichiers.

`Police à espacement fixe`

Utilisée pour les listings de code, ainsi qu'à l'intérieur des paragraphes pour faire référence à des éléments de programme tels que les noms de variables ou de fonctions, les bases de données, les types de données, les variables d'environnement, les instructions et les mots-clés.

`Police à espacement fixe en gras`

Affiche des commandes ou d'autres éléments textuels qui doivent être saisis littéralement par l'utilisateur.

`Police à espacement fixe en italique`

Indique le texte qui doit être remplacé par des valeurs fournies par l'utilisateur ou par des valeurs déterminées par le contexte.

Utilisation des exemples de code

Du contenu supplémentaire en anglais (exemples de code, exercices, etc.) est disponible en téléchargement sur le site *https://oreil.ly/supp-lcai*.

La page Web *https://oreil.ly/LowCodeAI* est dédiée à la version originale en anglais de cet ouvrage. Vous y trouverez des errata, des exemples et des informations supplémentaires.

CHAPITRE 1

Prise de décision fondée sur les données

Ce chapitre s'intéresse au rôle des données dans l'entreprise et leur influence sur la prise de décision dans les affaires. Nous décrivons également les composants d'un flux de travail ML (*machine learning* ou apprentissage automatique). De nombreux livres, articles, vidéos et blogs commencent la présentation du flux de travail ML par la collecte de données. Pourtant, avant de mettre en place cette opération, il faut comprendre quel type de données doit être collecté. Cette *compréhension des données* n'est possible que si l'on connaît le type du problème à résoudre ou de la décision à prendre.

La définition du problème ou cas métier et la compréhension des données permettent ensuite de formuler une stratégie d'apprentissage automatique sans ou avec peu de code. De telles approches stratégiques présentent plusieurs avantages et bénéfices. Nous l'avons mentionné dans l'introduction, une approche AutoML *no-code* (sans code) permet à toute personne experte dans son domaine, mais sans expérience en codage, de développer rapidement des modèles d'apprentissage automatique sans avoir à écrire une seule ligne de code. Il s'agit d'un moyen rapide et efficace de développer des applications ML. Une approche *low-code* (peu de code) permet à ceux qui possèdent une certaine expérience en programmation de développer rapidement des applications ML, car le code de base est généré automatiquement et il est peut être complété par le code personnalisé nécessaire. Mais, encore une fois, tout projet d'apprentissage automatique doit commencer par la définition d'un objectif, d'un cas d'utilisation ou d'un problème.

Déterminer l'objectif ou le cas d'utilisation

Les entreprises, les établissements d'enseignement, les agences gouvernementales et les praticiens sont confrontés à de nombreuses décisions qui reflètent des exemples concrets d'apprentissage automatique, par exemple :

- Comment accroître l'implication des patients à l'aide de notre application Web sur le diabète ?
- Comment augmenter le nombre de commentaires laissés par les étudiants lors des enquêtes sur les cours ?
- Comment augmenter notre vitesse de détection des cyberattaques qui visent nos réseaux d'entreprise ?
- Comment réduire le nombre de spams qui entrent sur nos serveurs de messagerie ?
- Comment réduire les temps d'arrêt sur notre chaîne de production ?
- Comment augmenter le taux de fidélisation de nos clients ?
- Comment réduire le taux de désabonnement des clients (attrition des clients) ?

Dans chacun de ces exemples, de nombreuses sources de données doivent être examinées afin de déterminer la solution ML qui permettra de résoudre le problème ou d'aider à la prise de décision. Prenons le cas de la réduction du taux de désabonnement ou d'attrition des clients, à partir d'un exemple simpliste. La *prédiction du taux de désabonnement* consiste à identifier les clients susceptibles de se désintéresser d'un service ou d'un produit. Ce cas entre dans la catégorie de l'apprentissage supervisé en tant que problème de classification avec deux classes : « Attrition-Oui » et « Attrition-Non ».

Du point de vue de la source de données, il faudra peut-être examiner les informations fournies par le profil client (nom, adresse, âge, titre du poste professionnel, contrat de travail), les achats (historique des commandes et de facturation), les interactions (expériences des clients interagissant avec les produits, à la fois numériquement et physiquement) et le service clientèle ou d'assistance numérique. Les sources de données classiques d'informations sur les clients sont les systèmes de gestion de la relation client (CRM), les services d'analyse du commerce électronique et les commentaires des clients. En bref, tout point de données « touché » par le client doit être surveillé et capturé pour constituer une source de données.

La nature de la décision à prendre est directement liée aux données à rassembler pour prendre cette décision, qui doit être formulée sous forme d'énoncé du problème. Supposons que vous soyez responsable du marketing pour une entreprise qui fabrique des parapluies et que l'*objectif commercial* soit d'augmenter les ventes. Si vous abaissez le prix de vente des parapluies existants, pouvez-vous prédire le nombre d'unités qui seront vendues ? La Figure 1.1 montre les éléments de données à prendre en compte pour cette option.

À partir de cette illustration fondée sur des données d'entreprise, vous constatez que l'objectif (augmenter les ventes) prend une nouvelle dimension. Vous réalisez que, pour comprendre l'objectif de réduction du prix d'un produit, il faut, outre le prix de vente, des données supplémentaires. Vous devez connaître les périodes pluvieuses et la densité de population dans les régions concernées, et savoir si le niveau des stocks est suffisant pour répondre à l'augmentation de la demande suite à la réduction du prix. Vous devez également comparer les données historiques aux données récoltées en temps réel. Les premières sont souvent nommées *données par lots* (*batch*) tandis que les secondes sont les *données en continu* (*streaming*). En raison de ces nouvelles dimensions, l'objectif commercial devient soudainement un problème très complexe, car ces colonnes supplémentaires peuvent être indispensables à la solution. Pour toute entreprise, il peut exister des dizaines de sources de données distinctes, chacune nécessitant certaines compétences pour comprendre les relations qui peuvent exister. La Figure 1.2 illustre cet aspect.

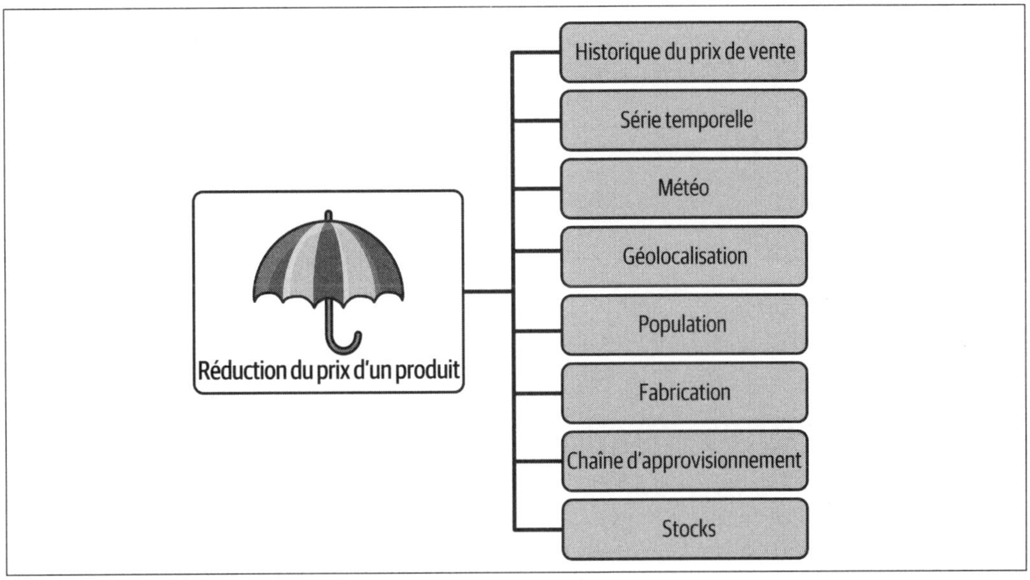

Figure 1.1 : Éléments de données ayant un impact sur une stratégie de réduction des prix pour augmenter les ventes.

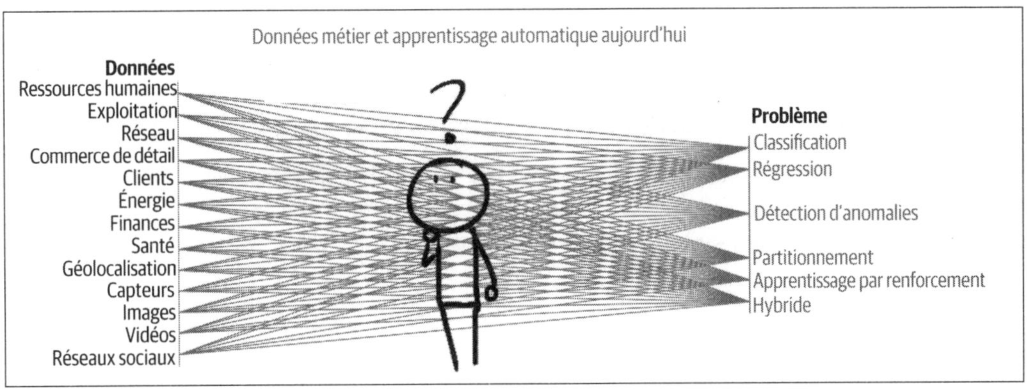

Figure 1.2 : Intrication classique des données métier et de l'apprentissage automatique aujourd'hui.

Alors, quel est le cas d'utilisation ici ? Ça dépend. Vous devez mener un processus de prise de décision d'affaires, c'est-à-dire faire des choix en posant des questions, en collectant des données et en évaluant des solutions alternatives. Après avoir déterminé le cas d'utilisation ou l'objectif commercial, vous pouvez utiliser les mêmes données pour entraîner des machines afin de connaître les types de clients, repérer les tendances et prédire les résultats en utilisant AutoML ou une IA en low-code. La Figure 1.3 présente l'exemple des parapluies sous forme d'un cas d'utilisation, qui mène à l'identification des sources de données, puis au contexte d'apprentissage automatique et, enfin, à une prédiction.

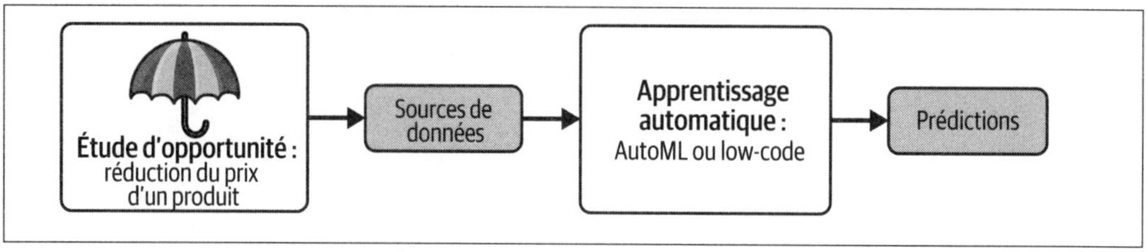

Figure 1.3 : Étude d'opportunité conduisant à des prédictions grâce à l'apprentissage automatique.

Flux de travail ML d'entreprise

Alors que les processus de prise de décision facilitent l'identification du problème ou du cas d'utilisation, c'est le flux de travail ML qui aide à mettre en œuvre la solution. Cette section présente un flux de travail ML typique. Dans notre exemple, nous pouvons utiliser les données de façon à entraîner un modèle d'apprentissage automatique grâce à un service AutoML. Celui-ci apporte une solution no-code capable d'effectuer un partitionnement ML non supervisé. Ensuite, nous pouvons examiner les *clusters* de points de données pour connaître les motifs obtenus. Nous pouvons également décider de nous concentrer sur les données historiques afin de prédire une cible spécifique en fonction de certaines caractéristiques dans les données d'entrée. À quoi ressemblerait le flux de travail ML d'entreprise ? Sans surprise, il serait basé sur les données et nécessiterait une prise de décision au cours du processus.

Le flux de travail ML peut être présenté sous la forme d'une série d'étapes, regroupées en phases. La Figure 1.4 montre les dix étapes, que nous décrivons ensuite brièvement. Les chapitres suivants proposent des exemples plus détaillés de chaque étape.

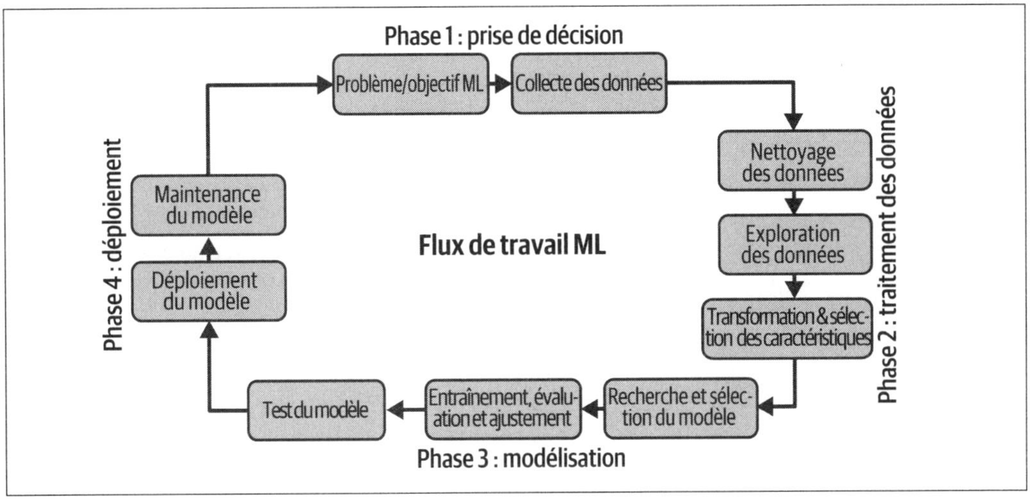

Figure 1.4 : Flux de travail ML en dix étapes.

Établir l'objectif commercial ou l'énoncé du problème

Le flux de travail ML commence par l'énoncé d'une question ou d'un problème précis, avec des limites fixées. Au cours de cette étape, nous essayons de définir la portée et la faisabilité. La bonne question mènera aux données requises et à la manière de les préparer. Il est important de noter que toute question qui surgirait pendant l'analyse des données peut être classée dans l'une des cinq catégories d'apprentissage automatique recensées au Tableau 1.1. Poursuivons avec notre exemple des parapluies.

Tableau 1.1 : Catégories d'analyse des données.

Modèle/algorithme	Problème ou question
Problème de régression	Combien de parapluies comptez-vous vendre ce mois-ci ou cette saison ?
Problème de classification	Ont-ils acheté des parapluies droits (A) ou des parapluies pliables (B) ?
Problème de partitionnement	Combien de parapluies droits ont été vendus par mois ou par région ?
Problème de détection d'anomalies	L'entreprise a-t-elle vendu plus de parapluies dans le désert de Mojave qu'à Brest ?
Apprentissage par renforcement	La politique de l'entreprise est de n'expédier les produits qu'aux clients ayant un montant d'impayé inférieur à 500 euros. Est-il possible d'entraîner un robot pour extraire, emballer, charger et expédier des parapluies droits aux clients conformément à cette politique ?

Collecter les données

Au début du XXIe siècle, les entreprises, les universités et les chercheurs s'appuyaient généralement sur des serveurs/disques durs locaux ou sur des centres de données pour héberger leurs applications de bases de données et stocker les informations. Ces deux approches étaient onéreuses : l'infrastructure du serveur local devait être entretenue, les logiciels devaient être mis à jour, les correctifs de sécurité devaient être appliqués, le matériel devait être remplacé, etc. Dans certains cas, les grandes quantités de données étaient stockées sur un cluster de machines.

Aujourd'hui, pour réduire les coûts, les entreprises et les établissements d'enseignement hébergent leurs applications de bases de données et stockent leurs données dans le cloud. Le service de stockage proposé par les fournisseurs de cloud permet d'envoyer des fichiers dans différents formats et peut être configuré pour recevoir automatiquement des fichiers issus de différentes sources de données. Puisque la plupart des modèles d'apprentissage automatique sont entraînés à partir de données placées dans des fichiers, leur stockage dans un compartiment (*bucket*) de cloud facilite leur collecte. Les compartiments de stockage peuvent être utilisés avec des données structurées et non structurées.

Pour stocker les fichiers de données, GitHub (*https://github.com*) représente une autre solution. Ce service, conçu pour permettre une collaboration sur des projets de développement, permet de stocker des données dans le cloud en vue d'une utilisation future (gratuitement), de suivre les modifications et rendre les données accessibles au public à des fins de réplication. Il existe une limite stricte de taille sur les fichiers (100 Mo), mais une option permet d'utiliser Git LFS (*Large File Storage*), l'extension GitHub open source pour la gestion des versions de fichiers volumineux. Git LFS remplace les fichiers volumineux, comme les jeux de données, les échantillons audio, les images et les vidéos, par des liens textuels dans Git, tout en stockant le contenu du fichier sur un serveur distant tel que GitHub.com ou GitHub Enterprise (*https://github.com/enterprise*).

La difficulté de la collecte de données est aggravée au sein des grandes entreprises qui exploitent de nombreux logiciels de gestion différents, comme les progiciels de gestion intégrés, les logiciels de la relation client et les systèmes de production, et qui peuvent opérer sur des bases de données différentes. Certaines données doivent également être extraites de sources externes en temps réel, par exemple celles provenant de capteurs IoT (*Internet of Things* ou Internet des objets) équipant les camions de livraison. Les entreprises sont donc confrontées au problème de la collecte non seulement de données structurées, mais également de données non structurées et semi-structurées, que ce soit par lots ou en continu. La Figure 1.5 présente différents types de données rencontrés lors de la collecte de données structurées, non structurées et semi-structurées.

> Il est possible de collecter des données structurées en continu. Structuré et non structuré sont des propriétés du format des données. En continu et par lots sont des propriétés de latence. Le Chapitre 2 reviendra en détail sur les formats et les propriétés des données.

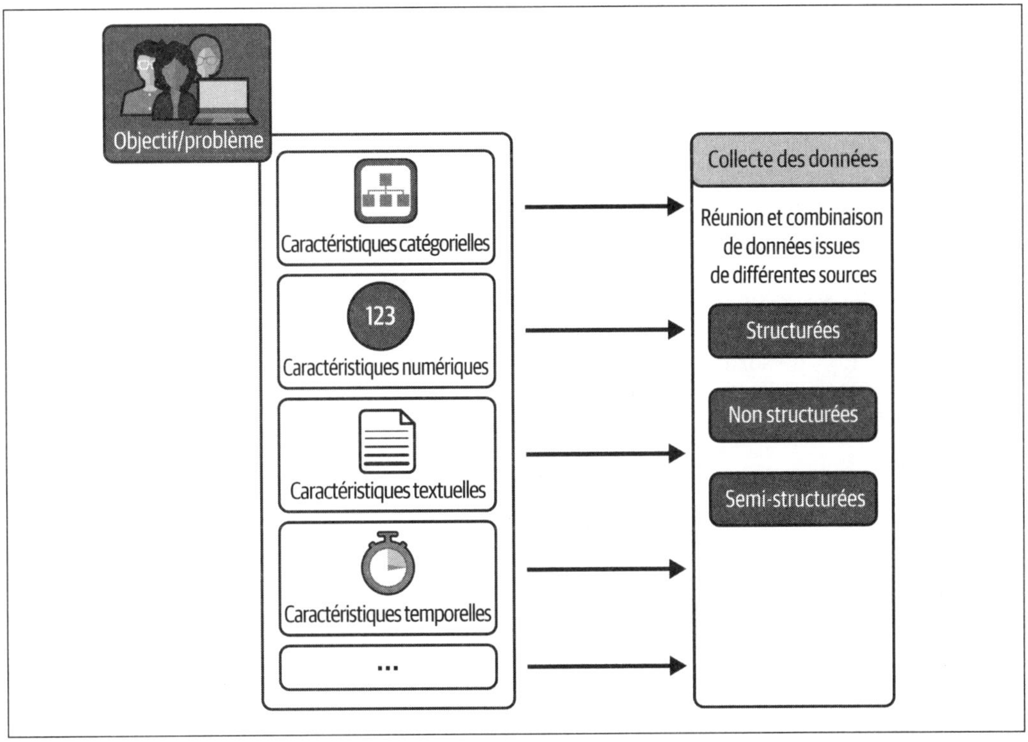

Figure 1.5 : Objectif/problème de la collecte des données.

Prétraiter les données

Pour travailler avec des données de qualité, il est indispensable de gérer les valeurs manquantes, les doublons, les valeurs aberrantes, les problèmes de formatage ou les données incohérentes en raison d'une erreur humaine. En effet, les données issues du monde réel sont brutes et désordonnées, et font l'objet de suppositions. Par exemple, on pourrait supposer qu'elles suivent une distribution normale, c'est-à-dire qu'elles sont distribuées symétriquement sans déviation, et que la plupart des valeurs se regroupent autour d'une région centrale, leur fréquence diminuant en s'éloignant du centre (moyenne).

Supposons que les données révèlent, pour la première fois, une augmentation des ventes des parapluies en août à Marseille, la ville où il pleut le moins en France. La distribution des données serait-elle normale ou cette augmentation doit-elle être considérée comme une valeur aberrante ? Les prévisions de ventes mensuelles de parapluies en août en seraient-elles faussées ? Lorsque les données ne suivent pas une distribution normale, elles doivent être *normalisées*, rendues *normales* en regroupant tous les enregistrements dans la plage [0,1] ou [–1, 1], par exemple.

La normalisation d'un jeu de données facilite et accélère l'entraînement d'un modèle ML. Nous y reviendrons au Chapitre 7.

> Cet exemple de normalisation min-max peut avoir des effets préjudiciables si le jeu de données contient des valeurs aberrantes. Par exemple, lors d'une mise à l'échelle dans la plage [0,1], cette normalisation associe la valeur aberrante à 1 et remplace toutes les autres par 0. La prise en charge des valeurs aberrantes et des anomalies sort du cadre de cet ouvrage.

Le prétraitement des données peut donc impliquer leur normalisation (afin que les colonnes numériques du jeu de données partagent la même échelle) et leur *mise à l'échelle*, c'est-à-dire leur transformation de sorte qu'elles s'inscrivent dans une plage spécifique. Heureusement, la normalisation et la standardisation sont simples en Python et ne demandent que quelques lignes de code (*https://oreil.ly/50v98*). La Figure 1.6 affiche des données avant et après la normalisation et la standardisation.

> La collecte de données à partir d'une source unique peut être un processus relativement simple. En revanche, lorsque plusieurs sources de données sont réunies dans un même fichier, il faut s'assurer que les formats des données correspondent et que toutes les suppositions concernant les séries chronologiques (horodatage et plages de dates nécessaires au modèle ML) sont validées. L'hypothèse classique est que la série est stationnaire, c'est-à-dire que ses propriétés statistiques (moyenne, variance, etc.) ne changent pas au fil du temps.

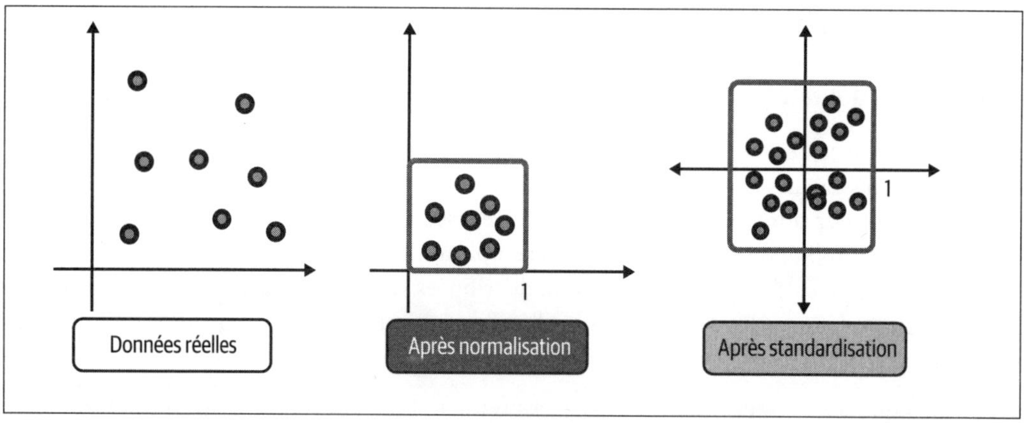

Figure 1.6 : Trois représentations illustrant des données réelles, normalisées et standardisées.

Analyser les données

L'analyse exploratoire des données (EDA, *Exploratory Data Analysis*) consiste à explorer et à analyser la structure des données. Au cours de cette étape, nous cherchons à découvrir les tendances, les motifs, la pertinence des caractéristiques et les corrélations, comme la manière dont une variable (caractéristique) peut être liée à une autre. Pour le modèle ML, nous avons besoin de sélectionner les caractéristiques pertinentes en fonction du type de problème à résoudre. Il ressort de cette étape une liste des caractéristiques des variables d'entrée qui peuvent potentiellement être utilisées pour l'apprentissage automatique. Le Chapitre 6 propose un exercice pratique fondé sur l'EDA.

Les Figures 1.7 et 1.8 sont issues du résultat d'un processus EDA. Le tracé a été réalisé avec Seaborn, une bibliothèque de visualisation de données Python (voir le Chapitre 6 pour plus de détails sur le jeu de données). La Figure 1.7 montre une relation *inverse* entre *x* et *y*. La Figure 1.8 montre une *carte thermique* (ou matrice de corrélation) qui révèle une augmentation de l'énergie produite lorsque les températures baissent.

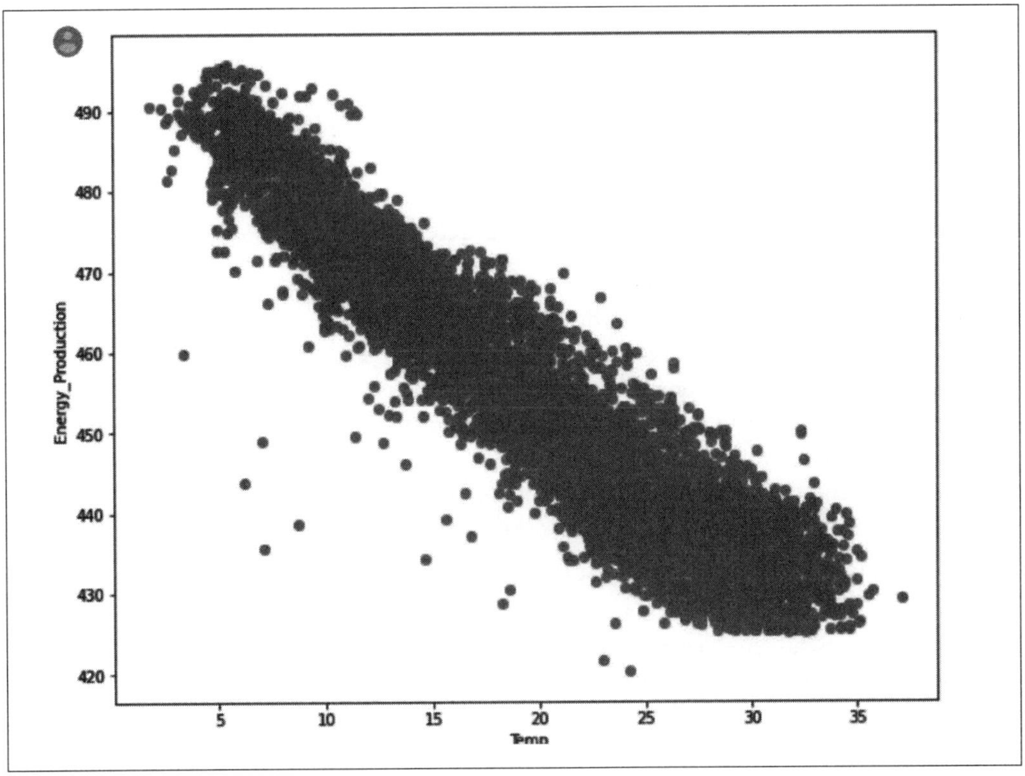

Figure 1.7 : Résultat de la fonction Seaborn `regplot` *montrant que la production d'énergie augmente lorsque les températures baissent.*

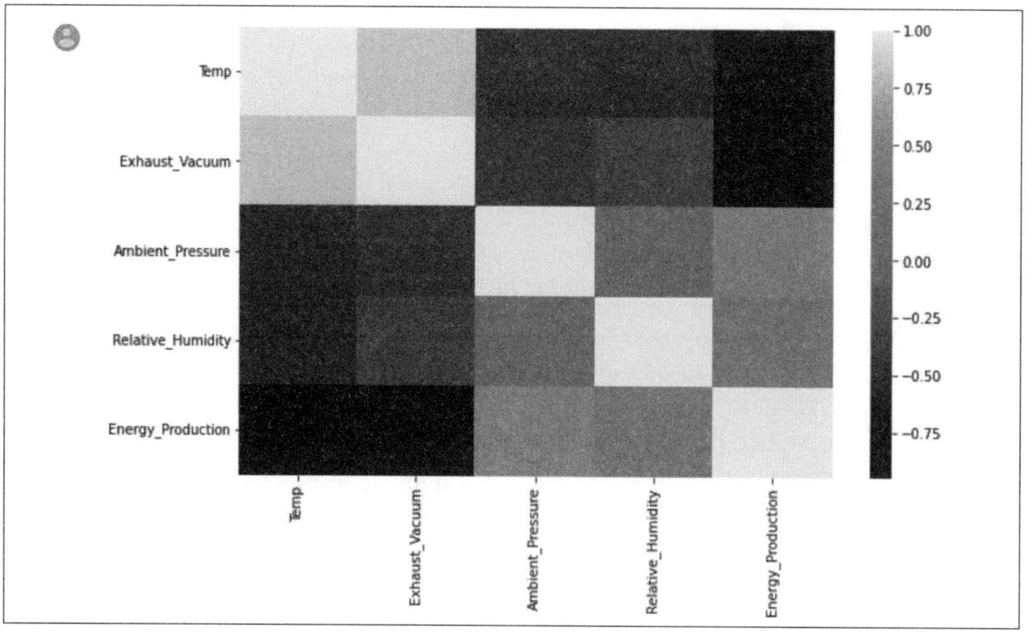

Figure 1.8 : Matrice de corrélation Seaborn (carte thermique) montrant une relation inverse importante entre `Temp` *et* `Energy_Production`*, –0,75.*

Transformer les données et sélectionner les caractéristiques

Après le nettoyage et l'analyse des données, nous obtenons la liste des caractéristiques qui semblent nécessaires à la résolution du problème d'apprentissage automatique. Toutefois, d'autres caractéristiques pourraient-elles être pertinentes ? C'est à ce moment-là que l'*ingénierie des caractéristiques* entre en scène. Elle consiste à *concevoir* ou à *créer de nouvelles* caractéristiques qui n'existent pas dans le jeu de données initial. Par exemple, si le jeu de données comporte des champs/colonnes distincts pour le jour, le mois et l'année, nous pouvons les combiner de manière à obtenir une caractéristique temporelle « jour-mois-année ». Cette ingénierie représente la dernière étape avant la sélection des caractéristiques.

En réalité, la sélection des caractéristiques s'effectue en deux étapes : après l'analyse exploratoire des données et après leur transformation. Après l'EDA, nous disposons d'une liste potentielle des caractéristiques susceptibles de servir à créer de nouvelles caractéristiques, par exemple en combinant l'heure et le jour de la semaine pour obtenir une heure de la journée. Après l'ingénierie des caractéristiques, nous disposons de la liste finale des caractéristiques et nous pouvons y faire notre sélection. La Figure 1.9 indique l'emplacement de la transformation des données et de la sélection des caractéristiques dans le flux de travail.

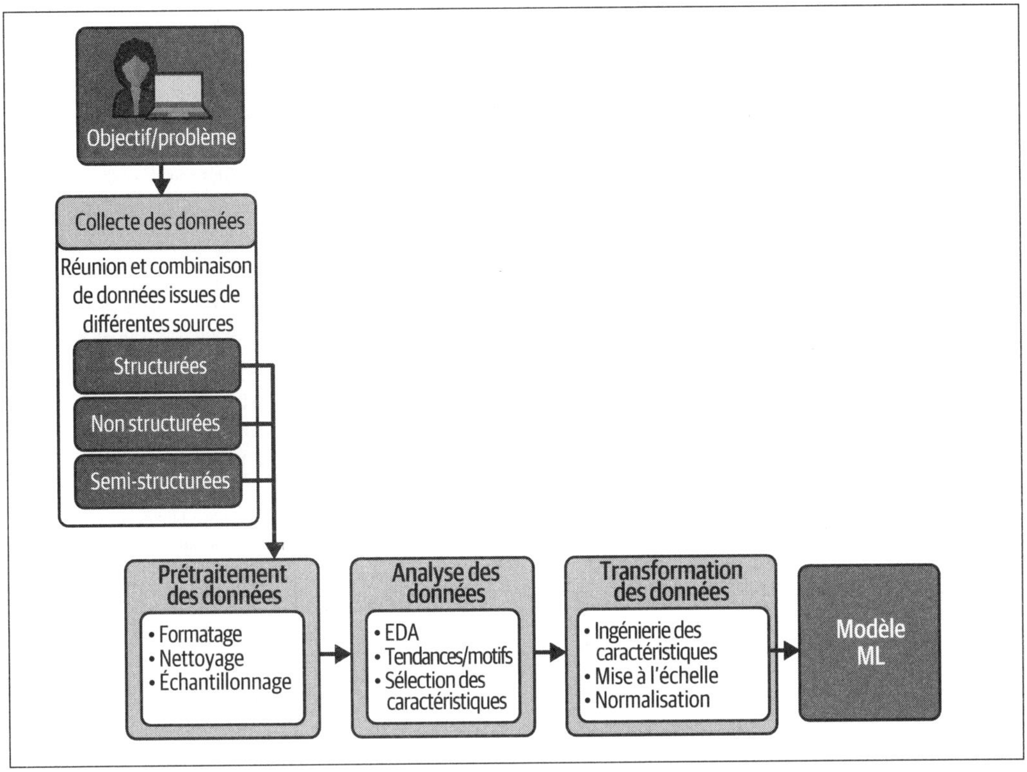

Figure 1.9 : Emplacement de la transformation des données et de la sélection des caractéristiques dans le flux de travail ML.

Rechercher et sélectionner le modèle ou utiliser AutoML (solution no-code)

Au cours de cette étape, soit nous recherchons le meilleur modèle pour le type des données du problème, soit nous profitons d'AutoML, une solution no-code qui, en se basant sur le jeu de données importé, sélectionne le modèle approprié, effectue l'entraînement et les tests, et génère des métriques d'évaluation. Grâce à AutoML, la plus grande partie du travail de sélection, d'entraînement et d'ajustement du modèle, ainsi que la génération des métriques d'évaluation, est effectuée à notre place. Le Chapitre 3 présente AutoML et le Chapitre 4 en propose une utilisation pratique. Avec une approche low-code, nous devons savoir quel modèle sélectionner.

AutoML permet de couvrir environ 80 % des problèmes d'apprentissage automatique, mais une solution plus personnalisée est parfois souhaitable. Dans ce cas, une compréhension générale des types de problèmes résolus par les algorithmes d'apprentissage automatique est préférable. Le choix de l'algorithme dépend uniquement du problème (comme indiqué précédemment). La colonne « Description » du Tableau 1.2 détaille le type de problème pris en charge par le modèle ML correspondant.

Tableau 1.2 : Description du type de problème.

Problème ou question	Algorithme	Description
Combien de parapluies ?	Problème de régression	Les algorithmes de régression sont utilisés pour traiter les problèmes ayant une sortie numérique et continue. Il s'agit généralement de problèmes associés à des interrogations de type « *combien ?* ».
Ont-ils acheté des parapluies droits (A) ou des parapluies pliables (B) ?	Problèmes de classification	Dans les problèmes de classification, la sortie ne peut être qu'une classe parmi un nombre fixe de classes de sortie, comme Oui/Non ou Vrai/Faux. Selon le nombre de classes de sortie, il s'agit d'un problème de classification binaire ou multiclasse.
La politique de l'entreprise est de n'expédier les produits qu'aux clients ayant un montant d'impayé inférieur à 500 euros. Le robot de fabrication peut-il être entraîné pour extraire, emballer, charger et expédier des parapluies droits aux clients conformément à cette politique ?	Apprentissage par renforcement	Les algorithmes de renforcement sont utilisés lorsqu'une décision doit être prise sur la base d'expériences d'apprentissage. L'agent apprend le comportement par essais et erreurs en lien avec un environnement en constante évolution. Cela permet de programmer les agents en utilisant le concept de récompenses et de pénalités sans préciser comment la tâche doit être accomplie. Les programmes de jeu et les programmes de contrôle de la température sont quelques exemples répandus de mise en œuvre de l'apprentissage par renforcement.

Entraîner, évaluer et ajuster le modèle

Avant qu'un modèle d'apprentissage automatique puisse être déployé en production, il doit être entraîné, évalué et testé. L'entraînement est un processus au cours duquel des instances de données stockées sont fournies (entrées) au modèle (algorithme). Puisque chaque instance possède une caractéristique spécifique (rappelez-vous notre exemple des parapluies avec des différents types, prix, ventes par régions, etc.), des motifs peuvent être détectés dans ces instances en utilisant des centaines de variables. En s'appuyant sur les données d'entraînement, l'algorithme est ainsi capable d'apprendre à faire une prédiction généralisée.

Tout modèle doit non seulement être entraîné, mais également évalué. Pour cela, nous mettons de côté un échantillon des données, qui constitue le *jeu de données de validation*. Il permet de déterminer dans quelle mesure le modèle se généralise à des données jamais rencontrées ou nouvelles. L'erreur d'entraînement sert à évaluer le degré d'adaptation du modèle aux données, car il est entraîné sur ces données.

Les métriques d'évaluation du modèle doivent être choisies ou définies de manière à correspondre au problème ou aux objectifs commerciaux. L'ajustement du modèle devrait améliorer ses performances telles que mesurées par les métriques d'évaluation. Par exemple, quelle était la précision des prévisions de ventes de parapluies au cours du mois de décembre ? Ces prédictions peuvent-elles être généralisées pour de futures estimations ? Les performances satisfaisantes doivent être dictées par les besoins de l'entreprise et être établies avant de se lancer dans l'apprentissage automatique.

Le jeu de validation sert également à vérifier les cas de surajustement du modèle. Nous aborderons ce sujet au Chapitre 8.

Tester le modèle

Sans tester le modèle, il n'existe aucun moyen de savoir si l'application de prévision des ventes de parapluies peut être généralisée pour de futures estimations. Après que le jeu d'entraînement a été utilisé pour ajuster le modèle aux données et que le jeu de validation a servi à améliorer sa précision, nous testons le modèle sur des données qu'il n'a jamais vues auparavant. Les données de test servent à estimer ses performances.

Par exemple, supposons que nous souhaitions créer une application capable de reconnaître la couleur ou le motif d'un parapluie. Nous entraînons un modèle en lui fournissant des images de tous les parapluies, chacune étant étiquetée avec la couleur ou le motif du parapluie. Ce modèle est utilisé dans une application mobile pour reconnaître la couleur ou le motif de n'importe quel parapluie. Le test consisterait à savoir dans quelle mesure le modèle parvient à différencier les couleurs et les motifs des parapluies.

La Figure 1.10 montre la relation entre les jeux de données d'entraînement, de validation et de test.

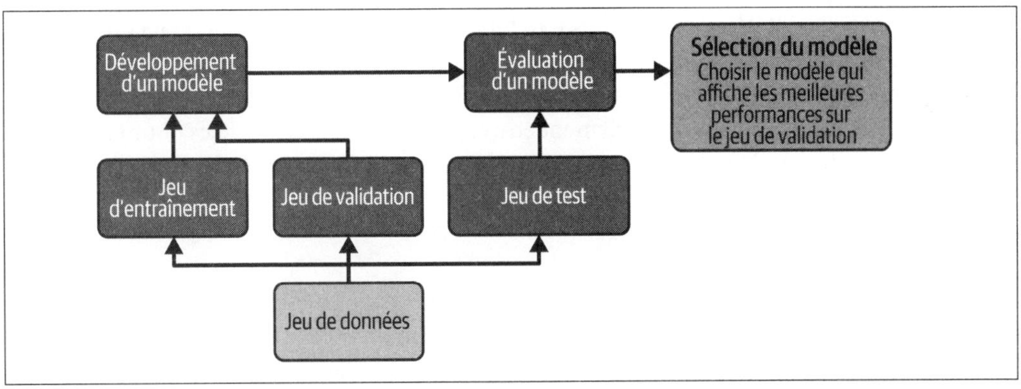

Figure 1.10 : Relation entre les jeux de données d'entraînement, de validation et de test dans le développement et l'évaluation d'un modèle.

La Figure 1.11 illustre cette relation entre les jeux de données dans un processus en cinq étapes. Par souci de simplicité, la flèche revenant au jeu de données de l'étape 5 n'est pas affichée, car une fois le modèle déployé sous forme d'application, il commence à collecter de nouvelles données qui entrent dans le *pipeline*, ce qui peut *fausser* les résultats du modèle d'origine. (À ce stade, on entre dans le domaine fascinant des MLOps, c'est-à-dire les pratiques qui visent à déployer et à maintenir des modèles d'apprentissage automatique en production, mais ce sujet sort du cadre de cet ouvrage.)

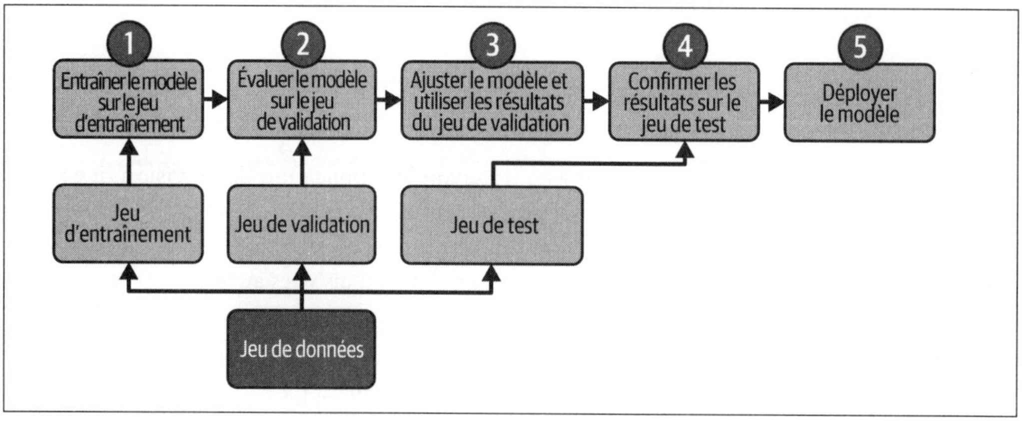

Figure 1.11 : Flux de travail ML sous forme de processus en cinq étapes.

Déployer un modèle (mettre à disposition)

Une fois le modèle ML entraîné, évalué et testé, il est déployé au sein d'un environnement de production où il peut être utilisé. Lorsqu'il est mis en production, il est fort probable que le modèle propose une interface d'application Web (utilisation d'un navigateur) qui communique avec le système de production *via* une *interface de programmation d'application* (API, *Application Programming Interface*). Les données peuvent être capturées en temps réel et envoyées dans un pipeline MLOps. Elles peuvent également être capturées en lots et stockées pour être ensuite passées au pipeline. Les deux approches peuvent également être combinées.

Assurer la maintenance des modèles

Les modèles peuvent devenir *dépassés*, avec des prédictions qui ne correspondent pas à l'objectif commercial d'origine ou aux métriques du cas d'utilisation. L'obsolescence peut survenir en raison de l'évolution du monde ou des exigences de l'entreprise. Ces changements impactent alors le modèle. Après son déploiement, nous devons surveiller le modèle et vérifier qu'il continue de fonctionner comme prévu. La dérive des modèles et des données est un phénomène auquel il faut s'attendre et qu'il faut atténuer grâce à un réentraînement régulier à l'aide de MLOps. Examinons un exemple de *dérive* des données, c'est-à-dire des changements dans les données qui ont servi à l'entraînement et celles qui sont à présent reçues par l'application Web.

Dans notre exemple des parapluies, une région autrefois très pluvieuse connaît désormais de longues périodes de sécheresse. De même, une région qui connaissait autrefois des conditions de sécheresse subit à présent de fortes précipitations. Toute prévision liée à la météo et au climat, ainsi qu'au besoin de parapluies, sera impactée. Dans ce scénario, il faut entraîner et tester un nouveau modèle avec les nouvelles données.

En résumé

Les entreprises, les établissements d'enseignement, les agences gouvernementales et les praticiens sont confrontés à de nombreuses décisions qui reflètent des exemples concrets d'apprentissage automatique. Cela va de l'augmentation de l'engagement des clients à la réduction du taux de désabonnement. Les données (leur collecte, leur analyse et leur utilisation) guident la prise de décision utilisée en apprentissage automatique afin de déterminer la meilleure stratégie ML qui apportera des solutions concrètes à des problèmes réels.

Alors que les processus de prise de décision aident à identifier le problème ou le cas d'utilisation, c'est le flux de travail ML qui facilite la mise en œuvre de la solution. Un flux de travail ML d'entreprise se fonde sur les données et implique une prise de décision. Il peut être présenté sous forme d'une séquence de dix étapes, qui peuvent être réunies en quatre phases :

1. Prise de décision.
2. Traitement des données.
3. Modélisation.
4. Déploiement.

Chaque phase du flux de travail ML peut être mise en œuvre à l'aide d'AutoML ou d'une IA en low-code. AutoML se charge d'une grande partie du travail à notre place. Il entraîne le modèle, l'ajuste, le teste et nous présente des mesures d'évaluation. Notre rôle consiste simplement à examiner celles-ci et à déterminer si elles répondent à l'objectif commercial ou si elles résolvent notre problème. AutoML est recommandé pour les expérimentations et le prototypage rapides, mais il est également employé dans les environnements de production. L'approche low-code permet à ceux qui possèdent des connaissances en codage de partir d'un code généré automatiquement et de le personnaliser lors de n'importe quelle phase du flux de travail ML.

Dans ce chapitre, nous avons présenté la collecte et l'analyse de données dans le cadre d'un flux de travail ML. Le Chapitre 2 décrit les jeux de données utilisés dans cet ouvrage, indique où trouver les sources de données, présente les types de fichiers de données et montre les différences entre le traitement des données par lots et en continu, ainsi qu'entre les données structurées, semi-structurées et non structurées. Il vous permettra également d'acquérir une expérience pratique de l'utilisation du code Python pour effectuer une EDA et résoudre le problème des données sales.

CHAPITRE 2

Au début, les données

Ce chapitre propose un aperçu des cas d'utilisation et des jeux de données utilisés dans cet ouvrage, tout en indiquant où trouver d'autres sources de données pour une étude et une pratique plus approfondies. Il présente également les types de données, ainsi que les différences entre les données par lots et en continu. Il vous permettra de mettre en pratique le prétraitement des données à l'aide d'un notebook Jupyter open source proposé gratuitement par Google au travers d'un navigateur. La dernière section de ce chapitre explique comment utiliser GitHub pour créer un référentiel de données qui servira aux projets retenus.

Vue d'ensemble des cas d'utilisation et des jeux de données

Cet ouvrage souhaite enseigner l'apprentissage automatique au travers d'une approche non pas prioritairement mathématique ou algorithmique, mais fondée sur des projets. Les cas d'utilisation retenus sont conçus pour une découverte de l'apprentissage automatique en exploitant des données réelles provenant de différents secteurs. Cela concerne les domaines de la santé, du commerce de détail, de l'énergie, des télécommunications et de la finance. Le cas d'utilisation sur le taux de désabonnement des clients peut être appliqué à n'importe quel secteur. Chacun des projets peut être autonome si vous avez une certaine expérience du prétraitement des données. N'hésitez pas à passer directement au thème qui vous intéresse et que vous souhaitez approfondir. Le Tableau 2.1 recense chaque section, en indiquant son cas d'utilisation, son secteur et l'approche employée (no-code ou low-code).

Tableau 2.1 : Liste des cas d'utilisation par secteur industriel et type de mise en œuvre.

Section	Cas d'utilisation	Secteur	Approche
1	Prix d'un produit	Commerce de détail	Sans objet
2	Maladie cardiaque	Santé	Prétraitement des données en low-code
3	Campagne marketing	Énergie	No-code (AutoML)
4	Vente *via* des canaux publicitaires	Assurances	No-code (AutoML)
5	Détection de fraudes	Finance	No-code (AutoML)
6	Prévision de production d'une centrale électrique	Énergie	Low-code (BigQuery ML)
7	Prédiction du taux de désabonnement des clients	Télécommunications	Low-code (scikit-learn et Keras)
8	Amélioration des performances d'un modèle personnalisé	Automobile	Code personnalisé (scikit-learn, Keras, BigQuery ML)

1. Commerce de détail : prix d'un produit

Le premier cas d'utilisation permet d'illustrer le rôle des données dans la prise de décision. Vous êtes responsable du marketing pour une entreprise qui fabrique des parapluies et l'*objectif commercial* est d'augmenter les ventes. Si vous réduisez le prix de vente des parapluies, savez-vous prédire le nombre d'unités qui seront vendues ? La Figure 2.1 montre les éléments de données qui peuvent avoir un impact sur la stratégie de réduction de prix dans le but d'augmenter les ventes.

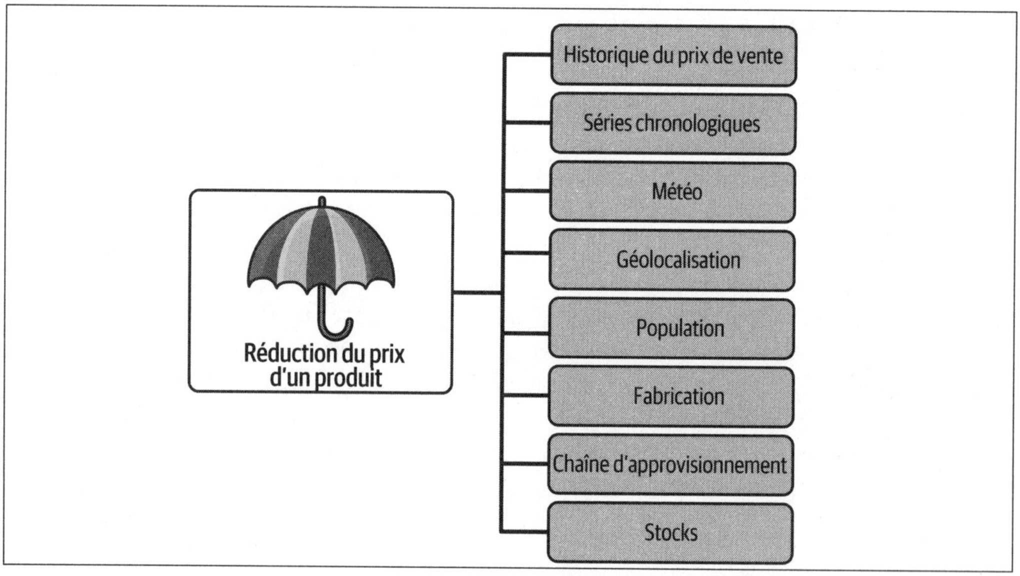

Figure 2.1 : Éléments de données impactant la stratégie de réduction de prix pour augmenter les ventes.

2. Santé : campagne sur les maladies cardiaques

Vous êtes à présent consultant santé et recevez des données sur la mortalité liée aux maladies cardiaques des personnes âgées de plus de 35 ans et habitant aux États-Unis. L'objectif est d'analyser ces informations et de suggérer un cas d'utilisation pour une campagne de prévention des maladies cardiaques. Par exemple, il pourrait s'agir de suivre l'évolution de la mortalité due à des maladies cardiaques au fil du temps ou de développer et de valider des modèles qui réalisent des prédictions sur cette mortalité. Le jeu de données est sale : il manque des valeurs dans certains champs et il manque un champ. En résolvant ces problèmes, vous apprendrez à importer des données dans un notebook Jupyter, à les analyser et à corriger les éléments perturbateurs. La Figure 2.2 présente les éléments de données qui contribuent à cette analyse.

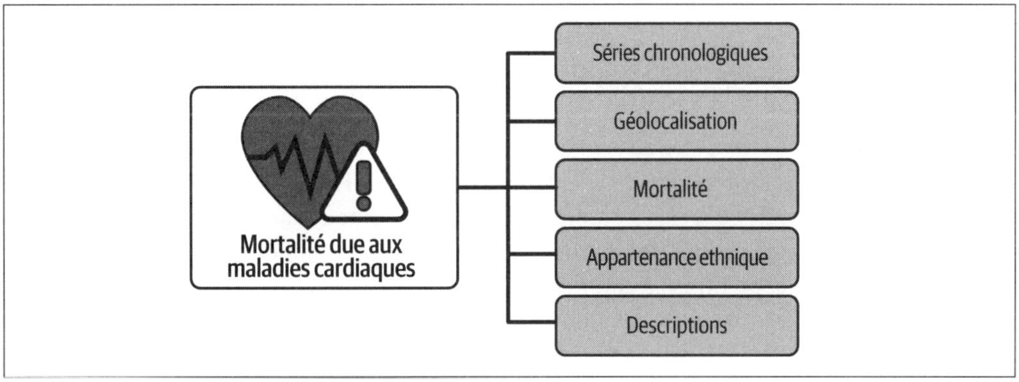

Figure 2.2 : Éléments de données pour un cas d'utilisation sur la mortalité liée à des maladies cardiaques.

3. Énergie : campagne pour un service public

Dans ce cas, vous êtes un analyste commercial travaillant pour une entreprise de services publics. Vous êtes chargé de développer un programme de promotion et de sensibilisation ciblant les communautés affichant une forte consommation électrique. Les données ont déjà été prétraitées. Vous n'avez aucune formation en apprentissage automatique ni en programmation. Vous décidez d'utiliser AutoML comme framework ML. La Figure 2.3 récapitule les éléments de données qui contribuent à votre modèle.

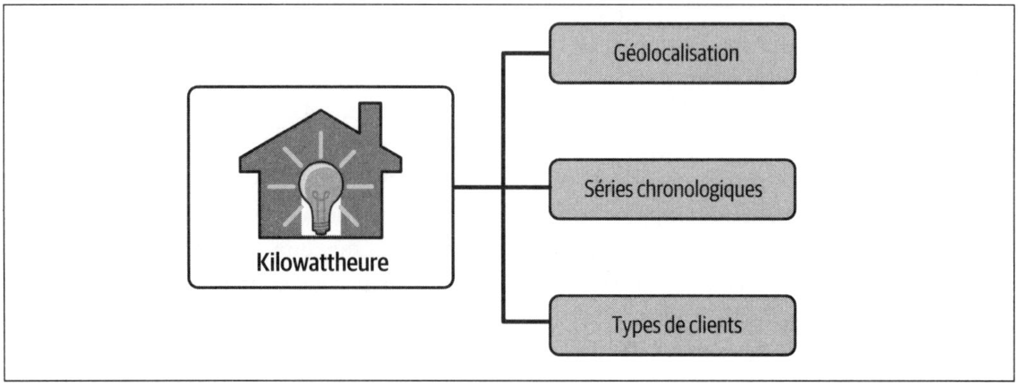

Figure 2.3 : Éléments de données contribuant à la compagne pour le service public de l'électricité.

4. Assurances : prédiction des ventes via des canaux publicitaires

Dans cette section, vous travaillez au sein du service chargé d'élaborer une stratégie média pour une compagnie d'assurance. L'équipe souhaite développer un modèle ML qui permet de prédire les ventes en fonction des dépenses publicitaires sur différents canaux. Vous êtes chargé d'effectuer une analyse exploratoire des données et de créer et d'entraîner le modèle. Vous n'avez aucune formation en apprentissage automatique ni en programmation. Vous décidez d'utiliser AutoML comme framework ML. La Figure 2.4 montre les éléments de données qui contribuent à votre modèle.

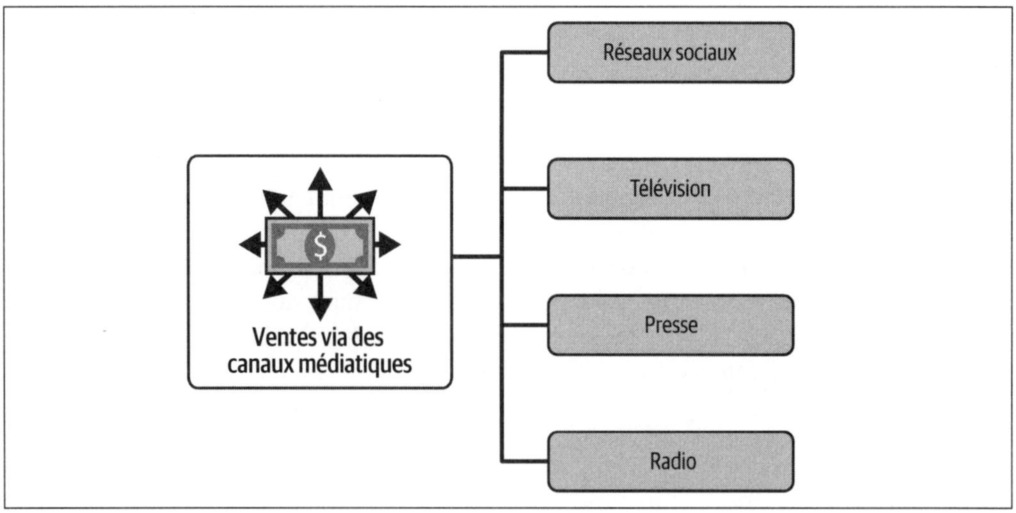

Figure 2.4 : Éléments de données impliqués dans la prédiction des ventes via des canaux publicitaires.

5. Finances : détection des fraudes

Ce projet a pour objectif de construire un modèle permettant de prédire si une transaction financière est frauduleuse ou légitime. Votre nouvelle entreprise offre un service de paiement mobile auquel des centaines de milliers d'utilisateurs sont abonnés. Les transactions frauduleuses sont assez rares et sont généralement détectées grâce à d'autres protections. Cependant, il arrive que certaines d'entre elles passent entre les mailles du filet et qu'elles aient un impact négatif sur vos clients. Le jeu de données utilisé dans ce projet se compose d'informations sur des transactions qui ont été simulées afin de reproduire le comportement des utilisateurs et sur des transactions frauduleuses. Vous n'avez aucune formation en apprentissage automatique ni en programmation. Vous décidez d'utiliser AutoML comme framework ML. La Figure 2.5 indique les éléments de données qui contribuent à votre modèle.

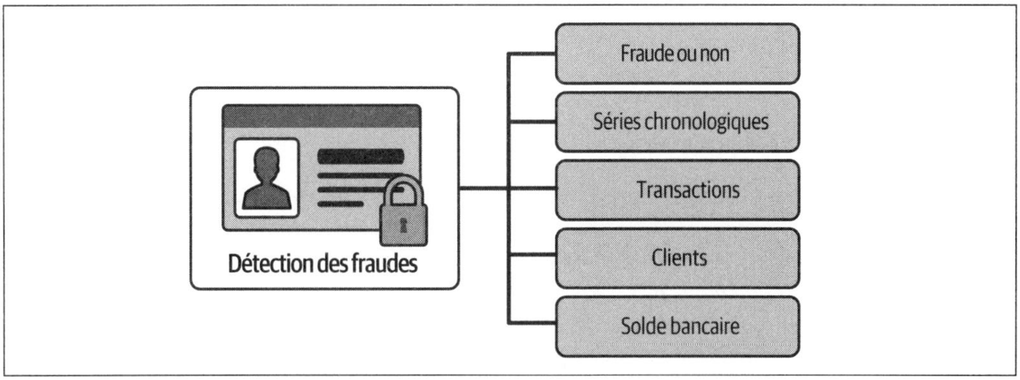

Figure 2.5 : Éléments de données pour un modèle de détection des fraudes.

6. Énergie : prévision de la production d'électricité

Le but est de prédire la production horaire nette d'électricité d'une centrale électrique à cycle combiné (CCPP, *Combined Cycle Power Plant*) compte tenu des conditions météorologiques environnantes. Le jeu de données de cette section comprend des points de données fournis par une CCPP sur une période de six ans (2006-2011), période pendant laquelle la centrale électrique était configurée pour fonctionner à pleine charge. Les informations sont agrégées par heure, mais l'heure exacte des conditions météorologiques enregistrées et de la production électrique est absente du jeu de données. D'un point de vue pratique, cela signifie que les données ne pourront pas être traitées comme des séquences ou des séries chronologiques, dans lesquelles les informations des enregistrements précédents servent à prédire les enregistrements futurs. Vous possédez des connaissances en SQL acquises grâce à votre travail avec des bases de données. Vous décidez d'utiliser BigQuery ML de Google comme framework d'apprentissage automatique. La Figure 2.6 affiche les éléments de données qui contribuent à votre modèle.

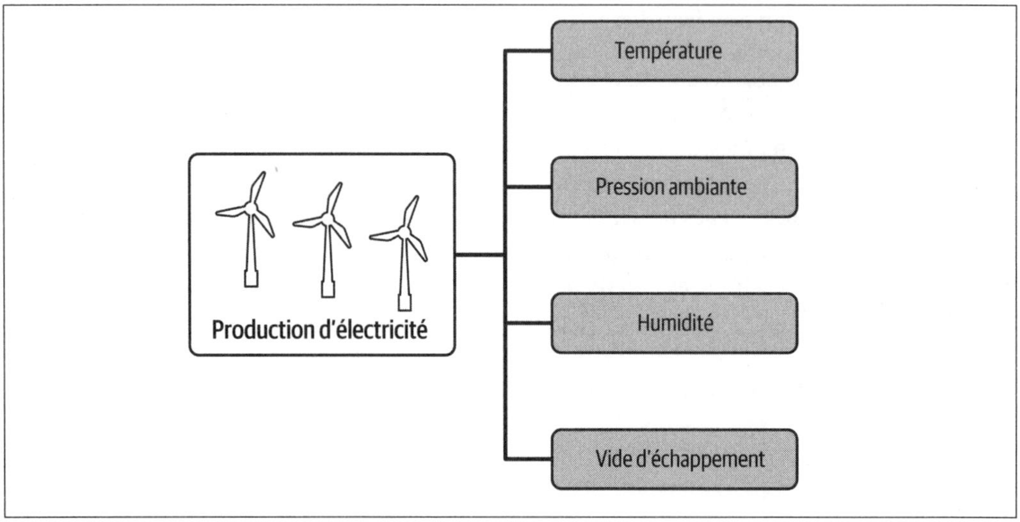

Figure 2.6 : Éléments de données contribuant au modèle de production d'énergie électrique.

7. Télécommunications : prédiction du taux de désabonnement des clients

Ce projet vise à prédire le taux de désabonnement des clients d'une entreprise de télécommunications. Le *désabonnement des clients* est défini comme le *taux d'attrition*, c'est-à-dire le pourcentage de clients qui choisissent de ne plus utiliser les services. Les entreprises de télécommunications vendent souvent leurs produits avec une facturation mensuelle ou avec des contrats annuels. L'*attrition* correspond ici au moment où un client annule son abonnement ou son contrat au cours du mois suivant. Le jeu de données contient à la fois des variables numériques et des variables catégorielles, la valeur d'une variable se limitant à un ensemble discret de possibilités. Vous avez des connaissances en Python et trouvez AutoML très puissant, mais vous cherchez à apprendre des solutions low-code qui donnent un contrôle plus important sur le modèle. Vous choisissez d'utiliser scikit-learn et Keras comme frameworks ML. La Figure 2.6 présente les éléments de données qui contribuent à votre modèle.

8. Automobile : amélioration des performances du modèle personnalisé

En tant que nouveau membre de l'équipe ML, votre travail consiste à améliorer les performances d'un modèle entraîné à prédire le prix des voitures d'occasion vendues aux enchères. Le modèle initial se fonde sur la régression linéaire et utilise scikit-learn, mais il ne répond pas parfaitement aux objectifs commerciaux. Vous étudiez les outils proposés par scikit-learn, Keras et BigQuery ML pour améliorer les performances de ce modèle. Les jeux de données d'entraînement, de validation et de test qui ont servi à l'entraînement du modèle de régression linéaire ont été fournis sous forme de fichiers CSV. Ils ont été nettoyés (les valeurs manquantes et incorrectes ont été traitées de manière appropriée) et le code scikit-learn qui a servi à créer le modèle est disponible. La Figure 2.8 récapitule les éléments de données qui contribuent à votre modèle.

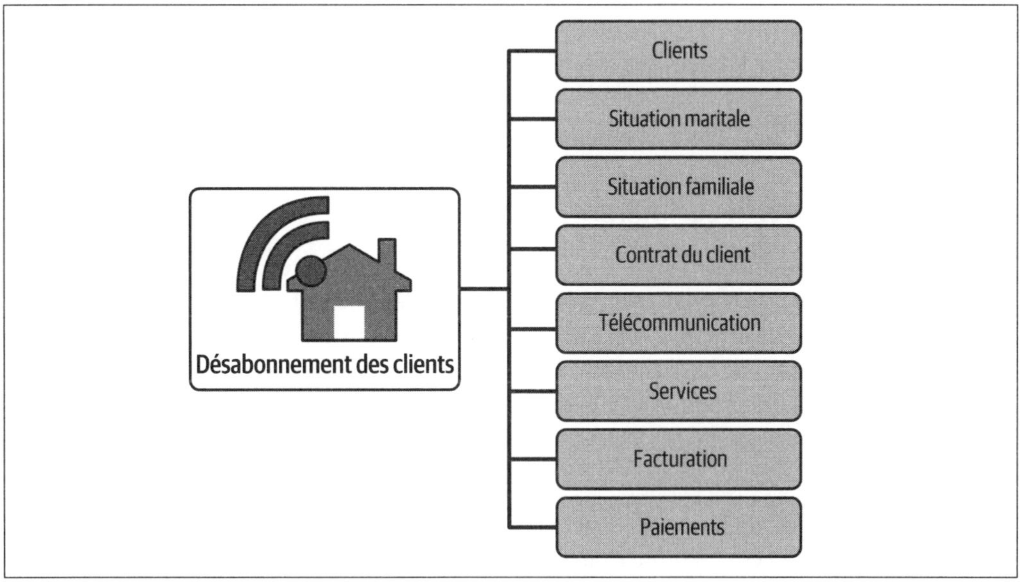

Figure 2.7 : Éléments de données contribuant au modèle de prédiction des désabonnements des clients.

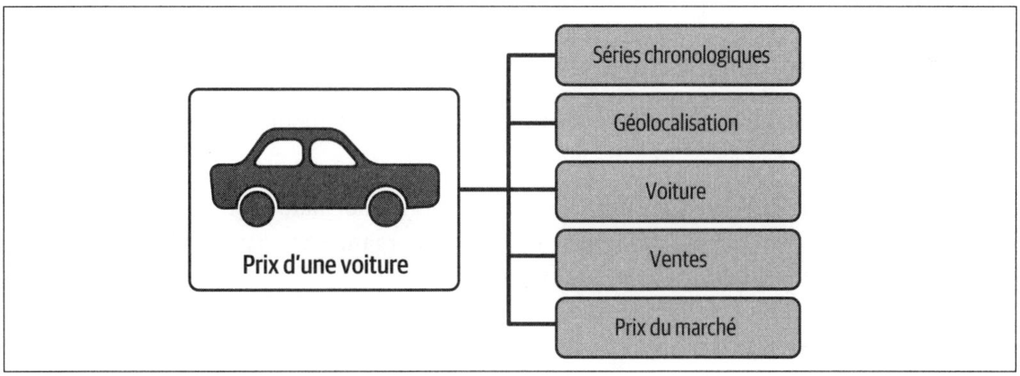

Figure 2.8 : Éléments de données pour un modèle de prédiction du prix des voitures.

Types de données et de fichiers

Les données forment véritablement la première étape. Passons donc en revue quelques termes et concepts de base qui les concernent. Si vous connaissez déjà les différences entre les données quantitatives et qualitatives, entre les données structurées, semi-structurées et non structurées, et entre les données par lots et en continu, n'hésitez pas à passer directement à la section « Introduction à Github et Colab de Google », plus loin dans ce chapitre, où vous pourrez commencer à créer un notebook Jupyter dans GitHub.

Données quantitatives et qualitatives

En analyse des données, nous manipulons des données quantitatives et des données qualitatives. Si quelque chose peut être compté ou mesuré, et si une valeur numérique peut lui être attribuée, il s'agit d'une donnée quantitative. Les données quantitatives sont une réponse aux questions combien ou à quelle fréquence. Par exemple, combien de personnes ont visité le site Web pour consulter le catalogue des produits ? Quel chiffre d'affaires l'entreprise a-t-elle réalisé au cours de cet exercice ? À quelle fréquence les machines qui fabriquent les manches de parapluie tombent-elles en panne ?

À l'opposé, les données qualitatives ne peuvent être ni mesurées ni comptées et comprennent presque toutes les données non numériques. Elles sont descriptives, exprimées par des mots plutôt que des chiffres. Pourquoi est-ce une distinction importante en apprentissage automatique ? Les données qualitatives doivent être prétraitées pour les *convertir* en données quantitatives. En effet, un modèle ML accepte en entrée uniquement des données qualitatives. Les chapitres suivants expliqueront comment prendre en charge certaines données qualitatives.

Données structurées, non structurées et semi-structurées

Les données peuvent être regroupées en trois catégories : structurées, non structurées et semi-structurées.

Les données *structurées* sont des informations qui ont été formatées et transformées en un modèle de données bien défini. Un modèle de données organise et structure les données afin qu'elles puissent être facilement comprises et manipulées. Les modèles de données sont utilisés dans diverses applications, notamment les bases de données, les applications logicielles et les entrepôts de données. Les données structurées sont bien organisées. Le Tableau 2.2 présente le schéma et le type de données qui seront utilisés au Chapitre 4 pour la prédiction des ventes *via* des canaux publicitaires. Il recense quatre colonnes de données numériques (quantitatives), chacune avec un nom et un type. Elles seront transmises au modèle AutoML.

Tableau 2.2 : Schéma et informations de champ utilisés dans le jeu de données pour les canaux publicitaires du Chapitre 4.

Nom de la colonne	Type de la colonne	Notes sur la valeur du champ
Digital	Numérique	Budget consacré aux publicités sur les réseaux sociaux
Newspaper	Numérique	Budget consacré aux publicités dans la presse
Radio	Numérique	Budget consacré aux publicités à la radio
TV	Numérique	Budget consacré aux publicités à la télévision

Voici quelques exemples de données structurées :

- dossiers clients ;
- inventaire des produits ;
- données financières ;
- journaux des transactions ;
- données d'analyse de sites Web ;
- fichiers journaux.

Les données *non structurées* ne sont ni structurées, ni tabulaires, ni formatées d'une manière spécifique. En voici quelques exemples :

- publications sur les réseaux sociaux ;
- discussions (texte) ;
- vidéos ;
- photos ;
- pages Web ;
- fichiers audio.

Les données *semi-structurées* se situent entre les données structurées et les données non structurées. Elles n'ont aucun modèle tabulaire, mais les enregistrements et les champs d'un jeu de données peuvent comprendre des balises et des marqueurs sémantiques. Il s'agit essentiellement d'une combinaison de données structurées et non structurées. Les vidéos peuvent contenir des métabalises sur la date ou le lieu, mais les informations qu'elles contiennent n'ont aucune structure.

Voici quelques exemples de données semi-structurées :

- fichiers CSV, XML, JSON ;
- HTML ;

- e-mail. (Les e-mails sont considérés comme des données semi-structurées, car ils ont une certaine structure, mais pas autant que les données structurées. Ils contiennent généralement un en-tête, un corps et des pièces jointes. L'en-tête contient des informations sur l'expéditeur, le destinataire et la date du message. Le corps contient le texte du message.)

La Figure 2.9 compare les données non structurées, semi-structurées et structurées.

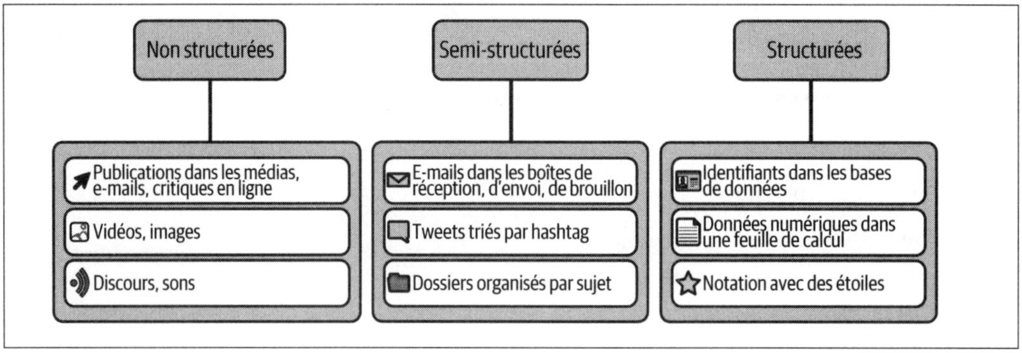

Figure 2.9 : Exemples de données non structurées, semi-structurées et structurées.

Types de fichiers de données

Nous venons de présenter les différents types de données, en évoquant plusieurs types de fichiers. Les formats des fichiers de données sont nombreux, chacun ayant un objectif propre. Le Tableau 2.3 en présente quelques-uns parmi les plus répandus.

Tableau 2.3 : Types de fichiers de données répandus.

Types de fichiers de données	Extensions de fichiers
Les fichiers texte contiennent du texte brut. Ils servent généralement à stocker des documents, comme des lettres, des rapports et du code.	.txt, .csv, .tsv, .log et .json.
Les fichiers de feuille de calcul contiennent des données sous forme de tableau. Ils servent généralement à stocker des données financières, des données de ventes et d'autres informations tabulaires.	.xls, .xlsx et .csv.
Les fichiers image contiennent des images. Ils servent généralement à stocker des photos, des graphiques et d'autres contenus visuels.	.jpg, .png et .gif.
Les fichiers audio contiennent des enregistrements sonores. Ils servent généralement à stocker de la musique, des podcasts et d'autres contenus audio.	.mp3, .wav et .ogg.
Les fichiers vidéo contiennent des enregistrements vidéo. Ils servent généralement à stocker des films, des émissions de télévision et d'autres contenus vidéo.	.mp4, .avi et .mov.
Les fichiers Web contiennent des pages Web. Ils servent généralement à stocker du code HTML, CSS et JavaScript.	.html, .htm et .php.

Traitement des données

Les données sont traitées soit par lots, soit en temps réel. Dans un traitement par lots, les données sont collectées sur une période puis manipulées ultérieurement. Ce mode est souvent employé avec les jeux de données volumineux, car son efficacité peut être supérieure à celle d'un traitement en temps réel. Dans un traitement en temps réel, les données sont manipulées dès qu'elles sont collectées. Cette méthode est employée dans les applications où les données doivent être traitées rapidement, comme la détection de fraude ou les transactions boursières.

La fréquence de traitement des données peut également varier. Dans un traitement en continu, les données sont traitées au fur et à mesure de leur collecte. Il est souvent utilisé dans les applications où les données doivent être traitées en temps réel. Dans un traitement périodique, les données sont traitées à intervalles réguliers. Il sert souvent dans les applications où les données n'ont pas besoin d'être traitées en temps réel, comme les rapports financiers.

Le mode et la fréquence de traitement des données dépendent des besoins spécifiques de l'application. Par exemple, une application qui doit traiter des jeux de données volumineux peut utiliser le traitement par lots, tandis qu'une application qui doit traiter des données en continu peut utiliser le traitement en temps réel. Le Tableau 2.4 résume les différents modes et fréquences de traitement des données.

Tableau 2.4 : Synthèse des différents modes et fréquences de traitement des données.

Mode	Fréquence	Description
Traitement par lots	Intermittent	Les données sont collectées sur une période définie puis traitées ultérieurement.
Traitement en temps réel	En continu	Les données sont traitées dès leur collecte.
Traitement périodique	Intermittent	Les données sont traitées à intervalles réguliers.

Les données par lots et les données en continu constituent deux types de données différents qui nécessitent des traitements différents.

- Les données *par lots* (*batch*) sont collectées sur une période définie, puis traitées par la suite.
- Les données *en continu* (*streaming*) sont traitées au fur et à mesure de leur réception.

Les données par lots doivent être collectées sous forme de paquets avant de pouvoir être traitées, stockées, analysées et introduites dans un modèle ML.

Les données en continu arrivent sous forme de flux et peuvent être traitées, stockées, analysées et traitées dès qu'elles sont générées. Elles peuvent provenir d'une grande diversité de sources et avoir de nombreux formats. En termes simples, les données en continu sont des données générées en permanence et en temps réel. Elles servent notamment à entraîner des modèles ML capables de faire des prédictions en temps réel. Par exemple, un modèle basé sur des données en continu pourrait être utilisé pour détecter les fraudes ou prédire le taux de désabonnement des clients.

Introduction à GitHub et Colab de Google

Cette section explique comment configurer un référentiel de projet GitHub et un notebook Jupyter. Le référentiel GitHub peut contenir des jeux de données et les notebooks créés pour un projet low-code, comme les notebooks Jupyter mentionnés dans cet ouvrage.

Créer un référentiel de données GitHub pour les projets

GitHub est un dépôt de code dans lequel vous pouvez stocker gratuitement des notebooks Jupyter et des données brutes expérimentales. Voyons comment en profiter.

1. Ouvrir un compte GitHub

GitHub propose des comptes personnels réservés aux particuliers et aux organismes. La création d'un tel compte sert d'identification sur *GitHub.com* (*https://github.com/*) et demande le choix d'un plan de facturation.

2. Configurer un dépôt GitHub pour le projet

Pour configurer votre premier dépôt GitHub, consultez les étapes détaillées sur la page Use GitHub to Create a Data Repository for Your Projects (en anglais) du Chapitre 2 disponible sur le dépôt GitHub de cet ouvrage (*https://oreil.ly/supp-lcai*). La documentation GitHub (*https://docs.github.com/fr/repositories/creating-and-managing-repositories/quickstart-for-repositories*) explique également comment procéder.

Donnez à votre dépôt un nom court facile à mémoriser, par exemple « projets livre low-code ». Une description est facultative, mais pour cet exercice, saisissez « Projets pour le livre sur l'IA en low-code ». Indiquez la visibilité du dépôt ; dans ce cas, la valeur par défaut Public indique que n'importe qui sur Internet peut voir ce dépôt. La Figure 2.10 illustre cette configuration.

Demandez à GitHub de créer un fichier *README.md*, dans lequel vous pouvez décrire longuement le projet. Gardez les autres valeurs par défaut. `.gitignore` permet de choisir les fichiers qui ne feront pas l'objet d'un suivi. La licence indique aux personnes ce qu'elles peuvent et ne peuvent pas faire avec le code du projet. Enfin, GitHub rappelle que vous créez un référentiel public dans votre compte personnel. Lorsque la configuration est terminée, cliquez sur Create repository. La Figure 2.11 montre la deuxième partie de la configuration.

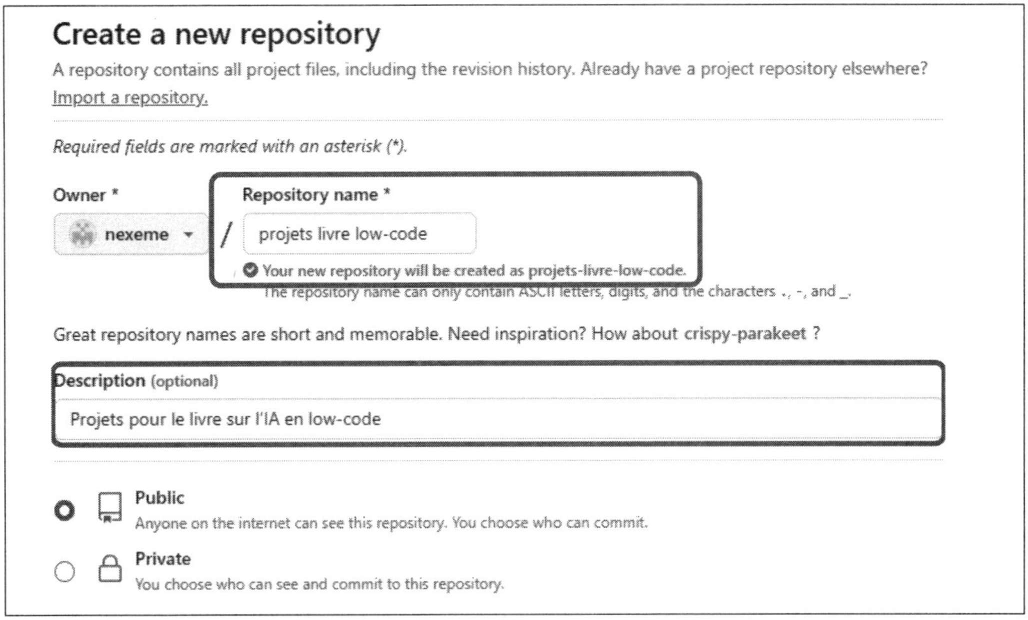

Figure 2.10 : Page de création d'un nouveau dépôt.

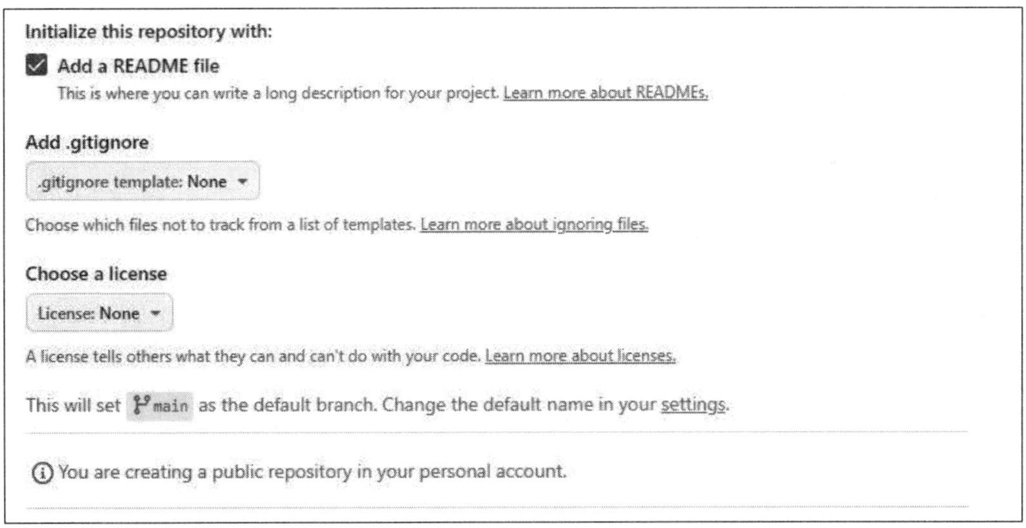

Figure 2.11 : Configuration des paramètres du dépôt.

Après avoir cliqué sur le bouton de création, la page du dépôt apparaît (voir Figure 2.12).

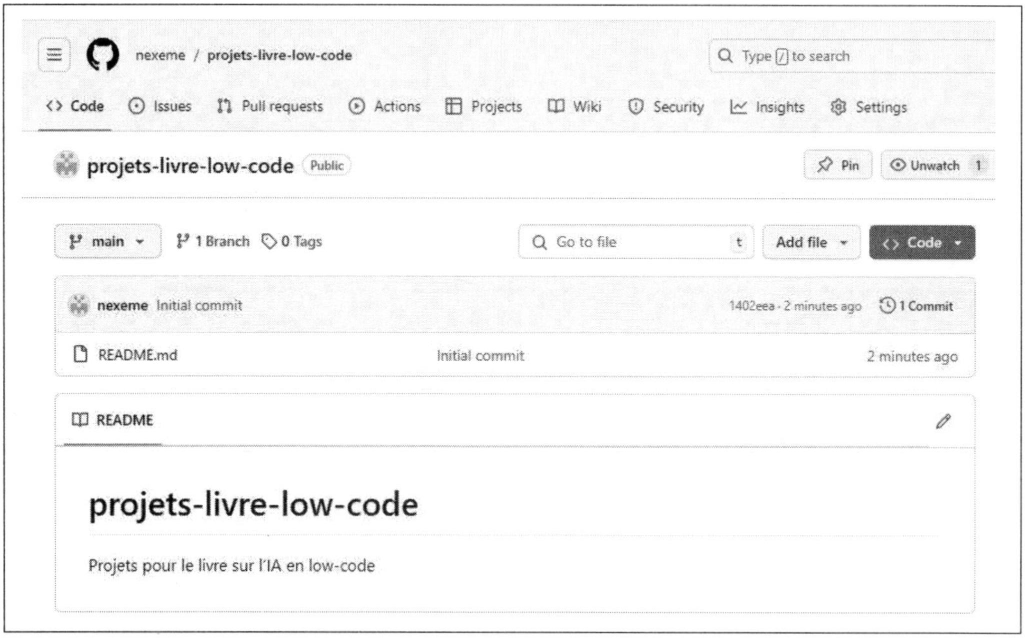

Figure 2.12 : La page du nouveau dépôt GitHub.

Dans la section suivante, vous créerez un notebook Jupyter en utilisant Colaboratory de Google (Colab, en abrégé). Le notebook de Colab sera enregistré dans GitHub, qui créera un fichier sous la branche *Main*. Créer un fichier dans GitHub est un excellent moyen d'améliorer la collaboration sur un projet. Cela donne accès à plusieurs fonctionnalités qui aideront les équipes à travailler ensemble plus efficacement :

Contrôle de version
: GitHub effectue un suivi des modifications apportées aux fichiers. Autrement dit, toutes les personnes qui ont accès au fichier peuvent voir les modifications apportées et, si nécessaire, peuvent revenir à une version précédente.

Demandes de tirage
: Les demandes de tirage (*pull requests*) permettent aux collaborateurs de proposer des modifications sur un fichier. Chacun a ainsi la possibilité d'examiner les modifications avant qu'elles ne soient fusionnées dans la branche principale.

Problèmes
: Les problèmes (*issues*) peuvent être utilisés pour le suivi des bogues ou des demandes de fonctionnalités. Cela permet à tout le monde de collaborer à la résolution des problèmes et à l'ajout de nouvelles fonctionnalités.

Commentaires

Des commentaires peuvent être ajoutés aux fichiers afin d'apporter un retour ou de poser des questions. Le travail sur le code en devient ainsi plus collaboratif.

Utiliser Colaboratory de Google pour des projets d'IA en low-code

Il y a quelques années de cela, pour apprendre Python, il fallait télécharger l'interpréteur Python et l'installer sur son ordinateur. La tâche pouvait se révéler ardue pour les débutants, car elle nécessitait de savoir comment installer un logiciel et configurer l'ordinateur. Aujourd'hui, il existe de nombreuses manières d'apprendre Python sans rien installer sur son ordinateur. Vous pouvez utiliser des IDE (environnements de développement intégrés) en ligne qui permettent d'écrire et d'exécuter du code Python dans un navigateur Web. Vous pouvez également utiliser des environnements Python dans le cloud, avec un accès à un interpréteur Python et à toutes les bibliothèques requises pour démarrer.

Ces ressources en ligne et dans le cloud facilitent plus que jamais l'apprentissage de Python, quel que soit son niveau d'expérience ou d'expertise technique. Voici quelques-uns des avantages de cette approche :

Aucune installation requise

Vous pouvez commencer à apprendre Python immédiatement, sans avoir à télécharger ou installer un logiciel.

Accès de partout

Vous pouvez utiliser de telles ressources depuis n'importe où, à condition de disposer d'une connexion Internet.

Abordables

Les ressources en ligne et dans le cloud sont souvent gratuites ou accessibles à un prix très abordable.

Facilité d'utilisation

Leur conception les rend faciles à utiliser, même pour les débutants.

Un notebook Jupyter est créé avec l'aide de Colab de Google. Ce service de notebooks Jupyter hébergé ne nécessite aucune configuration, tout en donnant accès à des ressources informatiques, comme des unités de traitement graphique (GPU). Colab s'exécute dans le navigateur Web et permet d'écrire et d'exécuter du code Python. Les notebooks sont stockés dans Google Drive et peuvent être partagés comme n'importe quel autre document Google Docs ou Google Sheets.

L'utilisation de Colaboratory est gratuite. Il n'est pas nécessaire de créer un compte ni de payer un abonnement. Les notebooks peuvent être partagés avec d'autres personnes, qui peuvent travailler ensemble sur des projets.

1. Créer un notebook Jupyter pour Python sur Colaboratory

Rendez-vous sur Colab (*https://colab.research.google.com*) pour créer un nouveau notebook Jupyter pour Python. La Figure 2.13 présente la page d'accueil. Cliquez sur Nouveau notebook.

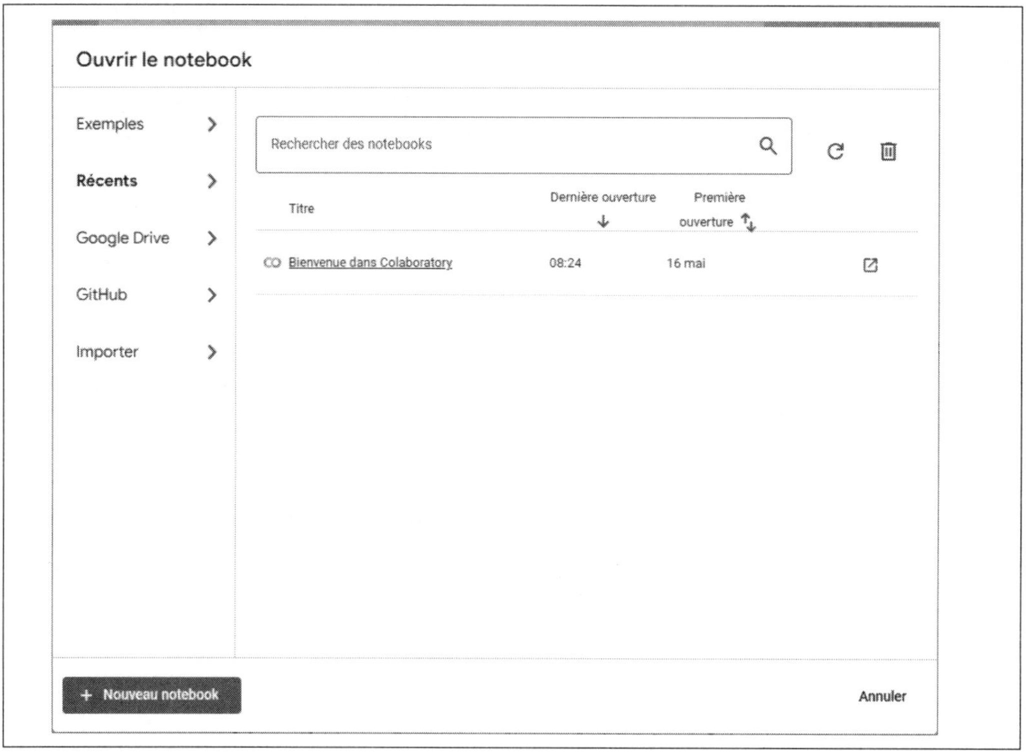

Figure 2.13 : Page d'accueil de Colab de Google.

Donnez un nom au notebook en cliquant sur la barre de titre, comme indiqué à la Figure 2.14 (A), et développez la partie gauche pour afficher le sommaire (B). Cliquez ensuite sur le bouton `+ Code` (C) pour ajouter une cellule qui contiendra votre code. Le bouton `+ Texte` permet d'ajouter du texte, comme une documentation.

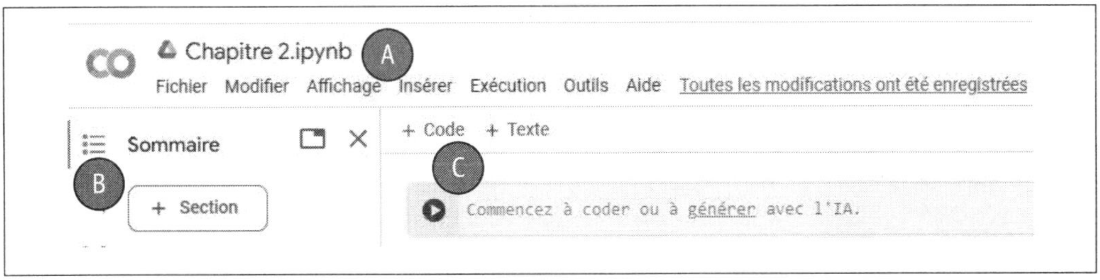

Figure 2.14 : Modification du nom du notebook et ajout d'une nouvelle cellule de code.

2. Importer des bibliothèques et des jeux de données à l'aide de Pandas

Après que la cellule de code a été ajoutée, vous devez importer toutes les bibliothèques nécessaires. Dans cet exemple simple, Pandas suffira. Saisissez **`import pandas as pd`** dans la cellule et exécutez ce code en cliquant sur la flèche encerclée (voir Figure 2.15).

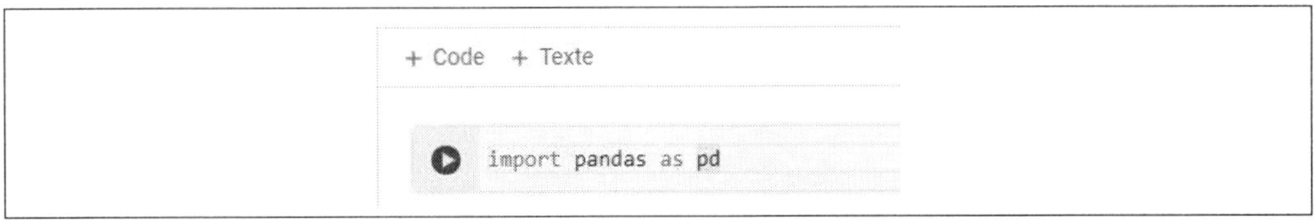

Figure 2.15 : Ligne de code permettant d'importer Pandas.

La bibliothèque Pandas est utilisée pour l'analyse des données. En général, lorsqu'une bibliothèque est importée, il est préférable de fournir un moyen de l'utiliser sans avoir à écrire à chaque fois son nom entier, comme `pandas`. C'est pourquoi nous déclarons `pd` en tant qu'alias (nom abrégé) pour la bibliothèque Pandas. Cet alias est souvent employé par convention pour raccourcir les noms des modules et sous-modules.

Le jeu de données provient du site Web *data.gov* (*https://data.gov/*) et s'intitule Heart Disease Mortality Data Among US Adults (voir Figure 2.16).

Faites défiler la page jusqu'à la rubrique « Downloads & Resources » (voir Figure 2.17). Il existe deux manières d'importer le fichier dans le notebook Jupyter. Vous pouvez télécharger le fichier sur votre bureau puis l'importer, ou vous pouvez utiliser l'URL. Choisissons la seconde méthode. Cliquez sur le lien Comma Separated Values File, qui mène à l'URL de téléchargement de ce fichier (voir Figure 2.18).

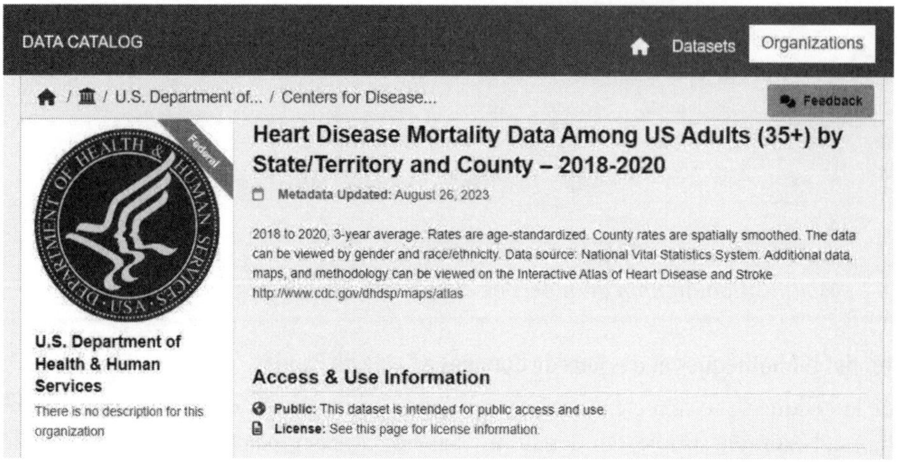

Figure 2.16 : Données sur la mortalité par maladie cardiaque chez les adultes américains par région.

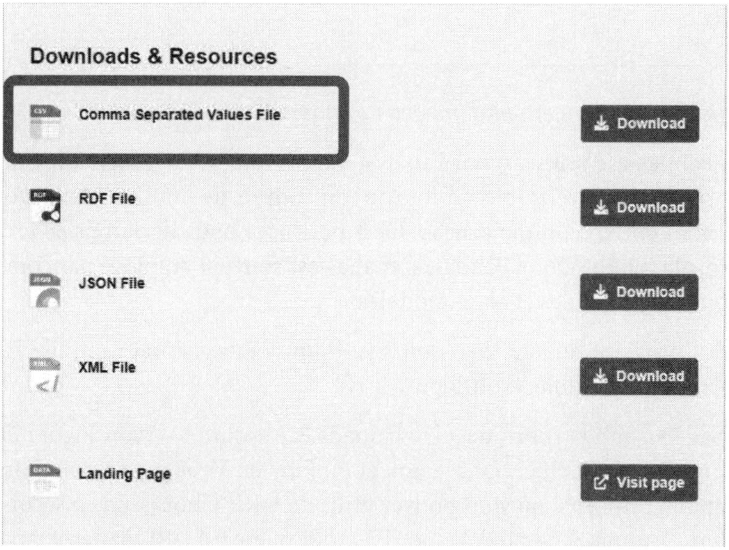

Figure 2.17 : Rubrique Downloads & Resources.

Figure 2.18 : URL du fichier CSV.

Copiez l'URL affichée à la Figure 2.18 à partir du site Web. Retournez ensuite à votre notebook Colab et saisissez le code donné à la Figure 2.19 dans une nouvelle cellule (A). Exécutez celle-ci en cliquant sur la flèche (B).

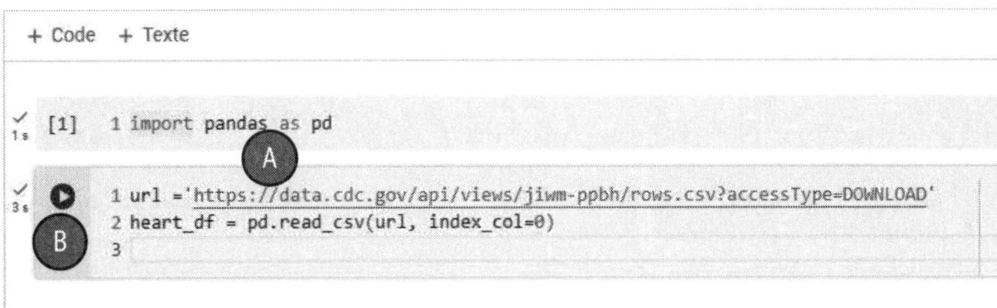

Figure 2.19 : Code permettant de lire le contenu ciblé par l'URL dans un DataFrame Pandas.

Le code importe le jeu de données dans un DataFrame. Cette structure de données bidimensionnelle est utilisée pour stocker des données sous forme de tableau. Elle est comparable à une feuille de calcul.

Ajoutez à présent du code pour afficher les cinq premières lignes (ou *tête*) du DataFrame. Pour cela, créez une nouvelle cellule, saisissez **`heart_df.head()`** dans la cellule et exécutez-la. Le code et le résultat sont présentés dans la Figure 2.20.

```
1 heart_df.head()
```

Year	LocationAbbr	LocationDesc	GeographicLevel	DataSource	Class	Topic	Data_Value	Data_Value_Unit
2019	AK	Aleutians East	County	NVSS	Cardiovascular Diseases	Heart Disease Mortality	182.4	per 100,000 population
2019	AK	Aleutians West	County	NVSS	Cardiovascular Diseases	Heart Disease Mortality	172.6	per 100,000 population
2019	AK	Anchorage	County	NVSS	Cardiovascular Diseases	Heart Disease Mortality	255.6	per 100,000 population
2019	AK	Bethel	County	NVSS	Cardiovascular Diseases	Heart Disease Mortality	343.4	per 100,000 population
2019	AK	Bristol Bay	County	NVSS	Cardiovascular Diseases	Heart Disease Mortality	NaN	per 100,000 population

Figure 2.20 : Les cinq premières lignes du DataFrame (certaines colonnes ne sont pas affichées par souci de lisibilité).

Ajoutez une nouvelle cellule de code. Saisissez **`heart_df.info()`** et exécutez la cellule afin d'obtenir des informations sur le DataFrame, c'est-à-dire sur le jeu de données. Cela comprend le nombre de colonnes, leur nom, les types de données qu'elles contiennent, l'utilisation de la mémoire, l'indice de plage et le nombre de cellules dans chaque colonne (valeurs non nulles). La Figure 2.21 affiche le résultat. Les valeurs exactes peuvent différer selon le moment où les données sont téléchargées.

À partir des informations fournies par `.info()`, nous savons que le jeu comprend quinze colonnes d'objets de type chaîne de caractères (données qualitatives) et quatre colonnes numériques (données quantitatives). Vous pouvez considérer que `int64` est un nombre sans décimale (par exemple, 25) et que `float64` est un nombre avec une décimale (par exemple, 25,5).

```
1 heart_df.info()

<class 'pandas.core.frame.DataFrame'>
Index: 59094 entries, 2019 to 2019
Data columns (total 19 columns):
 #   Column                      Non-Null Count  Dtype
---  ------                      --------------  -----
 0   LocationAbbr                59094 non-null  object
 1   LocationDesc                59094 non-null  object
 2   GeographicLevel             59094 non-null  object
 3   DataSource                  59094 non-null  object
 4   Class                       59094 non-null  object
 5   Topic                       59094 non-null  object
 6   Data_Value                  33087 non-null  float64
 7   Data_Value_Unit             59094 non-null  object
 8   Data_Value_Type             59094 non-null  object
 9   Data_Value_Footnote_Symbol  26007 non-null  object
 10  Data_Value_Footnote         26007 non-null  object
 11  StratificationCategory1     59094 non-null  object
 12  Stratification1             59094 non-null  object
 13  StratificationCategory2     59094 non-null  object
 14  Stratification2             59094 non-null  object
 15  TopicID                     59094 non-null  object
 16  LocationID                  59094 non-null  int64
 17  Y_lat                       59076 non-null  float64
 18  X_lon                       59076 non-null  float64
dtypes: float64(3), int64(1), object(15)
memory usage: 9.0+ MB
```

Figure 2.21 : Affichage des informations sur le DataFrame.

3. Valider les données

Les bonnes pratiques recommandent de valider les données importées à partir d'une URL, surtout lorsqu'un fichier CSV permettant une comparaison est disponible. Si la page du jeu de données avait répertorié des métadonnées complémentaires, comme le nombre de colonnes et leur nom, les étapes suivantes auraient pu être évitées. Mais, hélas, cela fait partie du travail sur les données !

Retournez sur le site *data.gov* (*https://data.gov*) et téléchargez le fichier CSV sur votre ordinateur. Vous allez vérifier que ce fichier correspond à celui importé depuis l'URL.

Pour cela, il faut importer le fichier récupéré dans le notebook Colab, puis charger son contenu dans un DataFrame. Ouvrez le sommaire du notebook Chapitre 2 en sélectionnant le dossier indiqué dans la Figure 2.22 (A). Ensuite, pour importer un fichier, cliquez sur l'icône de dossier arborant une flèche vers le haut (B).

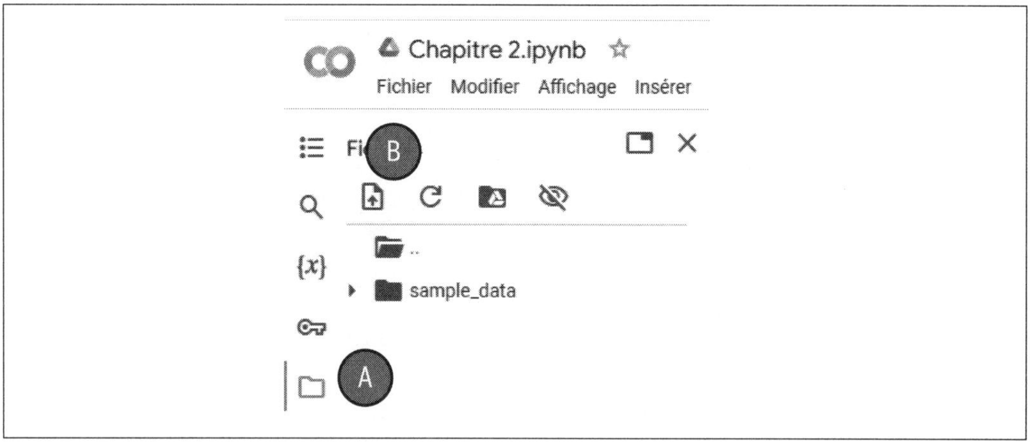

Figure 2.22 : Importation du fichier dans le notebook Colab.

Lors de l'envoi du fichier, le message d'avertissement donné à la Figure 2.23 apparaît. Il indique que les fichiers importés ne sont pas conservés après la fermeture du moteur d'exécution (ce qui peut se produire si vous fermez Colab). Le moteur d'exécution donne au programme l'environnement dont il a besoin pour s'exécuter.

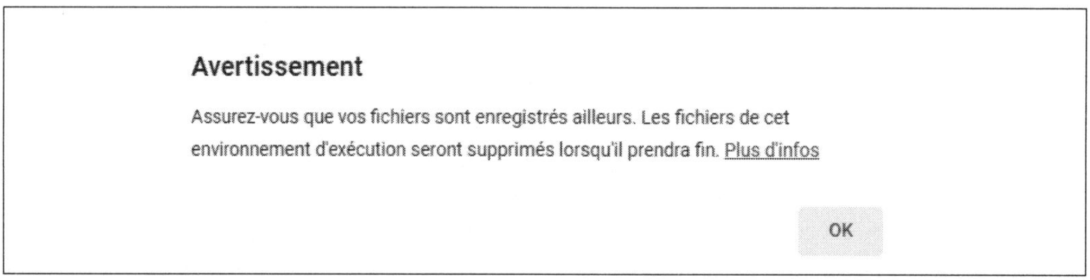

Figure 2.23 : Message d'avertissement signalant que les fichiers envoyés ne sont pas enregistrés de manière permanente.

Lorsque l'envoi est terminé, actualisez l'onglet du notebook et développez-le pour voir le sommaire. La page doit ressembler à celle illustrée à la Figure 2.24.

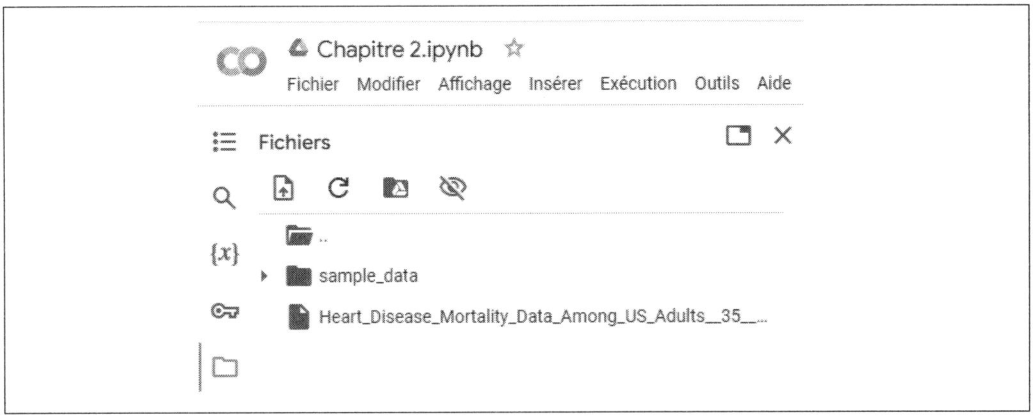

Figure 2.24 : Affichage du fichier envoyé dans le sommaire.

Le nom du fichier est très long. Renommez-le en cliquant avec le bouton droit sur le fichier et en saisissant *heart.csv* (voir Figure 2.25).

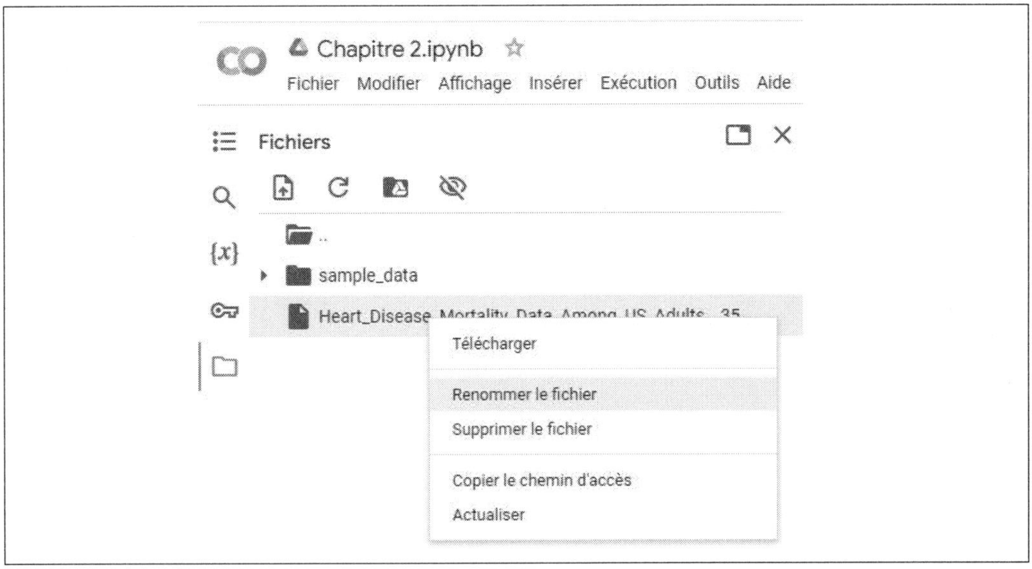

Figure 2.25 : Sélection de l'option Renommer le fichier.

Le sommaire du notebook doit alors être mis à jour (voir Figure 2.26).

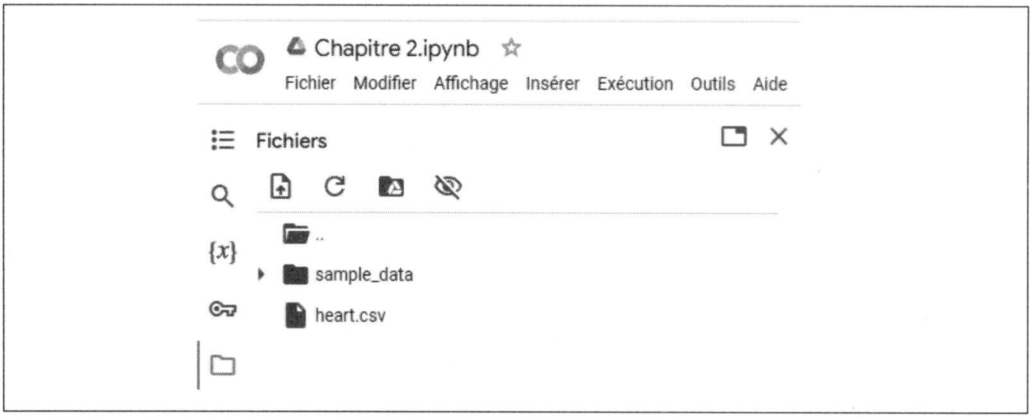

Figure 2.26 : Le fichier a été renommé en heart.csv.

Vous devez à présent copier le chemin du fichier (voir Figure 2.27), car son emplacement exact devra être indiqué en paramètre de la méthode Pandas `read.csv`. Faites un clic droit sur le fichier *heart.csv* pour obtenir son chemin.

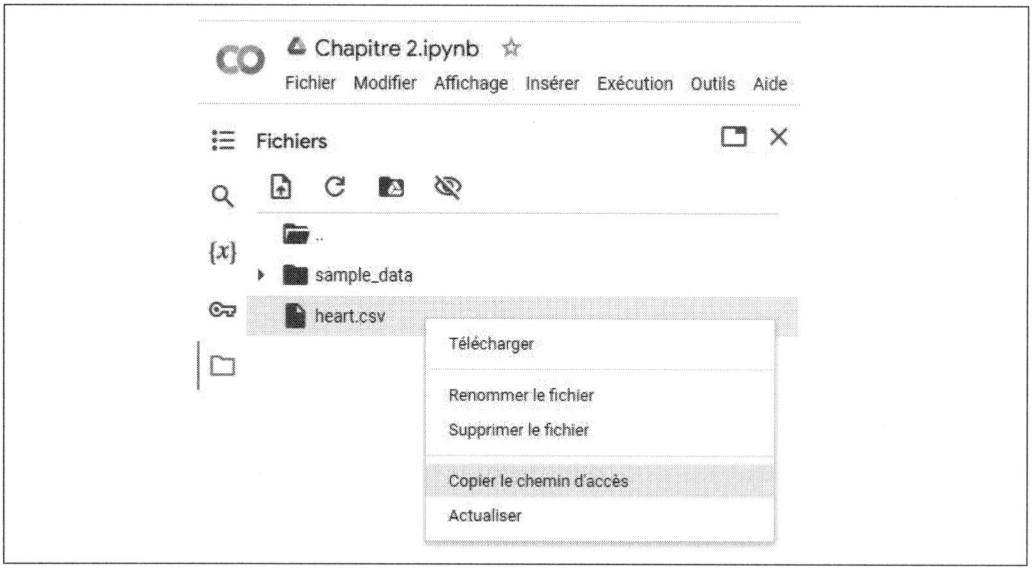

Figure 2.27 : Copie du chemin du fichier.

Ajoutez une cellule de code et saisissez le code suivant. Collez le chemin d'accès au fichier sans oublier d'entourer `/content/heart.csv` de guillemets simples. Exécutez la cellule et examinez le résultat :

```
heart_df = pd.read_csv('/content/heart.csv', on_bad_lines='skip', engine="python")
heart_df.head()
```

Saisissez **`heart_df.info()`** dans une nouvelle cellule, puis exécutez-la pour obtenir les informations sur le DataFrame. Comparez le nombre total de colonnes mentionné par les Figures 2.21 et 2.28. La première indique 19 colonnes, tandis que la seconde affiche 20 colonnes. En effet, en envoyant le fichier, une colonne a été ajoutée pour l'année. La colonne `Year` n'est pas de type numérique, même si elle contient des nombres. Ces valeurs servent non pas à des calculs, mais au rangement et au classement. La Figure 2.28 révèle votre premier cas de données sales pour ce cas d'utilisation de l'apprentissage automatique.

```
1 heart_df.info()

<class 'pandas.core.frame.DataFrame'>
RangeIndex: 59094 entries, 0 to 59093
Data columns (total 20 columns):
 #   Column                      Non-Null Count  Dtype
---  ------                      --------------  -----
 0   Year                        59094 non-null  int64
 1   LocationAbbr                59094 non-null  object
 2   LocationDesc                59094 non-null  object
 3   GeographicLevel             59094 non-null  object
 4   DataSource                  59094 non-null  object
 5   Class                       59094 non-null  object
 6   Topic                       59094 non-null  object
 7   Data_Value                  33087 non-null  float64
 8   Data_Value_Unit             59094 non-null  object
 9   Data_Value_Type             59094 non-null  object
 10  Data_Value_Footnote_Symbol  26007 non-null  object
 11  Data_Value_Footnote         26007 non-null  object
 12  StratificationCategory1     59094 non-null  object
 13  Stratification1             59094 non-null  object
 14  StratificationCategory2     59094 non-null  object
 15  Stratification2             59094 non-null  object
 16  TopicID                     59094 non-null  object
 17  LocationID                  59094 non-null  int64
 18  Y_lat                       59076 non-null  float64
 19  X_lon                       59076 non-null  float64
dtypes: float64(3), int64(2), object(15)
memory usage: 9.0+ MB
```

Figure 2.28 : La colonne Year contenant une valeur de type `int64`.

Saisissez **heart_df.isnull().sum()** dans une nouvelle cellule (voir Figure 2.29) et exécutez-la. La sortie produite montre-t-elle la présence de valeurs nulles ? Une *valeur nulle* indique en fait l'absence de valeur. Voici votre deuxième cas de données sales ! Cinq des colonnes présentent des valeurs nulles. Nous expliquerons comment les prendre en charge dans un prochain chapitre. Puisque vous n'avez pas encore vraiment de cas d'utilisation, vous vous demandez peut-être si toutes ces caractéristiques sont vraiment utiles. Il s'agit des données d'entrée qui servent à l'entraînement du modèle. Celui-ci s'en sert ensuite pour faire des prédictions. Nous reviendrons ultérieurement sur la sélection des caractéristiques.

```
1 heart_df.isnull().sum()

Year                            0
LocationAbbr                    0
LocationDesc                    0
GeographicLevel                 0
DataSource                      0
Class                           0
Topic                           0
Data_Value                  26007
Data_Value_Unit                 0
Data_Value_Type                 0
Data_Value_Footnote_Symbol  33087
Data_Value_Footnote         33087
StratificationCategory1         0
Stratification1                 0
StratificationCategory2         0
Stratification2                 0
TopicID                         0
LocationID                      0
Y_lat                          18
X_lon                          18
dtype: int64
```

Figure 2.29 : Sortie de IsNull montrant le nombre de cellules nulles dans les cinq colonnes qui en contiennent.

Voici un récapitulatif des problèmes de qualité des données.

Valeurs manquantes

La plupart des algorithmes n'acceptent pas que des valeurs soient manquantes. Lorsque nous constatons des valeurs manquantes dans un jeu de données, nous pourrions donc avoir tendance à simplement « supprimer toutes les lignes » qui en contiennent. Cependant, il existe d'autres manières de gérer les valeurs manquantes, comme l'explique la note suivante.

> En apprentissage automatique, il existe deux principales manières de prendre en charge les valeurs manquantes dans un jeu de données : la suppression et l'imputation.
>
> La *suppression* consiste à retirer du jeu de données les lignes ou les colonnes qui comprennent des valeurs manquantes. Il suffit d'enlever toutes les lignes ou colonnes dans lesquelles il manque des valeurs, ou uniquement celles dont le nombre de valeurs manquantes dépasse un certain seuil.
>
> L'*imputation* consiste à remplacer les valeurs manquantes par des estimations. Pour cela, il existe de nombreuses techniques, notamment (1) l'imputation moyenne, qui remplace les valeurs manquantes par la moyenne des valeurs observées pour la variable ; (2) l'imputation médiane, qui remplace les valeurs manquantes par la médiane des valeurs observées pour la variable ; (3) l'imputation de mode, qui remplace les valeurs manquantes par la valeur la plus fréquente de la variable ; et (4) l'imputation par régression, qui utilise un modèle de régression pour prédire les valeurs manquantes sur la base des valeurs observées d'autres variables.

Même si Pandas remplit l'espace vide avec *NaN* (pas un nombre), il nous faut les traiter d'une manière ou d'une autre. Nous y reviendrons plus loin dans cet ouvrage.

Type de données incorrect

Le type de la colonne `Year` est `int64` alors qu'elle devrait être un objet chaîne, que nous souhaitons gérer comme une caractéristique catégorielle qualitative.

Colonnes catégorielles

Plusieurs caractéristiques sont des objets de type chaîne et ne sont donc pas numériques. Elles ne peuvent pas être transmises telles quelles à un modèle ML. Elles doivent d'abord passer par un *encodage one-hot*. Nous montrerons la procédure dans un prochain chapitre.

4. Un peu d'analyse exploratoire des données

Avant de conclure cette section, examinons quelques façons simples d'explorer les données. Pour connaître les valeurs uniques de la caractéristique `Stratification2`, il suffit de saisir **`heart_df.Stratification2.unique()`** dans une nouvelle cellule (voir Figure 2.30) et d'exécuter celle-ci.

```
heart_df.Stratification2.unique()
```

```
array(['Overall', 'White', 'Black', 'Hispanic',
       'Asian and Pacific Islander', 'American Indian and Alaskan Native'],
      dtype=object)
```

Figure 2.30 : Code affichant les valeurs uniques de la colonne `Stratification2`.

Utilisons le tracé en forme de violon de Seaborn pour visualiser cette caractéristique. Seaborn est une bibliothèque Python qui permet de créer des graphiques statistiques. Tout le code donné peut être placé dans la même cellule (voir Figure 2.31). Il utilise la caractéristique `Data_Value` pour les abscisses et `Stratification2` pour les ordonnées. `Data_Value` correspond au nombre de maladies cardiaques dans chaque région et par groupe (voir Figure 2.32).

```
import seaborn as sns
sns.violinplot(x='Data_Value', y='Stratification2', data=heart_df)
```

```
<Axes: xlabel='Data_Value', ylabel='Stratification2'>
```

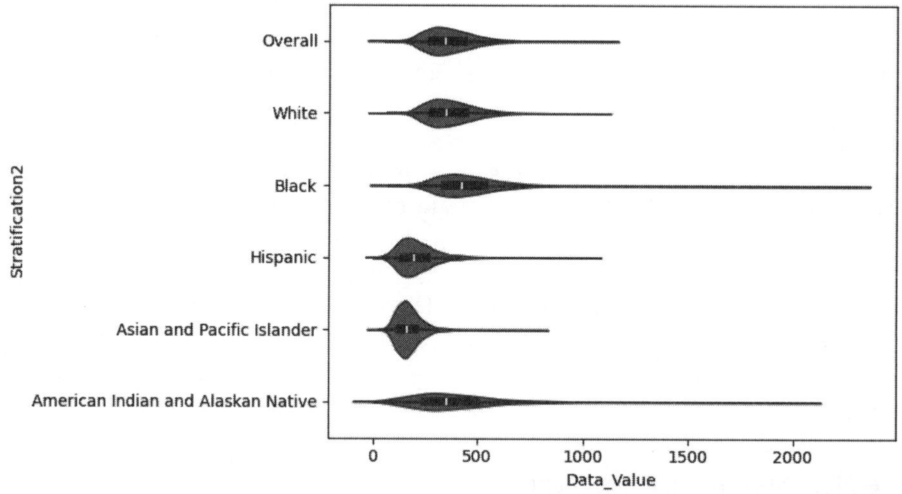

Figure 2.31 : Graphique en forme de violon pour la colonne `Stratification2`.

Les « longues traînes » indiquent que les données de cette caractéristique présentent de nombreuses valeurs aberrantes. Le corps du violon révèle le nombre de cas de maladies cardiaques en fonction des origines ethniques.

Le tracé en forme de violon de Seaborn est un bon moyen de visualiser la distribution d'un ensemble univarié de données.

Il est utilisé pour représenter la distribution des données numériques. Contrairement aux diagrammes en boîte capables d'afficher uniquement des statistiques récapitulatives, les graphiques en violon représentent les statistiques récapitulatives et la densité de chaque variable.

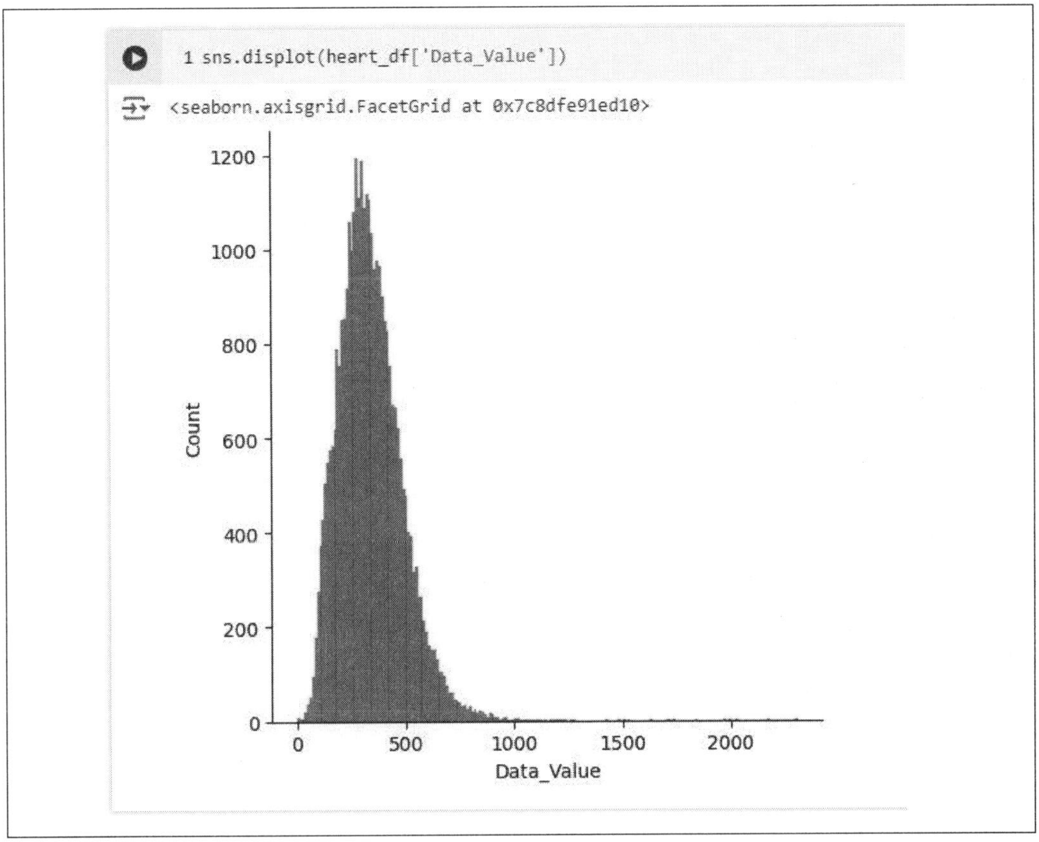

Figure 2.32 : Diagramme de distribution du nombre de maladies cardiaques.

Dans les chapitres ultérieurs, nous réaliserons d'autres analyses des données et expliquerons leur prétraitement. Pour le moment, enregistrez votre notebook sur GitHub. Dans le menu Colab, cliquez sur Fichier > Enregistrer une copie dans GitHub (voir Figure 2.33).

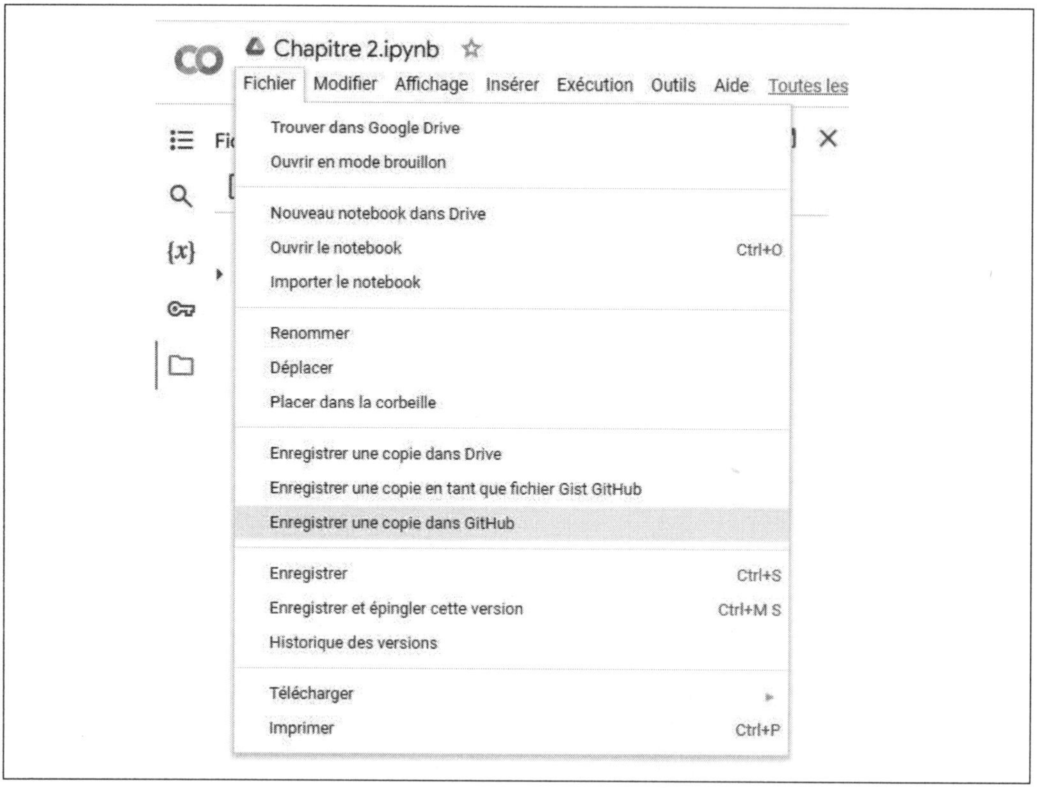

Figure 2.33 : Enregistrement d'une copie du notebook dans GitHub.

La Figure 2.34 montre la configuration requise. Dans la liste déroulante Dépôt, sélectionnez le dépôt dans lequel le notebook doit être enregistré. Sous Branche, sélectionnez l'entrée Notebooks (que vous aurez créée précédemment). Gardez cochée la case Inclure un lien vers Colab afin de créer dans GitHub un lien qui vous permettra d'ouvrir directement le notebook.

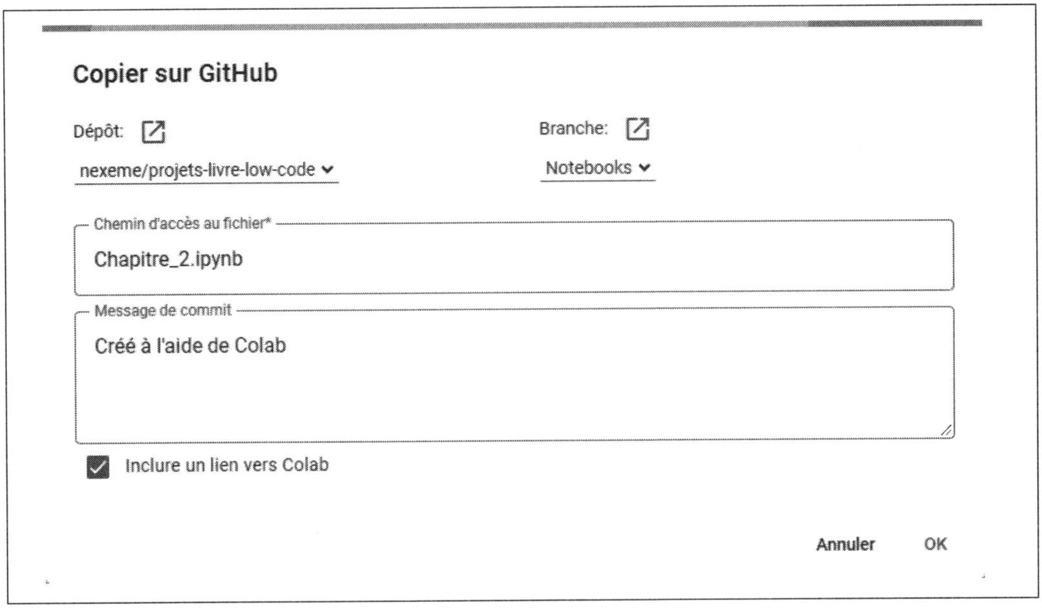

Figure 2.34 : Fenêtre Colab pour l'exportation d'un notebook dans GitHub.

Lorsque Colab a terminé la copie du notebook, il vous emmène directement sur GitHub (voir Figure 2.35).

Figure 2.35 : Le notebook a été copié sur GitHub.

Actualisez la page dans le référentiel GitHub. Votre notebook Jupyter Colab devrait y figurer (voir Figure 2.36).

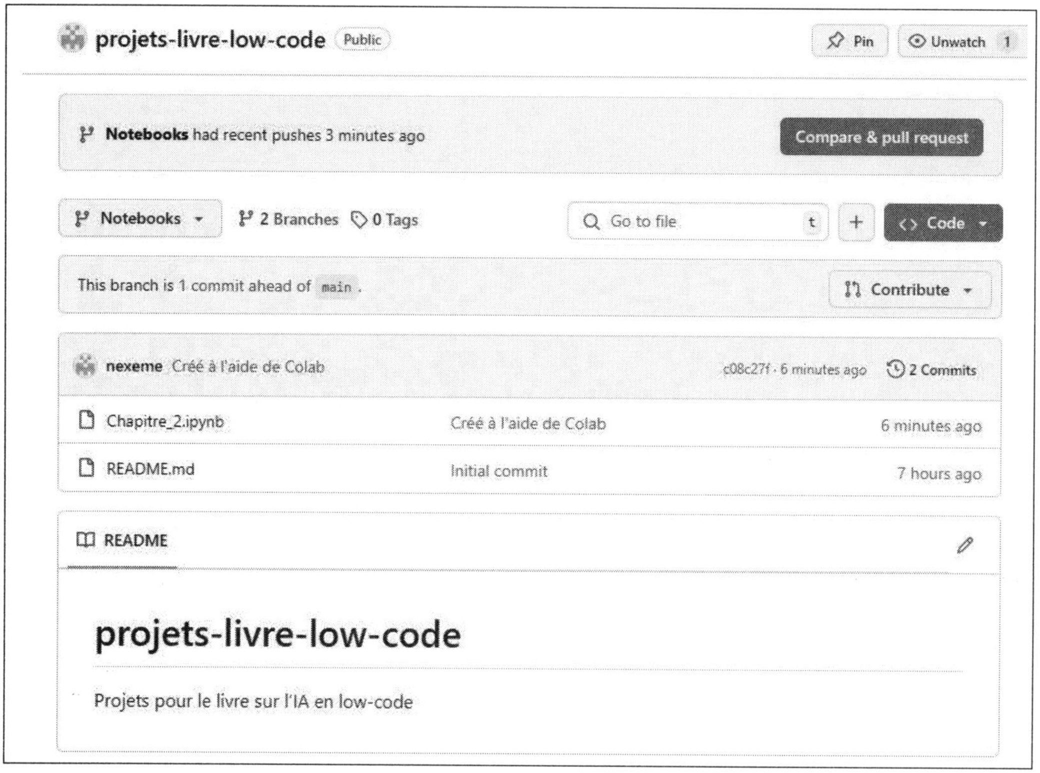

Figure 2.36 : La copie du notebook Jupyter Colab dans GitHub.

En résumé

Ce chapitre a présenté les différents cas d'utilisation et jeux de données qui seront utilisés dans cet ouvrage. Vous avez découvert les types de données et la différence entre les données structurées, semi-structurées et non structurées, ainsi qu'entre les données par lots et celles en continu. Vous avez mis en pratique les notebooks Jupyter pour Python et GitHub à partir d'un navigateur. Vous avez appris que les données sales sont délicates et peuvent avoir un impact sur le type de données et l'envoi des données à un modèle ML.

Dans le chapitre suivant, vous découvrirez les frameworks ML et vous travaillerez avec AutoML. Vous utiliserez un jeu de données déjà traité. Il vous suffira de l'importer dans le framework AutoML, pour ensuite créer et entraîner un modèle prédictif sans écrire une seule ligne de code.

CHAPITRE 3

Bibliothèques et frameworks pour l'apprentissage automatique

Ce chapitre présente les frameworks d'apprentissage automatique (*https://oreil.ly/IJbCu*) qui simplifient le développement de modèles ML. En règle générale, pour créer et entraîner des pipelines ML, il est indispensable de comprendre les principes mathématiques, statistiques et ML sous-jacents. Ces frameworks apportent leur aide en automatisant de nombreuses tâches fastidieuses impliquées dans un flux de travail ML, comme la sélection de caractéristiques, la sélection d'algorithmes, l'écriture de code, le développement de pipelines, l'ajustement des performances et le déploiement de modèles.

AutoML en no-code

Imaginons que vous soyez un analyste commercial travaillant pour une entreprise de services publics. Votre devez aider l'entreprise à développer des programmes de promotion et de sensibilisation destinés aux communautés qui consomment énormément d'électricité. Les données sont au format CSV (valeurs séparées par des virgules).

Vous n'avez ni formation en apprentissage automatique ni connaissances en programmation, mais votre responsable vous a demandé de prendre en charge ce projet en raison de votre intérêt pour le ML et son application dans l'entreprise. Malgré votre absence d'expérience en codage, vos recherches ont permis quelques observations :

- Pour les personnes qui ne savent pas programmer, comme vous, il existe des frameworks ML en *no-code*, dont l'interface utilisateur graphique (GUI, *Graphical User Interface*) qui permet de créer et d'entraîner automatiquement un modèle ML sans écrire une seule ligne de code.

- Pour les programmeurs modestes, il existe des frameworks ML en *low-code* qui offrent la possibilité de créer et d'entraîner un modèle ML en écrivant juste un peu de code.
- Pour les codeurs chevronnés, il existe des bibliothèques ML qui offrent la flexibilité et le contrôle nécessaires pour coder chaque étape du flux de travail ML.

À partir des informations obtenues grâce au projet de promotion et de sensibilisation, et d'après votre cas d'utilisation, vous déterminez que l'objectif est de prédire le nombre total de kilowattheures (kWh) en fonction de plusieurs variables : code postal, mois, année et type de client (particulier, commercial, industriel et agricole).

Supposons qu'il vous faille obtenir rapidement une prévision de base. Voilà un excellent cas d'utilisation pour AutoML. Un framework AutoML doté d'une interface graphique reste la solution la plus simple à utiliser. La Figure 3.1 donne un aperçu de haut niveau du flux de travail AutoML classique en no-code qui peut servir à votre cas d'utilisation professionnel. Cet exemple se fonde sur Vertex AI de Google, une plateforme d'apprentissage automatique qui facilite la création, le déploiement et la mise à l'échelle des modèles ML. Il existe également Google AutoML, Microsoft Azure AutoML et AWS SageMaker AutoML, qui sont toutes des solutions AutoML puissantes pour vous aider à créer et à déployer des modèles ML sans écrire de code. La solution la plus adaptée à votre cas dépendra de vos besoins et exigences propres.

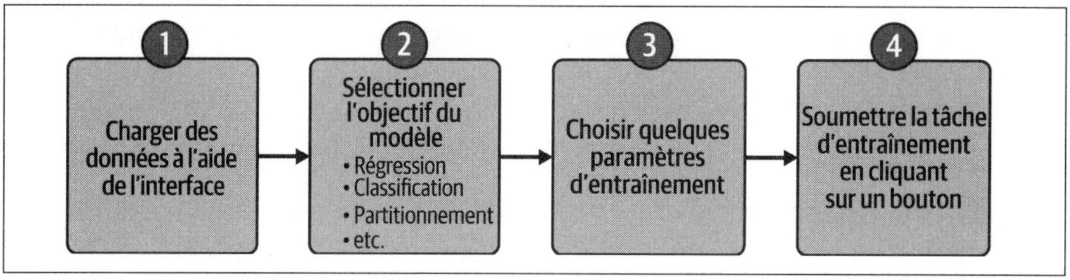

Figure 3.1 : Flux de travail AutoML classique en no-code avec Vertex AI.

Le fichier étant au format CSV, l'onglet Tabulaire doit être activé. Puisque la sortie de la prédiction est la consommation totale en kWh, donc une valeur numérique, il s'agit d'une tâche de régression. Et puisque vous avez des noms de colonnes (ou *étiquettes*) pour les multiples variables, il s'agit d'un problème d'apprentissage *supervisé*. Les données sans étiquettes nécessitent un apprentissage non supervisé, comme le partitionnement. La Figure 3.2 présente l'objectif sélectionné : une régression/classification.

Avec des données tabulaires, Vertex AI permet de créer les types de modèles suivants :

Modèles de classification binaire
: Ces modèles prédisent un résultat binaire (une classe parmi deux). Choisissez un tel modèle lorsque les réponses sont de type oui ou non.

Modèles de classification multiclasses
: Ces modèles prédisent une classe parmi au moins trois classes discrètes. Utilisez-les pour des problèmes de catégorisation.

Modèles de régression
: Ces modèles prédisent une valeur continue. Optez pour ce type de modèle si vous devez prédire des ventes.

Modèles de prévision
: Ces modèles prédisent une séquence de valeurs. Utilisez-les pour prévoir la demande quotidienne.

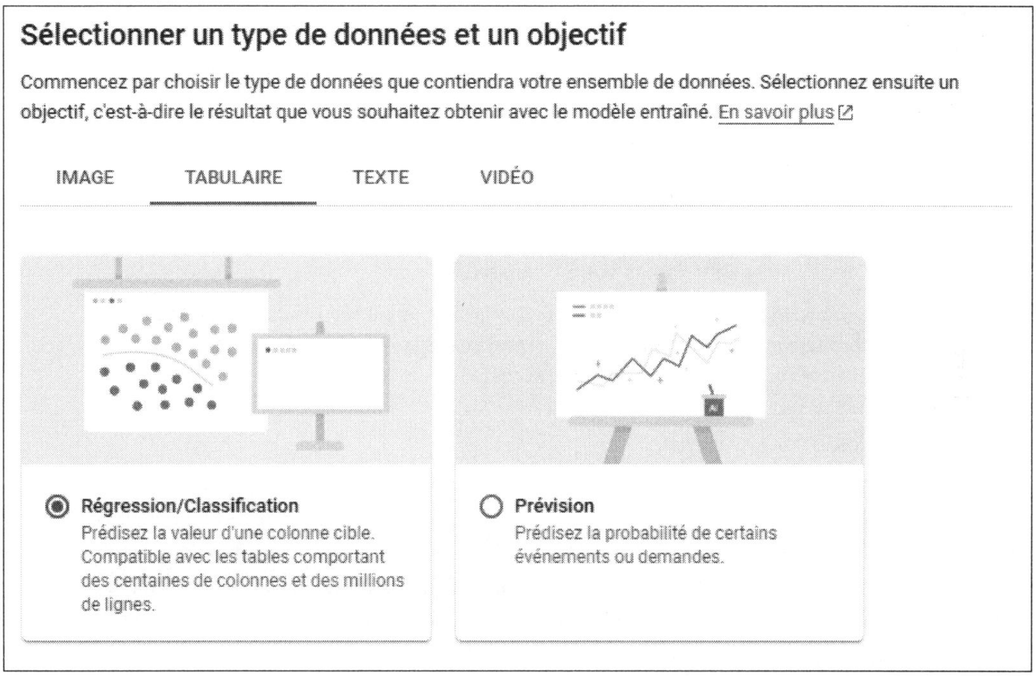

Figure 3.2 : Sélection d'une régression/classification.

Certains frameworks génèrent des statistiques à la suite du chargement des données. D'autres permettent de réduire la phase de nettoyage manuel des données en détectant et en traitant automatiquement les valeurs manquantes, les valeurs anormales et les lignes et colonnes en double. Vous pouvez inclure des étapes supplémentaires, comme examiner les données après leur chargement pour vérifier l'existence de valeurs manquantes et afficher des statistiques sur les données. La Figure 3.3 présente les options disponibles lors de l'envoi du jeu de données.

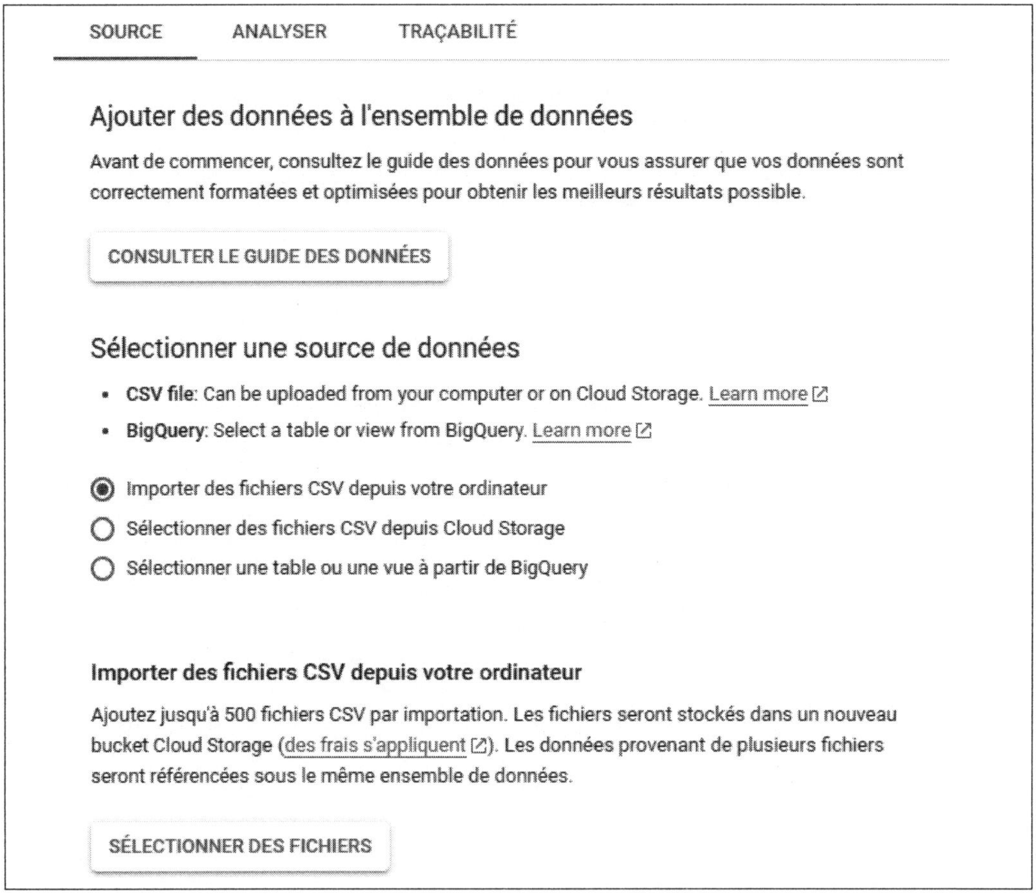

Figure 3.3 : Options concernant la source de données.

La Figure 3.4 montre les statistiques du jeu de données sur le service public d'électricité produites à l'aide du framework Vertex AI de Google. Il n'y a aucune valeur manquante et le nombre de valeurs distinctes pour chaque colonne est affiché. Nous savons, par exemple, qu'il existe 145 codes postaux dans le jeu de données. Le code postal étant un nombre, la colonne Transformation l'affiche comme « Numérique ». Cependant, le code postal est une caractéristique catégorielle, car chaque code postal est différent et peut donc être placé dans sa propre « catégorie ». Pour que `ZipCode` devienne une donnée non pas numérique mais catégorielle, il suffit d'effectuer ce choix dans la liste déroulante de la colonne Transformation.

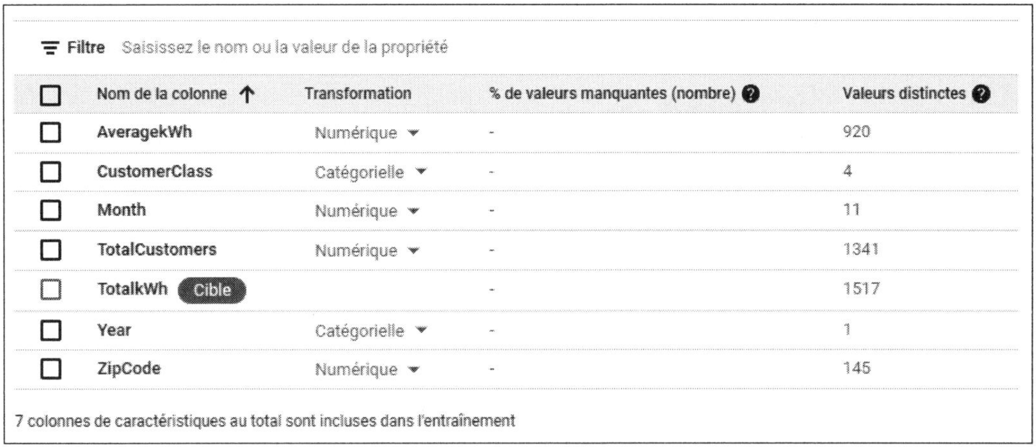

Figure 3.4 : Statistiques générées par Vertex AI de Google.

La Figure 3.5 le montre, `ZipCode` est désormais une caractéristique catégorielle. La colonne la plus à droite de la fenêtre permet de sélectionner les caractéristiques qui interviendront lors de l'entraînement.

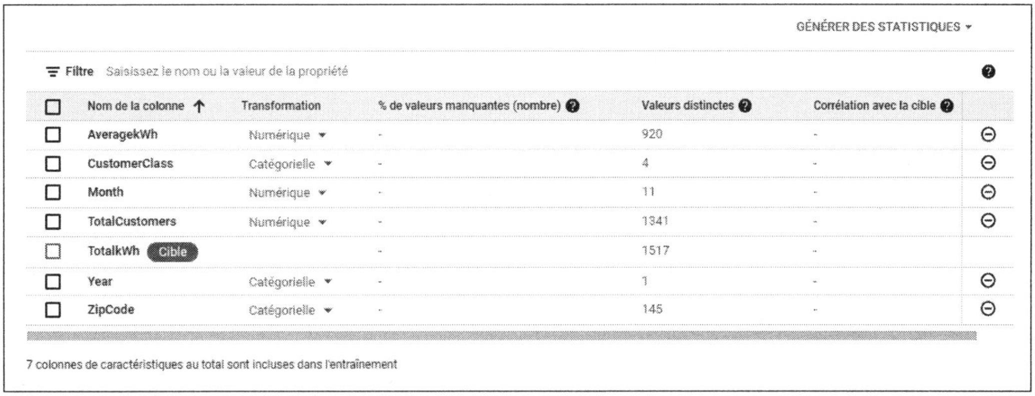

Figure 3.5 : `ZipCode` en tant que caractéristique catégorielle.

AutoML présente un profil de données pour chaque caractéristique. La Figure 3.6 montre que le code postal 92694 est le plus courant, indiquant ainsi que le nombre de clients vivant dans la zone de ce code postal est le plus élevé. De telles informations peuvent être exploitées dans les campagnes marketing.

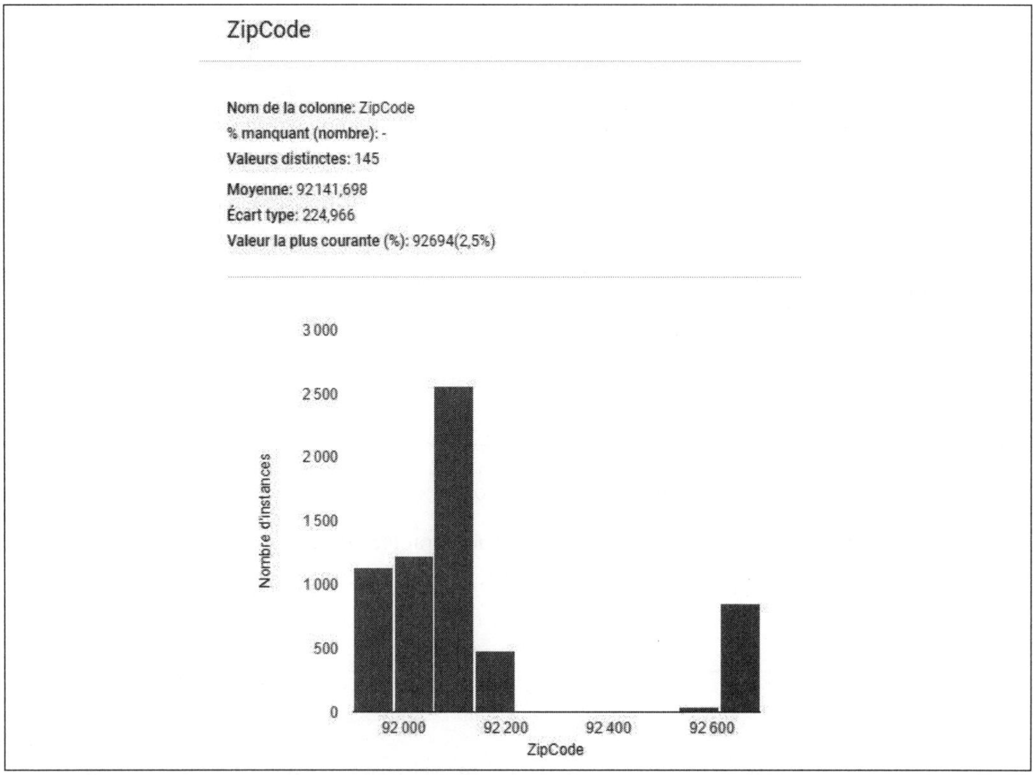

Figure 3.6 : Le code postal le plus répandu.

Au cours de l'étape 3, l'entraînement d'un nouveau modèle demande la configuration de quelques paramètres. La fenêtre Train new model de Vertex AI (voir Figure 3.7) permet de sélectionner la méthode d'entraînement, les détails du modèle, les options d'apprentissage, ainsi que les options de calcul et les tarifs. Le jeu de données et l'objectif (Régression) sont indiqués dans la rubrique « Méthode d'entraînement ». AutoML est sélectionné par défaut.

Lorsque le réglage de tous les paramètres est terminé, il ne reste plus qu'à lancer l'entraînement. La Figure 3.8 montre que la tâche d'entraînement n'attend plus que votre ordre.

> L'entraînement peut prendre jusqu'à plusieurs heures, selon le volume de données et le type d'objectif choisi. Les données de type image et vidéo vont demander beaucoup plus de temps que des données structurées comme un fichier CSV. Le nombre d'échantillons destinés à l'entraînement a également un impact sur la durée des traitements. En raison de la nature d'AutoML et de son fonctionnement, un entraînement avec ce framework prend beaucoup de temps.

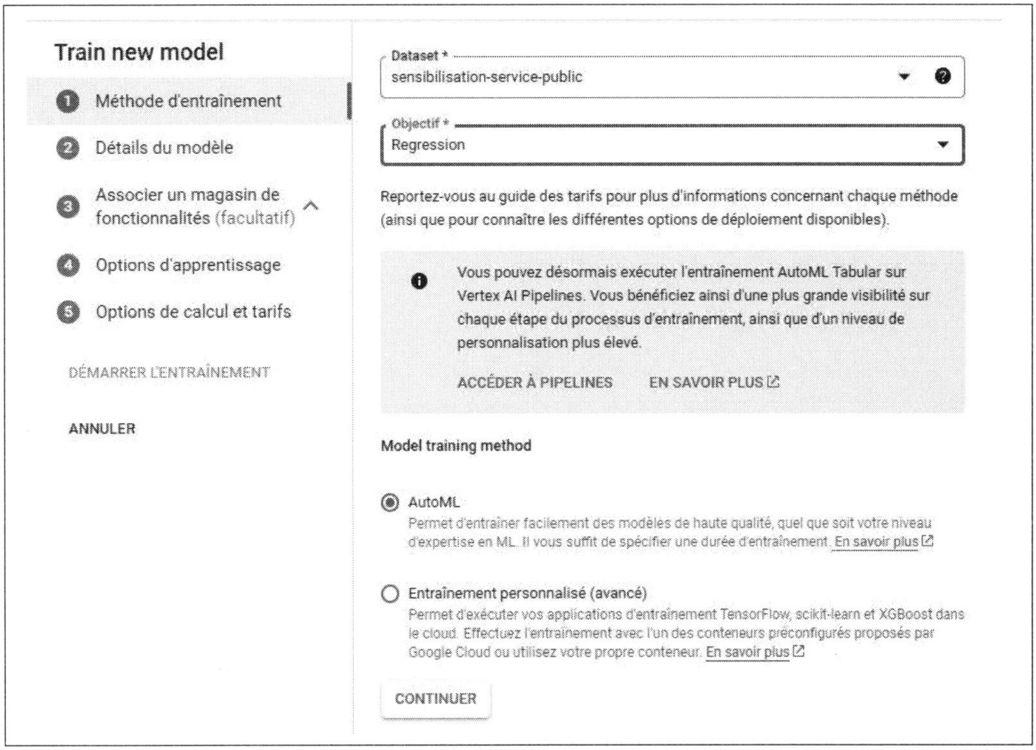

Figure 3.7 : La fenêtre Train new model.

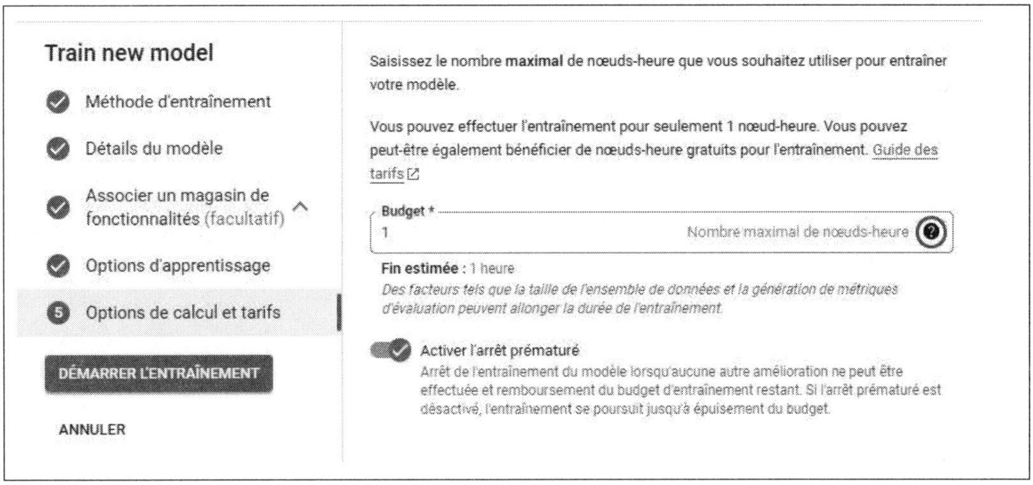

Figure 3.8 : Lancement imminent de la tâche d'entraînement.

Les résultats de l'entraînement du modèle sont présentés au terme des traitements. Vous pouvez alors dévoiler vos résultats préliminaires à l'équipe, avant de passer aux étapes suivantes, comme effectuer d'autres expérimentations ou déployer le modèle sous forme d'une page Web laissant l'utilisateur sélectionner le type de client et le code postal afin de connaître le nombre total de kWh prédits.

La Figure 3.9 affiche les résultats de l'entraînement. Nous donnerons des exemples d'un projet AutoML complet dans un prochain chapitre, avec une description plus détaillée des métriques mentionnées dans la Figure 3.9.

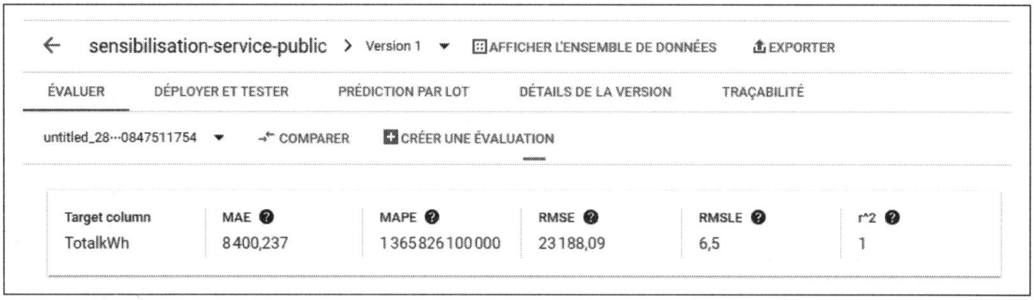

Figure 3.9 : Résultats de l'entraînement du modèle.

L'attribution des caractéristiques du modèle indique l'impact de chacune d'elles sur l'entraînement du modèle. La Figure 3.10 révèle les valeurs d'attribution exprimées en pourcentage ; plus le pourcentage est élevé, plus la corrélation est forte, c'est-à-dire plus l'impact de la caractéristique sur l'entraînement a été important. L'attribution des caractéristiques du modèle est exprimée à l'aide de la méthode d'échantillonnage de valeurs de Shapley ; voir le glossaire (en anglais) sur GitHub (*https://oreil.ly/tVCwP*).

La Figure 3.11 montre les métadonnées du modèle. Les informations fournies sont variées, depuis l'ID du modèle, la date de sa création et l'heure de son entraînement, jusqu'au jeu de données utilisé, la colonne cible, l'allocation du pourcentage de fractionnement des données et la métrique d'évaluation du modèle. Dans cet exemple, il s'agit de l'erreur quadratique moyenne (RMSE). En cliquant sur Model ou Essais, vous pouvez obtenir des informations sur le modèle utilisé par AutoML.

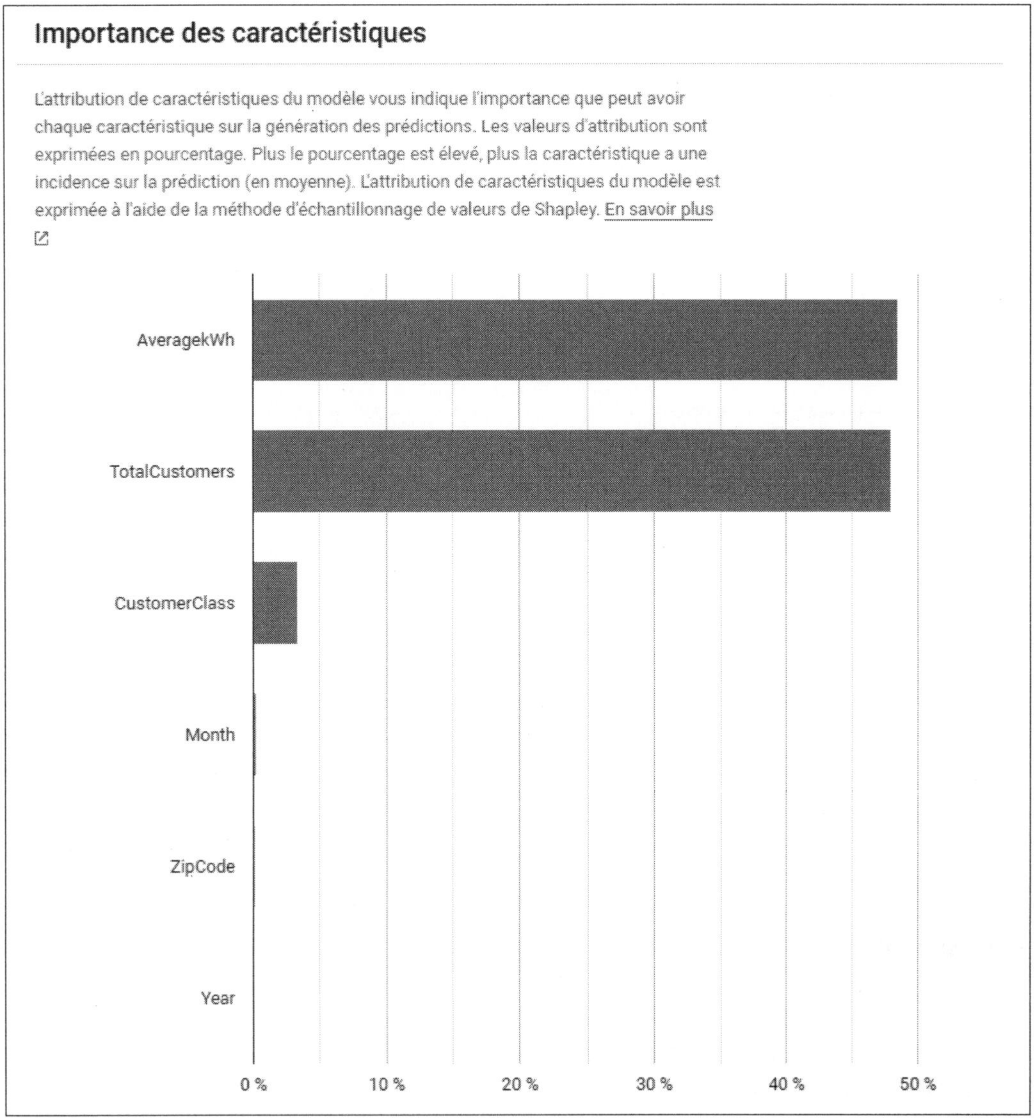

Figure 3.10 : Valeurs d'attribution exprimées en pourcentage.

État	Terminée
ID du modèle	4273687347956023296
Description de la version	—
Création	18 juil. 2024, 09:07:56
Budget (initial)	1 node hours
Durée d'entraînement	1 h 58 min
Région	europe-west9
Type de chiffrement	Gérée par Google
Ensemble de données	sensibilisation-service-public
ID de l'ensemble de données	8387145065419505664
Colonne cible	TotalkWh
Répartition des données	Assignation aléatoire (80/10/10)
Hyperparamètres du modèle	Model Essais
Métadonnées de la colonne	VIEW DETAILS
Algorithme	AutoML
Objectif	Régression tabulaire
Source	Entraînement AutoML
Optimisé pour	RMSE

Figure 3.11 : Métadonnées du modèle.

Fonctionnement d'AutoML

La mise en place d'un flux de travail ML demande beaucoup d'efforts. Le cas d'utilisation précédent sur la sensibilisation marketing l'a montré, AutoML simplifie le processus de création d'un modèle ML (aucune ligne de code n'a dû être écrite) pour n'importe quelle tâche. La Figure 3.12 illustre le flux de travail pour le projet de promotion et de sensibilisation des services publics. Les phases 2, 3 et 4 ne nécessitent aucun codage.

Pour mieux comprendre le fonctionnement d'AutoML, voyons ce que vous n'avez *pas* eu à réaliser !

Premièrement, vous n'avez pas configuré d'environnement d'exécution d'un notebook Jupyter Python. Aucune bibliothèque de logiciels n'a dû être installée. En fait, il n'y avait rien à installer.

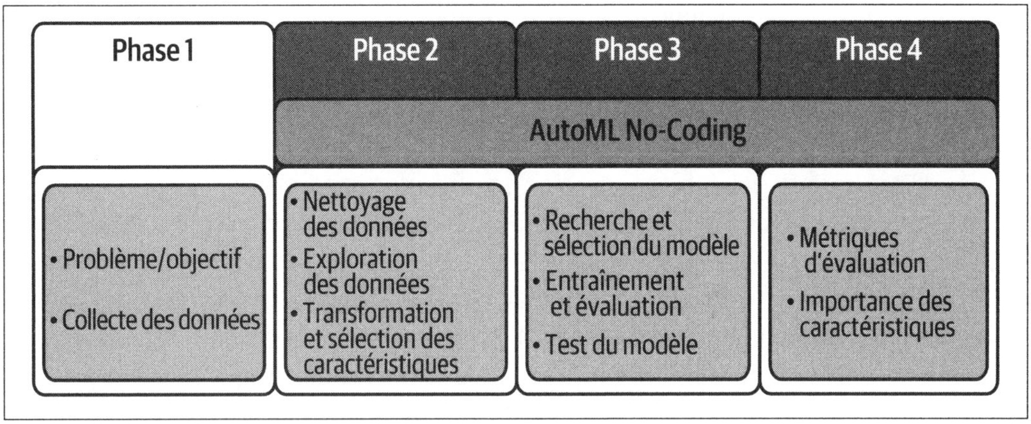

Figure 3.12 : Flux de travail pour le projet de promotion et de sensibilisation des services publics.

Après avoir importé le fichier de données CSV dans Vertex AI, il a été stocké dans le cloud. Avec Python et Pandas, il aurait été nécessaire d'écrire du code pour charger un jeu de données et le diviser en fichiers d'entraînement, de validation et de test.

Même si les données étaient propres, deux caractéristiques étaient catégorielles : le code postal et le type de client. Pour les exploiter dans du code, vous auriez dû effectuer un « encodage one-hot » pour chacune d'elles. L'*encodage one-hot* est un processus de conversion de données catégorielles en valeurs numériques. L'exemple suivant montre comment réaliser cet encodage pour le code postal :

```
from sklearn.preprocessing import OneHotEncoder
one_hot = OneHotEncoder()
encoded = one_hot.fit_transform(df[['zipcode']])
df[one_hot.categories[0]] = encoded.toarray()
```

L'encodage one-hot est un exemple de *transformation* ou d'ingénierie des caractéristiques.

Le choix de la cible (sortie) et la sélection des caractéristiques impliquées dans l'entraînement ont également été très simples. Vous n'avez pas eu besoin d'écrire un code semblable au suivant, qui montre la suppression de la colonne « id » dans un DataFrame Pandas :

```
import pandas as pd
df = pd.read_csv('/path/file.tsv', header=0, delimiter='\t')
print df.drop('id', 1)</pre>
```

Plus le nombre de caractéristiques dans le jeu de données est grand, plus les relations sont complexes et pas nécessairement linéaires. Dans ce cas, les réseaux de neurones conviennent parfaitement. Puisque vous n'avez peut-être aucune idée de ce que cela signifie, entrons un peu plus dans les détails.

Nous l'avons indiqué précédemment, il s'agit d'un problème de prédiction, car l'objectif est de savoir si le nombre total de kWh futurs peut être prédit en fonction du nombre de kWh moyens, du type de client, du mois, de l'année et du code postal. En approfondissant un peu la théorie, ce type de cas d'utilisation peut être considéré comme complexe en raison du nombre de caractéristiques en entrée : il comprend plusieurs variables et il est *multivarié*. Ces relations complexes sont *non linéaires*, car il est impossible de tracer une ligne « droite » qui représente le « meilleur ajustement » entre le nombre total de kWh connu et les multiples autres variables.

Ce jeu de données est une excellente source de données pour un réseau de neurones. Les *réseaux de neurones* sont difficiles à construire sans connaissances préalables en apprentissage automatique. Bien qu'ils fassent l'objet d'un prochain chapitre, examinons rapidement leur représentation pour que vous sachiez ce à quoi vous avez échappé. La Figure 3.13 présente un réseau de neurones typique avec une couche d'entrée, des couches cachées et une couche de sortie.

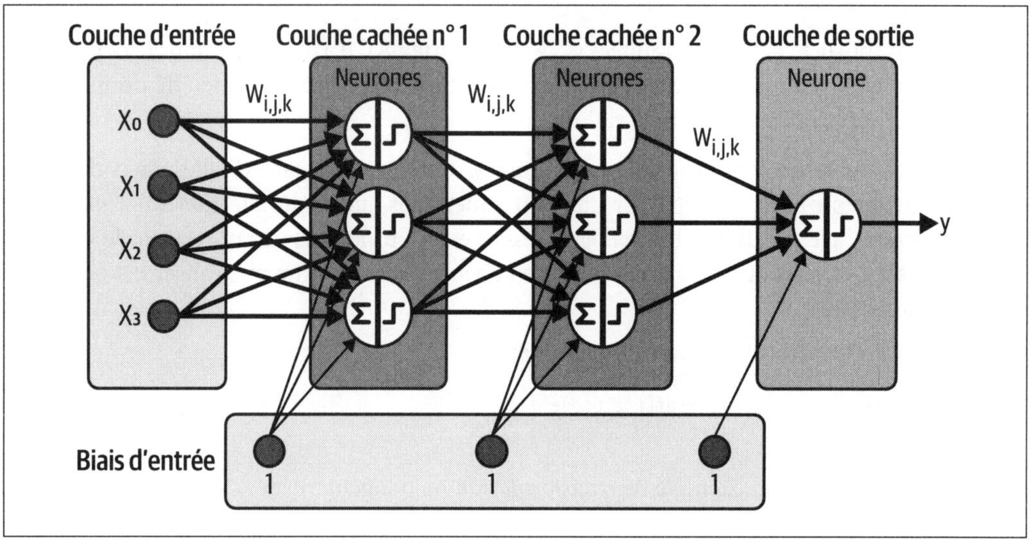

Figure 3.13 : Réseau de neurones à quatre couches.

Le codage d'un réseau de neurones en Python ressemble à ceci :

```
# Créer la classe 'Network' et définir ses arguments :
# Fixer le nombre de neurones/nœuds de chaque couche
# et initialiser les matrices des poids :
class Network:

    def __init__(self,
                 no_of_in_nodes,
                 no_of_out_nodes,
                 no_of_hidden_nodes,
                 learning_rate):
```

```
        self.no_of_in_nodes = no_of_in_nodes
        self.no_of_out_nodes = no_of_out_nodes
        self.no_of_hidden_nodes = no_of_hidden_nodes
        self.learning_rate = learning_rate
        self.create_weight_matrices()

    def create_weight_matrices(self):
        """ Méthode d'initialisation des matrices de poids du réseau de neurones """
        rad = 1 / np.sqrt(self.no_of_in_nodes)
        X = truncated_normal(mean=0, sd=1, low=-rad, upp=rad)
        self.weights_in_hidden = X.rvs((self.no_of_hidden_nodes,
                                        self.no_of_in_nodes))
        rad = 1 / np.sqrt(self.no_of_hidden_nodes)
        X = truncated_normal(mean=0, sd=1, low=-rad, upp=rad)
        self.weights_hidden_out = X.rvs((self.no_of_out_nodes,
                                         self.no_of_hidden_nodes))

    def train(self, input_vector, target_vector):
        pass # Code supplémentaire requis pour l'entraînement du réseau.

    def run(self, input_vector):
        """
        Exécuter le réseau avec un vecteur d'entrée 'input_vector'.
        'input_vector' peut être un tuple, une liste ou un ndarray.
        """
        # Convertir le vecteur d'entrée en un vecteur colonne :
        input_vector = np.array(input_vector, ndmin=2).T

        # activation_function() implémente la fonction expit,
        # qui est une implémentation de la fonction sigmoïde :
        input_hidden = activation_function(
            self.weights_in_hidden @ input_vector)
        output_vector = activation_function(
            self.weights_hidden_out @ input_hidden)
        return output_vector
```

Avec Keras, le code devient un peu plus simple et ressemble au suivant :

```
# Importer les bibliothèques python requises dans cet exemple :
from keras.layers import Dense, Activation
from keras.models import Sequential
import numpy as np

# Utiliser des tableaux numpy pour stocker les entrées (x) et les sorties (y) :
x = np.array([[0, 0], [0, 1], [1, 0], [1, 1]])
y = np.array([[0], [1], [1], [0]])

# Définir le modèle de réseau et ses arguments.
# Fixer le nombre de neurones/nœuds de chaque couche :
model = Sequential()
model.add(Dense(2, input_shape=(2,)))
model.add(Activation('relu'))
model.add(Dense(1))
model.add(Activation('relu'))
```

```
# Compiler le modèle et calculer sa précision :
model.compile(
    loss='mean_squared_error', optimizer='rmse', metrics=['accuracy']
)

# Afficher un récapitulatif du modèle Keras :
model.summary()
```

Lorsque vous avez créé la tâche d'entraînement, vous avez simplement sélectionné un jeu de données, puis configuré quelques paramètres d'entraînement. Les points suivants n'ont pas été nécessaires :

Comprendre le type d'algorithme de régression à utiliser.

Il existe de nombreuses techniques d'analyse de régression et le choix de la méthode appropriée dépend de différents facteurs. Cela inclut notamment le type de la variable cible, la forme de la droite de régression et le nombre de variables indépendantes.

Comprendre les différences entre un « apprentissage automatique classique » et les réseaux de neurones.

Il est inutile de connaître les composants des réseaux de neurones couramment utilisés, comme les couches, les neurones (nœuds), les objectifs, les fonctions d'activation ou les optimiseurs (voir le glossaire, en anglais, sur GitHub, à l'adresse *https://oreil.ly/tVCwP*).

Comprendre le processus d'entraînement et les stratégies d'optimisation du modèle.

Pendant l'entraînement, AutoML se concentre sur l'optimisation non seulement des poids du modèle mais également de l'architecture. Il sélectionne lui-même l'architecture appropriée.

Comprendre ou spécifier les ressources de calcul.

En choisissant « un nœud », AutoML sélectionne le bon type de machine.

> Le glossaire en anglais disponible sur GitHub (*https://oreil.ly/tVCwP*) définit les types d'algorithmes de régression, comme la régression linéaire, la régression logistique, la régression Ridge, la régression Lasso, la régression polynomiale et la régression linéaire bayésienne.

Apprentissage automatique en tant que service

AutoML fait partie des plateformes d'apprentissage automatique en tant que service (MLaaS, *machine learning as a service*) proposées par les fournisseurs de cloud. Les trois principaux sont Google, Amazon et Microsoft. Si vous n'êtes pas familier des architectures et des services dans le cloud, examinez la Figure 3.14 qui montre la pyramide typique du cloud.

La base de la pyramide est occupée par IaaS (*infrastructure as a service*). Vous pouvez considérer que cette couche est constituée du matériel et du stockage, les clients utilisant les serveurs du fournisseur de cloud pour gérer les services de calcul et de stockage réels afin de stocker les jeux de données, les modèles, les conteneurs, etc. La couche intermédiaire, PaaS (*platform as a service*), fournit la plateforme (les systèmes d'exploitation, comme Linux ou Windows) que les clients utilisent pour exécuter leurs propres logiciels. La couche supérieure est SaaS (*software as a service*). AutoML est un très bon exemple de cette pyramide : il est inutile de configurer un serveur ou d'écrire du code, il suffit d'ouvrir un navigateur et de l'utiliser.

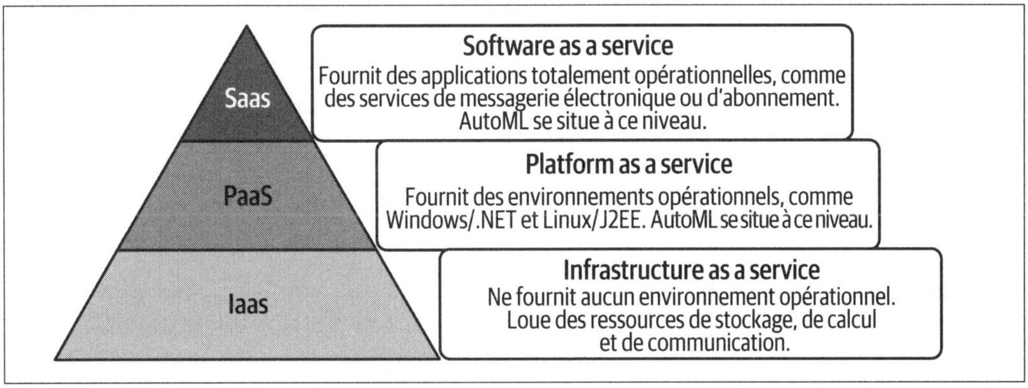

Figure 3.14 : La pyramide typique du cloud.

Google, Amazon et Microsoft proposent des services pour prendre en charge l'ensemble du flux de travail ML, y compris l'entraînement et le réglage des algorithmes d'apprentissage, la visualisation des données, le prétraitement des données et l'apprentissage en profondeur (*https://oreil.ly/nD_w4*). Ils proposent également des notebooks Jupyter gérés afin d'exploiter des frameworks comme scikit-learn, Keras, TensorFlow et PyTorch. Le Tableau 3.1 recense les avantages de MLaaS.

Tableau 3.1 : Avantages de MLaaS.

Extraction et exploration des données	• Extraire et nettoyer le jeu de données à l'aide d'un notebook Jupyter ou, dans certains cas, des outils de visualisation des données propres au fournisseur. • Appliquer les transformations de données et l'ingénierie des caractéristiques au modèle, puis séparer les données en jeux d'entraînement, de validation et de test. • Explorer et visualiser les données à l'aide de l'outil graphique ou d'un notebook Jupyter.

Entraînement du modèle	• Utiliser AutoML pour les données tabulaires, les images, le texte et la vidéo. La sélection des caractéristiques et des algorithmes est automatique. • Partager les notebooks, ressources de calcul, données et environnements. • Personnaliser l'entraînement avec des plateformes open source, comme PyTorch, TensorFlow ou scikit-learn. • Optimiser les hyperparamètres. • Expérimenter en exécutant différentes versions du modèle et différentes techniques, puis comparer les résultats.
Entraînement distribué	Proposer un entraînement réparti sur plusieurs nœuds.
Évaluation du modèle et itération	Fournir des métriques d'évaluation afin d'apporter les ajustements nécessaires aux données et itérer sur le modèle.
Explicabilité du modèle	Comprendre comment chaque caractéristique contribue à la prédiction du modèle (attribution des caractéristiques).
Mise à disposition du modèle	Déployer le modèle en production et obtenir des prédictions.
Surveillance du modèle	Surveiller les performances du modèle déployé afin de détecter les écarts avec le modèle entraîné et la dérive des prédictions. Obtenir des alertes lorsque les données de prédiction entrantes s'écartent trop de la référence ayant servi à l'entraînement.

AutoML est un outil précieux pour les entreprises et les organisations qui souhaitent utiliser l'apprentissage automatique dans le but d'améliorer leurs activités. En automatisant de nombreuses tâches longues et complexes impliquées dans la création de modèles ML, AutoML les aide à obtenir des modèles opérationnels plus rapidement. Voici quelques exemples d'utilisation d'AutoML dans différents secteurs :

Télécommunications

AutoML est utilisé par les entreprises de télécommunications pour améliorer la prévision du taux de désabonnement des clients, la détection des fraudes et l'optimisation du réseau.

Fabrication

AutoML est utilisé par les entreprises manufacturières pour améliorer la qualité des produits, optimiser les processus de production et prédire les pannes des machines.

Commerce de détail

AutoML est utilisé par les détaillants pour personnaliser l'expérience client, recommander des produits et optimiser les niveaux de stock.

Santé

AutoML est utilisé par les entreprises du secteur de la santé pour diagnostiquer des maladies, prédire les résultats des soins apportés aux patients et personnaliser les plans de traitement.

Ce ne sont que quelques exemples de la manière dont AutoML est utilisé aujourd'hui dans les entreprises. Avec les avancées de cette technologie, on peut s'attendre à voir des applications AutoML encore plus innovantes à l'avenir. Le Tableau 3.2 recense les avantages d'AutoML.

Tableau 3.2 : Avantages d'AutoML.

Précision améliorée	AutoML peut aider les entreprises et les organisations à créer des modèles de ML plus précis. En effet, il permet d'expérimenter une diversité d'algorithmes et d'hyperparamètres plus vaste que ne le pourrait un data scientist humain.
Apprentissage automatique démocratisé	AutoML rend l'apprentissage automatique plus accessible aux non-experts. Il propose en effet une interface simple et conviviale permettant de créer et de déployer des modèles ML.
Délai de mise sur le marché raccourci	AutoML aide les entreprises et les organisations à rendre leurs modèles ML opérationnels plus rapidement. En effet, il automatise de nombreuses tâches chronophages que nécessite la création de modèles ML, comme le nettoyage des données, l'ingénierie des caractéristiques et l'entraînement des modèles.
Risque réduit	AutoML permet de réduire le risque de création de modèles ML biaisés ou inexacts, car il automatise de nombreuses étapes impliquées dans la validation et les tests du modèle.

La Figure 3.15 présente la solution Vertex AI de Google, la Figure 3.16 montre la solution Azure ML Studio de Microsoft et la Figure 3.17 illustre la solution AutoML pour Amazon SageMaker.

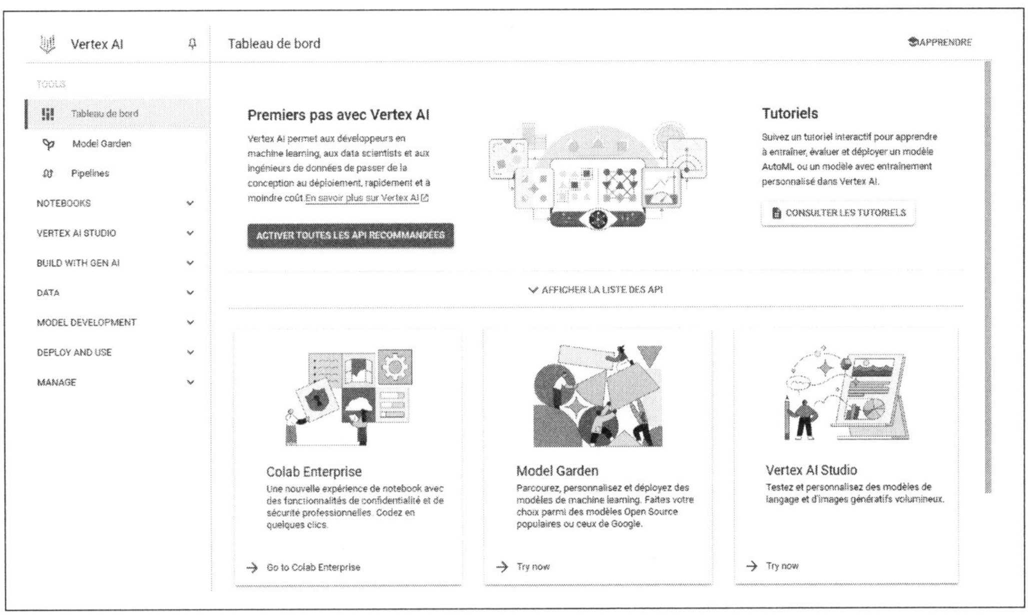

Figure 3.15 : Interface Vertex AI de Google.

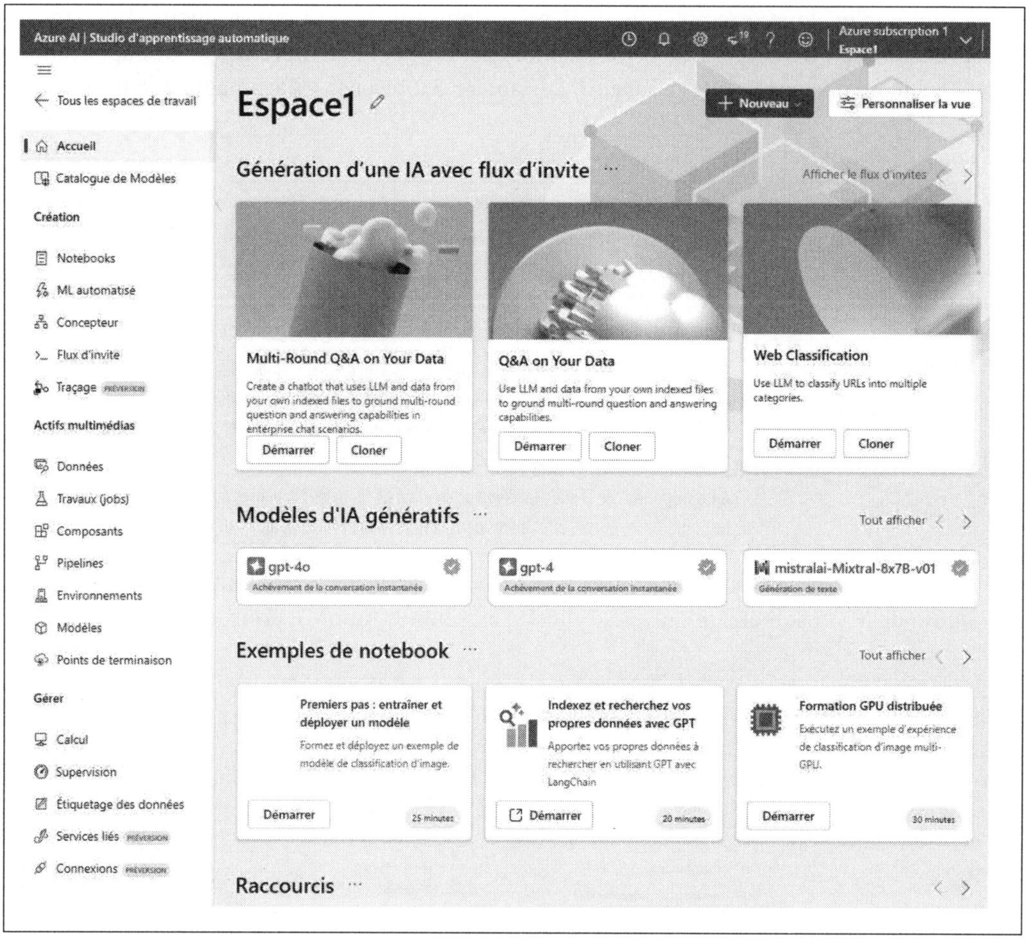

Figure 3.16 : Interface Azure ML Studio de Microsoft.

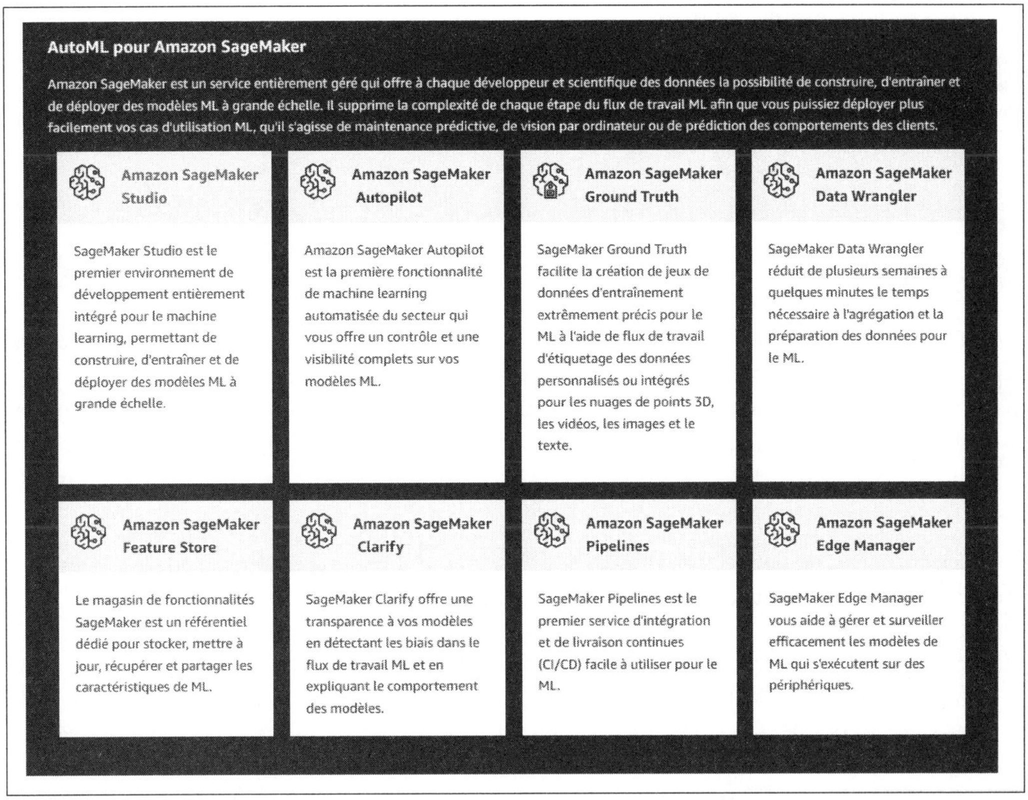

Figure 3.17 : Interface AutoML pour Amazon SageMaker.

Frameworks ML low-code

Pour utiliser AutoML en low-code, l'installation et la configuration de bibliothèques sont requises, tout comme une certaine connaissance de Python ou de SQL (*Structured Query Language*). Nous définissons *low-code* de la manière suivante :

- frameworks ML qui fournissent une « couche d'abstraction » au-dessus d'un framework ML existant ;
- bases de données qui permettent d'exécuter des modèles ML à l'aide de SQL ou d'exécuter du code Python incluant du code ML.

Le Tableau 3.3 donne quelques exemples.

Tableau 3.3 : Exemples de framework ML.

Fournisseurs de cloud (SQL)		Open source
Google	BigQuery	AutoKeras
Amazon	Aurora, Redshift	Auto-sklearn
Microsoft	Azure SQL Server	Auto-PyTorch

Frameworks ML SQL

En général, pour l'analyse des données, les data analysts et les data scientists se servent du langage SQL. Ils peuvent appliquer leurs compétences et leur expertise SQL à l'apprentissage automatique, sans avoir à connaître la programmation ML. S'ils maîtrisent SQL, mais ne savent pas coder en Python, Java ou R, ils peuvent travailler sur leurs projets d'apprentissage automatique en utilisant un framework ML SQL. C'est pourquoi ces frameworks sont considérés comme du low-code. Ils ne demandent qu'un codage en SQL minime.

Voici les avantages de l'utilisation des bases de données ou des entrepôts de données pour l'apprentissage automatique avec SQL :

Création de modèles avec des jeux de données volumineux

Lorsque le modèle ML peut être créé là où les données résident, le code ML SQL reste proche des données et la latence (temps de transmission des données) s'en trouve réduite. Ce point est crucial lorsque les jeux de données sont volumineux, comme dans le cadre du *deep learning*, où l'apprentissage impose des itérations sur une partie des données spécifiques à l'entraînement, la validation et les tests.

Intégration du backend avec les systèmes ML existants

L'intégration se fait avec le framework ML backend du fournisseur de cloud (par exemple, Vertex AI de Google, SageMaker d'Amazon et Azure de Microsoft).

Instructions de construction de modèles communes

Tout le monde utilise la commande SQL `CREATE MODEL` et spécifie les données d'entraînement sous forme d'une table ou d'une instruction `SELECT`. Le modèle est compilé et la version entraînée est placée dans l'entrepôt de données. Une fonction d'inférence SQL est ensuite préparée, pour être immédiatement utilisée dans les requêtes SQL.

Cas d'utilisation

Les cas d'utilisation typiques comprennent la détection de fraudes, les recommandations de produits et le ciblage publicitaire, car ils présentent des contraintes de faible latence et de temps réel.

Une *base de données* est une collection de données ou d'informations. Le terme *base de données* fait souvent référence à la fois à la base de données elle-même et au système de gestion de base de données (SGBD). Les *entrepôts de données* stockent de grandes quantités de données actuelles et historiques provenant de diverses sources.

BigQuery ML de Google

BigQuery de Google (*https://oreil.ly/mQYE0*) est un entrepôt de données. En utilisant son outil d'apprentissage automatique, il est capable de prodiguer des conseils sur la prise de décision grâce à l'analyse prédictive. Vous pouvez créer et entraîner un modèle sans jamais exporter de données depuis BigQuery. À l'instar de Vertex AI, BigQuery ML ne nécessite aucune mise en place d'un environnement. L'accès se fait *via* un navigateur et vous n'avez pas besoin d'un serveur pour l'exécuter. Si vous avez déjà stocké des données dans l'entrepôt de BigQuery, vous pouvez les utiliser pour vos projets ML.

Amazon Aurora ML et Redshift ML

Amazon Aurora (*https://oreil.ly/2-Ngq*) est un système de gestion de bases de données relationnelles (SGBDR) conçu pour le cloud et dont la compatibilité avec MySQL et PostgreSQL est totale. Amazon Aurora ML permet d'utiliser SQL pour ajouter aux applications des prédictions obtenues par apprentissage automatique. Lorsqu'une requête ML est exécutée, Aurora invoque Amazon SageMaker pour divers algorithmes ML.

Redshift ML (*https://oreil.ly/hR0Lx*) est un entrepôt de données. Des instructions SQL servent à créer et entraîner des modèles Amazon SageMaker ML à l'aide de données provenant de Redshift, puis ces modèles sont utilisés pour réaliser des prédictions. Redshift ML rend le modèle disponible sous forme d'une fonction SQL dans l'entrepôt de données Redshift.

Bibliothèques open source pour l'apprentissage automatique

AutoML *open source* fait référence aux frameworks open source, comme AutoKeras (*https://autokeras.com*), Auto-sklearn (*https://oreil.ly/HtCyl*) et Auto-PyTorch (*https://oreil.ly/xoipb*), qui ajoutent une couche d'abstraction au-dessus de bibliothèques open source existantes. En règle générale, vous devrez écrire du code dans un notebook Jupyter de manière à réaliser les opérations suivantes :

1. Installer le package AutoML.
2. Importer le package.
3. Charger un jeu de données.
4. Diviser les données.
5. Ajuster le modèle.
6. Effectuer des prédictions.

7. Évaluer.
8. Exporter le modèle.

Après l'étape 4, chaque framework open source dispose de sa propre manière de procéder à l'ajustement, la prédiction et l'évaluation du modèle. La Figure 3.18 détaille les quatre premières étapes.

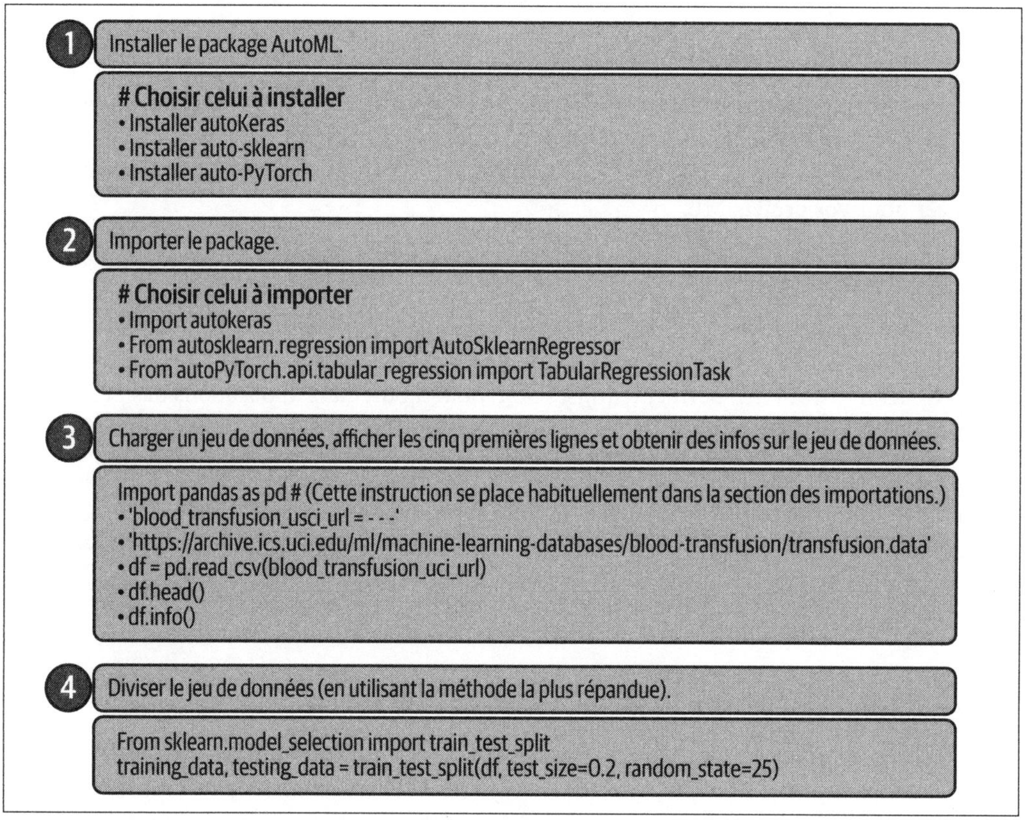

Figure 3.18 : Les quatre premières étapes de l'utilisation des bibliothèques open source.

AutoKeras

AutoKeras, un framework AutoML open source basé sur Keras, a été développé pour permettre aux non-experts de créer rapidement des réseaux de neurones avec un minimum de code. Il suffit de préciser les données d'entraînement, AutoKeras se chargeant de leur prétraitement. Par exemple, si les données comportent des variables catégorielles, il les convertit à l'aide d'un encodage one-hot selon qu'il s'agit d'une tâche de classification ou de régression. Si elles contiennent du texte, AutoKeras les transforme en plongement.

Auto-sklearn

Auto-sklearn est un package Python open source basé sur la bibliothèque scikit-learn. Il recherche automatiquement l'algorithme d'apprentissage adapté au jeu de données et optimise ses hyperparamètres. Ce framework ne prend en charge que les modèles basés sur sklearn. Il a été développé dans les laboratoires des universités de Fribourg et de Hanovre.

Auto-PyTorch

Outre Auto-sklearn, le groupe AutoML de Fribourg-Hanovre a également développé un framework AutoML basé sur PyTorch et destiné à l'apprentissage profond. En matière de prototypage rapide, la réputation d'Auto-PyTorch est excellente. Il prend également en charge l'entraînement distribué.

En résumé

Les analystes d'affaires, les data analysts, les data scientists citoyens, les développeurs de logiciels et les ingénieurs en apprentissage automatique peuvent tous utiliser les frameworks AutoML pour rationaliser le processus de développement.

Cela commence par le chargement d'un jeu de données qui comprend une variable cible et des caractéristiques d'entrée servant aux prédictions. Ensuite, un profil de données est généré pour chacune des colonnes. Pour lancer une tâche d'entraînement, il suffit de sélectionner quelques paramètres. AutoML essaie ensuite plusieurs modèles et effectue une optimisation. Les résultats sont présentés, ainsi que l'attribution des caractéristiques.

Les fournisseurs de cloud proposent des environnements MLaaS de manière à accélérer et automatiser les flux de travail ML quotidiens, ainsi que des outils pour intégrer des modèles dans des applications ou services et pour déployer des modèles en production.

AutoML en low-code exige l'installation et la configuration de bibliothèques, ainsi que certaines connaissances en SQL ou Python. AutoML open source fait référence à des frameworks open source tels qu'AutoKeras, Auto-sklearn et Auto-PyTorch, qui ajoutent une couche d'abstraction aux bibliothèques open source existantes.

Au Chapitre 4, vous créerez un modèle AutoML pour prédire les ventes *via* des canaux publicitaires. Vous commencerez par explorer les données à l'aide de Pandas. Ensuite, vous apprendrez à utiliser AutoML pour créer, entraîner et déployer un modèle ML afin d'effectuer ces prédictions.

CHAPITRE 4

AutoML pour prédire les ventes via des canaux publicitaires

Dans ce chapitre, vous créerez un modèle AutoML pour prédire les ventes *via* des canaux publicitaires. Tout d'abord, vous explorerez les données à l'aide de Pandas. Vous apprendrez ensuite à utiliser AutoML pour créer, entraîner et déployer le modèle ML. Grâce à certaines métriques, vous aurez une compréhension globale des performances de votre modèle et pourrez répondre aux questions commerciales courantes. Ce chapitre sera également l'occasion de découvrir l'analyse de régression, une technique couramment utilisée dans les cas demandant des prédictions.

Prédiction de ventes via des canaux médiatiques

Les entreprises utilisent les canaux publicitaires pour promouvoir leurs produits, leurs services ou leur marque. Les spécialistes du marketing (*marketers*) et les planificateurs de médias (*media planners*) créent des campagnes marketing qui peuvent être diffusées sur les canaux numériques, à la télévision, à la radio ou dans les journaux. Dans ce cas d'utilisation, vous travaillez en tant que planificateur média au sein du service marketing d'une PME de la filière photovoltaïque. L'entreprise dispose d'un budget publicitaire modeste et doit déterminer quels canaux offrent le meilleur retour pour un coût le plus faible possible. Il s'agit donc d'un problème d'optimisation des dépenses.

Il vous a été demandé d'élaborer un plan marketing dont l'objectif est d'augmenter les ventes de produits l'année suivante. Pour cela, vous devez comprendre l'impact des campagnes publicitaires sur les ventes globales. Le jeu de données recense les revenus générés en lien avec les sommes dépensées en publicité sur les différents canaux médiatiques (numériques, télévision, radio et journaux).

En général, ce type de tâche est confié à un data scientist ou à un data analyst. Mais, malgré votre absence d'expérience en codage, le responsable de l'équipe marketing vous a demandé de créer un modèle prédictif des ventes à l'aide d'AutoML, une méthode qu'il souhaite essayer pour la première fois au sein de l'équipe. L'objectif est de créer un modèle d'apprentissage automatique capable de prédire le volume de ventes générées en fonction des sommes affectées à chacun des canaux médiatiques.

Voici quelques-unes des questions commerciales auxquelles vous devez répondre :

- Le modèle peut-il prédire le volume de ventes générées en fonction des sommes dépensées sur chacun des canaux médiatiques ?
- Existe-t-il un lien entre le budget publicitaire et les ventes ?
- Quel canal médiatique a l'impact le plus important sur l'augmentation des ventes ?
- Le modèle peut-il servir à prévoir les ventes futures en fonction du budget accordé au canal médiatique ?
- Avec quelle précision le modèle peut-il prédire les ventes futures ?

Ce cas d'utilisation est un simple problème de régression avec seulement cinq variables que vous pouvez utiliser pour répondre aux cinq questions précédentes.

Flux de travail du projet

La Figure 4.1 donne un aperçu de haut niveau du flux de travail typique impliquant l'utilisation d'AutoML en no-code décrit au Chapitre 3. Ce processus convient parfaitement au cas d'utilisation présent.

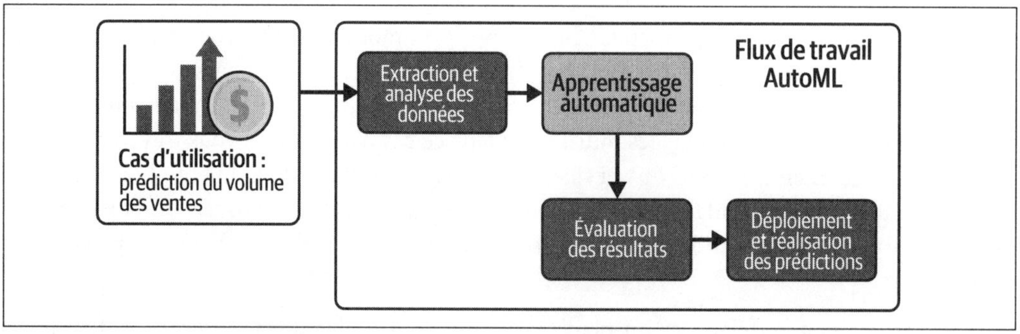

Figure 4.1 : Flux de travail AutoML pour le cas d'utilisation.

Puisque vous comprenez à présent le cas d'utilisation et l'objectif métier, la première étape consiste à extraire et à analyser les données. Notez que ce flux de travail n'inclut aucun prétraitement des données ; ce sujet sera abordé de façon pratique dans des chapitres ultérieurs. Le jeu de données doit ensuite être envoyé sur la plateforme AutoML. Puis, les budgets publicitaires consacrés aux canaux numériques, à la télévision, à la presse et à la radio sont fournis au modèle. Les résultats obtenus avec AutoML seront évalués et le modèle sera déployé afin de procéder aux prédictions. Au terme de l'exercice pratique de ce chapitre, vous serez en mesure de proposer une stratégie marketing à votre équipe.

Jeu de données du projet

Le jeu de données comprend des données historiques sur les dépenses publicitaires et les ventes associées. Elles peuvent être exploitées de façon à comprendre l'allocation des dépenses et la prévision des ventes. Le jeu de données utilisé dans ce chapitre est disponible à l'adresse *https://oreil.ly/JI6eL* (fichier *advertising_2023.csv*). Il se fonde sur des données extraites de l'ouvrage *An Introduction to Statistical Learning with Applications in R* par Daniela Witten, Gareth M. James, Trevor Hastie et Robert Tibshirani (Springer, 2021, *https://www.statlearning.com*). Il contient les revenus liés aux ventes de produits spécifiques (en milliers d'unités) générées à la suite de dépenses publicitaires (en milliers de dollars) sur différents canaux médiatiques (télévision, radio et presse).

Pour notre exemple, nous avons mis à jour ce jeu de données en ajoutant une variable pour le canal numérique et l'avons modifié afin de montrer l'impact des budgets numériques sur les ventes. Le nombre de marchés est passé de 200 à 1 200. Les données comprennent donc les budgets publicitaires de quatre canaux médiatiques (numérique, télévision, radio et presse) et les ventes globales sur 1 200 marchés différents. Après avoir terminé les exercices de ce chapitre, n'hésitez pas à examiner d'autres manières d'exploiter ce jeu de données. Vous améliorerez ainsi vos connaissances.

Les données se trouvant dans un fichier CSV, il faudra commencer par les charger dans Pandas avant de pouvoir les explorer. Elles sont toutes numériques.

Cinq colonnes composent le jeu de données. Le Tableau 4.1 présente leur nom, leur type et quelques informations sur les valeurs possibles.

Tableau 4.1 : Schéma et informations sur les valeurs des champs du jeu de données sur les canaux publicitaires.

Nom de colonne	Type de colonne	Notes sur les valeurs des champs
Digital	Numérique	Montant publicitaire dépensé sur les canaux numériques.
Newspaper	Numérique	Montant publicitaire dépensé dans la presse.
Radio	Numérique	Montant publicitaire dépensé à la radio.
TV	Numérique	Montant publicitaire dépensé à la télévision.
Sales	Numérique	Ventes totales liées au canal médiatique.

Explorer le jeu de données avec Pandas, Matplotlib et Seaborn

Avant de commencer à utiliser AutoML, vous allez suivre le processus de compréhension et de préparation des données en vue d'un apprentissage automatique que nous avons décrit dans les chapitres précédents. Cette section explique comment charger des données dans un notebook Google Colab à l'aide de Pandas ; ce package Python open source est largement utilisé pour la science des données et l'analyse des données. Après avoir chargé les données dans un DataFrame, elles pourront être étudiées. Puisque le jeu de données a déjà été nettoyé ; il ne présente aucune valeur manquante ni aucun caractère étrange. L'analyse exploratoire des données a pour but d'aider à vérifier la propreté des données et à explorer les relations entre les variables pour faciliter les réponses aux questions posées par l'équipe. Nous l'avons expliqué aux chapitres précédents, une grande partie du travail consiste à comprendre et à préparer les données d'entraînement (et non à entraîner le modèle), car nous comptons sur AutoML pour créer le modèle.

Le code utilisé dans cette section, ainsi que quelques exemples supplémentaires, se trouve dans le notebook Jupyter nommé *Chapter4_Advertising_Model.ipynb* et disponible dans le dossier Chapter4 du dépôt *low-code-ai* sur GitHub (*https://oreil.ly/supp-lcai*).

Charger les données dans un DataFrame depuis un notebook Google Colab

Tout d'abord, rendez-vous sur *https://colab.research.google.com* et créez un nouveau notebook en suivant la procédure décrite au Chapitre 2. Pour lui donner un nom plus significatif que celui attribué par défaut, cliquez sur celui-ci et saisissez le nouveau nom, par exemple *Modèle_Publicité.ipynb*.

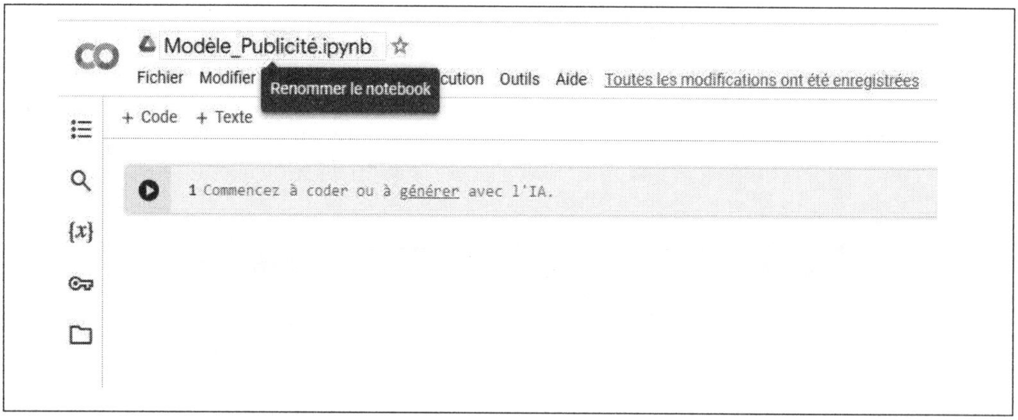

Figure 4.2 : Donner un nom plus parlant au notebook Google Colab.

Saisissez à présent le code suivant dans la première cellule. Il permet d'importer les packages nécessaires à l'analyse et à la visualisation du jeu de données.

```
import pandas as pd
import numpy as np
import matplotlib.pyplot as plt
from scipy import stats
import seaborn as sns
%matplotlib inline
```

Vous avez déjà rencontré certains de ces packages au Chapitre 2, lors de votre première utilisation des notebooks Colab.

Exécutez la cellule contenant ce code. Pour cela, cliquez sur le bouton Exécuter la cellule (le triangle encerclé) placé sur le côté gauche de la cellule. Vous pouvez également appuyer sur Ctrl + Entrée.

Les données peuvent maintenant être importées. Grâce à Pandas, il est possible de charger le contenu d'un fichier CSV directement dans un DataFrame à partir d'un emplacement sur Internet, sans avoir à télécharger le fichier au préalable. Pour cela, copiez le code donné dans le notebook de ce chapitre ou saisissez le code suivant dans une nouvelle cellule et exécutez-la :

```
url="https://github.com/maabel0712/low-code-ai/blob/main/advertising_2023.csv?raw=true"

advertising_df=pd.read_csv(url, index_col=0)
```

De façon générale, il est préférable d'examiner les premières lignes du DataFrame. Exécutez l'instruction `advertising_df.head()` pour afficher les cinq premières lignes du DataFrame. En procédant ainsi, vous pouvez identifier rapidement les caractéristiques et connaître certaines des valeurs possibles ainsi que leur type (si elles sont numériques ou non).

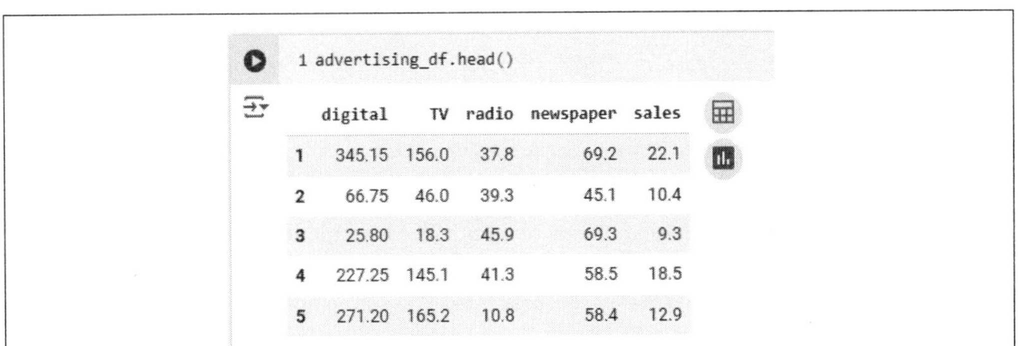

```
1 advertising_df.head()
```

	digital	TV	radio	newspaper	sales
1	345.15	156.0	37.8	69.2	22.1
2	66.75	46.0	39.3	45.1	10.4
3	25.80	18.3	45.9	69.3	9.3
4	227.25	145.1	41.3	58.5	18.5
5	271.20	165.2	10.8	58.4	12.9

Figure 4.3 : Les colonnes des cinq premières lignes du DataFrame obtenues grâce à la méthode head().

Explorer le jeu de données

Les données sont désormais disponibles dans le DataFrame `advertising_df`. Vous pouvez donc commencer à les explorer et à les comprendre. L'objectif immédiat est d'avoir une idée des endroits où il pourrait y avoir des problèmes afin de résoudre ceux-ci avant d'aller plus loin.

Analyse descriptive : vérifier les données

Commencez par explorer les données en utilisant les méthodes Python standard. Pour vérifier les types de données, exécutez **`advertising_df.info()`** dans une nouvelle cellule. Les informations obtenues précisent le nombre de colonnes, leur libellé, leur type de données, l'utilisation de la mémoire, l'indice de plage et le nombre de cellules dans chaque colonne (valeurs non nulles).

La Figure 4.4 montre un exemple des informations renvoyées par la méthode `info()`.

```
1 advertising_df.info()

<class 'pandas.core.frame.DataFrame'>
Index: 1199 entries, 1 to 1197
Data columns (total 5 columns):
 #   Column     Non-Null Count  Dtype
---  ------     --------------  -----
 0   digital    1199 non-null   float64
 1   TV         1199 non-null   float64
 2   radio      1199 non-null   float64
 3   newspaper  1199 non-null   float64
 4   sales      1199 non-null   float64
dtypes: float64(5)
memory usage: 56.2 KB
```

Figure 4.4 : Informations sur le jeu de données obtenues à l'aide de la méthode `info()`.

À partir des informations sur le type de données, vous pouvez vérifier que les types déterminés par Pandas correspondent à ceux prévus par le Tableau 4.1.

La Figure 4.5 présente la sortie de la méthode `describe()`, qui calcule et affiche des statistiques récapitulatives pour le jeu de données. Nous obtenons des informations sur les variables numériques, comme les valeurs moyennes, maximales et minimales de chacune de ces variables, ainsi que leur écart type. Saisissez **`advertising_df.describe()`** dans une nouvelle cellule et exécutez-la.

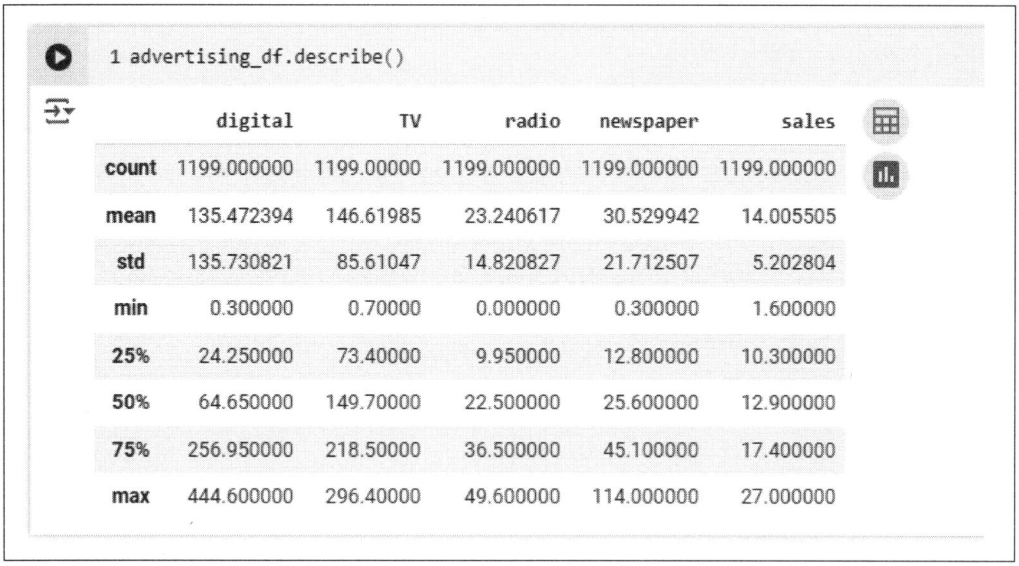

```
1 advertising_df.describe()
```

	digital	TV	radio	newspaper	sales
count	1199.000000	1199.00000	1199.000000	1199.000000	1199.000000
mean	135.472394	146.61985	23.240617	30.529942	14.005505
std	135.730821	85.61047	14.820827	21.712507	5.202804
min	0.300000	0.70000	0.000000	0.300000	1.600000
25%	24.250000	73.40000	9.950000	12.800000	10.300000
50%	64.650000	149.70000	22.500000	25.600000	12.900000
75%	256.950000	218.50000	36.500000	45.100000	17.400000
max	444.600000	296.40000	49.600000	114.000000	27.000000

Figure 4.5 : Statistiques récapitulatives pour toutes les colonnes du jeu de données.

La sortie de la méthode `.isnull()` est présentée dans la Figure 4.6. Exécutez **`advertising_df.isnull().sum()`** dans une nouvelle cellule. Vous obtenez toutes les colonnes du DataFrame avec le nombre de valeurs nulles correspondantes. Vous le constatez, aucune des colonnes ne contient de telles valeurs.

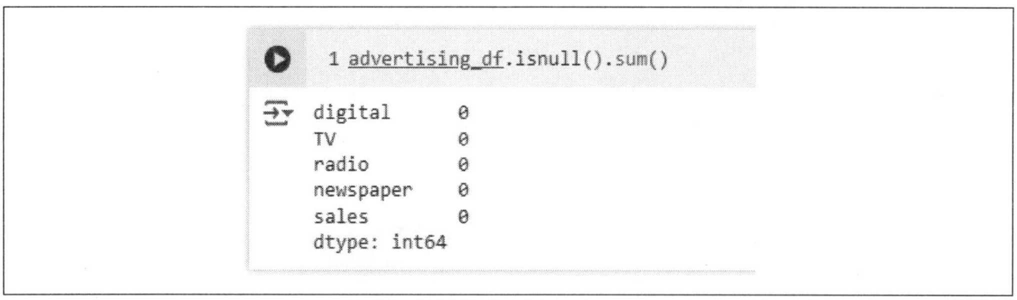

```
1 advertising_df.isnull().sum()
```

```
digital      0
TV           0
radio        0
newspaper    0
sales        0
dtype: int64
```

Figure 4.6 : Détecter le présence de valeurs nulles à l'aide de la méthode `isnull()`.

Explorer les données

L'analyse exploratoire des données (EDA) représente la première étape de tout projet d'apprentissage automatique. Avant de créer un modèle ML, vous devez explorer les données brutes, l'objectif étant de recueillir des éléments pertinents à partir d'informations dérivées de ces données. Cela contribue également à l'amélioration des modèles, car les problèmes de « données sales » (valeurs manquantes, caractères étranges, etc.) qui pourraient avoir un impact sur les performances peuvent être détectés.

Cartes thermiques

Une *carte thermique* est un moyen de visualiser les données. Les valeurs sont représentées par des couleurs dans le graphique. L'objectif est d'obtenir un résumé visuel coloré des informations. Les cartes thermiques montrent les relations (corrélations) entre les variables (caractéristiques). La *corrélation* est une mesure statistique qui indique si l'évolution de deux variables ou plus est dépendante. La Figure 4.7 montre le résultat d'une méthode qui présente les valeurs de corrélation dans une grille. Exécutez le code suivant dans une nouvelle cellule :

```
plt.figure(figsize=(10,5))
sns.heatmap(advertising_df.corr(),annot=True,vmin=0,vmax=1,cmap='viridis')
```

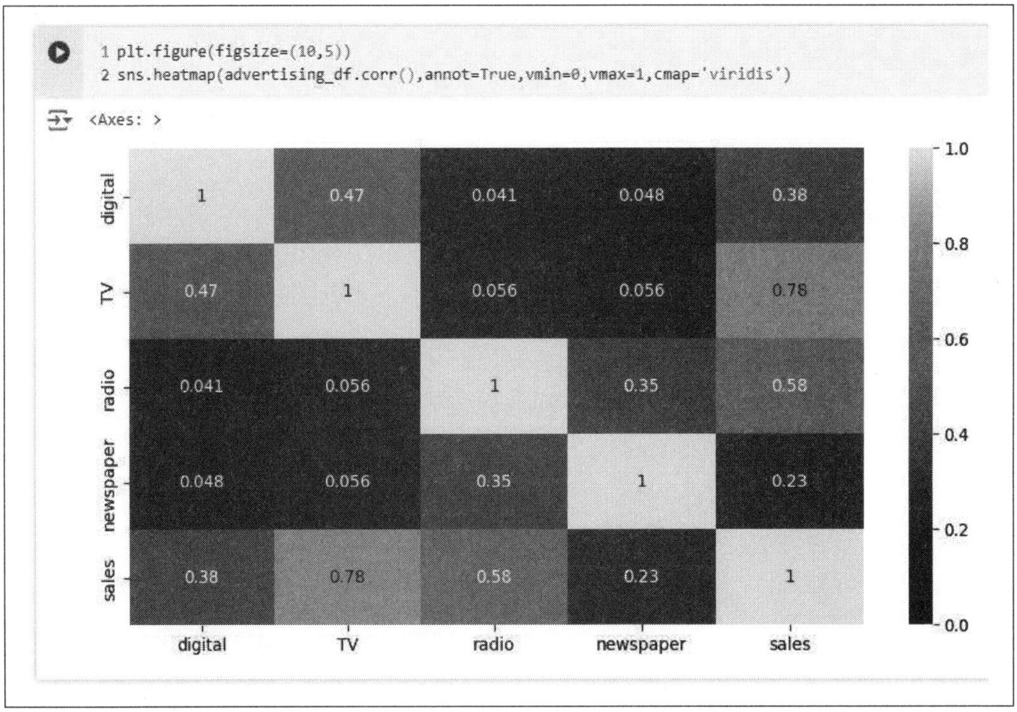

Figure 4.7 : Matrice de corrélation pour les canaux publicitaires.

Les résultats d'une matrice de corrélation peuvent être utilisés de diverses manières, notamment pour :

Identifier les relations entre les variables

Le coefficient de corrélation entre deux variables peut indiquer dans quelle mesure elles sont liées. La valeur 0 signifie l'absence totale de relation, tandis que la valeur 1 indique la présence d'une relation positive parfaite. La valeur –1 révèle une relation négative parfaite. Vous remarquerez que les relations les plus fortes se situent entre les ventes et la télévision (0,78), suivies des ventes et la radio (0,58). Ces informations peuvent servir à développer des campagnes marketing ciblées qui devraient conduire à une augmentation des ventes plus importante.

Sélectionner les variables à inclure dans un modèle

Pour créer un modèle prédictif, il faut sélectionner les variables qui sont les plus susceptibles de prédire le résultat. Dans notre exemple de prédiction des ventes, faut-il inclure la presse, dont le coefficient de corrélation avec les ventes est de 0,23, en tant que caractéristique du modèle ?

Détecter une multicolinéarité

La multicolinéarité se produit lorsque deux ou plusieurs variables prédictives d'un modèle de régression sont fortement corrélées. Par exemple, si la télévision et la radio étaient fortement corrélées (toutes deux auraient un coefficient de corrélation supérieur à 0,7 au lieu de 0,056, comme indiqué à la Figure 4.7), nous aurions une multicolinéarité. Puisque distinguer numériquement les variables prédictives ayant une forte relation colinéaire est difficile, un algorithme de régression aura du mal à déterminer le degré d'influence ou le poids que l'une d'entre elles devrait avoir sur les ventes.

Les résultats d'une matrice de corrélation peuvent changer en raison de la taille de l'échantillon ou de la présence de valeurs aberrantes dans le jeu de données.

Nuages de points

Les nuages de points servent à déterminer les relations entre deux variables numériques. Ils aident à voir si une relation directe (relation linéaire positive ou relation linéaire négative, par exemple) existe entre deux variables. Ils peuvent également aider à détecter la présence de valeurs aberrantes dans le jeu de données. La Figure 4.8 montre la représentation en nuage de points de la caractéristique `digital` et de la cible `sales`. Exécutez le code suivant dans une nouvelle cellule :

```
advertising_df.plot(kind='scatter', x=['digital'], y='sales')
```

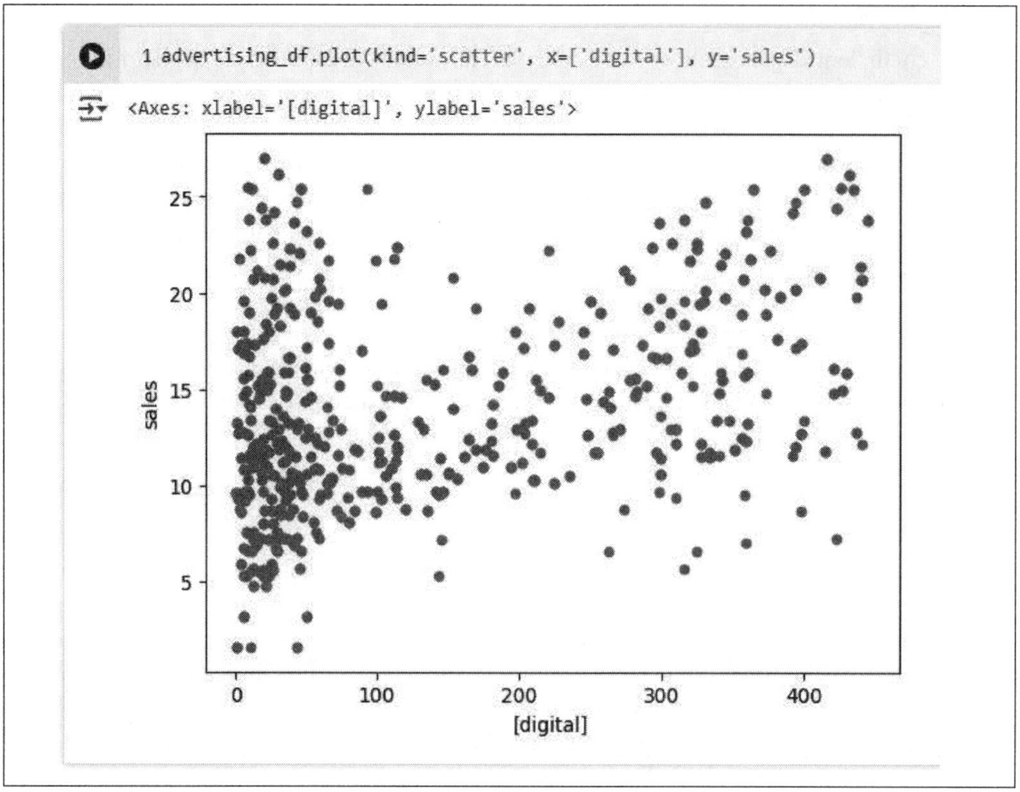

Figure 4.8 : Nuage de points pour les caractéristiques `digital` et `sales`.

L'idée est d'étudier les nuages de points pour chaque variable et la variable prédite `sales`. Chaque caractéristique peut faire l'objet d'un nuage de points séparé ou toutes les relations peuvent être affichées dans un seul graphique. Saisissez le code suivant dans une nouvelle cellule et exécutez-la (le résultat est donné dans la Figure 4.9) :

```
plt.figure(figsize=(18, 18))

for i, col in enumerate(advertising_df.columns[0:13]):
    plt.subplot(5, 2, i+1) # deux figures par ligne
    x = advertising_df[col] # axe x
    y = advertising_df['sales'] # axe y
    plt.plot(x, y, 'o')

    # Créer une ligne de régression.
    plt.plot(np.unique(x), np.poly1d(np.polyfit(x, y, 1)) (np.unique(x)), color='red')
    plt.xlabel(col) # étiquette x
    plt.ylabel('sales') # étiquette y
```

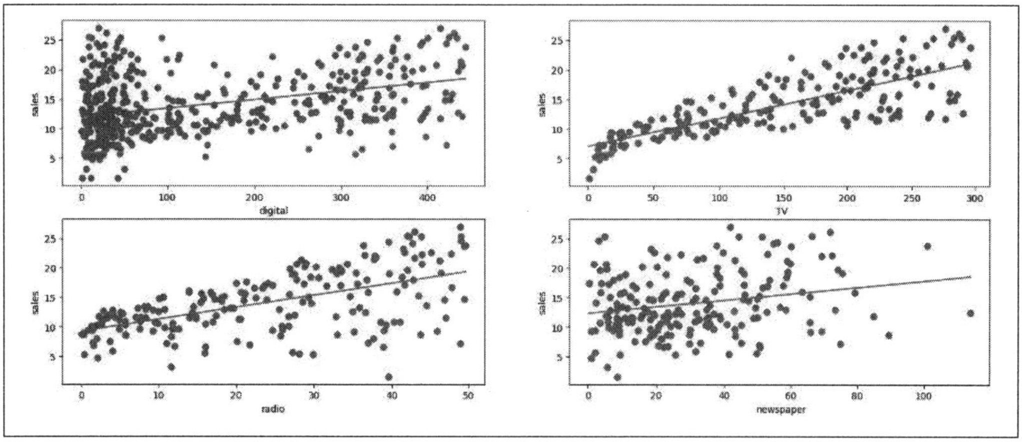

Figure 4.9 : Nuage de points pour toutes les caractéristiques et la cible `sales`.

Vous aurez remarqué que la relation linéaire entre la télévision et les ventes est forte. Cela montre qu'une augmentation du budget marketing à la télévision a un impact positif sur le volume des ventes. *A contrario*, il ne semble pas y avoir de relation étroite entre la publicité dans la presse et les ventes. Rappelez-vous le coefficient de corrélation de 0,23 pour cette relation. Il est bien loin de celui entre la télévision et les ventes (0,78).

Histogramme de distribution

Pour visualiser une distribution, l'*histogramme* est la solution classique. Il s'agit d'un graphique à barres dans lequel l'axe représentant la variable cible est divisé en un ensemble de catégories discrètes. Le nombre d'observations entrant dans chaque catégorie est représenté par la hauteur de la barre correspondante.

Exécutez le code suivant dans une nouvelle cellule :

```
sns.displot(advertising_df, x="sales")
```

La Figure 4.10 affiche les valeurs qui correspondent aux données de la colonne `sales`. L'histogramme ressemble à une courbe en cloche légèrement inclinée vers la gauche. Le montant des ventes le plus répandu s'élève à 11 000 dollars.

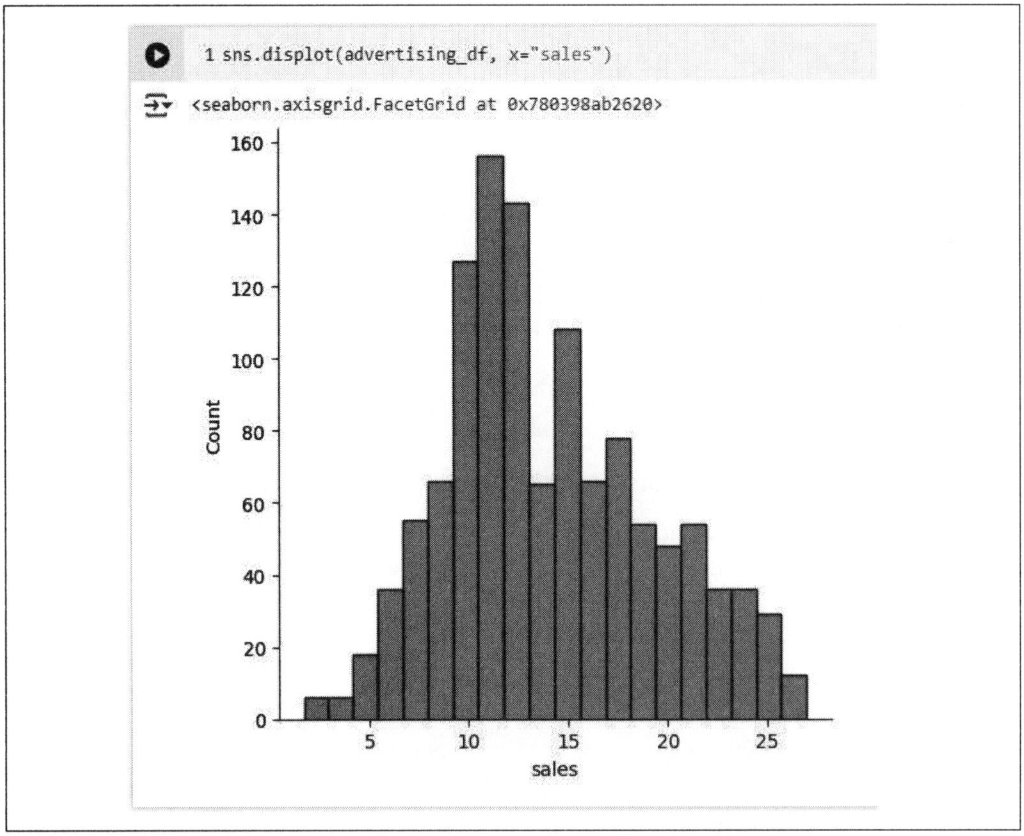

Figure 4.10 : L'histogramme des ventes est légèrement incliné vers la gauche.

Qu'en est-il des autres caractéristiques : sont-elles asymétriques à gauche ou à droite ou ont-elles une « distribution normale », comme une courbe en cloche ? Vous pouvez répéter le code précédent pour chacune des caractéristiques ou utiliser le code suivant pour afficher toutes les caractéristiques ensemble. La Figure 4.11 présente le résultat de l'exécution de ce code :

```
lis = ['digital', 'newspaper', 'radio','TV']
plt.subplots(nrows=2, ncols=2, figsize=(15, 8))
index = 1
for i in lis:
    plt.subplot(2, 2, index)
    sns.histplot(advertising_df[i],kde=True,stat="density",kde_kws=dict(cut=3))
    index += 1
```

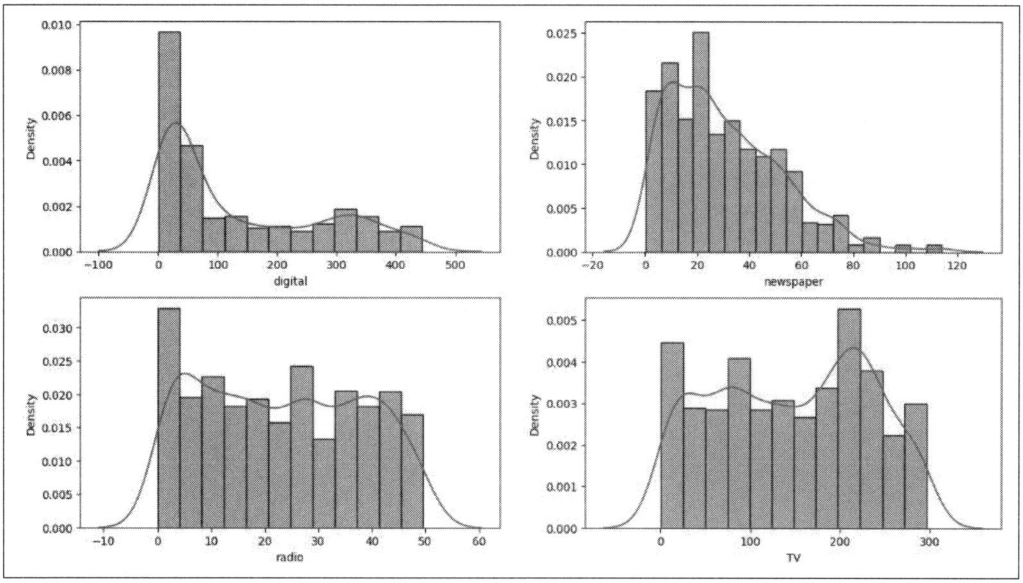

Figure 4.11 : Tracé des distributions pour les canaux numériques, la télévision, la radio et la presse.

La Figure 4.10 a montré que les ventes suivent une distribution presque normale. En revanche, sur la Figure 4.11, les canaux numériques semblent être décalés, tandis que la télévision, la radio et la presse n'ont pas une distribution normale. Avant de fournir ces caractéristiques au modèle ML, et pour qu'il produise de meilleurs résultats, il faudrait les standardiser afin qu'elles soient normalement distribuées.

> Votre rôle n'est pas celui d'un data scientist. Ne cherchez pas à comprendre ces concepts. L'explication des transformations à appliquer aux caractéristiques dépasse le cadre de ce chapitre. Nous reviendrons sur la transformation d'un jeu de données au Chapitre 7.

Exporter le jeu de données

Après avoir vérifié et exploré le jeu de données, il est temps d'exporter le fichier afin qu'il puisse être importé dans AutoML. Exécutez le code suivant dans une nouvelle cellule. La première ligne donne accès au système d'exploitation, ce qui vous permettra de créer un répertoire nommé *data* (lignes deux et trois) :

```
import os
if not os.path.isdir("/content/data"):
    os.makedirs("/content/data")
```

Ensuite, vous pouvez exécuter le code suivant, dont la première ligne crée un fichier au format CSV à partir du DataFrame et le place dans le répertoire *content/data* créé à l'étape précédente :

```
advertising_df.to_csv('/content/data/advertising.csv',
    encoding='utf-8', index=False)
```

La Figure 4.12 montre le répertoire *data* nouvellement créé et dans lequel le fichier *advertising.csv* est stocké.

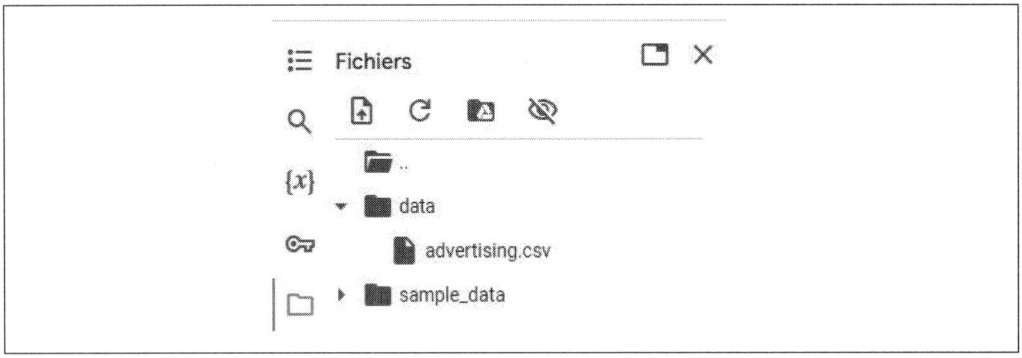

Figure 4.12 : Le répertoire data nouvellement créé et le fichier advertising.csv.

Les bonnes pratiques recommandent de vérifier que le contenu du fichier importé dans le nouveau répertoire peut être visualisé. Exécutez **`!head /content/data/advertising.csv`** dans une nouvelle cellule. Vérifiez que la sortie obtenue est identique à celle présentée à la Figure 4.13.

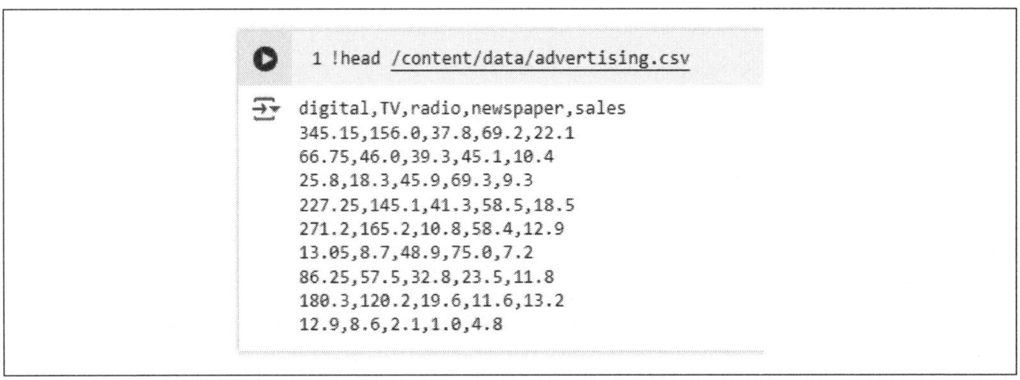

Figure 4.13 : Affichage du contenu du fichier advertising.csv.

Puisque tout est correct, vous pouvez à présent télécharger le fichier sur votre ordinateur.

Cliquez avec le bouton droit sur *advertising.csv* dans le répertoire *data* et sélectionnez Télécharger (voir Figure 4.14). Le fichier téléchargé est stocké sur votre bureau. Vous êtes maintenant prêt à l'envoyer à AutoML.

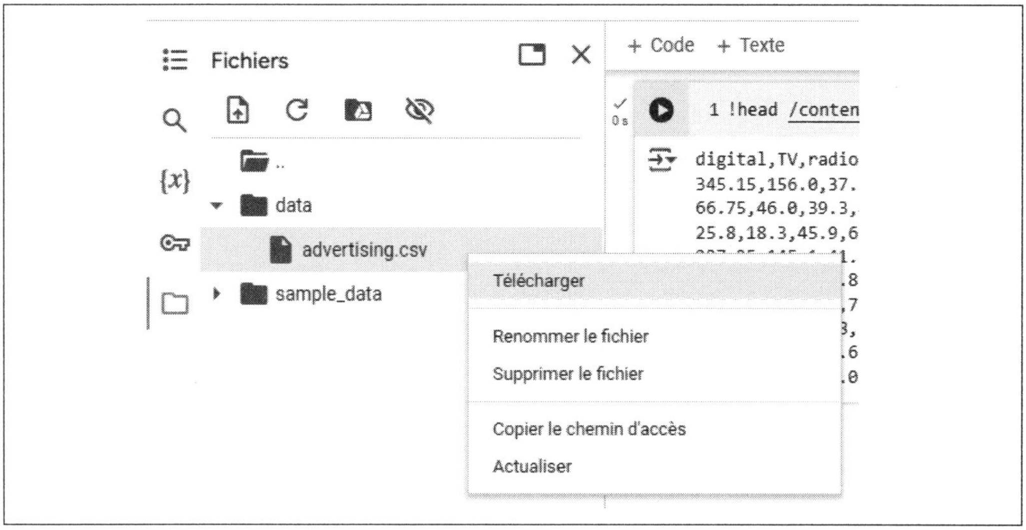

Figure 4.14 : Téléchargement du fichier advertising.csv *à partir du répertoire* data.

La section suivante explique comment créer sans code un modèle fondé sur le fichier d'entraînement que vous aurez fourni.

Entraîner un modèle de régression linéaire avec AutoML

Les projets AutoML proposés dans cet ouvrage sont réalisés avec Vertex AI de Google. Il s'agit du framework AutoML à interface graphique que les auteurs connaissent le mieux. Les trois principaux fournisseurs de cloud (Google, Microsoft et AWS) proposent tous des didacticiels AutoML. Chacun de ces guides se trouve dans la documentation qu'ils mettent à disposition. De nombreux fournisseurs de cloud offrent une période d'essai qui permet de découvrir leurs produits sans frais.

Puisque Google propose un didacticiel pas à pas sur AutoML, certaines étapes introductives ne sont pas décrites ici.

La Figure 4.15 présente un aperçu général du flux de travail AutoML en no-code pour le cas d'utilisation pris en exemple.

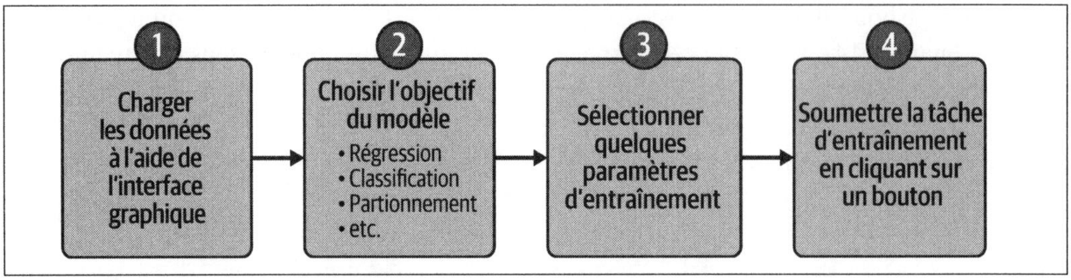

Figure 4.15 : Flux de travail AutoML en no-code pour le cas d'utilisation.

Approche no-code avec Vertex AI

La Figure 4.16 présente le tableau de bord de Vertex AI. Pour créer un modèle AutoML, activez l'API Vertex AI en cliquant sur le bouton Activer toutes les API recommandées. Dans le menu de navigation situé à gauche, faites défiler vers le bas et sélectionnez Ensembles de données.

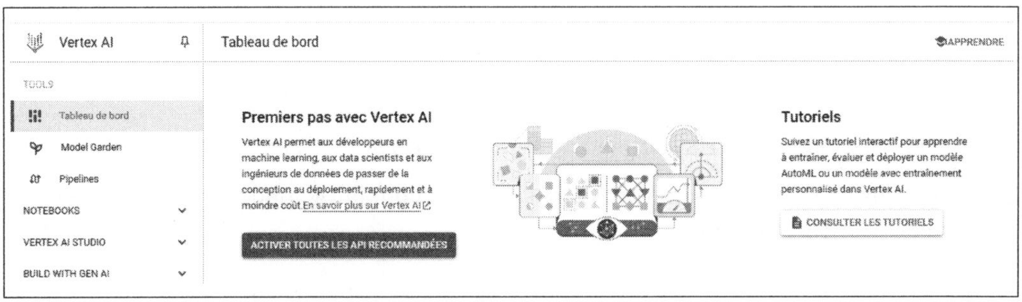

Figure 4.16 : Tableau de bord Vertex AI affichant le bouton Activer toutes les API recommandées.

Créer un jeu de données géré dans Vertex AI

Vertex AI propose différents modèles AutoML en fonction du type de données et de l'objectif à atteindre. Lorsque vous créez un jeu de données, vous choisissez un objectif initial. Cependant, lorsque sa création est terminée, vous pouvez l'utiliser pour entraîner des modèles ayant des objectifs différents. Conservez la région par défaut (us-central1), comme indiqué dans la Figure 4.17.

Figure 4.17 : Création d'un jeu de données depuis la section Ensemble de données de Vertex AI.

Cliquez sur le bouton Créer situé en haut de la page, puis entrez un nom pour le jeu de données. Nous l'avons intitulé *publicite_automl.*

Choisir l'objectif du modèle

La Figure 4.18 montre que l'objectif du modèle sélectionné dans l'onglet Tabulaire est de type régression/classification. Puisque vous souhaitez prédire la valeur d'une colonne cible (`sales`), ce choix est pertinent.

Voyons quelques concepts de base pour vous aider à choisir le bon objectif dans vos prochains cas d'utilisation. La *régression* est un processus d'apprentissage supervisé. Elle est comparable à la classification, mais, au lieu de prédire une étiquette de classification, comme attribuer la classe spam aux e-mails appropriés dans la boîte de réception, vous essayez de prédire une valeur continue. La régression *linéaire* définit la relation entre une variable cible (y) et un ensemble de caractéristiques prédictives (x). Si vous souhaitez effectuer une prédiction numérique, choisissez la régression. Dans notre exemple de cas d'utilisation, la régression linéaire prédit une valeur réelle (les ventes) en se fondant sur des variables indépendantes fournies dans le jeu de données (canaux numériques, télévision, radio et presse).

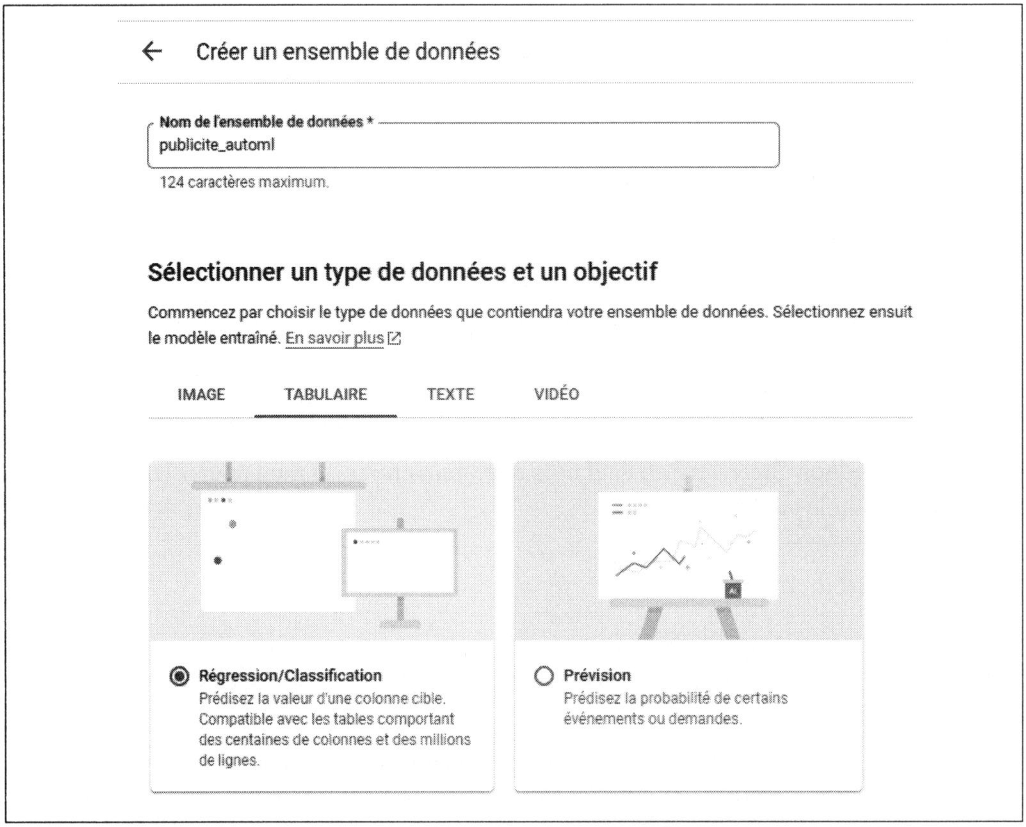

Figure 4.18 : Sélection de la régression/classification comme objectif du modèle.

En bref, la régression linéaire suppose une relation linéaire avec chaque caractéristique. Les valeurs prédites sont les points de données présents sur la droite, tandis que les vraies valeurs composent le nuage de points. L'objectif est de trouver la droite la mieux ajustée pour que, lorsque de nouvelles données sont fournies, le modèle prédise l'emplacement du nouveau point de données par rapport à la droite. La qualité de cet ajustement se fonde sur un critère d'évaluation, sujet sur lequel nous reviendrons à la section « Évaluer les performances du modèle » plus loin dans ce chapitre.

La Figure 4.19 affiche la droite de « meilleur ajustement » correspondant au jeu de données. Le modèle tente d'ajuster la droite aux points de données qui forment le nuage.

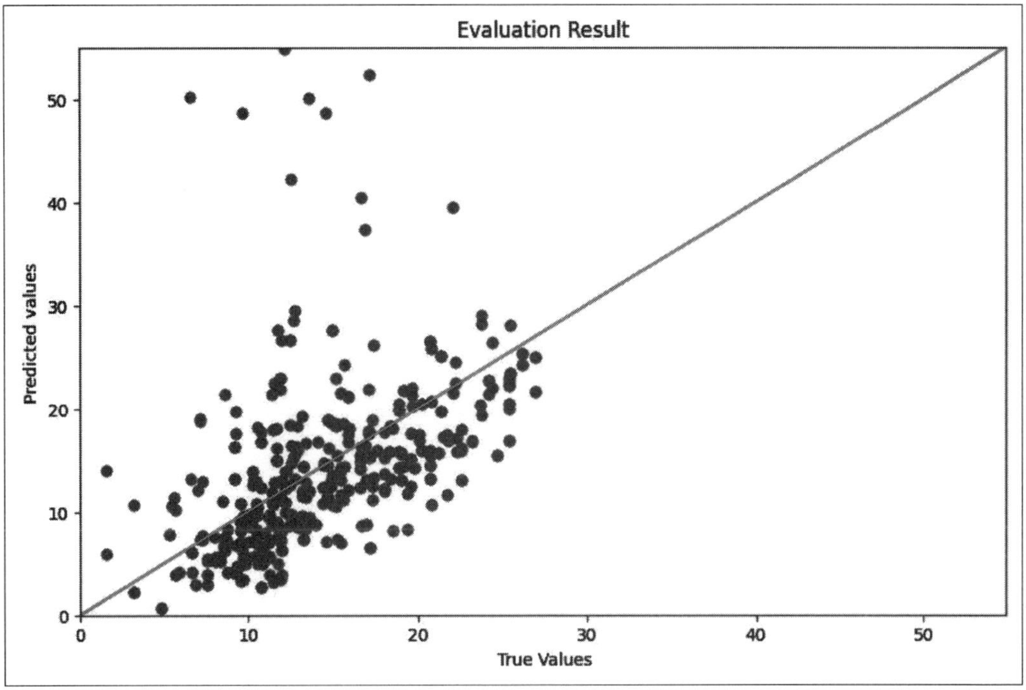

Figure 4.19 : Valeurs vraies et valeurs prédites avec une droite de régression la mieux ajustée.

Après avoir sélectionné Régression/Classification, faites défiler la fenêtre vers le bas et cliquez sur le bouton Créer. Vous êtes alors prêt à ajouter des données au jeu de données. Les jeux de données gérés par Vertex AI sont disponibles pour divers types de données, notamment les données tabulaires, les images, le texte et la vidéo.

La Figure 4.20 présente les options d'importation d'une source de données. Vous avez le choix entre importer des fichiers CSV depuis votre ordinateur, sélectionner des fichiers CSV depuis Cloud Storage et sélectionner une table ou une vue à partir de BigQuery.

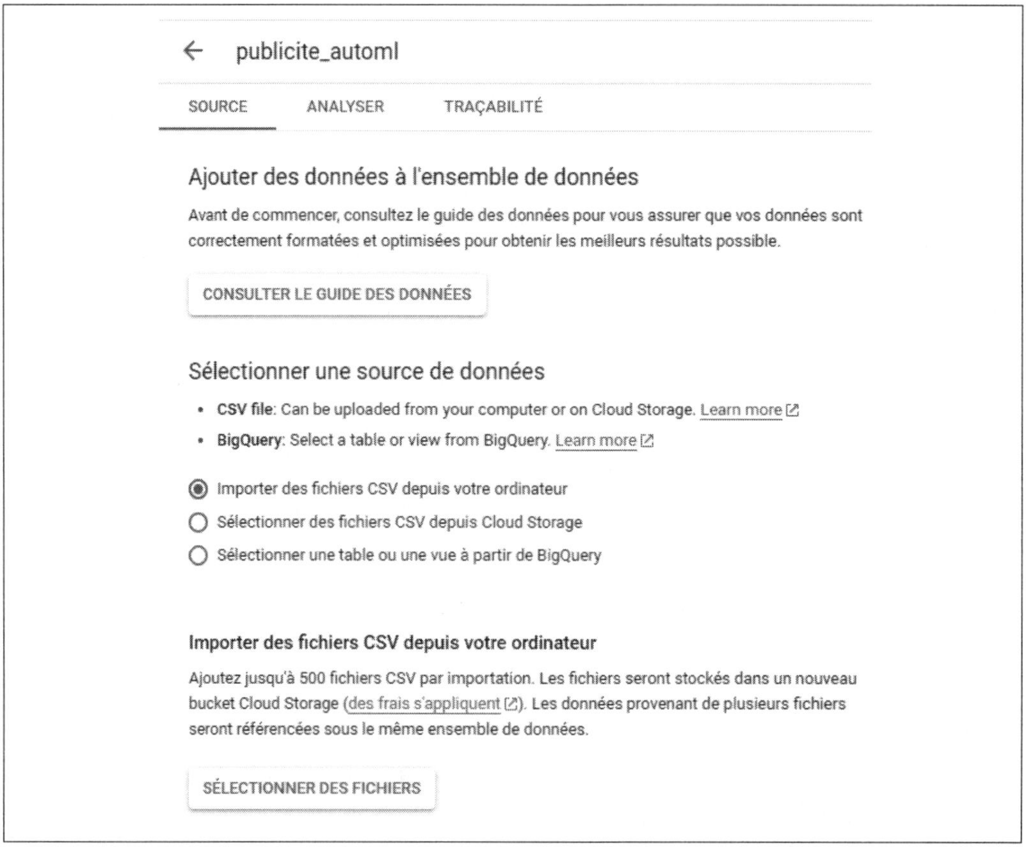

Figure 4.20 : Options d'importation d'une source de données pour le fichier du jeu de données.

Pour envoyer le jeu de données sur les ventes liées aux publicités, cochez Importer des fichiers CSV depuis votre ordinateur, cliquez sur Sélectionner des fichiers, recherchez le fichier sur votre ordinateur local et importez-le.

Faites défiler la page vers le bas et examinez la section Sélectionner un chemin d'accès Cloud Storage. Vous devez stocker le fichier importé dans un bucket de Cloud Storage. La raison est double : (1) lors de l'entraînement d'un modèle ML à grande échelle, vous devrez peut-être stocker des téraoctets, voire des pétaoctets de données, et (2) les compartiments de stockage cloud sont évolutifs, fiables et sécurisés.

La Figure 4.21 illustre l'envoi du fichier *publicite_automl.csv* et la création d'un bucket de Cloud Storage pour le stocker. Si vous souhaitez connaître chaque étape du processus de création du bucket et de l'ensemble de l'exercice, consultez le PDF intitulé *Chapter 4 AutoML Sales Prediction* dans le dépôt GitHub (*https://oreil.ly/ supp-lcai*).

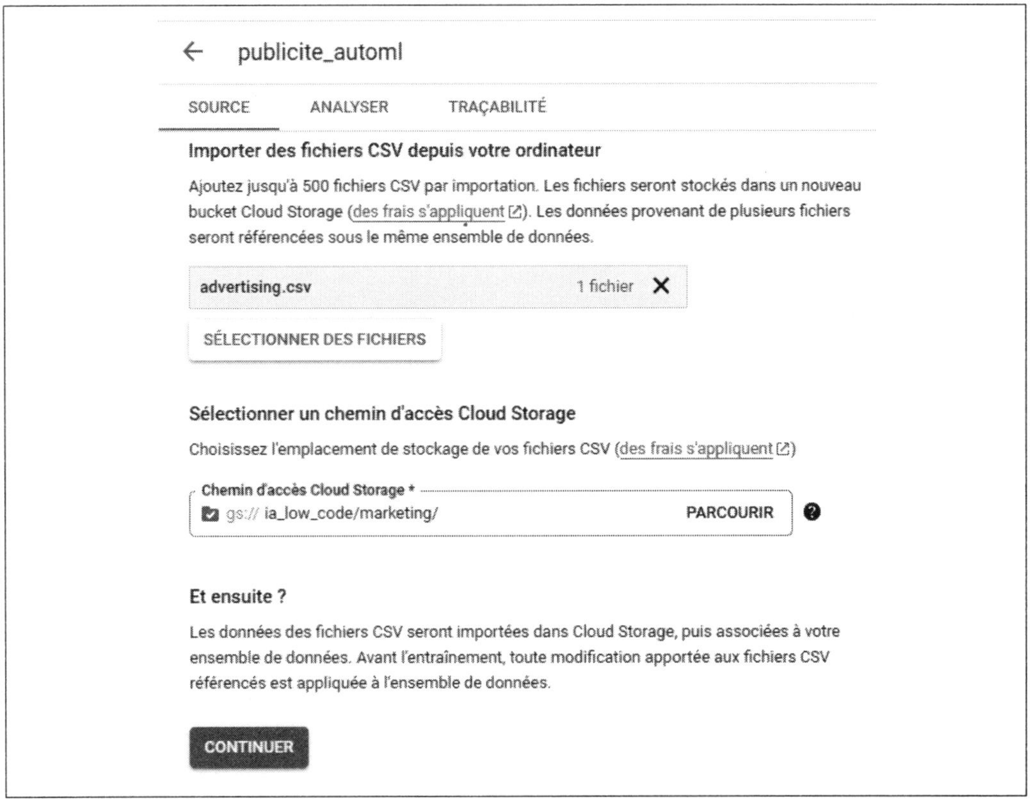

Figure 4.21 : Options d'importation d'un fichier CSV et de son stockage dans un bucket Cloud Storage.

Certains frameworks généreront des statistiques à la suite du chargement des données. D'autres permettent de réduire la phase de nettoyage manuel des données en détectant et en traitant automatiquement les valeurs manquantes, les valeurs anormales et les lignes et colonnes en double. Vous pouvez passer par des étapes supplémentaires, comme examiner les données après leur chargement pour vérifier l'existence de valeurs manquantes et afficher des statistiques sur les données.

La Figure 4.22 présente les résultats obtenus après avoir cliqué sur Générer des statistiques. Vous le constatez, il n'y a aucune valeur manquante et le nombre de valeurs distinctes pour chaque colonne est affiché.

AutoML génère un profil de données pour chaque caractéristique. Il suffit de cliquer sur l'un des noms présenté pour ouvrir une page qui affiche un histogramme de la distribution de la caractéristique correspondante et l'analyser.

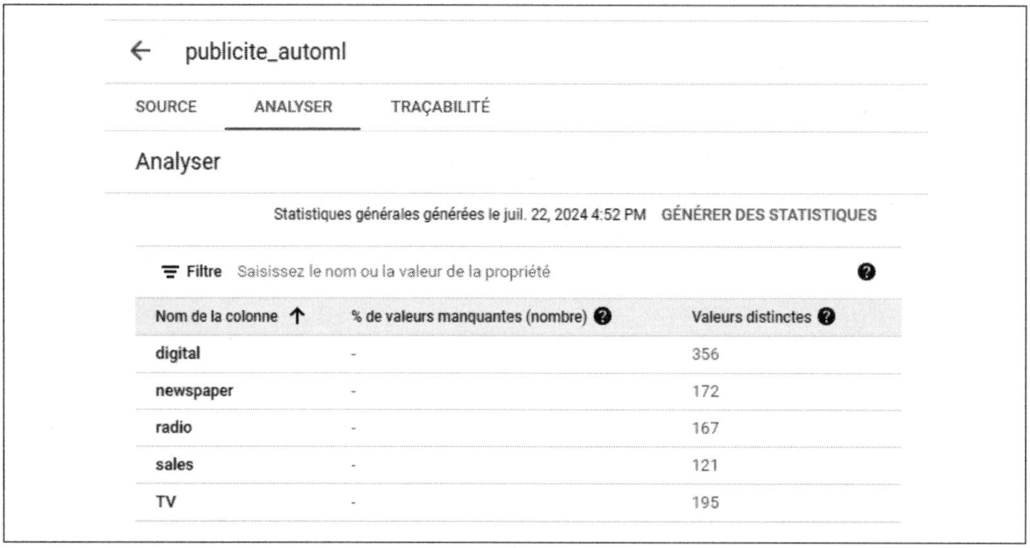

Figure 4.22 : Résultats de la génération des statistiques.

La Figure 4.23 donne le profil de données pour les ventes. La moyenne est de 14,014, ce qui est très proche de la valeur numérique obtenue par l'exécution de `advertising_df.describe()` précédemment au cours de l'exploration du jeu de données.

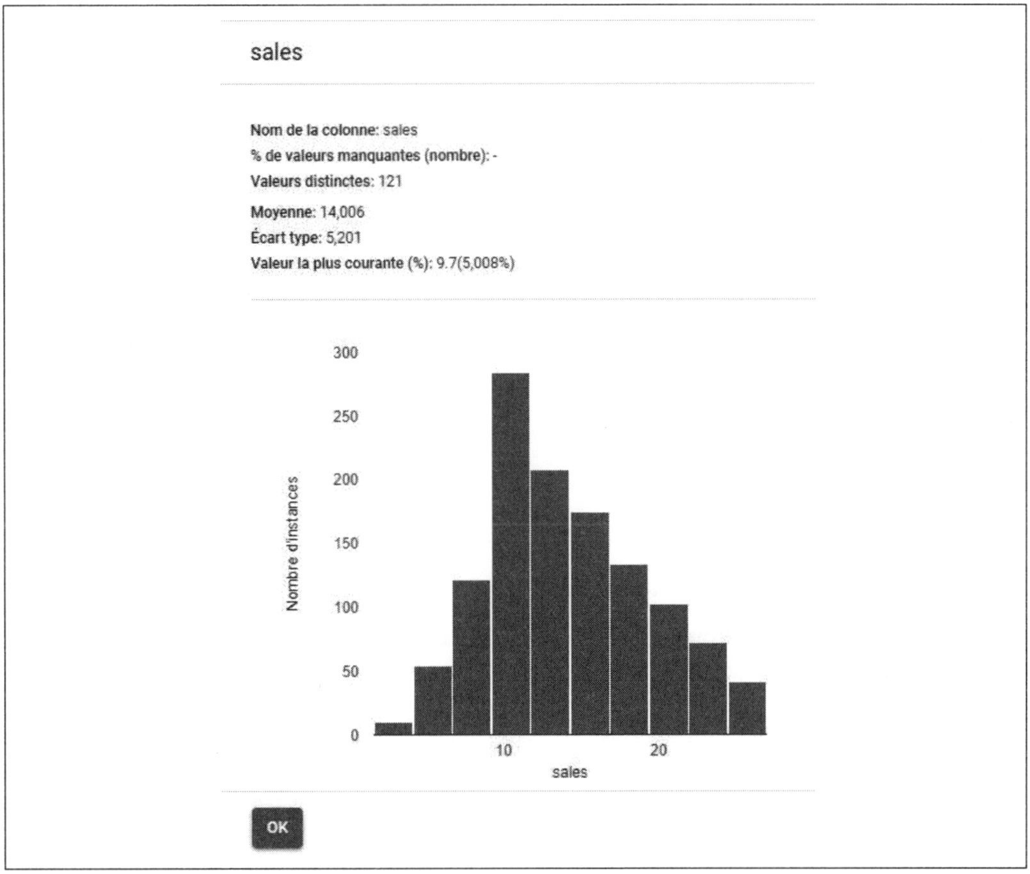

Figure 4.23 : Profil de données pour `sales`*.*

Construire le modèle d'entraînement

La Figure 4.24 montre que le modèle est prêt pour l'entraînement. Cliquez sur Entraîner le nouveau modèle dans la section « Jobs et modèles d'entraînement ». Sélectionnez Autre et non AutoML sur les pipelines, car cette option demande de préciser le type de modèle ML à créer ainsi que d'autres paramètres. Elle sort du cadre de cet ouvrage.

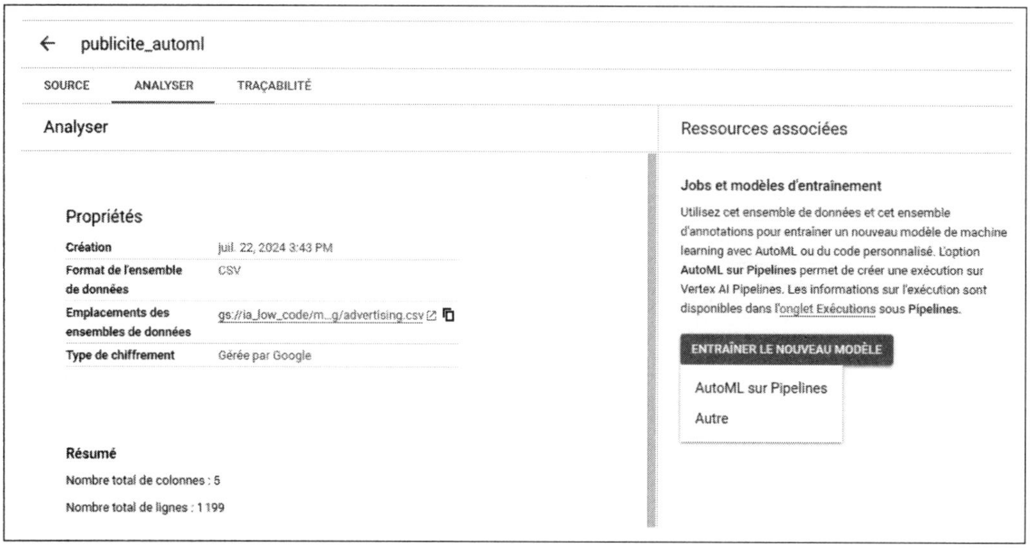

Figure 4.24 : Modèle prêt pour l'entraînement.

La fenêtre Train new model apparaît. Quatre des cinq étapes sont obligatoires :

1. Sélectionner la méthode d'entraînement.
2. Configurer les détails du modèle.
3. Associer un magasin de fonctionnalités (facultatif).
4. Déterminer les options d'apprentissage.
5. Choisir les options de calcul et les tarifs.

À l'étape 1, dans la liste déroulante Objectif, choisissez Regression et sous Model training method, cochez AutoML (voir Figure 4.25). Cliquez sur Continuer.

À l'étape 2, donnez un nom au modèle et rédigez une description. Dans le champ Target column, sélectionnez sales à l'aide de la liste déroulante (voir Figure 4.26). Cliquez sur Continuer.

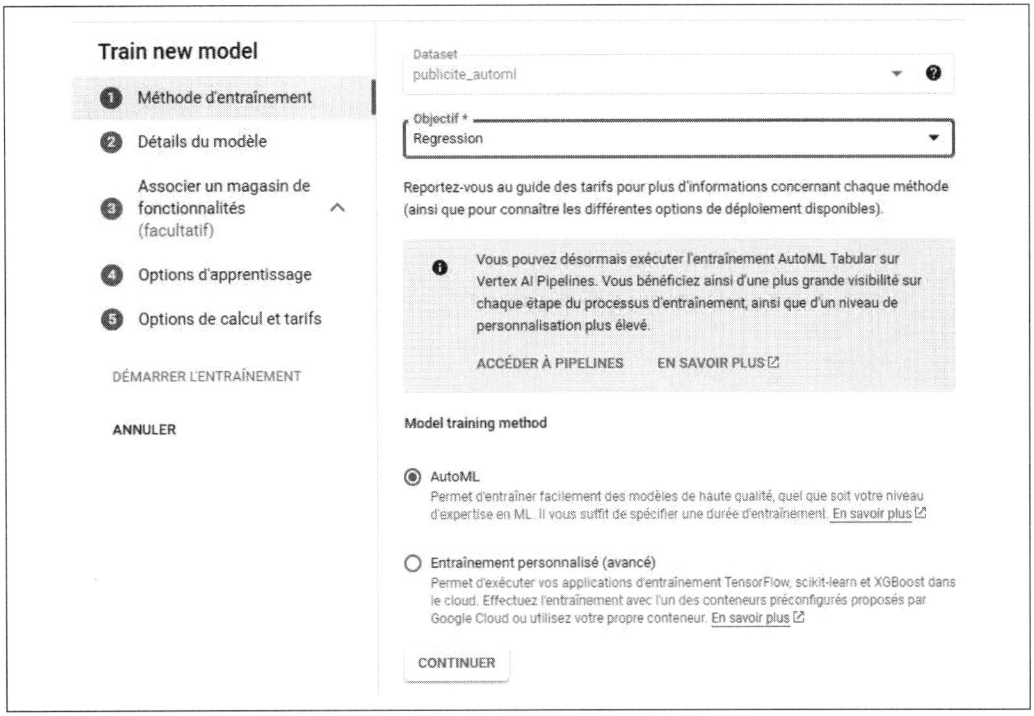

Figure 4.25 : Configurer la méthode d'entraînement à l'étape 1.

Figure 4.26 : Ajouter les détails du modèle à l'étape 2.

L'étape 3 est facultative, cliquez sur Continuer.

À l'étape 4, passez en revue les options d'apprentissage. Notez que toutes les transformations de données (ou traitement de données), comme la standardisation, sont gérées automatiquement (voir Figure 4.27). Cliquez sur Continuer.

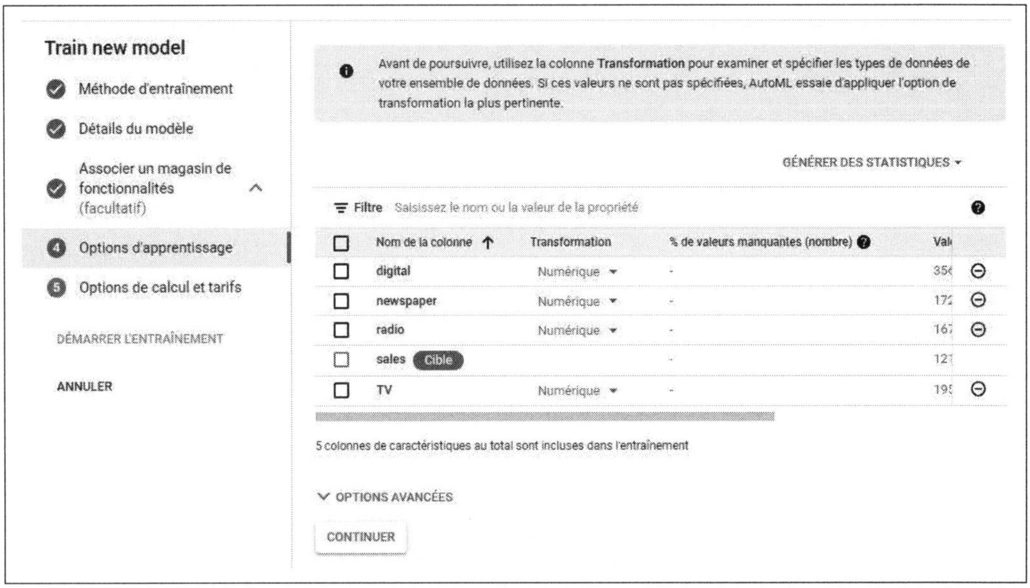

Figure 4.27 : Ajouter les détails d'apprentissage à l'étape 4.

L'étape 5 s'intitule Options de calcul et tarifs (*https://cloud.google.com/vertex-ai/pricing?hl=fr*) (voir Figure 4.28). Le temps nécessaire pour entraîner le modèle dépend de la taille et de la complexité des données d'entraînement. Un *nœud-heure* correspond à une heure d'utilisation d'un nœud (pensez machine virtuelle) dans le cloud, répartie sur tous les nœuds. Entrez la valeur **3** dans le champ Budget pour indiquer le nombre maximum de nœuds-heure. Il s'agit simplement d'une estimation. Vous payez uniquement pour les heures de calcul utilisées. Si l'entraînement échoue pour une raison autre qu'une annulation que vous auriez initiée, vous n'êtes pas facturé pour le temps consommé.

La page propose également d'activer ou de désactiver l'arrêt prématuré. Lorsque cette option est active, l'entraînement sera arrêté dès qu'AutoML détermine qu'aucune amélioration du modèle ne peut être apportée. Si vous la désactivez, AutoML entraîne le modèle jusqu'à épuisement du budget alloué.

Lorsque tous les paramètres ont été saisis, lancez l'entraînement en cliquant sur le bouton Démarrer l'entraînement.

Au terme de l'entraînement du modèle, celui-ci est placé dans le registre de modèles (voir Figure 4.29).

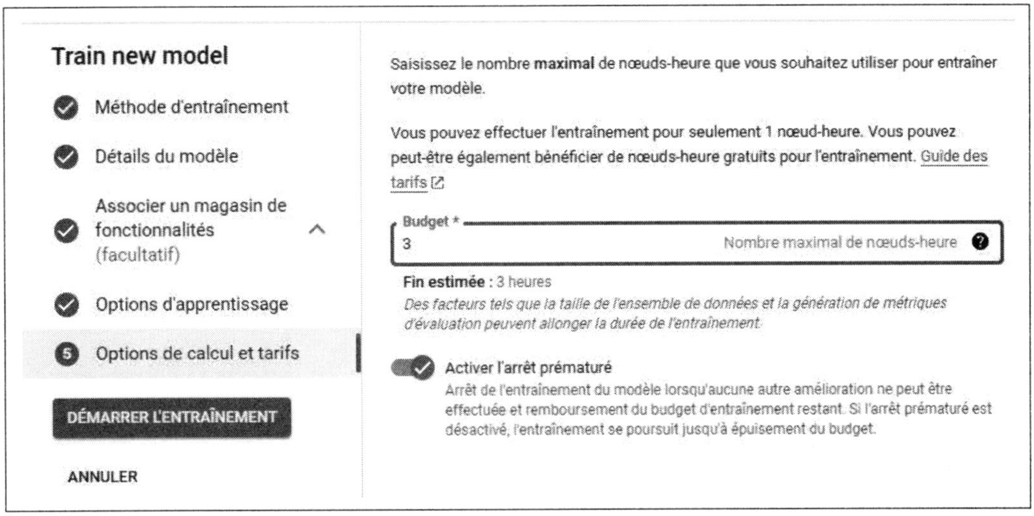

Figure 4.28 : Choisir les options de calcul et les tarifs à l'étape 5.

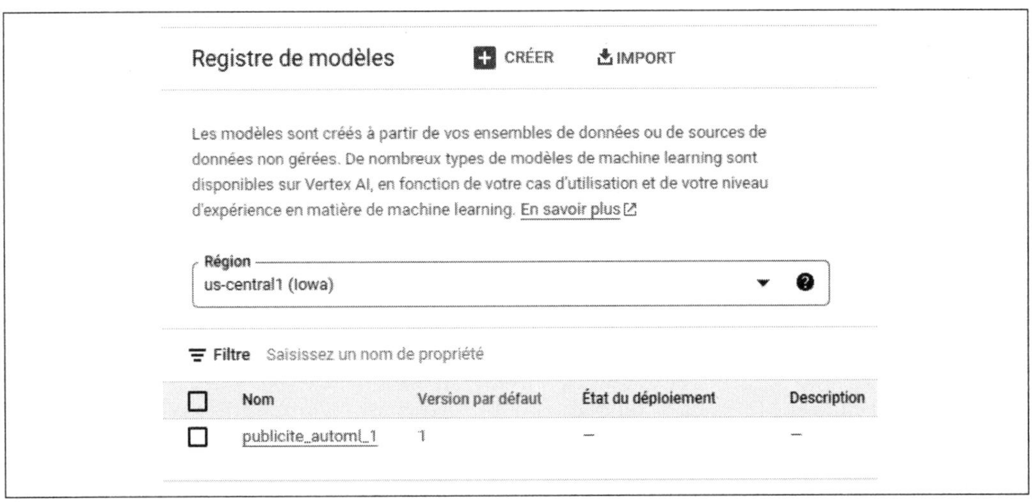

Figure 4.29 : Modèle publicite_automl ajouté au registre de modèles.

Nous l'avons mentionné précédemment, l'entraînement peut demander plusieurs heures, selon la taille des données et l'objectif de modèle choisi. Le traitement des images et des vidéos va prendre beaucoup plus de temps que celui de données structurées, comme un fichier CSV. Le nombre d'échantillons d'entraînement a également un impact sur la durée de cette tâche.

Par ailleurs, AutoML prend beaucoup de temps. Ses algorithmes doivent entraîner divers modèles et ce processus peut être coûteux en calcul. AutoML essaie généralement un grand nombre de modèles et d'hyperparamètres différents, chaque modèle devant être entraîné sur le jeu de données. Ensuite, il sélectionne le meilleur modèle parmi ceux entraînés, ce qui peut également demander du temps. Il faut en effet évaluer les performances de chaque modèle sur un jeu de données distinct et ce processus d'évaluation peut être coûteux en termes de calcul.

Évaluer les performances du modèle

La Figure 4.30 montre les résultats de l'entraînement du modèle.

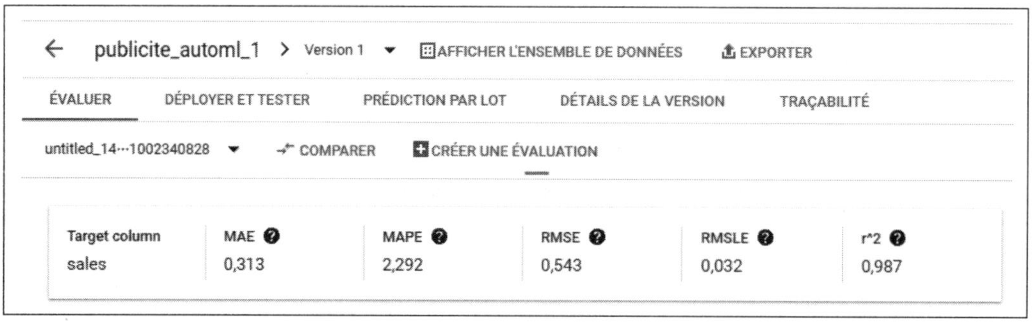

Figure 4.30 : Résultats de l'entraînement du modèle, avec cinq métriques d'évaluation.

Voici quelques facteurs à prendre en compte pour déterminer l'importance des différentes métriques d'évaluation de la régression linéaire :

Objectif du modèle

L'objectif du modèle établit l'importance des métriques d'évaluation. Par exemple, si le modèle sert à des prédictions, le praticien souhaitera peut-être se concentrer sur des métriques comme l'erreur quadratique moyenne (MSE) ou la racine de l'erreur quadratique moyenne (RMSE). En revanche, s'il est utilisé pour comprendre la relation entre les variables, le praticien se tournera plutôt vers des métriques comme R-carré ou R-carré ajusté.

Spécificités des données

Les spécificités des données affectent également l'importance des différentes métriques d'évaluation. Par exemple, si les données sont bruitées (contiennent des informations indésirables ou des erreurs), le praticien souhaitera peut-être se focaliser sur des métriques moins sensibles au bruit, comme l'erreur absolue moyenne (MAE). *A contrario*, si elles sont dépourvues de bruit, il pourra alors considérer les métriques plus sensibles aux changements dans le modèle, comme la MSE.

Préférences du praticien

En fin de compte, les préférences du praticien jouent également un rôle dans la détermination de l'importance des différentes métriques d'évaluation. Certains vont peut-être préférer des métriques faciles à comprendre, tandis que d'autres apprécieront les métriques plus précises. Il n'y a pas de bonne ou de mauvaise réponse, et le praticien doit choisir les métriques qui, à son avis, ont la plus grande importance.

Voici les métriques d'évaluation de la régression linéaire les plus répandues :

R-carré

R-carré permet d'évaluer l'adaptation du modèle aux données. Il correspond au carré du coefficient de corrélation de Pearson entre les valeurs observées et les valeurs prédites. Pour le calculer, la somme des carrés des résidus (la différence entre les valeurs prédites et les valeurs réelles) est divisée par la somme totale des carrés. Plus la valeur R-carré est élevée, meilleur est l'ajustement. Cette valeur se situe dans la plage 0 à 1 et devrait être d'environ 0,997.

R-carré ajusté

R-carré ajusté est une version modifiée de R-carré qui prend en compte le nombre de variables indépendantes dans le modèle. Il est calculé en divisant la somme des carrés des résidus par la somme totale des carrés moins les degrés de liberté. Une valeur R-carré ajusté plus élevée indique une meilleure adéquation, mais elle est moins sensible au nombre de variables indépendantes que R-carré.

Erreur quadratique moyenne (MSE)

Il s'agit d'une mesure de l'erreur quadratique moyenne entre les valeurs prédites et les valeurs réelles. Plus sa valeur est faible, meilleur est l'ajustement. La Figure 4.31 illustre la perte sous forme d'un tableau et d'un graphique.

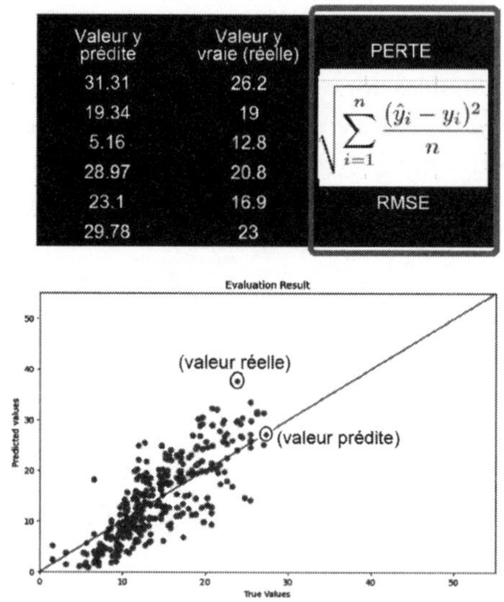

Figure 4.31 : Formule de calcul de la perte pour la RMSE entre les valeurs vraies et prédites.

Racine de l'erreur quadratique moyenne (RMSE)

La RMSE est la racine carrée de la MSE. Cette variante est plus facile à interpréter que la MSE. Une valeur de RMSE faible indique une plus grande adéquation et un modèle de meilleure qualité. 0 signifie que le modèle n'a commis aucune erreur. L'interprétation de la RMSE dépend de la plage des valeurs de la série. Une RMSE devrait être d'environ 0,345.

Racine de l'erreur logarithmique quadratique moyenne (RMSLE)

L'interprétation de la RMSLE dépend de la plage des valeurs de la série. Elle est moins sensible aux valeurs aberrantes que la RMSE et elle a tendance à pénaliser un peu plus les sous-estimations que les surestimations. Une RMSLE devrait être d'environ 0,026.

Erreur absolue moyenne (MAE)

Il s'agit d'une mesure de l'erreur absolue moyenne entre les valeurs prédites et les valeurs réelles. Plus sa valeur est faible, meilleur est l'ajustement. Une MAE devrait être d'environ 0,304.

Erreur absolue moyenne en pourcentage (MAPE)

La MAPE va de 0 % à 100 %, une valeur faible indiquant un modèle de meilleure qualité. Elle correspond à la moyenne des erreurs absolues en pourcentage. Une MAPE devrait être d'environ 2,28.

Importance des caractéristiques du modèle (attribution)

L'importance des caractéristiques indique l'impact de chaque caractéristique sur l'entraînement du modèle. La Figure 4.32 montre les valeurs d'attribution exprimées en pourcentage. Plus le pourcentage est élevé, plus la corrélation est forte, c'est-à-dire plus l'impact de la caractéristique sur l'entraînement du modèle est important. L'attribution de caractéristiques permet de connaître celles qui ont le plus fortement contribué à l'entraînement (voir Figure 4.32).

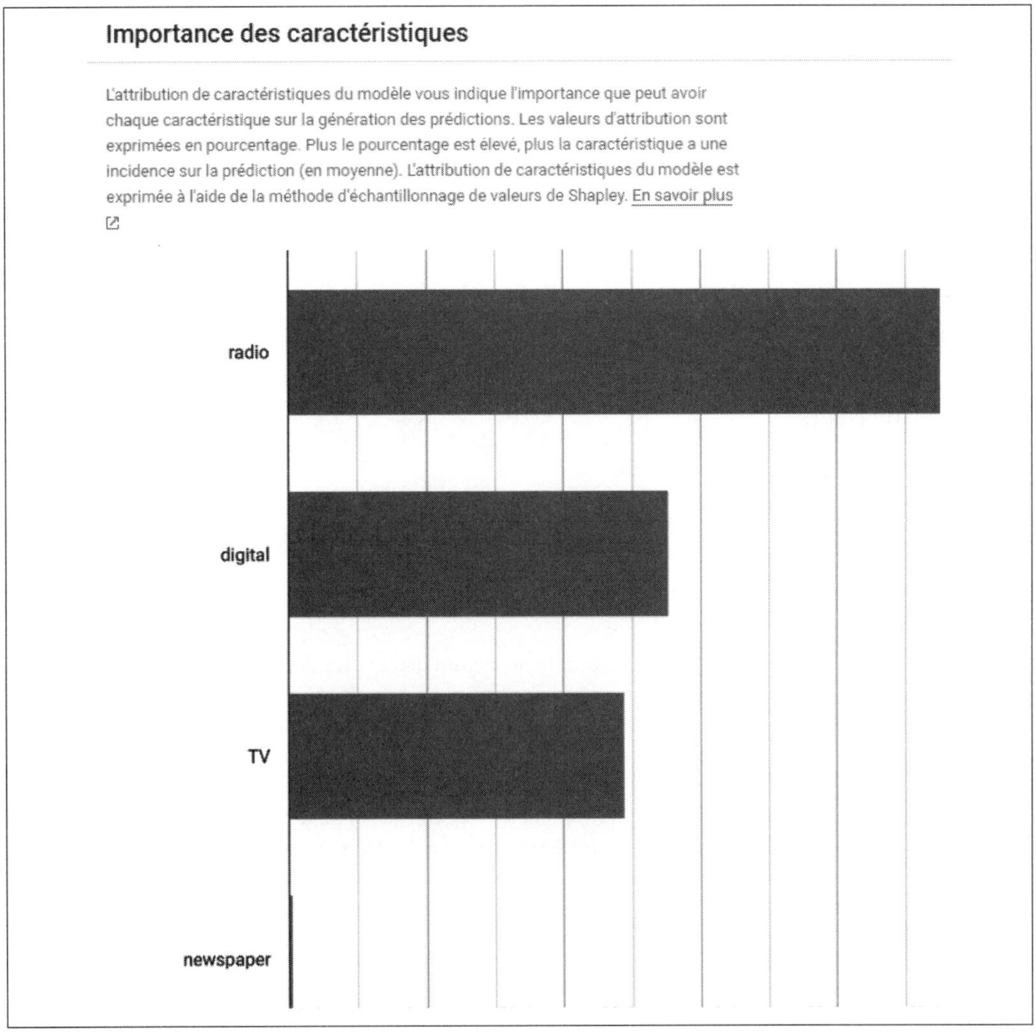

Figure 4.32 : Résultats de l'importance des caractéristiques du jeu de données.

En plaçant le pointeur de la souris sur la barre de la caractéristique newspaper de la Figure 4.32, une petite fenêtre montre que sa contribution à l'entraînement du modèle est de 0,2 %. Cela confirme l'un des enseignements de l'EDA effectuée précédemment : la relation entre les ventes et les dépenses publicitaires dans la presse est minime. Ces résultats signifient que la publicité à la *radio*, sur les *canaux numériques* et à la *télévision* contribue le plus aux *ventes*, alors que la publicité dans la *presse* a peu d'effet sur les *ventes*.

Obtenir des prédictions à partir du modèle

Avant de déployer le modèle, il faudra le tester. Pour cela, il peut être placé dans un environnement personnel, sans créer l'application indispensable à sa mise en production dans le cloud. Après l'entraînement du modèle ML, vous devez le déployer afin que d'autres personnes puissent l'utiliser pour effectuer des inférences. En apprentissage automatique, une inférence désigne le processus d'utilisation d'un modèle ML entraîné pour réaliser des prédictions sur de nouvelles données.

Un déploiement nécessite quatre étapes, mais, pour ce chapitre, seules les deux premières sont requises. La configuration de la surveillance et des objectifs du modèle ne sont pas nécessaires. La surveillance ajoute des frais de journalisation, et vous devez choisir parmi la diversité d'objectifs de modèle disponibles, en fonction du type de modèle entraîné et de l'application ciblée. Voici les quatre étapes :

1. Définir le point de terminaison.
2. Configurer les paramètres du modèle.
3. Configurer la surveillance du modèle.
4. Configurer les objectifs du modèle.

> À quoi correspondent les points de terminaison et les déploiements ? En ML, un *point de terminaison* est un service qui expose un modèle afin que des prédictions puissent être faites en ligne. Le *déploiement* correspond au processus de mise à disposition d'un modèle sous forme de point de terminaison. Un point de terminaison est un chemin HTTPS qui fournit une interface permettant aux clients d'envoyer des requêtes (données d'entrée) et de recevoir la sortie d'inférence (notation) d'un modèle entraîné. Les points de terminaison sont généralement utilisés pour effectuer des prédictions en temps réel. Par exemple, vous pouvez utiliser un point de terminaison pour prédire la probabilité de clic d'un client sur une annonce publicitaire ou le risque de défaut de paiement d'un prêt.
>
> Les déploiements servent généralement à rendre un modèle accessible à un public plus large. Par exemple, un modèle peut être déployé dans un environnement de production afin que les clients et les employés l'utilisent.

La Figure 4.33 montre la page de déploiement et de test. Pour déployer votre modèle, accédez à Registre de modèles, sélectionnez Déployer et tester, puis choisissez le modèle.

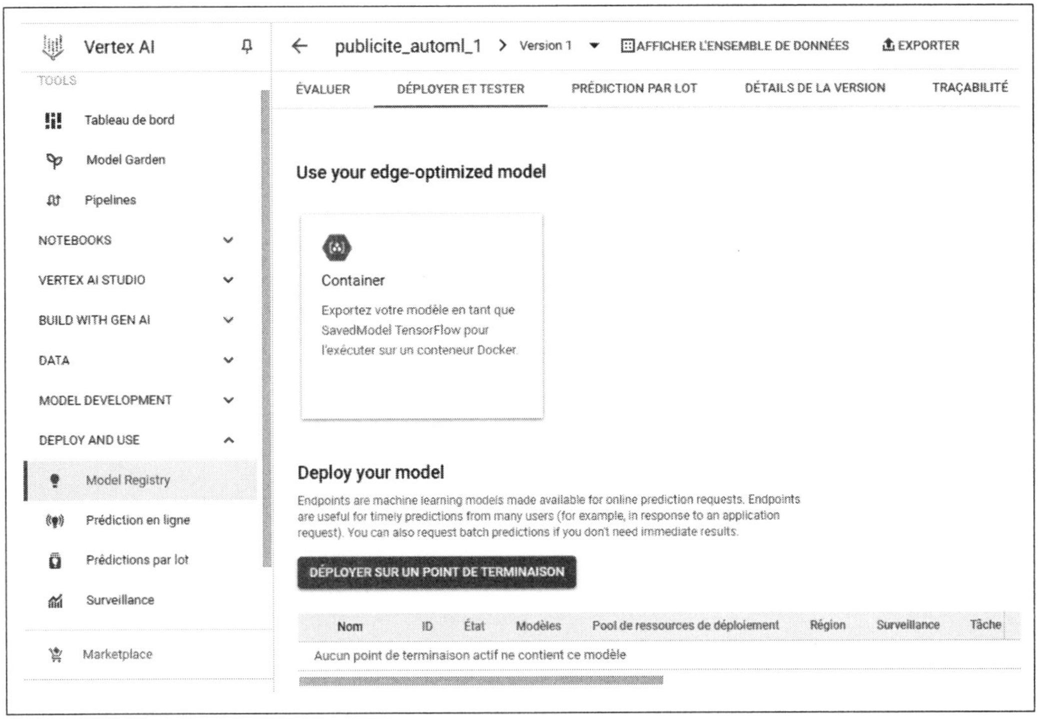

Figure 4.33 : Déploiement d'un modèle sur un point de terminaison.

Au cours de l'étape 1, vous définissez le point de terminaison. Vous indiquez une région et précisez la méthode d'accès au point de terminaison.

À l'étape 2, vous ajoutez le modèle et précisez la répartition du trafic. Dans Vertex AI, la *répartition du trafic* est un moyen de distribuer le trafic entre plusieurs modèles déployés sur le même point de terminaison. Cela pourra se révéler utile dans les cas suivants :

Tests A/B

La répartition du trafic peut être utilisée pour les tests A/B sur différents modèles afin de déterminer le plus performant.

Déploiements Canary

La répartition du trafic peut être utilisée lors du déploiement d'un nouveau modèle auprès d'un petit groupe d'utilisateurs, avant de le proposer à un public plus large. Il sera ainsi plus facile de détecter les problèmes posés par le nouveau modèle avant qu'ils n'affectent un trop grand nombre d'utilisateurs.

Lancements

La répartition du trafic peut être utilisée dans le cadre d'un lancement progressif d'un nouveau modèle auprès des utilisateurs. Cela peut aider à atténuer l'impact de tout problème avec ce nouveau modèle.

Vous choisissez également la manière dont les ressources de calcul serviront les prédictions du modèle (voir Figure 4.34). Pour cet exercice, utilisez le nombre minimum de nœuds de calcul (serveurs de machines virtuelles). Dans la liste déroulante Type de machine, sélectionnez Standard.

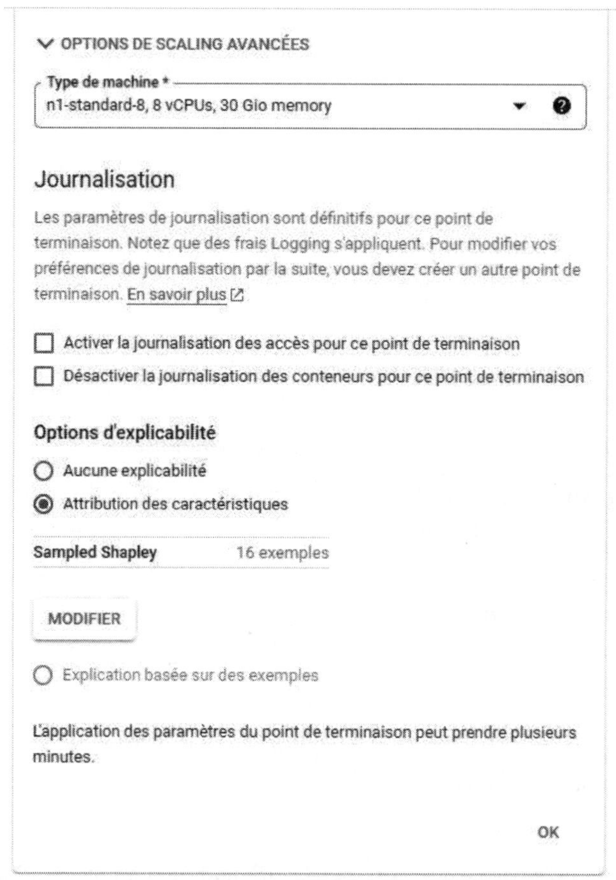

Figure 4.34 : Sélection des ressources de calcul dédiées au modèle déployé.

Les types de machines diffèrent sur plusieurs points : (1) nombre de processeurs virtuels (vCPU) par nœud, (2) quantité de mémoire par nœud et (3) prix (*https://oreil.ly/x8C3f*).

Le choix des ressources de calcul attribuées à un modèle de prédiction doit prendre en compte plusieurs facteurs :

Taille et complexité du modèle

Plus le modèle est grand et complexe, plus il aura besoin de ressources de calcul. (Ce critère concerne plus particulièrement les réseaux de neurones comportant du code personnalisé.)

Nombre de prédictions qui seront réalisées

Si le nombre de prédictions prévu est important, vous devrez choisir une ressource de calcul capable de supporter la charge.

Contraintes de latence

Si les prédictions doivent être réalisées en temps réel ou avec une très faible latence, vous devrez choisir une ressource de calcul capable de fournir les performances nécessaires.

> En apprentissage automatique, la latence fait référence au temps nécessaire à un modèle ML pour effectuer une prédiction après qu'il a reçu un nouveau point de données.

Coût

Le prix des ressources informatiques peut varier. Choisissez celle qui entre dans votre budget.

Une fois ces facteurs pris en compte, vous pourrez affiner vos choix. Voici quelques exemples de ressources de calcul pouvant être utilisées pour servir des modèles de prédiction :

Processeurs centraux (CPU)

Les unités centrales de traitement (CPU) sont les ressources de calcul les plus répandues et conviennent parfaitement aux modèles ni trop volumineux ni trop complexes.

Processeurs graphiques (GPU)

Les unités de traitement graphique (GPU) sont plus puissantes que les processeurs centraux et peuvent être utilisées pour accélérer l'entraînement et l'inférence de modèles volumineux et complexes.

Processeurs de tenseurs (TPU)

Les unités de traitement de tenseurs (TPU) sont des accélérateurs matériels conçus spécifiquement pour les charges de travail liées à l'apprentissage automatique. Elles forment l'option la plus puissante et peuvent être utilisées pour entraîner et servir les modèles les plus exigeants.

Dans le cadre de l'étape 2, « Paramètres du modèle », vous pouvez ajuster un paramètre de journalisation. Si vous activez cette option pour le point de terminaison, des frais supplémentaires s'appliquent. Aussi, pour cet exercice, veillez à la désactiver.

Le paramètre suivant concerne les options d'explicabilité, qui n'ont pas d'impact sur le coût. Cochez Attribution des caractéristiques.

L'étape 3 définit les paramètres de surveillance du modèle. Pour ce projet, n'activez pas cette fonctionnalité (voir Figure 4.35).

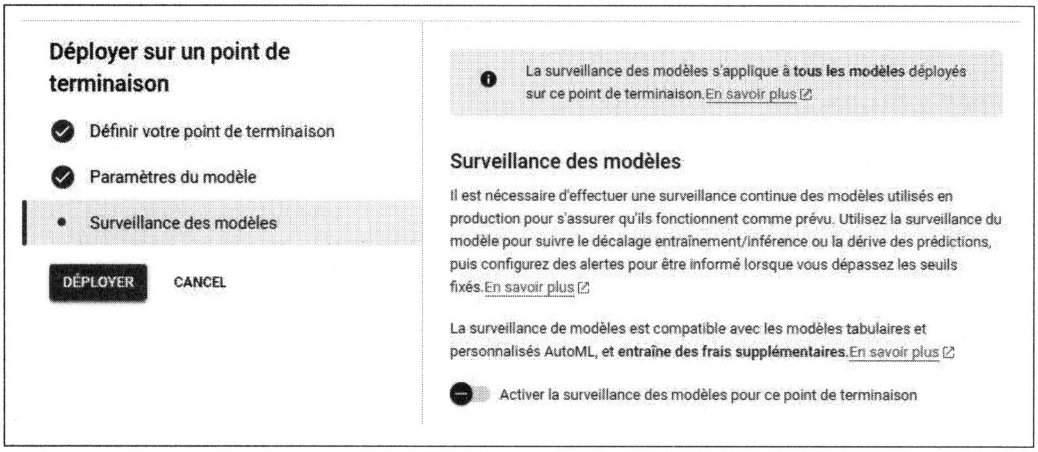

Figure 4.35 : Page de configuration Surveillance des modèles.

La configuration étant terminée, le bouton Déployer devrait être activé (voir Figure 4.35). Cliquez dessus pour déployer votre modèle sur le point de terminaison.

Dès que le point de terminaison est créé et le modèle déployé, vous devez recevoir un e-mail vous en informant. Si le déploiement a réussi, vous pouvez commencer à faire des prédictions. Cela se fait en quatre étapes :

1. Ouvrez la rubrique Registre des modèles.
2. Sélectionnez le modèle.
3. Sélectionnez la version du modèle.
4. Faites défiler la page vers le bas jusqu'à atteindre Testez votre modèle.

La Figure 4.36 présente la page Testez votre modèle. Il peut s'agir d'une application ou d'une page Web ressemblant à celle-ci et dans laquelle les utilisateurs saisissent les montants affectés aux canaux médiatiques avant d'obtenir la prédiction sur le volume des ventes.

Cliquez sur le bouton Prédiction.

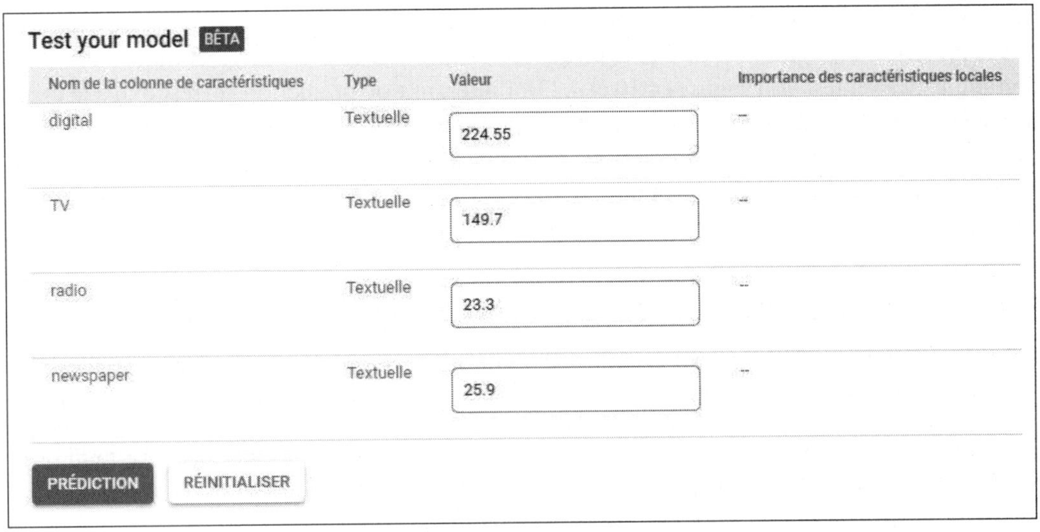

Figure 4.36 : Page de test des prédictions en ligne.

Après avoir cliqué sur le bouton Prédiction, vous recevez la prédiction pour l'étiquette (`sales`), comme le montre la Figure 4.37.

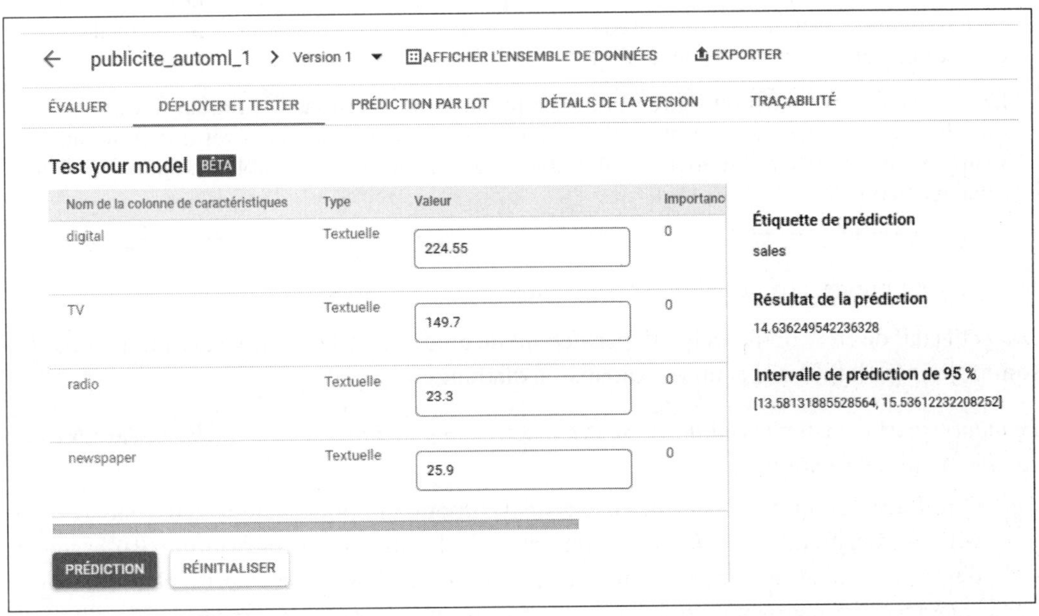

Figure 4.37 : Prédiction du volume des ventes sur la base des valeurs initiales.

Les modèles de régression renvoient une prédiction sous forme de valeur. La Figure 4.38 montre que la prévision des ventes est de 14,63, ce qui est très proche de la moyenne indiquée sur l'histogramme des ventes (voir Figures 4.10 et 4.23). L'intervalle de prédiction correspond à la plage de valeurs dans laquelle le résultat du modèle se trouvera avec un niveau de confiance de 95 %. Puisque le résultat de la prédiction des ventes est de 14,63 et que l'intervalle de prédiction est compris entre 13,58 et 15,53, vous pouvez être sûr à 95 % que toute prédiction se situera dans cette plage.

Intervalle de prédiction dans une régression linéaire

Les intervalles de prédiction sont souvent utilisés dans l'analyse de régression. Un intervalle de prédiction diffère d'un intervalle de confiance, même s'il s'agit de deux mesures statistiques qui fournissent une estimation de la plage de valeurs dans laquelle une valeur vraie est susceptible de se situer. Un *intervalle de confiance* concerne les événements passés ou actuels. Il est utilisé pour estimer un paramètre de population (par exemple, écart type, moyenne).

Un *intervalle de prédiction* est utilisé pour prédire la valeur d'une observation future, compte tenu des observations déjà réalisées. Il fournit une estimation de la plage de valeurs dans laquelle la valeur d'une nouvelle observation risque de se trouver, d'après les données précédentes.

Si vous créez un modèle de régression, vous pouvez l'utiliser pour établir un intervalle de prédiction permettant de déterminer l'emplacement où apparaîtra le prochain point de données échantillonné. Les intervalles de prédiction sont plus larges que les intervalles de confiance. En effet, ils tiennent compte de l'incertitude associée à la prédiction d'une valeur individuelle, par opposition à un paramètre de population.

Les intervalles de prédiction peuvent servir à prendre des décisions concernant les observations futures. Par exemple, une entreprise peut les utiliser pour décider d'investir dans un nouveau produit/service ou d'augmenter/diminuer le budget consacré aux publicités sur un certain canal médiatique.

Répondons à présent aux questions commerciales.

L'objectif était de créer un modèle ML permettant de prédire le volume de ventes induites par les sommes dépensées dans chacun des canaux médiatiques.

Le modèle peut-il prédire le volume de ventes générées en fonction des sommes dépensées sur chacun des canaux médiatiques ?

> Oui. Puisque Vertex AI permet de saisir des montants pour chaque canal médiatique, vous pouvez prendre des décisions concernant l'allocation budgétaire future. Par exemple, d'après le résultat de la prédiction, le plan stratégique de votre entreprise peut désormais envisager une augmentation du budget consacré aux canaux numériques.

Existe-t-il un lien entre le budget publicitaire et les ventes ?

Oui. Il existe une relation linéaire positive entre les dépenses publicitaires et les ventes pour les canaux numériques, la télévision et la radio. Les dépenses dans la presse n'ont qu'un lien faible avec les ventes.

Quel canal médiatique a l'impact le plus important sur l'augmentation des ventes ?

La télévision contribue davantage aux ventes que les autres canaux médiatiques. Comment ? Le nuage de points créé au cours de la section EDA et l'étude du graphique d'attribution des caractéristiques généré par Vertex AI après l'entraînement du modèle montrent cette contribution de la télévision aux ventes.

Avec quelle précision le modèle peut-il prédire les ventes futures ?

Le modèle de régression renvoie une valeur de prédiction du volume des ventes après avoir indiqué les montants accordés aux canaux médiatiques dans la page de test du modèle. Les résultats comprennent une valeur de prédiction des ventes et un intervalle de prédiction. Ces derniers peuvent étayer les décisions concernant les observations futures. Vous pouvez être sûr à 95 % que toute prochaine prévision de ventes se situera dans cette plage.

N'oubliez pas d'*annuler le déploiement* du modèle lorsque vous avez terminé ce chapitre. Les modèles déployés entraînent des coûts même s'ils ne sont pas utilisés. En effet, ils restent toujours disponibles de façon à fournir rapidement des prédictions. Pour annuler le déploiement du modèle, choisissez celui-ci dans le Registre de modèles, ouvrez l'onglet Déployer et tester, sélectionnez le point de terminaison, ouvrez le menu à trois points Actions et cliquez sur Annuler le déploiement du modèle.

En résumé

Dans ce chapitre, vous avez créé un modèle AutoML pour prédire les ventes déclenchées par des publicités sur différents canaux médiatiques. Vous avez exploré les données à l'aide de Pandas, en créant des cartes thermiques, des nuages de points et des histogrammes. Après avoir exporté le fichier des données, vous l'avez importé dans le framework Vertex AI de Google. Vous avez ensuite appris à utiliser AutoML de Google Cloud pour créer, entraîner et déployer un modèle d'apprentissage automatique afin de prédire les ventes. Vous avez acquis une compréhension globale des performances du modèle grâce à des métriques de performances et avez répondu à des questions commerciales classiques. Vous avez utilisé le modèle pour effectuer des prédictions en ligne et pour établir des prévisions budgétaires. Vous êtes maintenant prêt à présenter le projet à votre équipe !

CHAPITRE 5

Utiliser AutoML pour détecter des transactions frauduleuses

Dans ce chapitre, vous créerez un modèle AutoML avec Vertex AI de façon à prédire le caractère frauduleux ou légitime d'une transaction financière. Vous nettoierez et explorerez les données dans un environnement Google Colab, avant de créer un jeu de données géré sur Vertex AI, comme vous l'avez fait au Chapitre 3. Vous utiliserez ensuite AutoML pour créer un modèle de classification qui permettra de prédire si une transaction est frauduleuse ou non. Ce chapitre profite de ce cas d'utilisation pour aborder les modèles de classification de façon générale et les métriques couramment employées pour les évaluer.

Le flux de travail mis en place dans ce chapitre ressemble énormément à celui du Chapitre 4 qui a servi à traiter le problème de prévision des ventes *via* des canaux de médias publicitaires. C'est pourquoi certaines descriptions seront ici plus concises. Si vous êtes bloqué au cours de ces procédures, consultez les sections correspondantes du Chapitre 4.

Détection de fraudes dans des transactions financières

Dans ce cas d'utilisation, votre tâche consiste à construire un modèle qui permet de prédire si une transaction financière est frauduleuse ou légitime. Votre nouvelle entreprise fournit un service de paiement mobile utilisé par des centaines de milliers d'utilisateurs. Les transactions frauduleuses sont assez rares et sont généralement détectées par d'autres mécanismes de protection. Cependant, certaines d'entre elles passent au travers des mailles du filet et ont un impact négatif sur les utilisateurs. Votre entreprise peut y remédier après coup, mais elle craint de perdre des clients car elle doit signaler ces transactions. L'objectif est d'améliorer le logiciel de détection de fraude en exploitant l'apprentissage automatique et un modèle sur mesure.

La complication vient du fort déséquilibre du jeu de données. Puisque la grande majorité des transactions seront légitimes, un modèle simple prédisant que toutes les transactions sont valides serait tout aussi précis qu'inutile. Il faudra mettre en place d'autres métriques pour mieux comprendre les performances du modèle.

Une telle tâche est habituellement confiée à un data scientist afin qu'il créer une sorte de modèle avancé (comme un auto-encodeur), mais vous avez été chargé de créer rapidement un modèle de référence qui pourra servir à prototyper d'autres parties du système de détection des fraudes. Contrairement aux apparences, votre situation n'est pas désespérée, car, ne l'oubliez pas, lors du projet précédent sur la prédiction des ventes *via* des canaux multimédias, vous avez pu créer rapidement un tel prototype en utilisant AutoML. Soyez certain que vous saurez relever ce nouveau défi !

Flux de travail du projet

Le flux de travail mis en place dans ce projet (voir Figure 5.1) est similaire à celui du chapitre précédent. Certains détails seront donc omis de façon à éviter les répétitions. N'hésitez pas à revenir au Chapitre 4 si nécessaire.

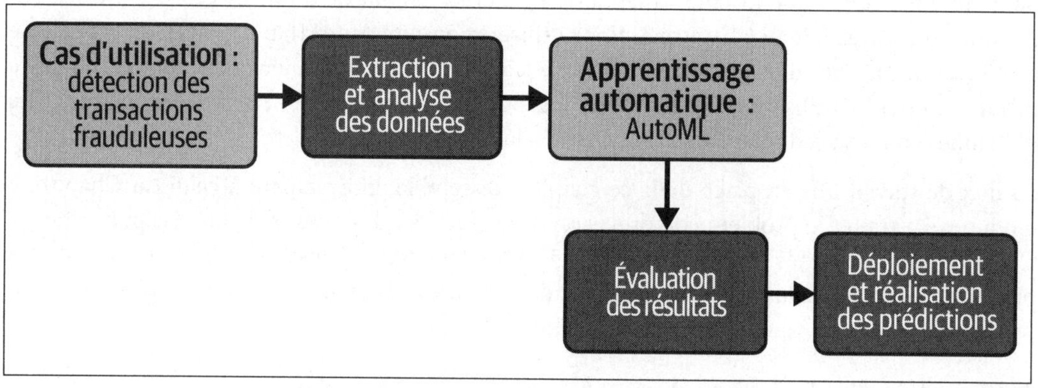

Figure 5.1 : Flux de travail général pour le projet de détection des fraudes.

Puisque vous comprenez à présent le cas d'utilisation et l'objectif, vous pouvez procéder à l'extraction et à l'analyse des données. Ensuite, le jeu de données sera envoyé sur la plateforme AutoML. Les différentes caractéristiques, que nous verrons bientôt, seront transmises au modèle. Les résultats obtenus avec AutoML seront évalués et le modèle sera déployé afin de procéder aux prédictions. Au terme de cette activité, vous disposerez du modèle de référence opérationnel et l'équipe d'ingénierie pourra alors commencer à améliorer le système de détection des fraudes. Qui sait, votre modèle pourrait bien être celui qui passera en production.

Jeu de données du projet

Le jeu de données du projet se compose d'informations qui ont été générées afin de reproduire le comportement des utilisateurs et les transactions frauduleuses. Elles ont été obtenues avec PaySim (*https://oreil.ly/VtIDP*), un outil open source développé par un groupe de chercheurs qui étudiaient alors les systèmes évolutifs économes en ressources pour le Big Data.[1]

Puisque les données concernant des transactions financières peuvent être difficiles à manipuler sans révéler des informations sur les utilisateurs, votre entreprise a décidé d'utiliser ces simulations. Les analystes ont confirmé que le jeu de données produit affichait une distribution très proche de celles des données réelles fournies par l'application de l'entreprise. Vous pouvez donc supposer qu'elles sont représentatives des données réelles que votre entreprise exploitera pour les prédictions.

Le jeu de données est disponible sous forme de fichier CSV dans Google Cloud Storage (*https://oreil.ly/n1y1X*). Il est constitué de 10 colonnes, dont les noms, les types de données et quelques informations sur les valeurs possibles sont recensés au Tableau 5.1.

Tableau 5.1 : Schéma et informations sur les valeurs des champs du jeu de données sur les transactions financières.

Nom de colonne	Type de colonne	Notes sur les valeurs des champs
`step`	Entier	Représente le nombre d'heures depuis la génération des données simulées.
`type`	Chaîne de caractères	Type de transaction.
`amount`	Nombre à virgule flottante	Montant de la transaction.
`nameOrig`	Chaîne de caractères	Nom anonymisé du client à l'origine de la transaction.
`oldbalanceOrg`	Nombre à virgule flottante	Solde initial avant la transaction pour le donneur d'ordre.
`newbalanceOrig`	Nombre à virgule flottante	Nouveau solde après la transaction pour le donneur d'ordre.
`nameDest`	Chaîne de caractères	Nom anonymisé du client propriétaire du compte de destination.
`oldbalanceDest`	Nombre à virgule flottante	Solde initial avant la transaction pour le compte de destination.
`newbalanceDest`	Nombre à virgule flottante	Nouveau solde après la transaction pour le compte de destination.
`isFraud`	Entier	1 si la transaction était frauduleuse, 0 sinon.

1 Pour de plus amples informations, consultez l'article « *PaySim : A Financial Mobile Money Simulator for Fraud Detection* » par E. A. Lopez-Rojas, A. Elmir et S. Axelsson (The 28th European Modeling and Simulation Symposium-EMSS, Larnaca, Chypre, 2016).

Explorer le jeu de données avec Pandas, Matplotlib et Seaborn

Le code utilisé dans cette section, ainsi que quelques exemples supplémentaires, se trouve dans le notebook Jupyter nommé *Fraud_Detection.ipynb* et disponible dans le dossier Chapter5 du dépôt *low-code-ai* sur GitHub (*https://oreil.ly/supp-lcai*).

Vous allez suivre le même processus qu'au Chapitre 4, en chargeant un fichier CSV dans un notebook Jupyter, puis en analysant et en explorant les données à l'aide de Pandas, Matplotlib et Seaborn afin de mieux comprendre les caractéristiques du jeu de données. Les informations obtenues serviront à sélectionner le meilleur ensemble de caractéristiques pour le modèle AutoML.

Charger les données dans un DataFrame depuis un notebook Google Colab

Tout d'abord, rendez-vous sur *https://colab.research.google.com* et créez un nouveau notebook en suivant la procédure donnée dans les Chapitres 2 et 4. Pour lui donner un nom plus significatif que celui attribué par défaut, cliquez sur celui-ci et saisissez le nouveau nom, par exemple *Modèle_Détection_Fraude.ipynb*.

Saisissez ensuite le code suivant dans la première cellule afin d'importer les packages nécessaires à l'analyse et à la visualisation du jeu de données. Exécutez la cellule.

```
import matplotlib.pyplot as plt
import numpy as np
import pandas as pd
import seaborn as sns

%matplotlib inline
```

Les packages ayant été importés, l'étape suivante consiste à charger les données dans un DataFrame Pandas :

```
url = ('https://storage.googleapis.com/' +
    'low-code-ai-book/financial_transactions.csv')

transaction_df = pd.read_csv(url)
```

Les données se trouvent à présent dans le DataFrame. De façon générale, il est préférable d'examiner quelques lignes du DataFrame avant de poursuivre. Pour consulter les premières lignes de données, ajoutez le code suivant à une nouvelle cellule et exécutez-la :

```
transaction_df.head()
```

Étudiez ces cinq premières lignes de données du DataFrame. Cela vous donnera un aperçu des différentes colonnes. Que remarquez-vous ? Les Tableaux 5.2 et 5.3 présentent la sortie de l'instruction précédente.

Tableau 5.2 : Les six premières colonnes affichées par l'exécution de `transaction_df.head()`.

step	type	amount	nameOrig	oldbalanceOrg	newbalanceOrig
1	PAYMENT	9839.64	C1231006815	170136.0	160296.36
1	PAYMENT	1864.28	C1666544295	21249.0	19384.72
1	TRANSFER	181.00	C1305486145	181.0	0.00
1	CASH_OUT	181.00	C84003671	181.0	0.00
1	PAYMENT	11668.14	C2048537720	41554.0	29855.86

Tableau 5.3 : Les cinq dernières colonnes affichées par l'exécution de `transaction_df.head()`.

nameDest	oldbalanceDest	newbalanceDest	isFraud	isFlaggedFraud
M1979787155	0.0	0.0	0	0
M204428225	0.0	0.0	0	0
C553264065	0.0	0.0	1	0
C38997010	21182.0	0.0	1	0
M1230701703	0.0	0.0	0	0

Pour ces cinq lignes, la valeur de la colonne `step` est toujours égale à `1`. Les raisons de cette constance peuvent être diverses. Par exemple, toutes les lignes pourraient avoir la même valeur, les données pourraient être regroupées d'une manière ou d'une autre par étape, ou cela pourrait n'être qu'une coïncidence puisque seules cinq lignes sont examinées. Dans le cas présent, les données sont en fait triées par étape, par ordre croissant, même si cela n'apparaît pas clairement avec seulement cinq lignes de données.

Vous avez peut-être également noté l'existence d'un motif entre la colonne `type` et les colonnes `oldbalanceDest` et `newbalanceDest`. Dans ces lignes, chaque fois que la transaction est de type `PAYMENT` ou `TRANSFER`, les colonnes `oldbalanceDest` et `newbalanceDest` sont toutes deux nulles. Cela pourrait être une coïncidence, mais c'est un point qu'il faudra explorer plus tard dans le jeu de données.

Dans la dernière colonne du DataFrame, vous devriez remarquer quelque chose d'étrange. Cette colonne, nommée `isFlaggedFraud`, n'existait pas dans le schéma d'origine. Les raisons peuvent être variées, mais cela montre bien que l'exploration des données de base a un intérêt. Dans la pratique, si vous faites face à une telle situation, il peut être bon de contacter la personne ou l'équipe qui a fourni les données afin de savoir si l'existence de cette colonne est normale et, dans l'affirmative, ce qu'elle représente.

Dans le cas présent, vous apprenez que cette colonne donnait le résultat de la prédiction du modèle précédent, c'est-à-dire si la transaction était légitime ou frauduleuse. Pourquoi cette caractéristique ne doit-elle pas être utilisée dans votre modèle ? Parce qu'elle n'aura peut-être pas de valeur au moment de la prédiction. Idéalement, l'information provient d'un modèle qui sera mis de côté lorsque votre nouveau et meilleur modèle aura été déployé. Quoi qu'il en soit, cette découverte reste utile. Le modèle précédent peut servir de référence dans une comparaison afin de vérifier que le nouveau modèle apporte des améliorations.

Explorer le jeu de données

Vous l'avez vu au Chapitre 4, AutoML se charge d'une grande partie du travail de description des caractéristiques et d'exécution de l'ingénierie des caractéristiques avant d'entraîner le modèle, mais il est important que vous preniez le temps de comprendre les données d'entraînement. L'apprentissage automatique est très sensible à la qualité des données. Si elles cachent des problèmes, ils ne disparaîtront pas comme par magie en utilisant AutoML.

Analyse descriptive

Tout d'abord, utilisez la méthode `.info()` sur le DataFrame pour avoir une compréhension rapide de la quantité de données avec laquelle vous travaillez et les types de données des colonnes. Exécutez le code suivant dans une cellule :

```
transaction_df.info()
```

Vous devriez apprendre que le jeu de données comprend 6 362 620 lignes de transactions, avec les 11 colonnes attendues. Les types de données indiqués correspondent à ceux prévus (le type `object` représente les chaînes de caractères dans un DataFrame Pandas).

Comme précédemment, pour obtenir des statistiques descriptives sur le jeu de données avec Pandas, la solution la plus simple passe par la méthode `.describe()`. Créez une nouvelle cellule dans le notebook, ajoutez le code suivant et exécutez la cellule. Les statistiques descriptives obtenues sont présentées en Figure 5.2.

```
transaction_df.describe()
```

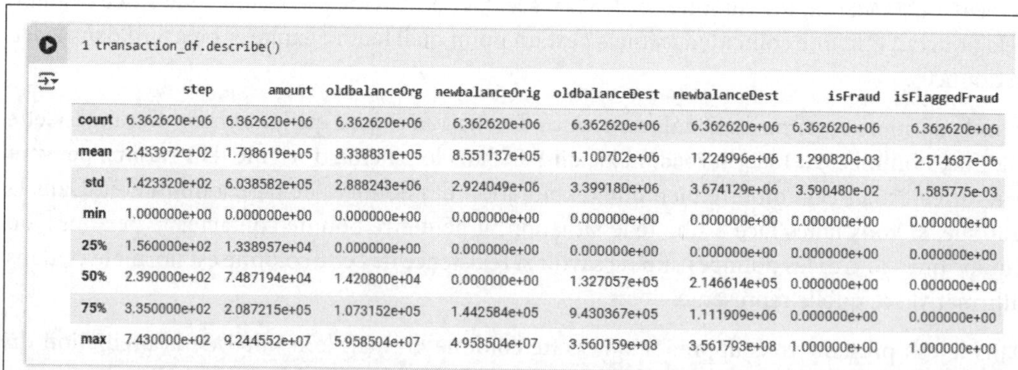

```
1 transaction_df.describe()
```

	step	amount	oldbalanceOrg	newbalanceOrig	oldbalanceDest	newbalanceDest	isFraud	isFlaggedFraud
count	6.362620e+06	6.362620e+06	6.362620e+06	6.362620e+06	6.362620e+06	6.362620e+06	6.362620e+06	6.362620e+06
mean	2.433972e+02	1.798619e+05	8.338831e+05	8.551137e+05	1.100702e+06	1.224996e+06	1.290820e-03	2.514687e-06
std	1.423320e+02	6.038582e+05	2.888243e+06	2.924049e+06	3.399180e+06	3.674129e+06	3.590480e-02	1.585775e-03
min	1.000000e+00	0.000000e+00	0.000000e+00	0.000000e+00	0.000000e+00	0.000000e+00	0.000000e+00	0.000000e+00
25%	1.560000e+02	1.338957e+04	0.000000e+00	0.000000e+00	0.000000e+00	0.000000e+00	0.000000e+00	0.000000e+00
50%	2.390000e+02	7.487194e+04	1.420800e+04	0.000000e+00	1.327057e+05	2.146614e+05	0.000000e+00	0.000000e+00
75%	3.350000e+02	2.087215e+05	1.073152e+05	1.442584e+05	9.430367e+05	1.111909e+06	0.000000e+00	0.000000e+00
max	7.430000e+02	9.244552e+07	5.958504e+07	4.958504e+07	3.560159e+08	3.561793e+08	1.000000e+00	1.000000e+00

Figure 5.2 : Sortie de la méthode `transaction_df.describe()`.

La valeur `count` de chaque ligne semble indiquer une absence de valeurs nulles. Le champ `step` varie entre 1 et 743 de manière assez uniforme. `amount`, `oldbalanceOrg`, `newbalanceOrig`, `oldbalanceDest` et `newbalanceDest` varient plus largement, mais rien d'anormal pour des transactions financières.

La colonne `isFraud` révèle une particularité intéressante du jeu de données. La moyenne (`mean`) d'un champ dont les valeurs sont uniquement 0 ou 1 donne la proportion de valeurs égales à 1. Dans ce cas, environ 0,129 % des transactions étaient effectivement frauduleuses, soit environ 1 transaction sur 800. Le jeu de données est donc assez déséquilibré et cela peut poser des problèmes avec un modèle de classification. Ils seront étudiés, ainsi que les solutions possibles, dans les sections suivantes. Pour le moment, poursuivez l'exploration des données.

La colonne `isFlaggedFraud`, qui indique les transactions marquées frauduleuses, contient environ deux fois plus de lignes que la colonne `isFraud`, qui indique les transactions réellement frauduleuses. Est-ce une mauvaise chose ? Pas nécessairement. L'objectif est de détecter toutes les transactions frauduleuses. Si quelques transactions sont signalées de façon erronée, mais qu'elles sont ensuite identifiées comme légitimes par un examen plus approfondi, alors c'est un petit prix à payer pour repérer toutes les fraudes. Toutefois, si ces erreurs sont trop nombreuses, vous perdrez beaucoup de temps et de ressources à examiner des transactions légitimes. Il faudra tenir compte de ces deux aspects lors de l'évaluation des modèles.

Certaines colonnes sont absentes de l'analyse descriptive. Les statistiques sont fournies pour les caractéristiques numériques (les colonnes de type entier et flottant), mais il manque des informations dans les colonnes `type`, `nameOrig` et `nameDest`. Lorsque le DataFrame mélange les caractéristiques numériques et catégorielles, la méthode `describe()` ne renvoie des statistiques que pour les caractéristiques numériques. Pour afficher des statistiques descriptives sur les caractéristiques catégorielles, vous devez limiter le contexte de cette méthode à ces colonnes. Pour cela, ajoutez le code suivant à une nouvelle cellule et exécutez-la :

```
cols = ['type', 'nameOrig', 'nameDest']
transaction_df[cols].describe()
```

La première ligne définit la liste des colonnes concernées par les statistiques descriptives. Ensuite, la notation `transaction_df[cols]` permet de limiter l'exécution de `.describe()` à ces colonnes (voir Figure 5.3).

```
1 cols = ['type', 'nameOrig', 'nameDest']
2 transaction_df[cols].describe()
```

	type	nameOrig	nameDest
count	6362620	6362620	6362620
unique	5	6353307	2722362
top	CASH_OUT	C1902386530	C1286084959
freq	2237500	3	113

Figure 5.3 : Exécution de la méthode `describe()` limitée aux colonnes catégorielles.

En comparant la valeur `count` indiquée pour chacune de ces colonnes et le nombre de lignes du DataFrame, vous constatez de nouveau que toutes les lignes correspondantes ont une valeur. Comme prévu, cinq valeurs uniques sont définies pour la colonne `type`. En revanche, notez que la colonne `nameOrig` est presque dans une relation biunivoque avec les transactions. En effet, il existe 6 353 307 valeurs pour `nameOrig` pour 6 362 620 transactions au total. Ce n'est pas bon signe, car cette caractéristique est importante pour créer un bon modèle. Pourquoi ? Parce que si une caractéristique identifie une ligne, ou identifie presque une ligne, il est possible que le modèle ne considère que cette valeur et n'apprenne pas les relations plus complexes qui existent entre les caractéristiques. Cela semble moins problématique pour la colonne `nameDest`, mais le risque existe en raison du grand nombre de valeurs uniques.

AutoML se charge de l'ingénierie et de la sélection des caractéristiques pour vous, mais si vous pouvez lui donner un meilleur ensemble de caractéristiques dès le départ, vous obtiendrez toujours de meilleures performances. Par exemple, vous pouvez recréer les caractéristiques `nameOrig` et `nameDest` sous forme d'une colonne booléenne dans laquelle `True` indique une valeur répétée et `False`, le cas contraire. Est-ce la bonne approche ? Peut-être. Pour le vérifier, vous devez contacter des experts du domaine et expérimenter différentes transformations des caractéristiques pour savoir ce qui fonctionne le mieux. Vous en apprendrez davantage sur l'ingénierie des caractéristiques au cours des prochains chapitres.

Analyse exploratoire

Avant de visualiser certaines caractéristiques des données, il convient d'explorer les performances du modèle précédent. Pour cela, un moyen simple consiste à créer une nouvelle colonne, nommée `isCorrect`, qui vaut `1` si `isFraud` et `isFlaggedFraud` sont identiques, et `0` sinon. Pour calculer cette nouvelle colonne et compter le nombre de fois où l'ancien modèle a prédit correctement les transactions frauduleuses, exécutez le code suivant dans une nouvelle cellule :

```
transaction_df['isCorrect'] = (
    transaction_df['isFraud'] == transaction_df['isFlaggedFraud']
)
transaction_df['isCorrect'].sum()
```

Le résultat doit être `6354423`, mais que signifie-t-il réellement ? En Python, une donnée booléenne ne peut avoir que deux valeurs possibles : `True` ou `False`. La fonction `sum` traite la valeur `True` comme étant égale à `1` et `False` à `0`. Le résultat donne donc le nombre de valeurs `True` générées par l'instruction `transaction_df['isFraud'] == transaction_df['isFlaggedFraud']`. Celle-ci renvoie `True` lorsque les deux colonnes ont la même valeur et `False` dans le cas contraire. Rappelons que le jeu de données contient 6 362 620 lignes au total. Cela signifie donc que 99,87 % des transactions ont été correctement signalées.

Peut-on en conclure que l'ancien modèle était très bon ? En fait, la plupart des transactions sont légitimes et ce sont celles qui vous préoccupent. Mais posons une question connexe : combien de transactions frauduleuses a-t-il correctement prédites ? Pour le savoir, il faut examiner le nombre de fois où la colonne `isFraud` vaut `1` et la colonne `isCorrect` vaut également `1`. C'est ce que réalise le code suivant :

```
(transaction_df['isFraud']*transaction_df['isCorrect']).sum()
```

Pourquoi indique-t-il le nombre de transactions frauduleuses correctement repérées ? La colonne `isFraud` vaut `1` uniquement si la transaction était frauduleuse. La colonne `isCorrect` vaut `True` (traitée comme `1` en arithmétique) si la prédiction était correcte. La multiplication des valeurs de ces colonnes donnera donc `1` uniquement si les deux colonnes valent `1`, sinon le produit sera égal à `0`. L'addition du nombre de `1` donne le nombre total de transactions frauduleuses correctement signalées.

Le nombre de transactions frauduleuses correctement signalées était de 16. En exécutant `transaction_df['isFraud'].sum()`, vous constatez que le nombre total de transactions frauduleuses était de 8 213. Cela signifie que seulement 0,19 % des transactions frauduleuses ont été signalées avec succès. Ce modèle, qui semblait idéal lorsque nous avons examiné sa précision globale, s'est révélé catastrophique lorsque nous avons posé une question légèrement différente, et peut-être plus pertinente. Cet exemple de métrique est connu sous le nom de *rappel*. Plus loin dans ce chapitre, lors de la sélection de l'objectif du modèle et de l'examen des métriques d'évaluation, vous apprendrez à interpréter les différentes métriques disponibles dans AutoML.

Pour comprendre le pourcentage de transactions frauduleuses par valeur, nous pouvons visualiser les données à l'aide d'un graphique à barres fondé sur les caractéristiques catégorielles. Prenons l'exemple de la caractéristique `type`, qui peut avoir une valeur parmi cinq. Exécutez le code suivant dans une nouvelle cellule pour créer un tel graphique et l'afficher :

```
transaction_df.groupby('type')['isFraud'].mean().plot.bar()
```

Cette ligne de code regroupe les lignes par valeur de `type` et prend la moyenne de la colonne `isFraud`. Rappelez-vous que `isFraud` ayant la valeur `0` ou `1`, cela équivaut au pourcentage de valeurs égales à `1`. La méthode `plot.bar()` trace ensuite les résultats sous forme d'un graphique à barres (voir Figure 5.4).

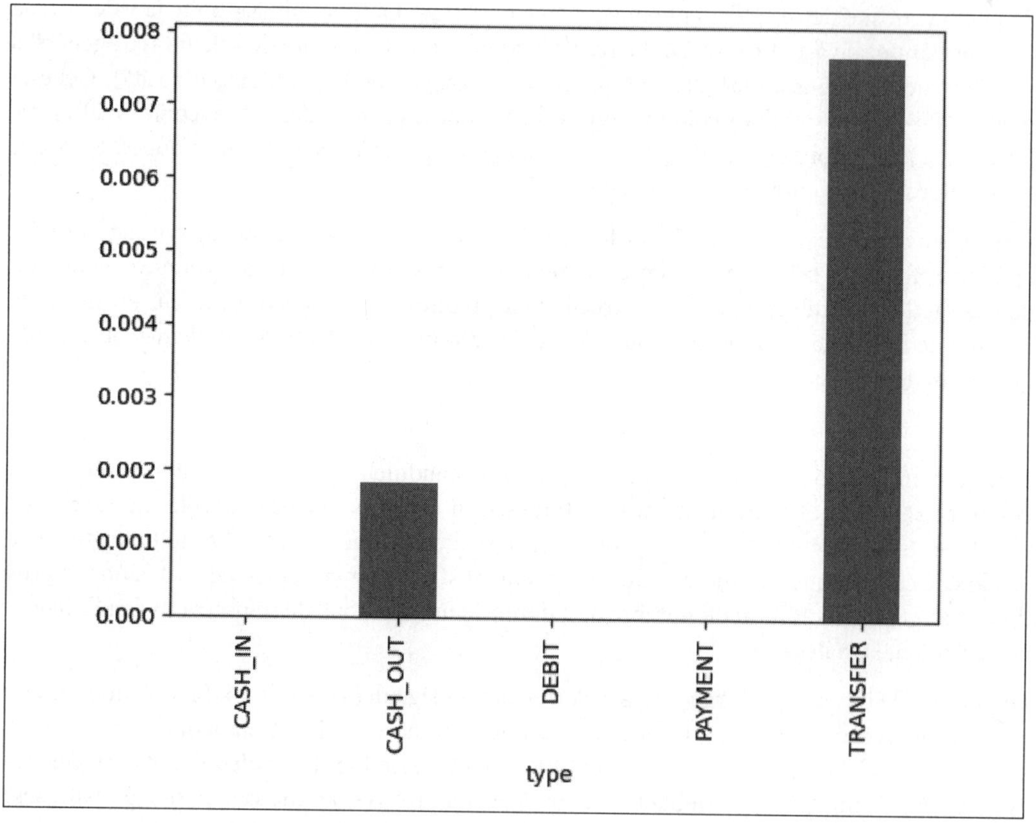

Figure 5.4 : Graphique à barres montrant le pourcentage de transactions frauduleuses par rapport au type de transaction.

Vous devriez immédiatement remarquer quelque chose d'intéressant. Seuls deux types de transactions du jeu de données comportent des transactions frauduleuses : `CASH_OUT` et `TRANSFER`. Pour le confirmer, exécutez le code suivant :

```
transaction_df.groupby('type')['isFraud'].value_counts()
```

Il affiche le nombre d'occurrences de chaque combinaison de valeurs. Le résultat que vous obtenez devrait être similaire à celui donné dans le Tableau 5.4.

Tableau 5.4 : Résultat de la fonction `value_counts()`.

type	isFraud	
CASH_IN	0	1399284
CASH_OUT	0	2233384
	1	4116
DEBIT	0	41432
PAYMENT	0	2151495
TRANSFER	0	528812
	1	4097

Dans ce cas, vous pouvez confirmer que les fraudes n'existent que pour les transactions de type `CASH_OUT` et `TRANSFER`. Cela signifie que, à condition que ce jeu de données soit vraiment représentatif des transactions observées par votre entreprise, cette caractéristique pourrait être très utile. Toutefois, si jamais des fraudes commencent à apparaître pour des transactions d'un autre type, le modèle passera certainement à côté, car il n'aura jamais rencontré cette situation.

> Il faudra surveiller les types de transactions pour détecter les fraudes au fil du temps et envisager de réentraîner le modèle si nécessaire. La surveillance des modèles et l'entraînement en continu sont des sujets qui dépassent le cadre de ce livre. Néanmoins, ils méritent d'être pris en compte.

Une autre visualisation utile des données catégorielles consiste à regrouper les caractéristiques numériques et, pour chaque compartiment, à déterminer le pourcentage de transactions frauduleuses par rapport aux légitimes. Le *compartimentage*, ou *discrétisation*, consiste à diviser une variable numérique en plages de valeurs ou « compartiments » et à attribuer chaque élément à l'un d'eux. Vous l'avez déjà fait au Chapitre 4 lors de la création des histogrammes. Cette approche permet d'explorer le montant de la transaction, ainsi que les nouveaux et anciens soldes des comptes d'origine et de destination.

Par exemple, supposons que vous souhaitiez visualiser le pourcentage de différentes plages de la caractéristique `amount` :

```
transaction_df['amountBkts'] = pd.qcut(transaction_df['amount'], 10)
transaction_df.groupby('amountBkts')['isFraud'].mean().plot.bar()
```

Avant d'examiner le résultat, prenez le temps d'analyser la première ligne de code. Elle crée une nouvelle colonne, `amountBkts`, dans le DataFrame pour contenir les informations du compartiment. La fonction `pd.qcut()` attribue des compartiments en fonction des quantiles. La colonne `amount` est divisée en 10 compartiments. Le premier contient les données du 0e au 10e centile, le deuxième, les données du 10e au 20e centile, et ainsi de suite (voir Figure 5.5).

La tendance générale qui se dessine va dans le sens d'un comportement que vous aviez peut-être envisagé intuitivement. Plus le montant de la transaction est élevé, plus la probabilité qu'elle soit frauduleuse est élevée. En particulier, vous constatez que le taux de transactions frauduleuses est multiplié par sept pour les transactions dont le montant est supérieur au 90e centile.

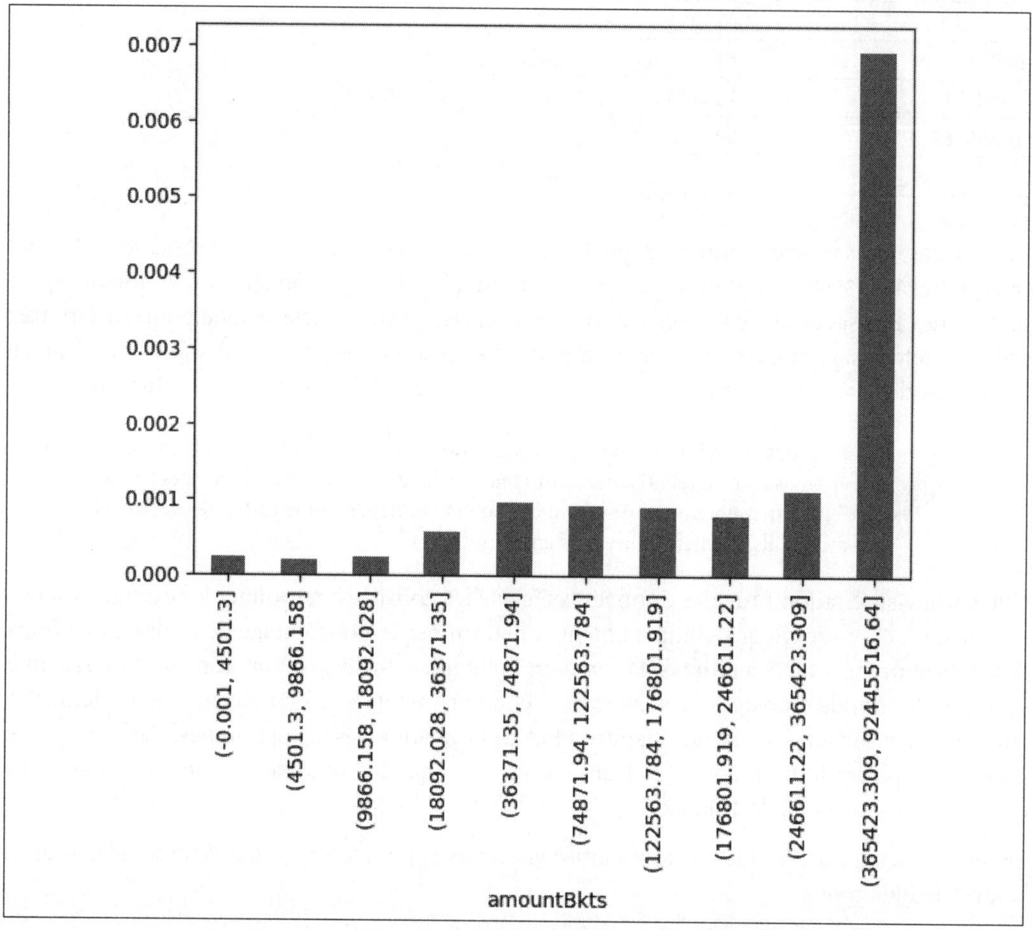

Figure 5.5 : Pourcentage de transactions frauduleuses par rapport aux plages de déciles pour la colonne `amount`.

Pour obtenir la même visualisation pour la colonne `oldbalanceOrg`, exécutez le code suivant dans une nouvelle cellule :

```
transaction_df['oldbalanceOrgBkts'] = pd.qcut(transaction_df['oldbalanceOrg'], 10,
    duplicates='drop')
transaction_df.groupby('oldbalanceOrgBkts')['isFraud'].mean().plot.bar()
```

Le nouvel argument `duplicates='drop'` passé à la fonction `pd.qcut()` permet de fusionner les compartiments en double. Dans ce cas, puisque le 30e centile de la colonne `oldbalanceOrg` est 0, les trois premiers compartiments vont être identiques. Ils sont donc fusionnés dans le compartiment du 30e au 40e centile.

Vous le constatez à la Figure 5.6, il existe certainement une relation entre `oldbalanceOrg` et `isFraud`. La tendance générale est que plus l'ancien solde du compte émetteur est élevé, plus le risque de fraude est élevé, mais seulement jusqu'à un certain point. Ce risque de fraude diminue dès lors que la valeur se situe entre le 90e et le 100e centile.

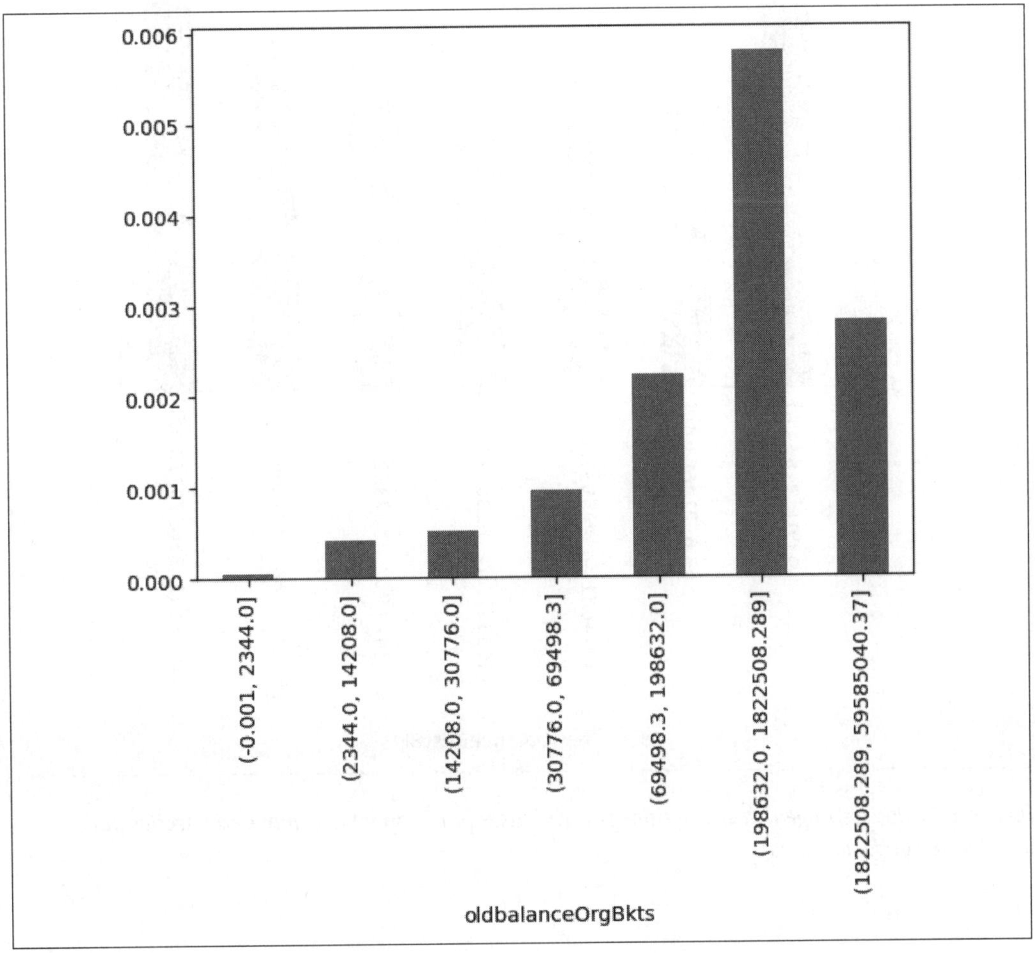

Figure 5.6 : Pourcentage de transactions frauduleuses par rapport aux plages de déciles pour la colonne `oldbalanceOrg`.

À titre d'exercice, explorez la relation entre les autres caractéristiques numériques et la cible. Le code correspondant est disponible dans le notebook GitHub et les graphiques obtenus sont reproduits dans les Figures 5.7 à 5.9.

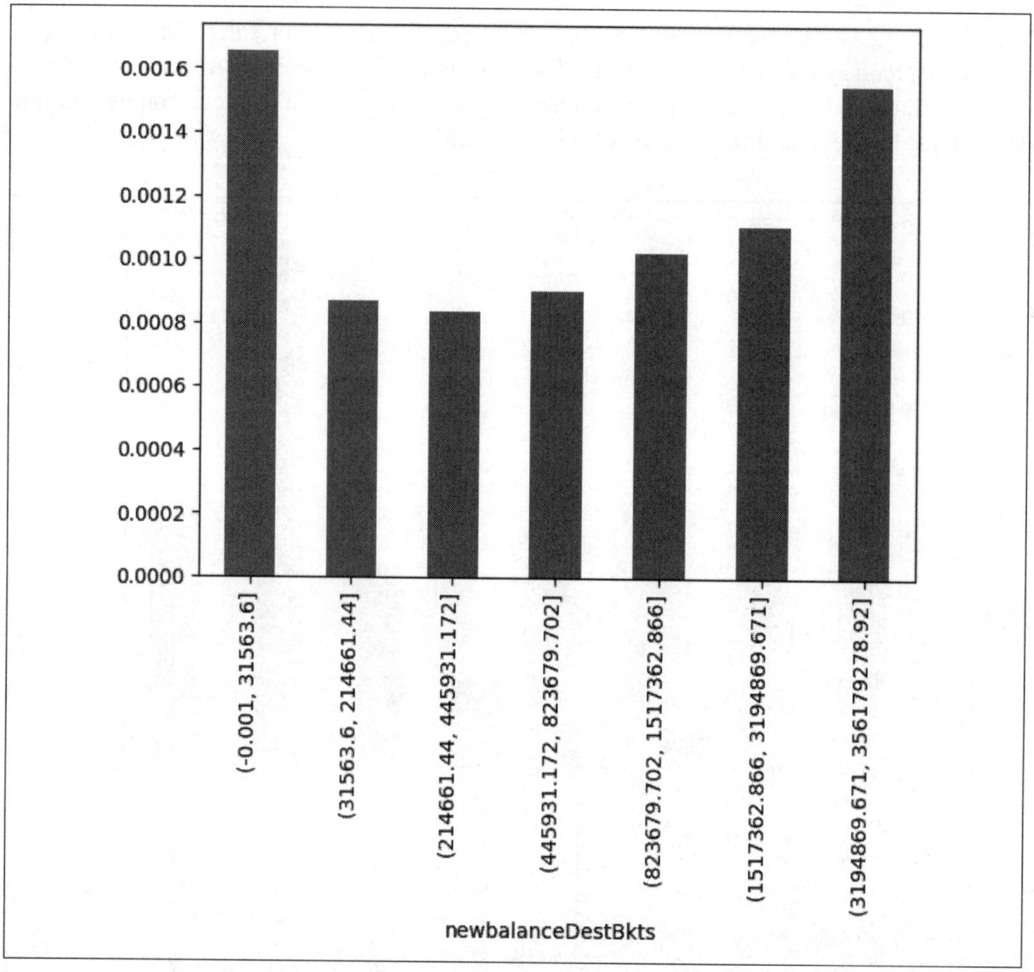

Figure 5.7 : Pourcentage de transactions frauduleuses par rapport aux plages de déciles pour la colonne `newbalanceDest`.

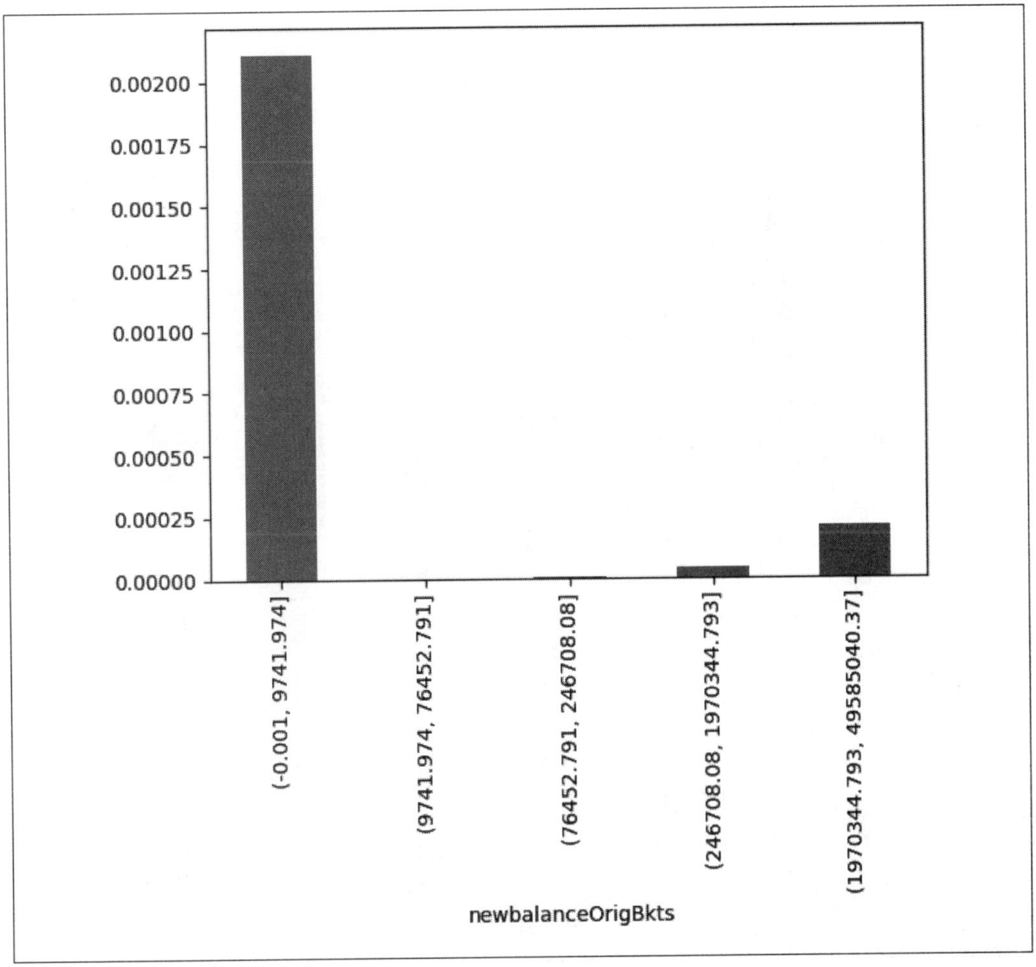

Figure 5.8 : Pourcentage de transactions frauduleuses par rapport aux plages de déciles pour la colonne `newbalanceOrig`.

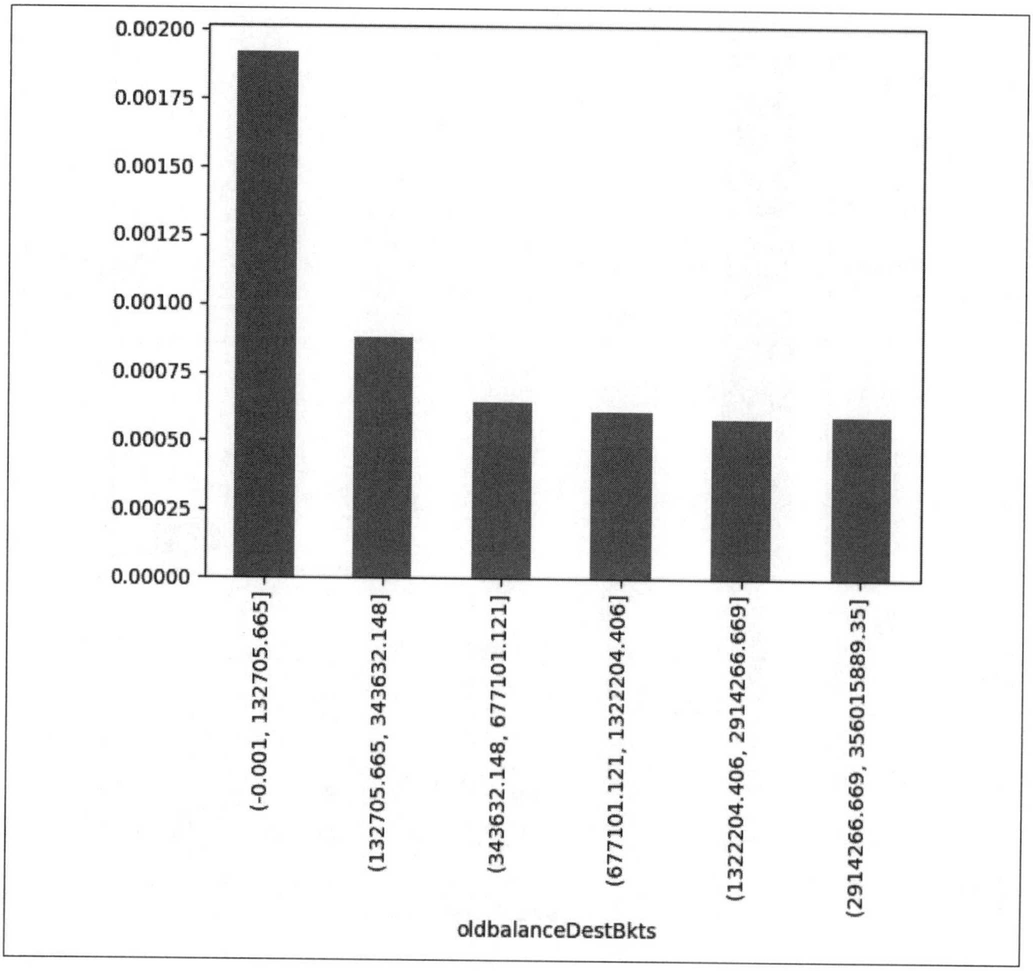

Figure 5.9 : Pourcentage de transactions frauduleuses par rapport aux plages de déciles pour la colonne `oldbalanceDest`.

Les transactions peuvent être explorées de bien d'autres manières. Par exemple, vous savez que seules deux types de transactions se sont révélés frauduleux. Vous pouvez créer un nuage de points pour l'un de ces types, disons `CASH_OUT`, dans lequel `newbalanceDest` est mis en lien avec `oldbalanceDest` et les points sont colorés selon qu'ils représentent une fraude ou non. Le code suivant produit cette visualisation :

```
cashout_df = transaction_df.query("type == 'CASH_OUT' & newbalanceDest < 1e8")
cashout_df.plot.scatter(x='oldbalanceDest',
                        y='newbalanceDest',
                        c='isFraud',
                        colormap='YlOrRd',
                        alpha=0.1)
```

La première ligne applique deux filtres. Le premier extrait les lignes où `type` vaut `CASH_OUT` pour des transactions dont la valeur de `newbalanceDest` est inférieure à `1e8` (c'est-à-dire 100 000 000). Le deuxième concerne la construction du nuage de points. Nous définissons les colonnes `x` et `y`, la colonne de coloration des points (`isFraud`) et une carte de couleurs `YlOrRd` pour faciliter la visualisation des points. Cette carte de couleurs spécifique attribue une couleur plus foncée (rouge) à `isFraud=1` et une couleur plus claire (jaune) à `isFraud=0`. D'autres cartes de couleurs sont décrites dans la documentation de Matplotlib (*https://oreil.ly/oDW76*). Enfin, puisque de nombreux points sont tracés, nous indiquons `alpha=0.1` afin de leur ajouter une transparence et faciliter l'analyse du graphique (voir Figure 5.10).

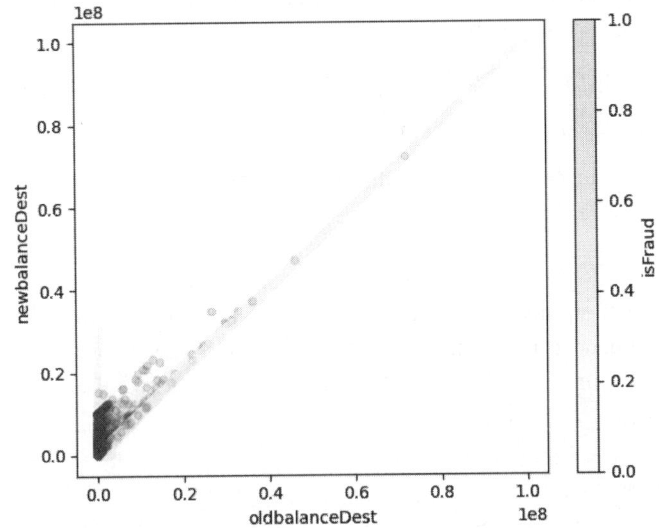

Figure 5.10 : Graphique entre `newbalanceDest` et `oldbalanceDest` pour les transactions de type `CASH_OUT` avec une coloration fondée sur `isFraud`.

L'examen du graphique révèle une région dans laquelle les points sont plus proches du rouge que du jaune, c'est-à-dire où les transactions frauduleuses sont plus nombreuses que les transactions légitimes. Cela montre qu'il existe certainement une sorte de corrélation croisée entre ces deux colonnes. Cette relation peut être exploitée de différentes manières, par exemple par un *croisement de caractéristiques*, dont AutoML se servira lors de la sélection et de l'ingénierie des caractéristiques. Le croisement de caractéristiques est un processus de synthétisation par concaténation ou croisement d'au moins deux caractéristiques catégorielles préexistantes. Nous en verrons une exécution manuelle au Chapitre 8, lorsque nous travaillerons sur des modèles impliquant du code personnalisé.

À titre d'exercice, continuez à explorer visuellement le jeu de données à l'aide des outils présentés dans ce chapitre et le précédent. Voyez si vous pouvez trouver de nouvelles informations intéressantes auxquelles vous ne vous attendiez peut-être pas.

Exporter le jeu de données

L'exploration du jeu de données étant terminée, vous pouvez à présent l'exporter sous une forme utilisable avec AutoML dans Vertex AI. Nous rappelons ici la manière de procéder, mais notez que les données sont déjà stockées dans un fichier CSV sur Google Cloud Storage et dans une table sur BigQuery. Pour la section suivante, vous n'avez donc pas besoin de charger le fichier exporté. Si vous souhaitez en savoir plus sur le chargement de données dans BigQuery, sachez que ce sujet constituera l'une des étapes du projet réalisé au Chapitre 6.

Pour exporter les données d'un DataFrame Pandas vers un fichier CSV, utilisez le code suivant :

```
transaction_df.to_csv('transactions.csv', encoding='utf-8', index=False)
```

Il est toujours préférable de vérifier le contenu du fichier CSV après sa génération. Pour cela, exécutez une commande `!head` :

```
!head transactions.csv
```

Pour télécharger le fichier, suivez la procédure décrite au Chapitre 4. Une autre solution consiste à utiliser le package `google.colab` qui fournit une fonction capable de télécharger le fichier à votre place. Pour cela, importez-la depuis le package `google.colab` et exécutez le code suivant pour récupérer le fichier sur votre ordinateur :

```
from google.colab import files
files.download('transactions.csv')
```

> Bien que le téléchargement de fichiers depuis du code soit une fonctionnalité très pratique de Google Colab, il est extrêmement important d'examiner le notebook que vous exécutez et de vous assurer que vous comprenez son code. Il ne faudrait pas que des fichiers inattendus soient téléchargés sur votre ordinateur et qu'ils se révèlent malveillants. Pour éviter cela, le moyen le plus simple est de lire attentivement le code qui sera exécuté.

Modèles de classification et métriques

Avant de commencer à entraîner le modèle, voyons ce que sont précisément les modèles de classification et comment les évaluer correctement. D'autres détails mathématiques seront donnés au Chapitre 7, mais une compréhension de base des modèles de classification vous permettra de comprendre les résultats obtenus et de détecter les comportements problématiques.

Un *modèle de classification* renvoie une sortie catégorielle, comme *chat*, *chien*, *poisson* ou *frauduleux*. Les classes à distinguer sont connues à l'avance et peuvent être des nombres, par exemple pour une évaluation ou un problème dans lequel des étiquettes numériques ont remplacé des étiquettes catégorielles. Dans le contexte de ce chapitre, ces classes sont `0` et `1`, représentant respectivement les transactions *légitimes* et *frauduleuses*.

En pratique, les modèles de classification renvoient non pas la classe prédite elle-même, mais plutôt une probabilité pour toutes les classes possibles. La classe prédite est alors simplement celle affichant la plus forte probabilité. Dans le cas d'une classification binaire, avec deux classes possibles, cela ne convient pas. Par exemple, supposons qu'une transaction soit classée *frauduleuse* s'il existe au moins 50 % de chances qu'elle le soit d'après la sortie du modèle. Il se peut alors que des cas de fraude soient manqués. Mais, si ce *seuil* est fixé trop bas, par exemple 5 %, le risque est que de trop nombreuses transactions soient considérées frauduleuses et qu'il faille consacrer énormément de ressources à leur exploration plus approfondie. Vous le devinez, déterminer ce seuil est à la fois un problème de modélisation et un problème métier.

Pour simplifier l'identification du seuil approprié, il est possible d'exploiter différentes métriques d'évaluation de sorte que la prise de décision se fasse en fonction des besoins de l'entreprise. L'exactitude est souvent utilisée avec les modèles de classification, car c'est une métrique simple et facile à comprendre. Cependant, nous avons déjà montré son danger lorsqu'elle est la principale métrique d'évaluation. En effet, avec un résultat de 99 %, le modèle d'origine était plutôt exact, mais il ne détectait pratiquement aucune transaction frauduleuse. L'exactitude n'en reste pas moins une métrique importante, mais elle ne donne pas toujours l'image complète.

Ce genre de problèmes tend à survenir lorsque les classes sont déséquilibrées, c'est-à-dire lorsqu'une classe est beaucoup plus fréquente que les autres. Dans le cas d'utilisation présent, rappelons que seulement 0,129 % des transactions étaient frauduleuses. Le ratio entre transactions frauduleuses et légitimes est environ de 1 pour 800. Cela signifie que certains problèmes peuvent facilement être masqués par des métriques comme l'exactitude. Lorsque la classe *positive* est très rare, comme dans cette détection des fraudes, l'exactitude devient rapidement peu fiable en elle-même.

Pour obtenir une image plus claire des performances du modèle, il est possible d'associer l'exactitude et d'autres métriques, comme le rappel et la précision. Le *rappel* (*recall*) peut être vu comme le vrai taux de positivité. Dans l'exemple des transactions frauduleuses, il représente le pourcentage de transactions frauduleuses que le modèle prédit avec succès. La *précision* peut être considérée comme la probabilité que le modèle ait raison lorsqu'il prédit un cas positif. Dans notre cas, elle représente le pourcentage de transactions frauduleuses prédites qui étaient effectivement frauduleuses. Si l'objectif est de signaler de manière proactive les transactions frauduleuses à des fins d'examen, le rappel est une métrique qui doit être prise en compte. Il faut alors être prêt à sacrifier un peu d'exactitude ou de précision pour améliorer le rappel. Bien entendu, il s'agit toujours d'un point à équilibrer, car l'examen d'un grand nombre de transactions entraîne un coût en ressources.

Souvent, le rappel et la précision s'obtiennent à partir d'une *matrice de confusion*. Elle décompose les prédictions en un tableau basé sur la classe prédite et la classe réelle. Le Tableau 5.5 en montre un exemple.

Tableau 5.5 : Matrice de confusion pour un problème général.

	Positifs prédits	Négatifs prédits
Positifs réels	Vrais positifs (VP)	Faux négatifs (FN)
Négatifs réels	Faux positifs (FP)	Vrais négatifs (VN)

Le rappel est donné par la formule $\frac{VP}{(FN+VP)}$, c'est-à-dire le pourcentage de positifs réels qui ont été prédits comme positifs. La précision est donnée par la formule $\frac{VP}{(FP+VP)}$, c'est-à-dire le pourcentage de positifs prédits qui étaient réellement positifs. Vous devez vous en douter, il y a un équilibre à trouver entre précision et rappel. Lorsque le seuil pour la classe positive (par exemple, *transaction frauduleuse*) est bas, le nombre de faux positifs augmente et le nombre de faux négatifs diminue (une précision plus faible et un rappel plus élevé). Si le seuil est plus élevé pour la classe positive, le nombre de faux négatifs augmente et le nombre de faux positifs diminue (une précision plus élevée et un rappel plus faible).

> De la précision et du rappel, qui est le plus important ? Bien souvent, la réponse à cette question se résume à une décision commerciale. Quelles sont les priorités ? Par exemple, si l'entreprise souhaite repérer le maximum de transactions frauduleuses, tout en étant disposée à vérifier certaines transactions légitimes, il faudra probablement privilégier le rappel.

Comment peut-on savoir que le bon équilibre entre précision et rappel a été trouvé ? La métrique nommée *score F1* correspond à la *moyenne harmonique* de la précision et du rappel. De façon générale, une moyenne harmonique est considérée comme la « meilleure moyenne » pour les ratios. Pour deux nombres, le score F1 est facile à écrire. Soient P la précision et R le rappel. Le score F1 se calcule alors à l'aide de la formule suivante :

$$\text{Score F1} = \frac{2(P \times R)}{P + R}$$

Le score F1 a tendance à pencher davantage vers la précision que le rappel. C'est pourquoi il constitue une bonne métrique et évite de trop optimiser une métrique aux dépens d'une autre.

La précision et le rappel dépendent fortement du seuil défini, mais également du modèle sous-jacent. Comment décider du modèle lorsque les métriques (y compris l'exactitude) dépendent autant du seuil ? Certaines dépendent uniquement du modèle sous-jacent, comme l'aire sous la courbe caractéristique de fonctionnement du récepteur (ROC AUC) et l'aire sous la courbe précision-rappel (PR AUC). Ces deux métriques varient entre 0 et 1. Plus la valeur de la métrique est proche de 1, meilleur est le modèle. La description approfondie de ces métriques dépasse le cadre de ce chapitre, mais une compréhension intuitive pourra vous aider.

La courbe ROC représente le rappel (ou le taux de vrais positifs) par rapport au taux de faux positifs, qui correspond au pourcentage d'exemples négatifs classés comme positifs. Les différents points de cette courbe étant associés à différents seuils, la courbe dans son ensemble révèle l'intégralité des différents seuils possibles. L'aire sous cette courbe (ROC AUC) peut être vue comme la chance que le modèle (indépendant du seuil) donne une probabilité plus élevée pour qu'un exemple positif soit effectivement positif, par rapport à un exemple négatif. Il s'agit d'une métrique très utile avec les problèmes de classification, mais elle l'est moins lorsque le jeu de données est déséquilibré ou lorsque le coût d'un faux négatif est plus élevé que celui d'un faux positif. C'est la situation dans laquelle se place notre cas d'utilisation actuel, où rater une transaction frauduleuse coûtera probablement plus cher que vérifier une transaction légitime.

La courbe PR est une autre métrique. L'idée est identique à celle de la courbe ROC, mais, dans ce cas, le tracé concerne la précision par rapport au rappel. Cette courbe constitue généralement une métrique plus solide avec les jeux de données déséquilibrés. En effet, la précision et le rappel se focalisent sur la classe positive et si cette classe est la plus rare, alors les métriques se fondent sur le succès de la prédiction de cette classe plutôt que sur le jeu de données dans son ensemble.

Dans la section suivante, lors de l'évaluation du modèle entraîné dans AutoML, vous verrez des exemples de courbe ROC et de courbe PR.

Entraîner un modèle de classification avec AutoML

L'exploration des données étant terminée, vous êtes prêt à entraîner un modèle avec AutoML. Comme au Chapitre 4, vous créerez un jeu de données géré sur Vertex AI et examinerez ses statistiques. Puis vous entraînerez le modèle et vérifierez ses performances. Étant donné que les métriques de classification sont probablement nouvelles pour vous, nous passerons un peu de temps à les expliquer, pour qu'ensuite vous puissiez comprendre l'importance des caractéristiques et obtenir des prédictions avec votre modèle.

Nombre des étapes de ce processus ont été détaillées au Chapitre 4 dans le contexte d'un problème de régression et sont donc décrites plus succinctement dans ce chapitre. S'il vous manque certains détails, retournez au Chapitre 4.

Créer un jeu de données géré et sélectionner l'objectif du modèle

Ouvrez la page *https://console.cloud.google.com*, puis allez sur Vertex AI (en choisissant ce produit dans la liste ou en utilisant la barre de recherche). Sélectionnez la rubrique Ensembles de données, puis cliquez sur le bouton Créer un ensemble de données. Remplacez le nom généré par `detection_fraude`. Comme au Chapitre 4, vous devez choisir un type de données et un objectif. Puisque les données manipulées sont tabulaires et que vous souhaitez résoudre un problème de classification, activez l'onglet Tabulaire et cochez la case Régression/Classification (voir Figure 5.11).

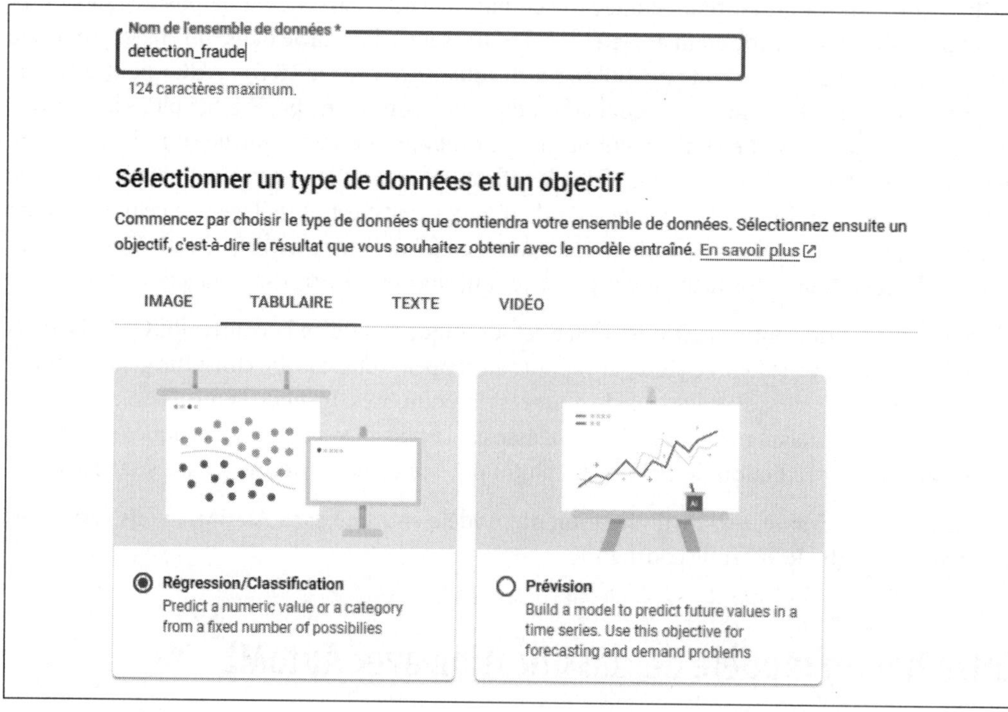

Figure 5.11 : Les options requises pour le nouveau jeu de données `detection_fraude`.

Un clic sur le bouton Créer vous emmène sur la page suivante, où vous pouvez préciser les données source. Deux possibilités s'offrent à vous : un fichier CSV depuis Cloud Storage de Google, c'est-à-dire celui utilisé lors de l'exploration dans un notebook, ou une table à partir de BigQuery qui contient exactement les mêmes données et qui ont été préparées pour vous. Les données stockées dans BigQuery sont accompagnées d'informations de schéma supplémentaires, comme le type de données de chaque colonne, absentes du fichier CSV. C'est pourquoi vous allez choisir cette approche.

Sous Sélectionner une source de données, cochez la case Sélectionner une table ou une vue à partir de BigQuery, puis saisissez le chemin BigQuery suivant et cliquez sur Continuer :

```
ma-low-code-ai.low_code_ai.financial_transactions
```

Le chargement et le prétraitement des données prendront environ 15 à 20 minutes. AutoML effectue de nombreux prétraitements afin d'analyser et de préparer les données à la future tâche d'entraînement. Vous serez ensuite prêt à explorer les données dans l'interface utilisateur des ensembles de données de Vertex AI.

Explorer les statistiques du jeu de données

Une fois les données chargées et préparées, vous pouvez passer à l'analyse de l'ensemble de données. Cliquez sur le bouton Générer des statistiques ; le processus prend quelques minutes. Ensuite, en sélectionnant les différentes colonnes, vous pouvez étudier les statistiques. Sur la base de votre analyse précédente, il ne devrait pas y avoir de surprises, mais il est toujours préférable d'y jeter un œil avant de poursuivre. Par exemple, si vous cliquez sur la colonne `type`, vous obtenez les statistiques présentées en Figure 5.12. Vous le constatez, il n'y a aucune valeur manquante. Comme précédemment, les cinq valeurs distinctes sont indiquées, ainsi que la répartition de leur occurrence. La nouveauté réside dans le joli graphique qui permet d'analyser visuellement et rapidement cette répartition.

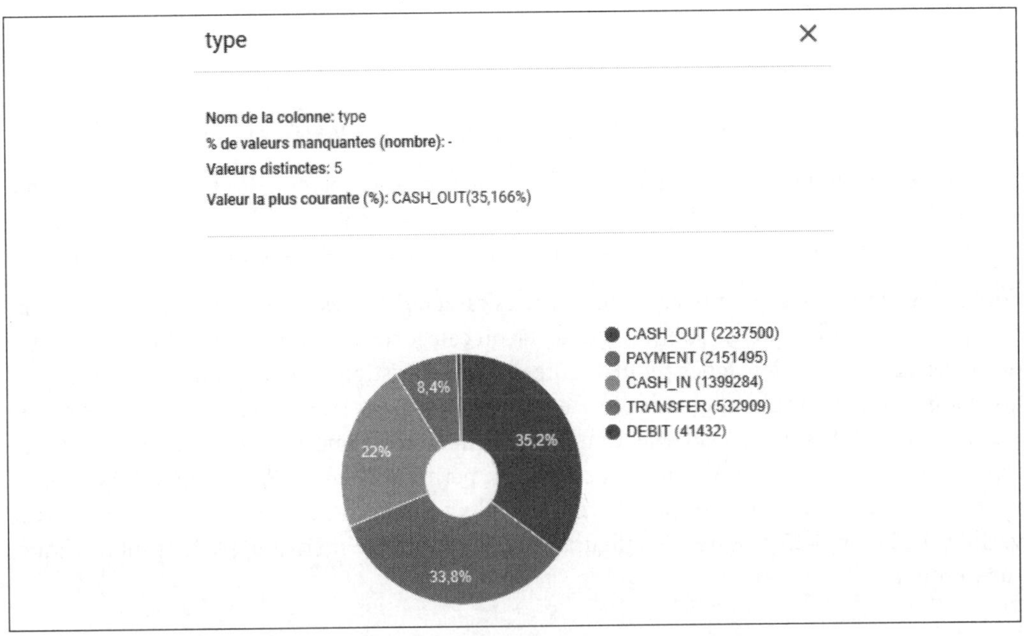

Figure 5.12 : Statistiques pour la colonne `type` générées par Vertex AI.

Avant de passer à la section suivante, examinez chaque colonne et vérifiez que tout est conforme à l'analyse effectuée précédemment. Faites attention aux types de données et aux statistiques, et assurez-vous qu'il n'y a pas de surprises. Cette fois-ci il n'y en aura pas, mais prenez l'habitude d'effectuer un tel contrôle. Il s'agit de l'une des bonnes pratiques à suivre avant de commencer tout entraînement avec AutoML.

Entraîner le modèle

Pour entraîner le modèle, cliquez sur le bouton Entraîner le nouveau modèle et sélectionnez l'option Autre (voir Figure 5.13). Assurez-vous que l'objectif choisi est Classification et que la méthode d'entraînement du modèle sélectionnée est AutoML. Cliquez sur Continuer.

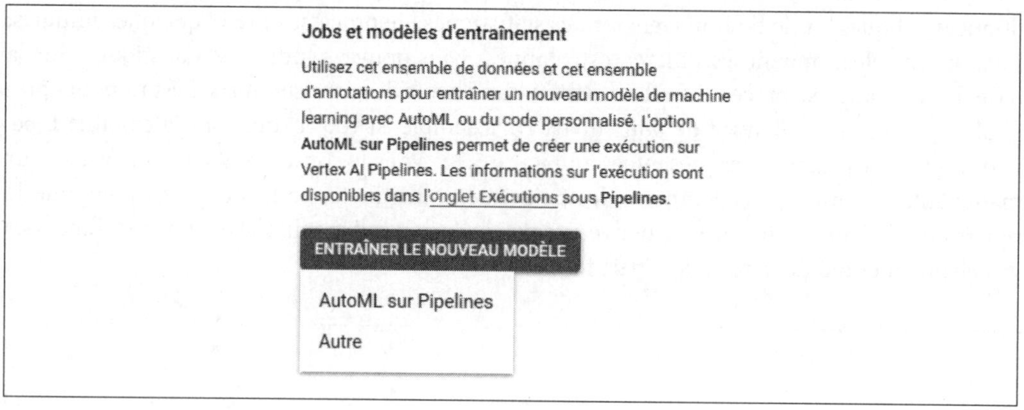

Figure 5.13 : Options d'entraînement d'un nouveau modèle dans Vertex AI AutoML.

Sur la page Détails du modèle, sélectionnez Entraîner un nouveau modèle et vérifiez que le nom du modèle est `detection_fraude`. Choisissez `isFraud` comme colonne cible. Cette configuration est illustrée à la Figure 5.14. Cliquez sur le bouton Continuer pour passer à la page suivante.

Sur la page Options d'apprentissage, choisissez les caractéristiques qui seront utilisées pour l'entraînement et vérifiez qu'elles sont traitées de façon catégorielle ou numérique. En partie droite de la page, cliquez sur les signes moins à côté des caractéristiques `isFlaggedFraud`, `nameDest` et `nameOrig` afin de les retirer du processus d'entraînement. Dans la liste déroulante de la caractéristique `step`, choisissez Catégorielle. Cette transformation est importante car la caractéristique représente non pas une valeur numérique mais une période de temps. Par exemple, lorsque `step` vaut 10, elle ne doit pas être considérée comme deux fois plus influente sur le modèle que `step` valant 5. La Figure 5.15 montre la configuration que vous devez mettre en place avant de cliquer sur Continuer.

Figure 5.14 : Page de détails du modèle après avoir indiqué le nom du modèle et sélectionné la colonne cible.

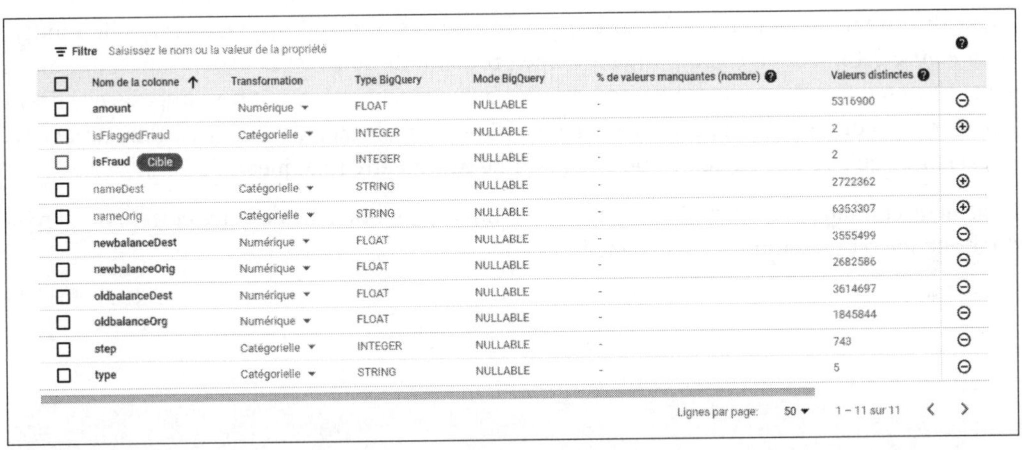

Figure 5.15 : Configuration des options d'apprentissage.

Sur la dernière page Options de calcul et tarifs, fixez le budget consacré à l'entraînement. Pour rappel, le prix est calculé en fonction du nombre d'heures d'entraînement réalisées. Pour connaître les tarifs à jour, consultez la documentation de Vertex AI (*https://oreil.ly/x8C3f*). Pour cet exemple, choisissez un budget d'une heure. Assurez-vous que l'arrêt prématuré est sélectionné, car cela permettra de mettre fin au processus d'entraînement du modèle dès que son amélioration ne sera plus notable. Cette option sera d'autant plus utile si vous aviez fixé un budget élevé sans avoir eu finalement besoin de tout ce temps. Lorsque vous avez terminé, cliquez sur Démarrer l'entraînement.

Au terme de l'entraînement, vous recevrez une notification par e-mail et le modèle sera enregistré dans le registre des modèles.

Évaluer les performances du modèle

L'entraînement du modèle étant terminé, vous êtes prêt à afficher les métriques d'évaluation. À l'aide du menu latéral ou de la barre de recherche, ouvrez la rubrique Registre de modèles (*Model Registry*). Sélectionnez le modèle `detection_fraude` et la version que vous souhaitez afficher. Si vous avez suivi la procédure décrite jusqu'à présent, il s'agit de la version `1`.

Puisque l'objectif est de prédire les transactions frauduleuses, cliquez sur la classe 1 (voir Figure 5.16) pour connaître les performances du modèle sur le jeu de données de test créé par AutoML. Notez que les métriques d'évaluation de votre modèle peuvent être différentes de celles présentées ici en raison du caractère aléatoire du processus d'entraînement.

Notez le curseur pour le seuil de confiance. Vous pouvez le déplacer pour voir son impact sur la précision et le rappel. Supposons, par exemple, que votre entreprise accepte que jusqu'à 50 % des transactions signalées soient légitimes afin de détecter autant de fraudes que possible, sachant qu'elle dispose des ressources nécessaires pour vérifier ces transactions. Dans le cas du modèle de la Figure 5.16, le seuil correspondant à une précision de 50 % est de 0,09. Autrement dit, si le modèle prédit qu'il y a plus de 9 % de chances qu'une transaction soit frauduleuse, elle devra être marquée comme telle et devra être vérifiée. Dans ce cas, le taux de rappel est alors de 94,6 %. Cela signifie qu'une transaction frauduleuse sur 20 devrait être manquée.

Le seuil de confiance approprié dépendra des besoins et des objectifs de votre entreprise. Il n'y a donc aucune réponse unique et correcte ici.

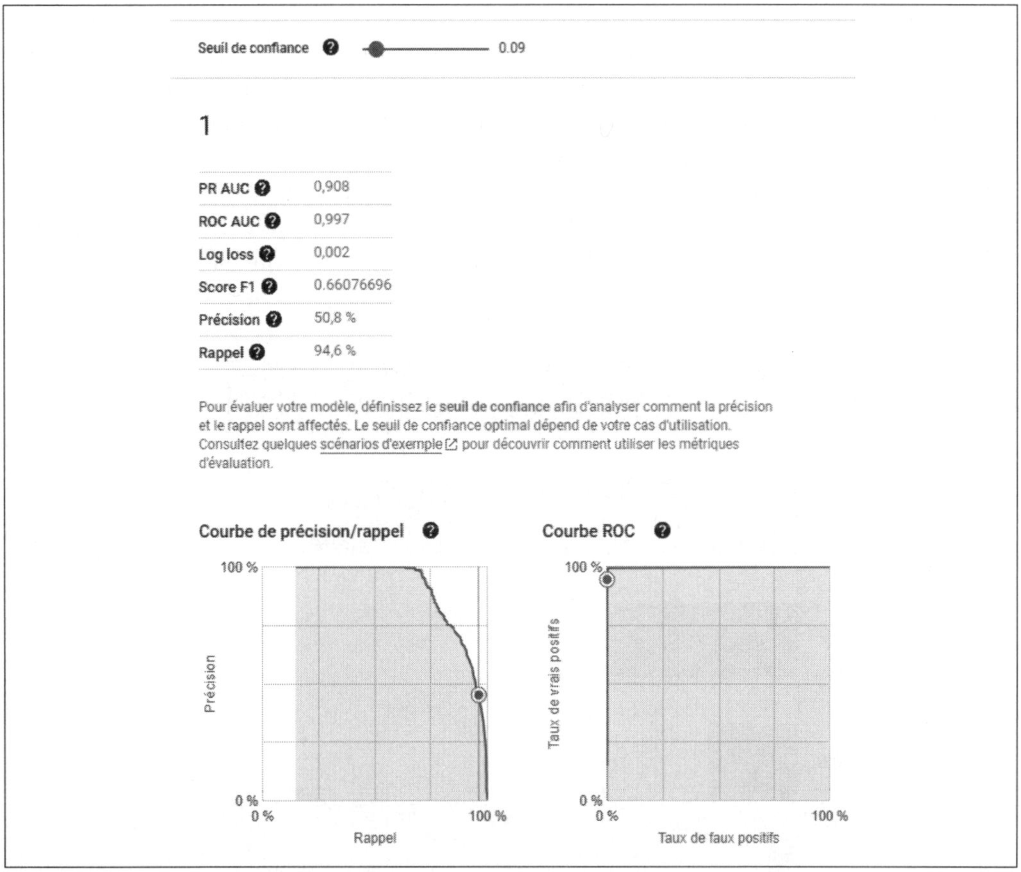

Figure 5.16 : Métriques d'évaluation du modèle `detection_fraude`.

Importances des caractéristiques du modèle

Si vous cliquez sur Toutes les étiquettes en partie gauche de l'interface et faites défiler la page vers le bas, vous pouvez accéder à l'importance des caractéristiques du modèle. Au Chapitre 4, nous avons expliqué que l'importance des caractéristiques mesure l'impact des caractéristiques sur les prédictions du modèle. Notez que, à l'instar des métriques d'évaluation, les importances que vous obtenez pour votre modèle peuvent différer de celles présentées ici.

La Figure 5.17 révèle l'importance des caractéristiques pour ce modèle. `oldbalanceOrg` et `newbalanceOrig` ont été les caractéristiques les plus importantes, tandis que `amount` et `type` ont pris les troisième et quatrième places. Rappelez-vous que l'exploration des données dans un notebook a montré que ces caractéristiques semblaient présenter les motifs les plus nets entre leur valeur et le pourcentage de transactions frauduleuses. En général, il est bon de vérifier ces points pour être sûr que rien de ce que le modèle a appris n'est étrange. Il arrive assez souvent qu'un modèle dévoile des tendances que nous n'avons pas remarquées, mais s'il semble avoir appris quelque chose d'absurde, la prudence est de mise. Par exemple, si un modèle de prédiction du prix d'une course de taxi apprend que la distance du trajet est la caractéristique la moins importante, cela pourrait être, dans certaines circonstances, une bonne raison d'explorer les données plus attentivement. L'importance des caractéristiques est très utile à la fois aux parties prenantes, pour comprendre comment un modèle fait des prédictions, et aux data scientists et ingénieurs ML, pour comprendre comment déboguer les modèles en cas de prédictions surprenantes ou absurdes.

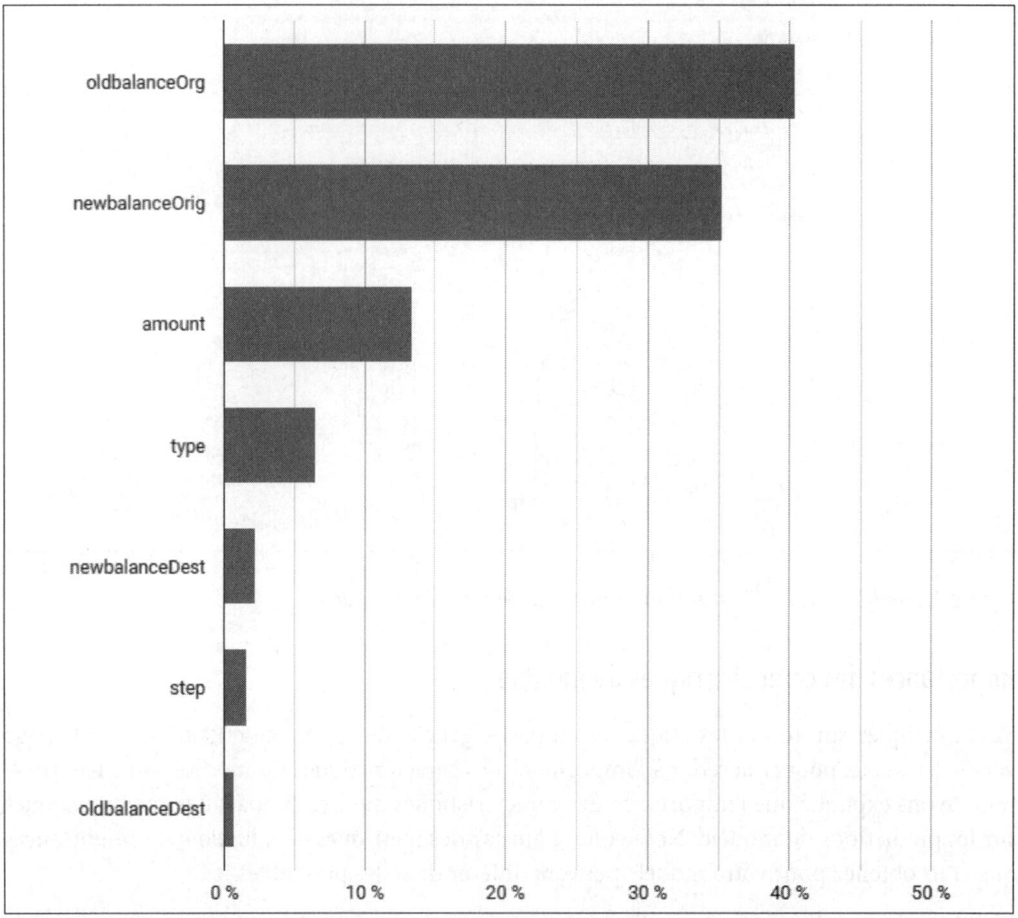

Figure 5.17 : Importance des caractéristiques pour le modèle `detection_fraude`.

Obtenir des prédictions à partir du modèle

Puisque les métriques d'évaluation ont été examinées, vous êtes prêt à déployer le modèle à des fins de prédiction. Si vous êtes bloqué pendant le déploiement, consultez le Chapitre 4, car le processus mis en œuvre dans ce chapitre est identique.

Effectuez les étapes suivantes pour déployer votre modèle, en laissant toutes les options non mentionnées à leur valeur par défaut :

1. Sur la page Définir votre point de terminaison, nommez le point de terminaison `point_terminaison_fraude`.
2. Sur la page Paramètres du modèle, sélectionnez le type de machine `n1-standard-2, 2vCPUs, 7,5Gio memory`. Le choix d'une machine moins puissante diminuera le coût du modèle déployé et répondra aux besoins de cet exemple.
3. Dans la rubrique Options d'explicabilité de la page Paramètres du modèle, cochez la case Attribution des caractéristiques.
4. Sur la page Surveillance des modèles, désactivez cette fonctionnalité inutile dans cet exemple.

Après avoir terminé ces étapes, cliquez sur Déployer. Le déploiement du modèle prend quelques minutes, puis vous pouvez le tester en vous rendant en bas de la page.

Pour cela, utilisez les valeurs suivantes, en notant une fois de plus que vos résultats exacts différeront très certainement du modèle affiché à la Figure 5.18 :

`step`	`14`
`type`	`CASH_OUT`
`amount`	`1000000`
`oldbalanceOrg`	`1000000`
`newbalanceOrig`	`0`
`oldbalanceDest`	`0`
`newbalanceDest`	`0`

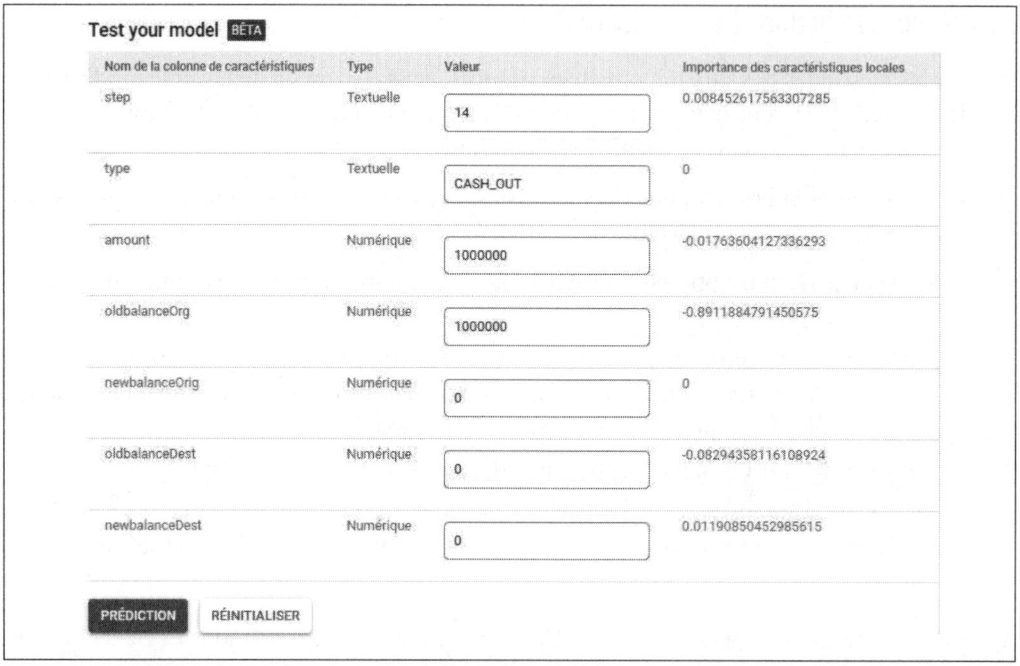

Figure 5.18 : Test du modèle avec des prédictions et l'importance des caractéristiques locales.

Cliquez sur le bouton Prédiction. Pour obtenir la probabilité prévue d'une transaction frauduleuse à partir du modèle, remplacez Étiquette sélectionnée par 1.

Pour le modèle de la Figure 5.18, le score de confiance correspond à la probabilité prédite. Dans cet exemple, il indique 91 % de chances que la transaction soit frauduleuse. En se référant aux métriques et seuils d'évaluation discutés précédemment, cette transaction serait marquée comme frauduleuse. Vous pouvez également voir l'importance des caractéristiques locales. La valeur d'importance la plus élevée correspond à `oldbalanceOrg`. La prédiction concerne une transaction de type `CASH_OUT` correspondant au solde exact du compte contenant 1 000 000 dollars. D'après le modèle, il y a de fortes chances que cette transaction soit frauduleuse.

À titre d'exercice, explorez différentes combinaisons de valeurs des caractéristiques et voyez quelles sont les probabilités prédites et les attributions de caractéristiques correspondantes.

> N'oubliez pas d'*annuler le déploiement* du modèle lorsque vous avez terminé ce chapitre. Les modèles déployés entraînent des coûts même s'ils ne sont pas utilisés. En effet, ils restent toujours disponibles de façon à fournir rapidement des prédictions. Pour annuler le déploiement du modèle, choisissez celui-ci dans le Registre de modèles, ouvrez l'onglet Déployer et tester, sélectionnez le point de terminaison, ouvrez le menu à trois points Actions et cliquez sur Annuler le déploiement du modèle (Figure 5.19).

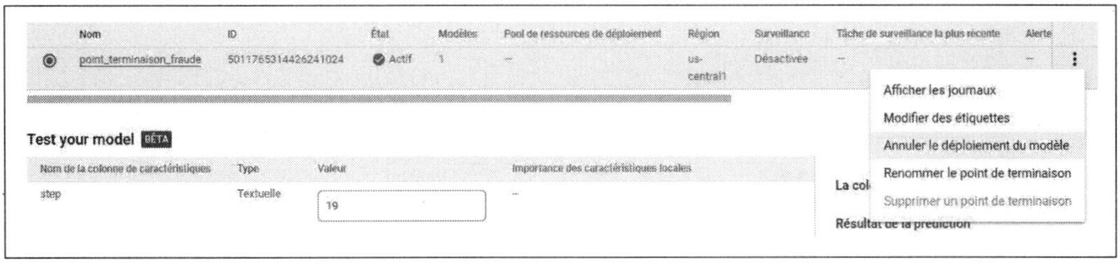

Figure 5.19 : L'emplacement de l'option Annuler le déploiement du modèle.

En résumé

Au cours des deux derniers chapitres, vous avez entraîné un modèle de régression et un modèle de classification à l'aide d'AutoML ! Dans ce chapitre, vous avez exploré les données dans un environnement Google Colab, puis les avez importées dans un jeu de données géré sur Vertex AI, avant d'entraîner le modèle de classification à l'aide d'AutoML. Le rappel du modèle original était nettement inférieur à celui du nouveau. Autrement dit, ce nouveau modèle permettra à terme de mieux marquer les transactions et de préserver les comptes de vos clients.

Ce n'est toutefois que le début de votre voyage au cœur de l'apprentissage automatique. Dans de nombreux cas, vous aurez besoin d'un contrôle plus poussé sur le processus d'entraînement du modèle. En pratique, cela signifie s'orienter vers des solutions low-code et du code personnalisé. Le chapitre suivant explique comment explorer les données à l'aide de SQL dans BigQuery et comment entraîner des modèles ML avec SQL dans BigQuery ML.

CHAPITRE 6

Entraîner un modèle de régression linéaire avec BigQuery ML

Dans ce chapitre, vous apprendrez à créer un modèle de régression linéaire et un modèle de réseau de neurones afin de prévoir la production d'une centrale électrique. Vous utiliserez SQL pour l'analyse des données, un notebook Jupyter pour leur exploration et BigQuery ML (BigQuery Machine Learning) pour l'entraînement du modèle ML. Ce sera pour vous l'occasion de découvrir de nouvelles techniques permettant de comprendre les données et d'appliquer ces connaissances à l'amélioration des performances du modèle.

Production d'une centrale électrique

Votre objectif est de prédire la production horaire nette d'une centrale électrique à cycle combiné (CCPP, *combined cycle power plant*) en fonction des conditions météorologiques environnantes.

Une CCPP est composée de turbines à gaz, de turbines à vapeur et de générateurs de vapeur à récupération de chaleur. L'électricité est produite par des turbines à gaz et à vapeur, combinées en un seul cycle, et transférée d'une turbine à une autre. Alors que le vide d'échappement est recueilli par la turbine à vapeur, les trois autres variables ambiantes (température, pression ambiante et humidité relative) affectent les performances de la turbine à gaz.

Le jeu de données contient des points de données collectés à partir d'une CCPP sur une période de six ans (2006 à 2011) lorsque la centrale électrique était configurée pour fonctionner à pleine charge. Les données sont agrégées par heure, mais l'heure exacte des conditions météorologiques et de la production d'énergie enregistrées est absente. D'un point de vue pratique, cela signifie que les données ne pourront pas être traitées comme des séquences ou des séries chronologiques, dans lesquelles les informations des enregistrements précédents servent à prédire les enregistrements futurs.

Puisque les données sont initialement fournies dans un fichier CSV[2], vous devrez les charger dans BigQuery avant de pouvoir les explorer et finalement les utiliser pour créer le modèle ML. Le jeu de données comprend cinq colonnes (voir Tableau 6.1) et 9 590 lignes.

Tableau 6.1 : Les cinq colonnes du jeu de données : la variable cible, la production électrique, est mise en exergue.

Données de la colonne	Valeur minimale	Valeur maximale
Température	1,81°C	37,11 °C
Pression ambiante	992,89 millibars	1 033,30 millibars
Humidité relative	25,56 %	100,16 %
Vide d'échappement	25,36 cm Hg	81,56 cm Hg
Production électrique	420,26 MW	495,76 MW

Ces plages de valeurs attendues sont bien documentées par les ingénieurs de la centrale électrique et vous ont été fournies, par exemple dans un rapport technique. Ces informations serviront pendant l'exploration des données afin de vérifier l'absence de problèmes, comme des valeurs nulles ou des nombres magiques (voir Chapitre 4).

Nettoyer le jeu de données en utilisant SQL dans BigQuery

Répétons-le, il est important de comprendre le jeu de données avant de passer à la création d'un modèle ML. N'oubliez pas que la qualité du modèle entraîné dépend fortement de la qualité du jeu de données servant à son entraînement. S'il comprend des données erronées ou des valeurs manquantes, le modèle ML ne sera pas capable d'apprendre les informations appropriées.

Dans cette section, SQL sera l'outil de travail et BigQuery la plateforme. Le code SQL utilisé est disponible dans le dossier Chapter6 du dépôt *low-code-ai* sur GitHub (*https://oreil.ly/supp-lcai*). BigQuery est la solution mise en place par Google Cloud pour proposer un entrepôt de données sans serveur. *Sans serveur* signifie que vous pouvez charger rapidement les données dans BigQuery et commencer l'analyse des données avec SQL sans avoir à provisionner un serveur. Si SQL ne vous est pas familier, le cours « Préparer les données pour l'Exploration » (en anglais) proposé par Google sur Coursera constitue un excellent point de départ gratuit. L'ouvrage *Learning SQL*, 3e édition, d'Alan Beaulieu (O'Reilly, 2020) est une bonne ressource pour ceux qui souhaitent approfondir leur utilisation de SQL.

2 Ce jeu de données (*https://oreil.ly/_EvWy*) a été créé à partir du jeu de données Combined Cycle Power Plant disponible sur le site Machine Learning Repository de l'université de Californie à Irvine (UC Irvine, *https://archive.ics.uci.edu/*). Quelques petits changements ont été apportés pour mieux démontrer les concepts de ce chapitre.

Si vous n'êtes pas abonné à BigQuery, sachez qu'un plan gratuit permettra de réaliser les activités de ce chapitre. Sont offerts le premier téraoctet de données traitées mensuellement par des requêtes SQL et 10 Go de stockage chaque mois. Par ailleurs, les dix premiers gigaoctets de données traitées pour créer certains types de modèles ML, comme la régression linéaire, sont aussi gratuits. Pour effectuer un apprentissage automatique avec des données stockées dans BigQuery, vous pouvez utiliser BigQuery ML. Il utilise des ressources de Vertex AI pour entraîner des modèles de réseaux de neurones. Si vous souhaitez suivre cette section dans le but d'entraîner un modèle de réseau de neurones dans BigQuery ML, des frais seront appliqués à votre essai gratuit ou à votre abonnement payant.

Charger un jeu de données dans BigQuery

Le jeu de données CCPP n'est pas directement disponible dans BigQuery. La première chose à faire est donc de charger les données dans BigQuery. Pour faciliter l'opération, nous avons placé les données dans un bucket public de Google Cloud Storage (le fichier peut être téléchargé à partir de *https://oreil.ly/zY85-*).

Pour charger les données dans BigQuery, commencez par ouvrir Console Google Cloud et allez dans l'espace BigQuery Studio. Sur le côté gauche de l'interface, sélectionnez le nom du projet, puis cliquez sur le bouton Afficher les actions (les trois points verticaux) à droite du nom. Choisissez Créer un ensemble de données (voir Figure 6.1).

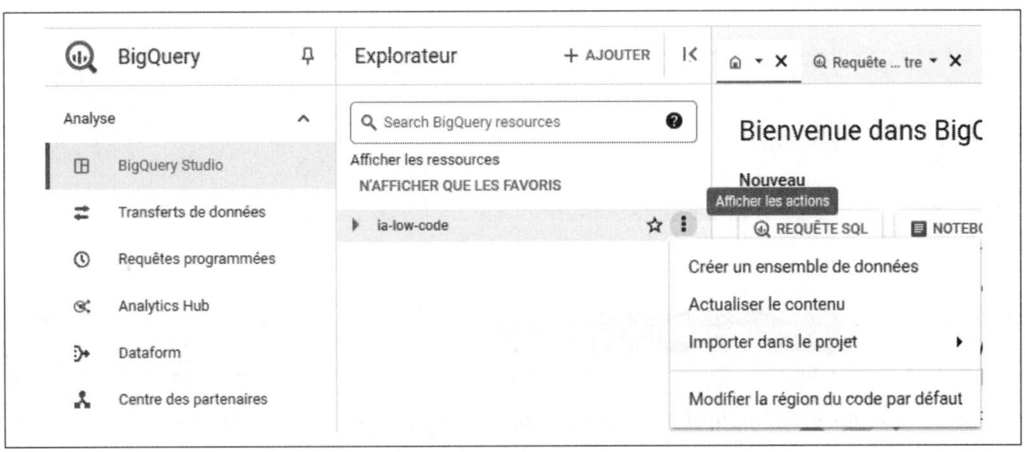

Figure 6.1 : Le bouton Créer un ensemble de données dans BigQuery Studio.

Vérifiez que votre projet est sélectionné sous ID du projet. Dans le champ ID de l'ensemble de données, saisissez **`data_driven_ml`**. Pour l'emplacement des données, choisissez les États-Unis, car les données qui seront chargées dans BigQuery se trouvent dans un bucket Cloud Storage basé aux États-Unis. Cliquez à présent sur Créer l'ensemble de données. La configuration des champs est présentée à la Figure 6.2.

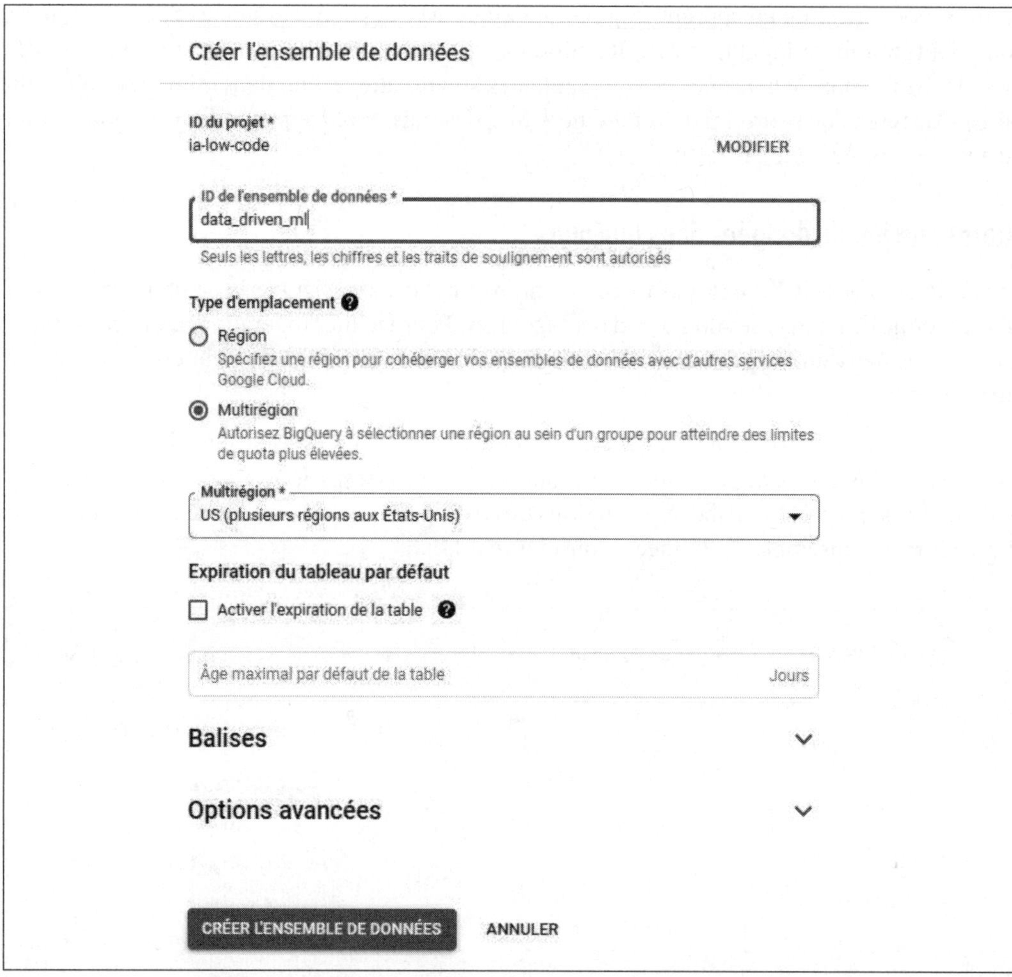

Figure 6.2 : Création d'un nouvel ensemble de données dans BigQuery Studio.

Une fois le jeu de données créé, utilisez le bouton Afficher les actions pour créer une table Big-Query en sélectionnant Créer une table (voir Figure 6.3).

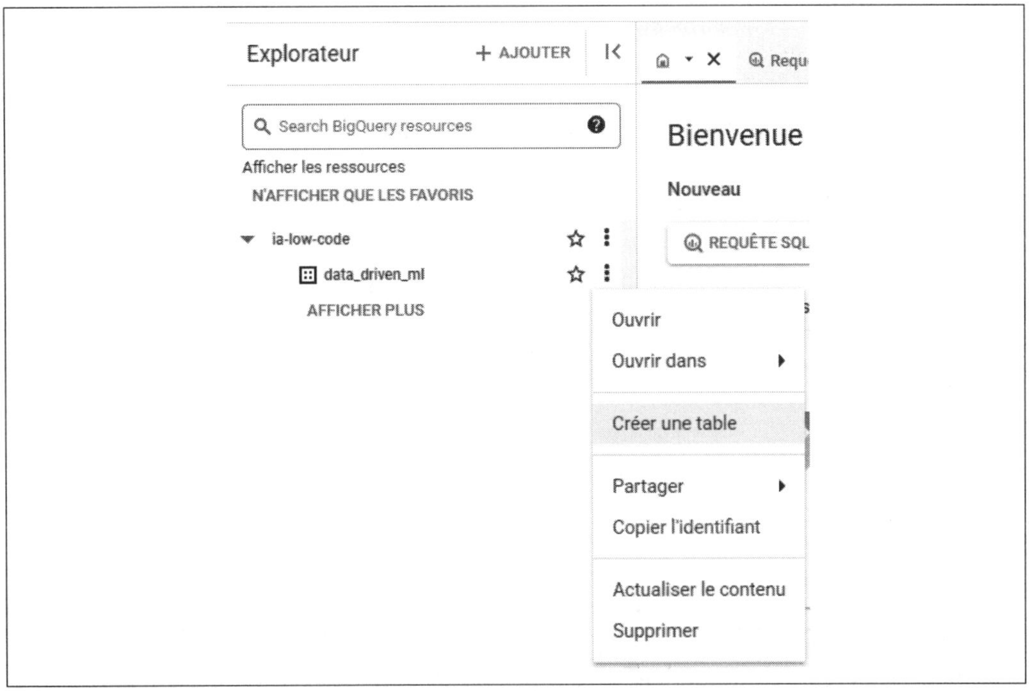

Figure 6.3 : Les boutons Afficher les actions et Créer une table.

Vous devez préciser la source des données, le format du fichier et le nom de la table à créer. Ces informations sont résumées dans le Tableau 6.2.

Tableau 6.2 : Récapitulatif des informations nécessaires à la création d'une table

Champ	Valeur
Créer une table à partir de	Google Cloud Storage
Sélectionnez un fichier du bucket GCS ou utilisez un modèle d'URI	low-code-ai-book/ccpp.csv
Format de fichier	CSV
Table	ccpp_raw
Schéma	Détection automatique

La Figure 6.4 présente la fenêtre Créer une table dans laquelle toutes les valeurs requises sont renseignées. Dans cet exemple, le fichier CSV comprend une ligne d'en-tête et toutes les valeurs sont des nombres à virgule flottante. Nous pouvons donc demander à BigQuery de détecter le schéma à partir de ces informations. Conservez les valeurs par défaut pour Type de table, Partitionnement de table et Clustering. Cliquez sur le bouton Créer la table pour lancer la tâche de chargement et créer la table accueillant les données brutes.

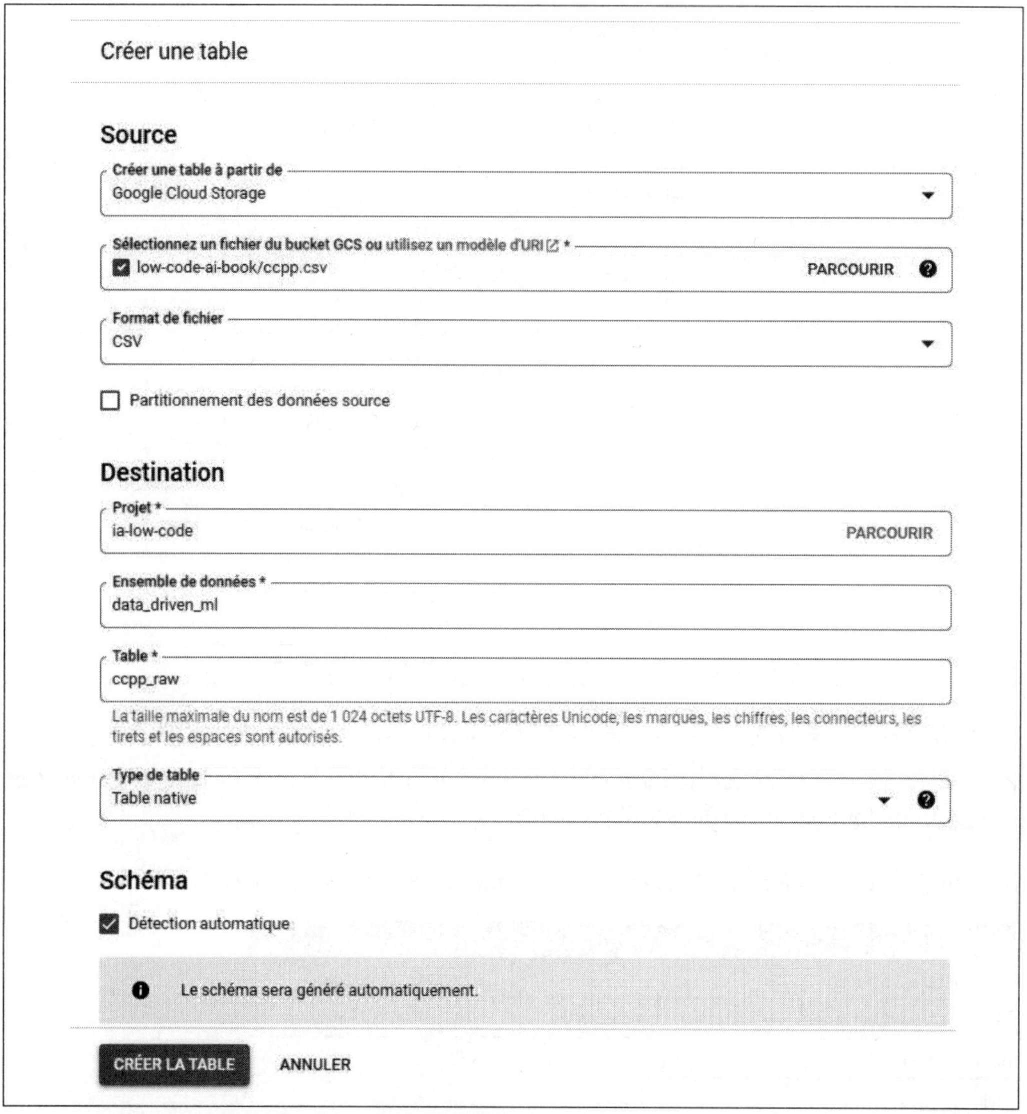

Figure 6.4 : La fenêtre Créer une table configurée.

Le partitionnement de tables est une méthode qui permet de diviser les grandes tables en « tables plus petites », ou *partitions*, accessibles séparément à l'aide de filtres. Toutes les partitions non référencées dans une requête ne seront pas lues, ce qui réduira le coût de la requête et améliorera les performances. Dans BigQuery, les tables en cluster sont des tables dont l'ordre de tri est défini par l'utilisateur à l'aide de colonnes en cluster. Elles peuvent améliorer les performances des requêtes et réduire leurs coûts en stockant les données dans l'ordre de tri au même emplacement physique.

Après la création de la table, vous pouvez examiner son schéma en la sélectionnant et en ouvrant l'onglet Schéma. Vous pouvez également prévisualiser les données stockées en activant l'onglet Aperçu. Les Figures 6.5 et 6.6 montrent ce que vous devriez voir dans la console BigQuery.

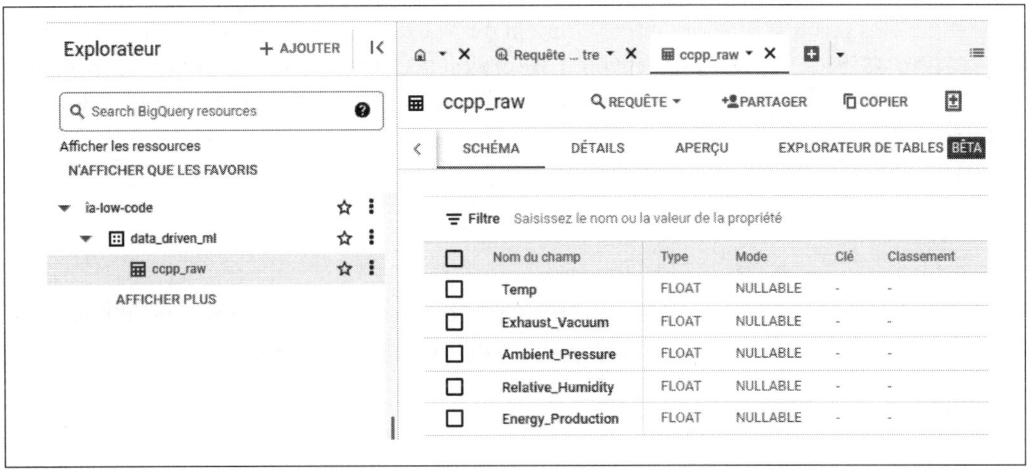

Figure 6.5 : Schéma de la table `ccpp_raw` *nouvellement créée.*

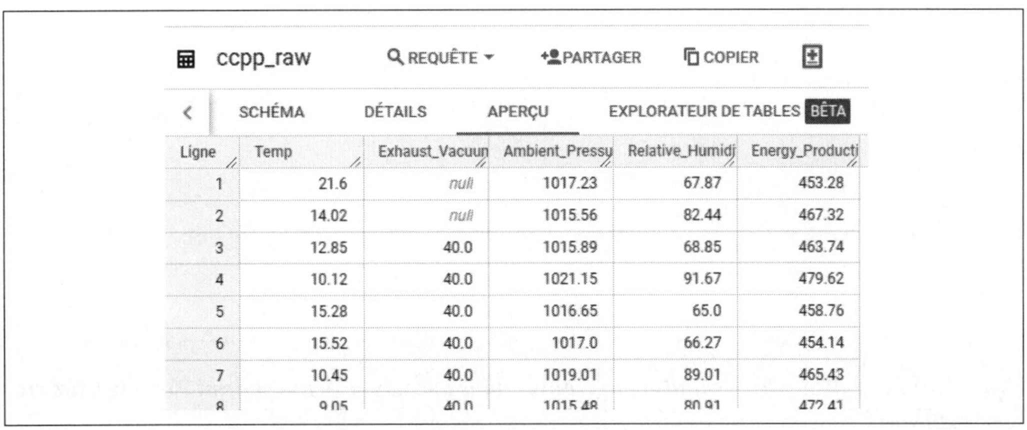

Figure 6.6 : Aperçu du contenu de la table `ccpp_raw`*.*

Explorer les données dans BigQuery avec SQL

À présent que les données sont chargées dans BigQuery, vous pouvez commencer à les explorer. Vérifiez d'abord si des valeurs nulles sont présentes. Le plus simple consiste à utiliser l'instruction `IF`, qui prend trois arguments ; `IF(expr, résultat_vrai, résultat_autre)`. `expr` renvoie une valeur booléenne qui détermine si la valeur de `résultat_vrai` ou de `résultat_autre` est renvoyée.

Utiliser la fonction Null pour vérifier l'existence de valeurs nulles

Nous voudrions savoir si la colonne `Temp` contient des valeurs nulles. Pour cela, utilisez l'instruction `IF(Temp IS NULL, 1, 0)`. Elle renvoie 1 si `Temp` est `NULL` et 0 dans le cas contraire. Exécutez la requête suivante, en remplaçant *`id-projet`* par l'identifiant de votre projet Google Cloud, et examinez les résultats :

```
SELECT
  IF(Temp IS NULL, 1, 0) AS is_temp_null
FROM
  'id-projet.data_driven_ml.ccpp_raw'
```

Si vous faites défiler les résultats, vous trouverez deux 1 dans cette colonne de plus de 9 000 valeurs. Cette approche fonctionne, mais elle n'est pas très efficace (voir Figure 6.7). Profitons plutôt du fait que les valeurs de `résultat_vrai` et de `résultat_autre` sont, respectivement, 1 et 0.

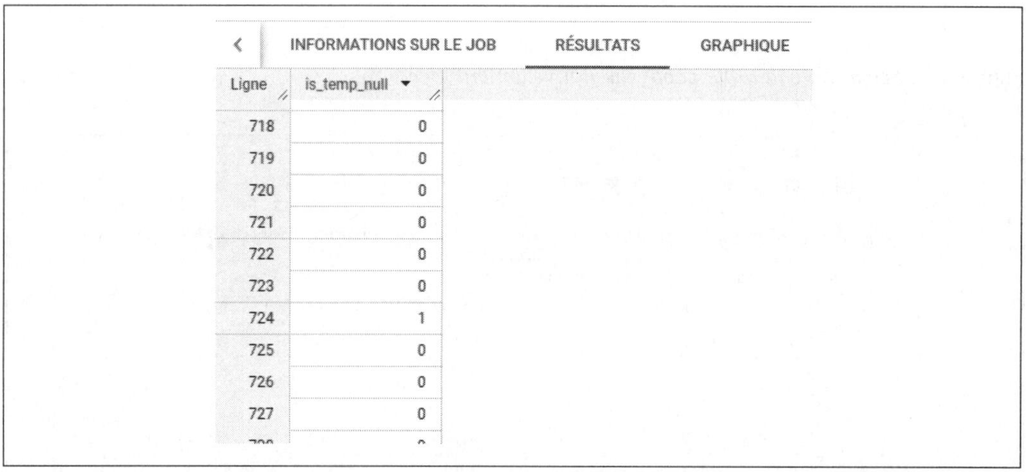

Figure 6.7 : Faire défiler les résultats pour trouver dans la colonne deux 1 parmi 9 000 valeurs est assez inefficace.

Au lieu de faire défiler la liste, il est très facile de calculer le nombre de valeurs nulles avec la fonction `SUM()`. Exécutez la requête suivante, en remplaçant *`id-projet`* par l'identifiant de votre projet Google Cloud, pour déterminer le nombre de valeurs `NULL` dans chaque colonne :

```
SELECT
  SUM(IF(Temp IS NULL, 1, 0)) AS no_temp_nulls,
  SUM(IF(Exhaust_Vacuum IS NULL, 1, 0)) AS no_ev_nulls,
```

```
    SUM(IF(Ambient_Pressure IS NULL, 1, 0)) AS no_ap_nulls,
    SUM(IF(Relative_Humidity IS NULL, 1, 0)) AS no_rh_nulls,
    SUM(IF(Energy_Production IS NULL, 1, 0)) AS no_ep_nulls
  FROM
    'id-projet.data_driven_ml.ccpp_raw'
```

L'exécution de cette requête révèle que toutes les colonnes, à l'exception d'`Ambient_Pressure`, contiennent des valeurs nulles. Comparez vos résultats à ceux illustrés dans la Figure 6.8.

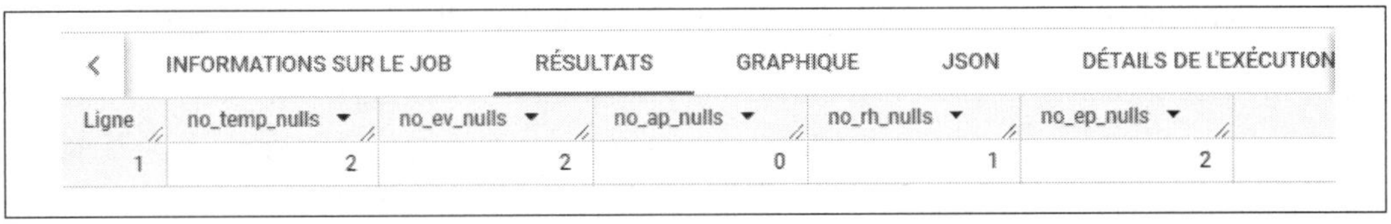

Figure 6.8 : Résultats de la requête dénombrant les valeurs nulles. Toutes les colonnes, à l'exception de `Ambient_Pressure`, contiennent des valeurs nulles.

Que faire des lignes contenant des valeurs nulles ? L'approche la plus simple consiste à les supprimer. Une autre solution, explorée au Chapitre 7, se fonde sur une stratégie d'imputation. L'*imputation* remplace les données manquantes par des valeurs de substitution, souvent de manière telle que ces valeurs soient réalistes dans un contexte spécifique. Mais vous n'êtes sans doute pas un expert des CCPP et, dans ce jeu de données, les lignes contenant des valeurs nulles représentent environ 0,1 % des données. Supprimer simplement ces lignes semble donc une stratégie raisonnable.

Quand est-il préférable d'effectuer une imputation plutôt qu'une suppression ? Si le jeu de données est de taille réduite ou si les lignes avec des valeurs manquantes représentent un pourcentage important du jeu de données, leur suppression pourrait grandement affecter les performances du modèle. Un autre problème plus subtil associé à la suppression de données concerne le *biais*. Le biais statistique fait référence à une différence systématique dans la distribution des données par rapport à leur distribution réelle. Si les valeurs nulles apparaissent pour un sous-ensemble spécifique (par exemple, certaines données démographiques dans un jeu de données marketing), la suppression des lignes avec des valeurs manquantes empêchera le modèle d'apprendre des informations importantes.

Utiliser les fonctions MIN et MAX pour déterminer les plages de données acceptables

Ensuite, vérifiez que toutes les valeurs se situent dans les plages attendues. Pour cela, il suffit d'utiliser les fonctions `MIN` et `MAX`. À l'instar de `SUM`, il s'agit de fonctions d'*agrégation*, c'est-à-dire de fonctions qui prennent une colonne, ou un sous-ensemble d'une colonne, et renvoient une valeur unique. `MIN` et `MAX` renvoient respectivement les valeurs minimale et maximale de la colonne à laquelle elles sont appliquées. Appliquez-les à la colonne `Temp` en exécutant la requête SQL suivante :

```
SELECT
  MIN(Temp) as min_temp,
  MAX(Temp) as max_temp
FROM
  'id-projet.data.data_driven_ml.ccpp_raw'
```

Vous devriez constater que la température minimale est de 1,81 °C et la maximale de 37,11 °C (voir Figure 6.9). La bonne nouvelle est que cette plage de valeurs correspond à celle spécifiée précédemment. Suivez la même logique pour vérifier la plage des autres colonnes. Essayez d'écrire la requête vous-même cette fois-ci (si vous êtes bloqué, elle est donnée ci-après).

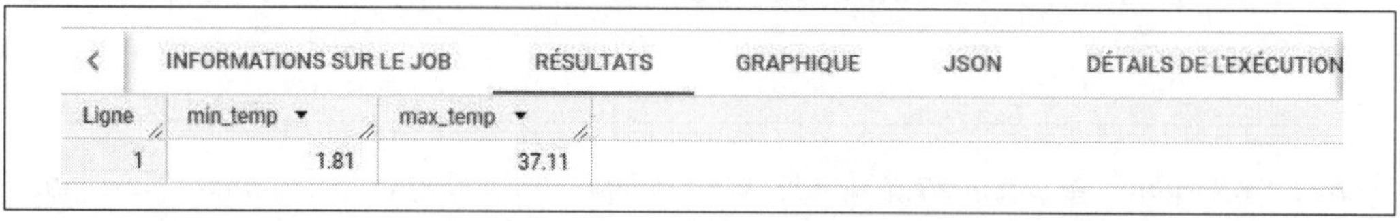

Figure 6.9 : Résultats de la requête calculant les valeurs minimale et maximale de température dans le jeu de données.

```
SELECT
  MIN(Temp) as min_temp,
  MAX(Temp) as max_temp,
  MIN(Exhaust_Vacuum) as min_ev,
  MAX(Exhaust_Vacuum) as max_ev,
  MIN(Ambient_Pressure) as min_ap,
  MAX(Ambient_Pressure) as max_ap,
  MIN(Relative_Humidity) as min_rh,
  MAX(Relative_Humidity) as max_rh,
  MIN(Energy_Production) as min_ep,
  MAX(Energy_Production) as max_ep
FROM
  'id-projet.data.data_driven_ml.ccpp_raw'
```

Dans BigQuery, les résultats des requêtes peuvent être obtenus au format JSON (JavaScript Object Notation). Il s'agit d'un format de données indépendant du langage de programmation utilisé dans de nombreuses applications et produits Web, dont BigQuery, pour l'échange d'informations. Il a, entre autres, l'avantage d'être lisible pour les humains et d'être représenté sous forme de texte, ce qui facilite son utilisation. La Figure 6.10 en montre un exemple.

Si vous examinez attentivement le résultat, vous verrez quelques valeurs suspectes. La pression ambiante minimale est égale à 0,0 et la production d'électricité minimale est égale à –1,0. En prenant pour référence la plage de valeurs fournie, sans oublier un peu de bon sens, nous savons que ces deux valeurs sont anormales. Il est probable que la valeur –1,0 soit un exemple de nombre magique. Les *nombres magiques* sont des valeurs uniques distinctives dont la signification est différente de la normale. Puisque –1,0 n'a pas de sens en tant que valeur de production d'électricité, il s'agit probablement d'un nombre magique qui représente une donnée manquante. De même, la valeur 0,0 pour la pression ambiante est sans doute un exemple de valeur par défaut. Les *valeurs par défaut* sont souvent utilisées dans les applications pour enregistrer une valeur lorsque aucune n'est spécifiée. Cette solution permet d'éviter certains problèmes liés aux valeurs `NULL`.

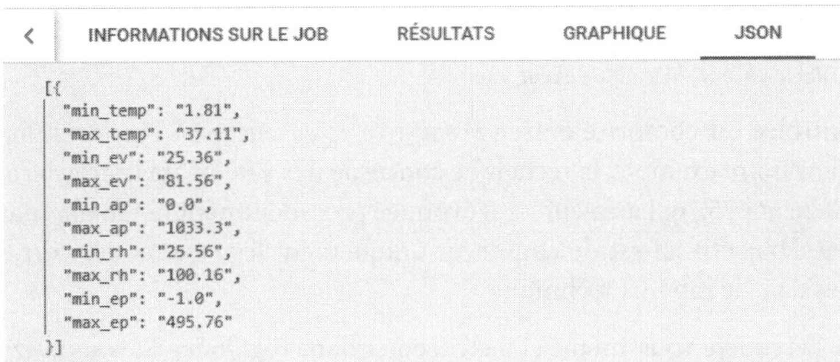

Figure 6.10 : Les valeurs minimales et maximales de toutes les colonnes de la table `ccpp_raw` *présentées au format JSON. Certaines sont anormales.*

Grâce au rapport technique, vous connaissez les plages de valeurs attendues. Le moyen le plus simple pour éviter ces valeurs irréalistes consiste à appliquer un filtre sur la base des plages connues. Cela élimine également les valeurs `NULL` détectées précédemment, car elles ne seront pas comprises dans les plages.

Enregistrer des résultats de requête à l'aide d'une instruction DDL dans BigQuery

Avant d'écrire la requête qui filtre les valeurs `NULL` et les autres valeurs indésirables, il est important de réfléchir au stockage des résultats, car ils serviront à l'entraînement du modèle ML. Le traitement peut être réalisé à l'aide d'une instruction DDL dans BigQuery. DDL (*data definition language*) signifie *langage de définition de données* et sa syntaxe permet de créer et de modifier des objets dans des jeux de données, comme des tables. L'instruction `CREATE TABLE` sert à créer une nouvelle table et sa syntaxe de base dans BigQuery est la suivante :

```
CREATE TABLE
  nom_table
AS
  instruction_requête
```

Cette requête crée une nouvelle table nommée `nom_table` et y enregistre les résultats renvoyés par `instruction_requête`. Si la table existe déjà, elle n'est pas écrasée. Si elle doit l'être, il faut remplacer `CREATE TABLE` par `CREATE OR REPLACE TABLE`.

Vous savez donc comment enregistrer les résultats d'une requête à l'aide d'une instruction CREATE TABLE. Il ne vous reste plus qu'à écrire la requête qui nettoie les données brutes et enregistre le résultat dans une nouvelle table (par exemple, ccpp_cleaned) dans le but d'entraîner un modèle ML.

La requête n'a rien de compliqué, mais elle peut être assez verbeuse si elle est écrite avec des opérateurs de comparaison. Pour la simplifier, il suffit d'utiliser l'opérateur BETWEEN, en précisant les valeurs minimale et maximale :

```
Nom_champ BETWEEN valeur_min AND valeur_max
```

Si la valeur contrôlée est comprise entre valeur_min et valeur_max, l'instruction renvoie TRUE, sinon FALSE. Dans notre exemple, la recherche concerne des valeurs de Energy_Production comprises entre 420,26 et 495,76. La valeur −1,0 évoquée précédemment n'étant pas dans cette plage, elle sera écartée. L'objectif ici est de conserver uniquement les valeurs qui correspondent aux plages indiquées dans le rapport technique.

Essayez d'écrire la requête vous-même et de l'exécuter dans BigQuery. Si vous avez besoin d'aide, la voici :

```
CREATE TABLE
  'data_driven_ml.ccpp_cleaned'
AS
  SELECT
    *
  FROM
    'id-projet.data.data_driven_ml.ccpp_raw'
  WHERE
    Temp BETWEEN 1.81 AND 37.11 AND
    Ambient_Pressure BETWEEN 992.89 AND 1033.30 AND
    Relative_Humidity BETWEEN 25.56 AND 100.16 AND
    Exhaust_Vacuum BETWEEN 25.36 AND 81.56 AND
    Energy_Production BETWEEN 420.26 AND 495.76
```

Après l'avoir exécutée, vous pouvez afficher les métadonnées de la nouvelle table créée. Pour cela, sélectionnez le nom du projet dans le volet de gauche de l'interface utilisateur, ouvrez le nom du jeu de données (data_driven_ml) et sélectionnez la table ccpp_cleaned. Activez l'onglet Détails afin d'afficher les informations relatives à la table (voir Figure 6.11).

La table ccpp_cleaned compte 9 576 lignes. Si vous affichez les métadonnées de la table ccpp_raw, vous apprenez qu'elle comporte 9 590 lignes. 14 lignes ont donc été retirées du jeu de données, soit environ 0,15 % de la totalité. Le nettoyage a donc produit une perte de données très faible ! Il faut savoir que quelques valeurs incorrectes, surtout si elles correspondent à des valeurs aberrantes extrêmes, peuvent nuire considérablement aux performances du modèle. Ce travail de nettoyage est alors une bonne chose.

Figure 6.11 : Métadonnées pour la table `ccpp_cleaned` nouvellement créée. Comparez le nombre de lignes de cette table au nombre de lignes de `ccpp_raw` pour savoir combien ont été supprimées.

Dans l'exemple précédent, vous saviez à l'avance que les résultats de la requête devaient être enregistrés et avez utilisé une instruction DDL pour créer directement la table. Que se passe-t-il si la décision de sauvegarder les résultats est prise après l'exécution de la requête ? Faut-il réexécuter celle-ci uniquement pour enregistrer les résultats dans une table ?

Heureusement, la réponse est non. Une fois une requête exécutée, cliquez sur la liste Enregistrer les résultats, sélectionnez Table BigQuery, puis indiquez le nom du jeu de données et celui de la table à créer à partir de ces résultats.

Et si vous réalisez plus tard que vous auriez dû sauvegarder les résultats ? Êtes-vous désemparé ? Non, car lorsque vous exécutez une requête dans BigQuery, les résultats sont stockés dans une table temporaire, conservée pendant 24 heures après la fin de la requête. Pour accéder à la table temporaire, ouvrez l'onglet Historique personnel dans la rubrique Historique du job, cliquez sur la tâche correspondant à la requête, puis cliquez sur Table temporaire. Cette table peut être consultée comme n'importe quelle autre table et les résultats peuvent être enregistrés comme expliqué.

Modèles de régression linéaire

Les données sont propres. Vous pouvez passer à l'entraînement du modèle. Eh bien non ! Dans les chapitres précédents, vous vous êtes appuyé sur des outils comme AutoML qui prenaient en charge une grande partie du processus de sélection des caractéristiques. Avec BigQuery ML, c'est à vous d'effectuer ce travail. Le prochain projet sera l'occasion d'approfondir la sélection et l'ingénierie des caractéristiques, mais, pour le moment, vous vous concentrerez sur le type de modèle utilisé pour ce problème et sur les critères de sélection des caractéristiques.

Avant d'aller plus loin, prenez du recul et réfléchissez au cas d'utilisation. L'objectif est de prédire la production électrique d'une CCPP en fonction de la température, de la pression ambiante, de l'humidité relative et de la pression du vide d'échappement (voir Figure 6.12).

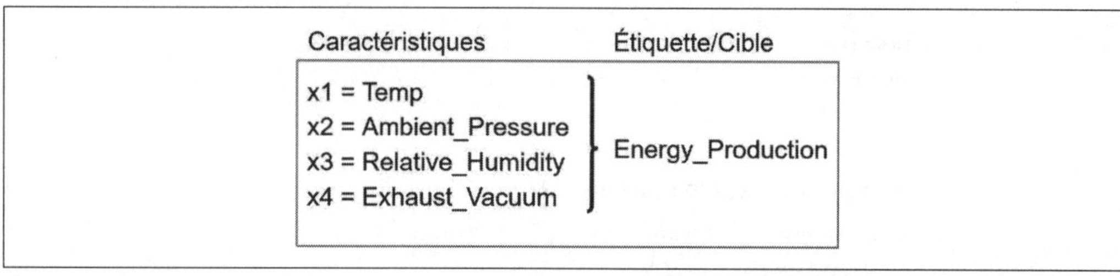

Figure 6.12 : L'objectif est de prédire la production électrique en fonction de la température, de la pression ambiante, de l'humidité relative et de la pression du vide d'échappement.

Puisque le but est de prédire la production d'électricité de la centrale électrique en mégawatts (MW), c'est-à-dire un nombre réel, il s'agit d'un problème de *régression*. Bien que BigQuery ML prenne en charge divers types de modèles, le meilleur point de départ est souvent le plus simple, à savoir un modèle de régression linéaire, dans lequel on recherche la droite la mieux ajustée.

Le Chapitre 4 a décrit un exemple simplifié de régression linéaire. Dans celui-ci, nous irons un peu plus en profondeur (voir Figure 6.13) afin que vous compreniez mieux le fonctionnement du modèle ML et la sélection des caractéristiques pour son entraînement.

Supposons que vous disposiez d'un certain nombre de caractéristiques numériques, x_1, ... , x_n, et que vous souhaitiez prédire un nombre réel y en fonction des valeurs de ces caractéristiques. En général, la liste des caractéristiques x_1, ... , x_n est notée $\vec{x}$. Un modèle de *régression linéaire* est une fonction de la forme suivante :

$$f(\vec{x}) = w_0 + w_1 \times x_1 + ... + w_n \times x_n$$

où w_0, w_1, ..., w_n sont également des nombres réels appelés *poids* ; w_0 est souvent appelé le *biais* du modèle. Vous pouvez évidemment choisir n'importe quel poids aléatoire et obtenir une fonction, mais, dans ce cas, quelle serait la qualité du modèle résultant ?

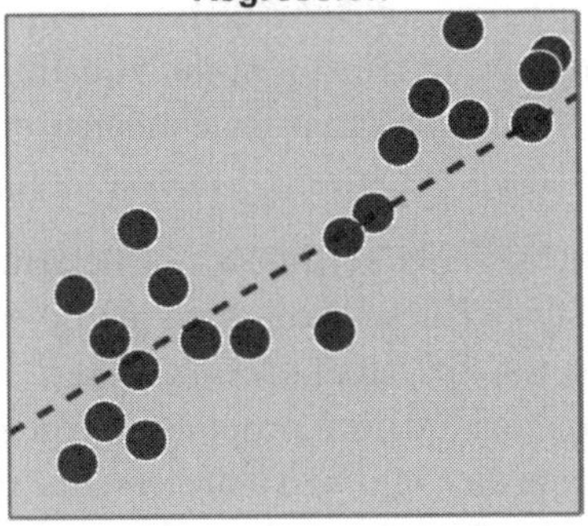

Figure 6.13 : Une régression linéaire simple. Les points correspondent à des exemples dans lesquels la valeur x est une caractéristique et la valeur y l'observation. La ligne pointillée représente la droite offrant le meilleur ajustement.

Au Chapitre 4, vous avez utilisé la *racine de l'erreur quadratique moyenne* (RMSE) pour évaluer les modèles de régression. La même méthode peut être employée ici. Avant de poursuivre, revenons sur la définition de la RMSE. Supposons que le jeu de données D contienne N éléments $(\vec{x}^{(i)}, y^{(i)})$. Autrement dit, pour les caractéristiques $\vec{x}^{(i)}$, l'observation correspondante est $y^{(i)}$. L'exposant (i) indique que nous examinons le *i*-ème élément du jeu de données.

Étant donné un modèle $f(\vec{x})$, sa RMSE est régie par la formule suivante :

$$L(f, D) = \frac{1}{N}\sqrt{\sum_i (f(\vec{x}^{(i)}) - y^{(i)})^2}$$

dans laquelle la somme concerne tous les éléments du jeu de données D. L'argument D est inclus ici pour rappeler que la RMSE dépend autant du jeu de données utilisé pour la calculer que du modèle évalué.

Si vous vous contentez de choisir quelques poids w_0, ..., w_n , comment savez-vous qu'ils donnent le meilleur modèle ? Pour cela, il faut que la *fonction de perte*, la RMSE $L(f, D)$, soit aussi faible que possible.

Rappelons que l'objectif d'une fonction de perte est de mesurer les performances de l'algorithme sur le jeu de données. En d'autres termes, il s'agit d'une méthode qui permet d'évaluer dans quelle mesure l'algorithme modélise le jeu de données (*https://oreil.ly/CJqzM*). Si les prédictions sont totalement fausses, la fonction de perte retourne une valeur élevée. Si elles sont plutôt bonnes, le résultat sera une valeur plus faible.

Une explication visuelle de la fonction de perte est donnée au Chapitre 4.

Deux approches sont souvent employées pour déterminer les poids appropriés dans un modèle de régression linéaire. La première est appelée *équation normale*. À partir du jeu de données et des observations correspondantes, la résolution de l'équation normale donne une solution analytique exacte dans laquelle les poids produisent le meilleur modèle pour les caractéristiques sélectionnées. De nombreux packages et logiciels d'analyse, dont BigQuery, proposent cet outil.

Puisqu'il existe une méthode intéressante permettant de déterminer les meilleurs poids, pourquoi n'est-elle pas toujours appliquée ? Les raisons sont multiples. La première est la *complexité algorithmique*, c'est-à-dire la quantité de calcul nécessaire. Techniquement parlant, nous disons que la complexité de la résolution de l'équation normale est légèrement inférieure à $O(n^3)$. Supposons qu'un jeu de données passe de 1 000 à 10 000 éléments, soit dix fois plus. La quantité de calcul à effectuer pour résoudre l'équation normale va alors augmenter d'un facteur environ égal à $10^3 = 1000$! Vous le comprenez facilement, avec des jeux de données de plus en plus volumineux, cela devient rapidement incontrôlable.

Une autre raison est un peu plus subtile, mathématiquement. Il faut savoir que les calculs risquent d'impliquer de très grands nombres. Puisque, sur les ordinateurs, l'arithmétique est à virgule flottante, ces grands nombres pourraient créer un problème lors de la résolution de l'équation normale. Le terme technique pour désigner cette situation est que le système est *mal conditionné*.

Quelle que soit la situation, si le nombre d'éléments est élevé ou si vous rencontrez des difficultés pour résoudre l'équation normale, vous pouvez adopter une deuxième approche appelée *descente de gradient*. Les détails ne seront pas donnés ici, mais sachez que la plupart, sinon la totalité, des frameworks ML offrent la descente de gradient et ses variantes pour entraîner les modèles. Pour en savoir plus sur la descente de gradient, consultez la section correspondante dans le cours d'initiation au Machine Learning proposé par Google (*https://oreil.ly/oSW8e*).

> Si vous avez quelques connaissances sur les matrices, alors l'équation normale n'est pas trop compliquée à décrire une fois les notations établies. La dérivation n'est pas abordée ici, mais c'est un sujet courant dans les ouvrages d'analyse et d'algèbre linéaire. L'article de blog disponible à l'adresse *https://oreil.ly/uX9tp* donne un exemple de dérivation utilisant des techniques issues de l'analyse.

Sélection des caractéristiques et corrélation

Le type de modèle qui sera utilisé, une régression linéaire, est à présent identifié. Il est donc temps de sélectionner les caractéristiques qui serviront à l'entraîner. Quatre colonnes du jeu de données préparé dans BigQuery peuvent servir à prédire la production d'électricité : `Temp`, `Ambient_Pressure`, `Relative_Humidity` et `Exhaust_Vacuum`. Comment choisir celles à utiliser ?

En général, lors de la sélection des caractéristiques, vous pouvez suivre trois directives de base :

- La caractéristique doit être liée à l'objectif du problème.
- La caractéristique doit être connue au moment de la prédiction.
- La caractéristique doit être numérique ou peut être transformée en valeur numérique.

Ce ne sont en aucun cas les seuls points à considérer, et d'autres seront mentionnés tout au long de ce chapitre et des suivants, mais ils constituent une excellente base. Le troisième est important car le modèle est une régression linéaire, mais cela vaut aussi pour la plupart des autres types de modèles employés en pratique. En fin de compte, un modèle ML est une fonction mathématique qui prend en entrée des caractéristiques numériques et qui génère en sortie un nombre réel, dont l'interprétation dépend ensuite de l'objectif. Du point de vue informatique, il est donc essentiel que les caractéristiques soient numériques ou puissent être transformées en valeurs numériques.

> Les caractéristiques numériques dont l'échelle des valeurs n'est pas significative doivent être traitées différemment des autres. Par exemple, prenons une caractéristique qui donne la couleur d'une voiture sous forme d'un nombre, par exemple 0 pour le rouge, 1 pour le bleu, 2 pour l'argent, etc. Dire que l'argent a deux fois la valeur du bleu n'a pas de sens. Dans les prochains chapitres, nous proposerons des techniques, comme l'encodage one-hot, pour encoder correctement les caractéristiques de ce type en leur donnant une échelle significative.

Les caractéristiques sont-elles liées à l'objectif du problème ? La réponse à cette question peut se révéler difficile. Il faut avoir un certain niveau de connaissance du domaine pour y répondre correctement et, même dans ce cas, la réponse risque d'être assez subtile. Voici différentes manières de procéder :

- Vous pouvez exploiter votre propre expertise du domaine ou celle d'un autre professionnel.
- Vous pouvez utiliser des méthodes statistiques, comme la corrélation, pour comprendre le lien entre une caractéristique et un objectif.

Avec la première approche, nous supposons que, par souci de simplicité, les experts du domaine ont indiqué dans leur rapport que les caractéristiques étaient effectivement liées à l'objectif. Cette réponse n'est peut-être pas très satisfaisante, mais, en tant que praticien du ML, vous devez souvent compter sur les experts du domaine pour vous guider vers les caractéristiques possibles. Cependant, rien ne vous empêche de vous documenter sur les domaines concernés par vos modèles ! Plus vous travaillerez sur les problèmes d'un domaine, plus vous en apprendrez sur celui-ci et plus vous pourrez acquérir une compréhension intuitive de ses concepts clés. Cette intuition est une autre façon d'inclure une vision humaine dans les modèles. Il ne s'agit pas seulement d'un outil utile, mais souvent d'une composante nécessaire à la création de modèles robustes.

Dans la deuxième approche, vous savez que toutes les caractéristiques sont liées à l'objectif du modèle, mais comment comprenez-vous cette relation ? Lors de la création d'un modèle, ce « comment » est très important pour comprendre la manière d'utiliser et de transformer les caractéristiques. Ce processus, souvent appelé *ingénierie des caractéristiques*, se révèle être l'un des outils les plus puissants pour améliorer les performances du modèle, au-delà de l'amélioration de la qualité et de la quantité des données.

Dans le cas des modèles linéaires, vous pouvez utiliser la *corrélation de Pearson*. Étant donné deux variables (numériques), X et Y, le coefficient de corrélation de Pearson, $Corr(X, Y)$, est un nombre, compris entre -1 et 1, qui mesure à quel point la relation entre les deux variables est linéaire. S'il vaut exactement 1, alors X et Y ont une relation parfaitement linéaire. Autrement dit, $Y = m \times X + b$, avec m et b positifs. Si le coefficient vaut -1, l'idée est la même, mais m est à présent négatif. Que se passe-t-il lorsqu'il est situé entre ces deux valeurs ? Plus la valeur absolue du coefficient est proche de 0, moins la relation entre les variables est linéaire. Plusieurs méthodes permettent de déterminer la corrélation entre les caractéristiques. La Figure 6.14 présente quelques exemples de nuages de points avec les coefficients de corrélation correspondants.

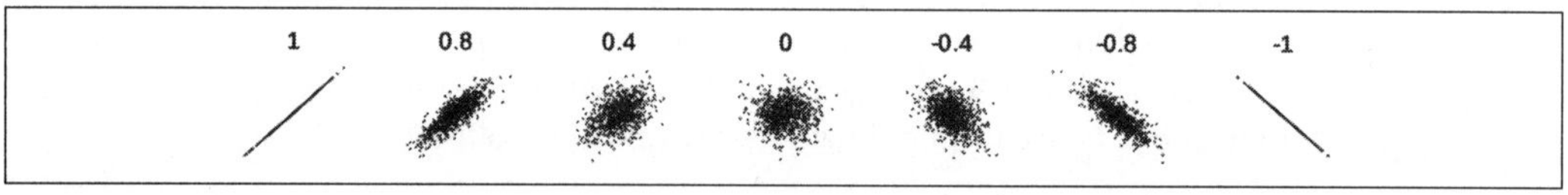

Figure 6.14 : Exemples de nuages de points et des coefficients de corrélation de Pearson correspondants (source : Wikipédia, https://fr.wikipedia.org/wiki/Corr%C3%A9lation_(statistiques), *licence CC0).*

La première méthode consiste à calculer le coefficient de corrélation pour chaque paire de variables. Par exemple, pour le calculer dans BigQuery entre les colonnes `Temp` et `Exhaust_Vacuum`, vous pouvez utiliser la fonction `CORR` dans une requête :

```
SELECT
  CORR(Temp, Exhaust_Vacuum)
FROM
  'id-projet.data_driven_ml.ccpp_cleaned'
```

Vous verrez que le coefficient de corrélation entre `Temp` et `Exhaust_Vacuum` est d'environ 0,844. Comment faut-il l'interpréter ? Ce résultat signifie qu'il existe une relation linéaire modérée à forte (positive) entre les deux caractéristiques. D'un point de vue physique, cela reste logique, car la pression augmente avec la température (en supposant que toutes les autres variables sont constantes).

Vous pourriez être un peu plus efficace en obtenant la corrélation entre une colonne et plusieurs autres, mais il faut plus de temps pour écrire la requête. Par exemple :

```
SELECT
  CORR(Temp, Ambient_Pressure) AS corr_t_ap,
  CORR(Temp, Relative_Humidity) AS corr_t_rh,
  CORR(Temp, Exhaust_Vacuum) AS corr_t_ev
FROM
  'id-projet.data_driven_ml.ccpp_cleaned'
```

Lorsque le nombre de colonnes est faible, cette approche n'est pas déraisonnable. Dans ce cas, nous avons cinq colonnes, cible comprise. Il nous faudrait donc calculer dix coefficients de corrélation au total. Cependant, la quantité augmente rapidement avec le nombre de colonnes. Il est évidemment possible d'aller plus loin et de créer des requêtes plus élaborées avec automatisation pour calculer tous les coefficients de corrélation, mais cette approche dépasse le cadre de cet ouvrage.

Google Colab

Une autre méthode consiste à profiter de Google Colab pour créer, tracer et visualiser une matrice de corrélation. Les prochains chapitres introduiront les packages ML de Python et vous utiliserez alors Google Colab pour exécuter facilement du code Python sans avoir à configurer un environnement. Pour le moment, nous allons expliquer comment transférer vers Google Colab les résultats d'une requête BigQuery afin de mener une analyse exploratoire des données (EDA) grâce à du code Python basique.

Pour charger les données souhaitées à partir de BigQuery, le moyen le plus simple consiste à utiliser les connecteurs intégrés dans Google Colab. Une fonctionnalité de BigQuery permettant de créer un notebook préparé afin d'y charger les résultats d'une requête. Nous donnons à présent les étapes de configuration de cet environnement.

Tout d'abord, vous devez exécuter la requête dont les résultats doivent être chargés dans l'environnement du notebook. Pour cet exemple, écrivez et exécutez une requête qui renvoie l'intégralité du jeu de données nettoyé. La voici, au cas où vous auriez besoin d'un peu d'aide :

```
SELECT
  *
FROM
  'id-projet.data_driven_ml.ccpp_cleaned'
```

Ensuite, dans la même fenêtre que celle où vous avez exécuté la requête, ouvrez la liste Explorer les données, puis choisissez Explorer avec le notebook Python (voir Figure 6.15).

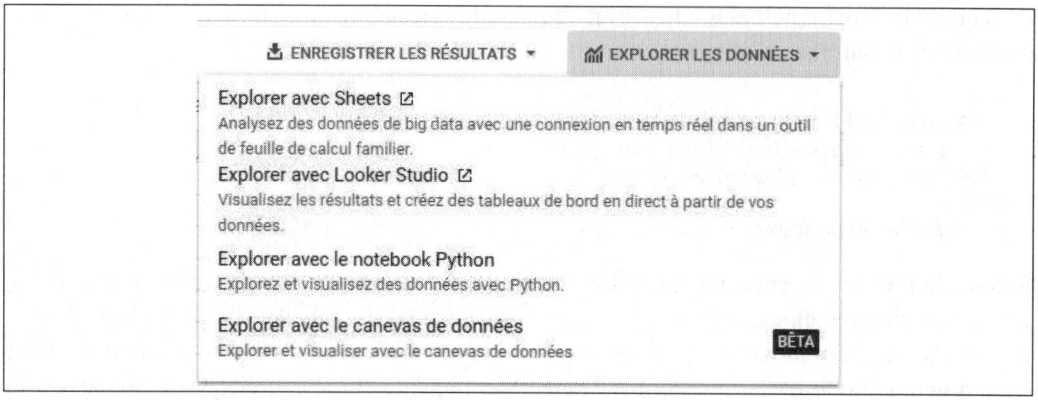

Figure 6.15 : L'option Explorer avec le notebook Python pour explorer les résultats des requêtes.

Un notebook modèle est alors créé dans Google Colab. Il vous permet d'explorer les données au travers de graphiques ou de créer des statistiques descriptives à l'aide d'un code Python standard. Pour créer les graphiques, ajoutez simplement deux instructions d'importation à la première cellule (Setup) :

```
import matplotlib.pyplot as plt
import seaborn as sns
```

Après ces deux lignes, la première cellule doit ressembler à ceci :

```
# @title Setup
from google.cloud import bigquery
from google.colab import data_table
import bigframes.pandas as bpd
import matplotlib.pyplot as plt
import seaborn as sns

project = 'id-projet'
location = 'US'
client = bigquery.Client(project=project, location=location)
data_table.enable_dataframe_formatter()
```

Vous pouvez alors exécuter toutes les cellules qui existent dans le notebook. Pour cela, cliquez sur la cellule, puis sur le bouton Exécuter la cellule placé sur le côté gauche. Vous pouvez également appuyer sur Ctrl + Entrée (ou Cmd + Entrée sur macOS X) pour exécuter la cellule. Parcourez les cellules une par une et exécutez-les dans l'ordre. Pour que tout se déroule sans problème, il est important de respecter l'ordre et de ne pas sauter des cellules.

Le code de l'avant-dernière cellule est préparé de façon à afficher des statistiques descriptives avec `bq_df.describe()`. `bq_df` est le DataFrame BigQuery affiché à la Figure 6.16. Il est converti en DataFrame Pandas, `pandas_df`, dans la dernière cellule.

```
# Running this code will read results from your previous job

job = client.get_job('bquxjob_35f35e00_1912c24685e')
destination = job.destination

# Load data from a BigQuery table using BigFrames DataFrames:
bq_df = bpd.read_gbq(f"{destination.project}.{destination.dataset_id}.{destination.table_id}")
bq_df
```

Query job f58197f9-0f69-48f9-9fe8-b2dc5770d43b is DONE. 0 Bytes processed. Open Job
Query job f8d16e3a-27c9-4345-98b4-319252b0f497 is DONE. 0 Bytes processed. Open Job
Query job 0ee3d8cf-6b90-4d78-af29-b81babd0885b is DONE. 536.3 kB processed. Open Job

	Temp	Exhaust_Vacuum	Ambient_Pressure	Relative_Humidity	Energy_Production
0	25.33	71.32	1007.05	85.31	434.68
1	22.86	62.52	1016.23	70.67	447.96
2	12.41	37.92	1008.09	65.23	470.49
3	13.93	44.47	1025.35	81.54	469.25
4	9.63	40.27	1009.96	81.03	477.38
5	11.48	36.18	1017.03	61.62	469.44
6	25.68	46.21	1011.01	57.53	442.98
7	29.83	62.66	1007.98	47.07	438.71
8	21.36	45.61	1013.43	83.64	456.85

Figure 6.16 : Exemple de cellule d'un notebook généré pour récupérer les résultats.

Vous pouvez à présent créer une *matrice de corrélation*, c'est-à-dire un tableau des différents coefficients de corrélation pour chaque paire de caractéristiques.

Pour cela, ajoutez une nouvelle cellule en cliquant sur le bouton + Code qui se trouve en partie haute du notebook et saisissez le code **`pandas_df.corr().round(2)`**. La méthode `round` arrondit les corrélations à deux décimales pour une meilleure lisibilité. Exécutez la cellule et comparez vos résultats avec ceux présentés à la Figure 6.17.

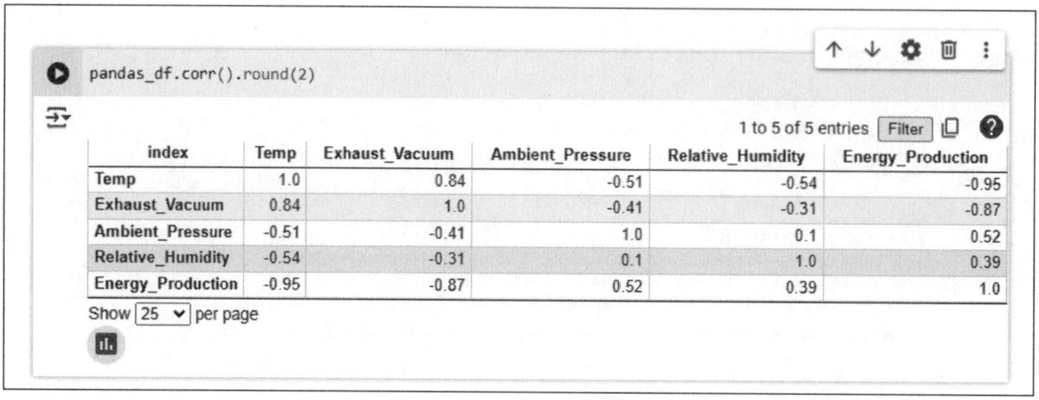

```
pandas_df.corr().round(2)
```

1 to 5 of 5 entries Filter

index	Temp	Exhaust_Vacuum	Ambient_Pressure	Relative_Humidity	Energy_Production
Temp	1.0	0.84	-0.51	-0.54	-0.95
Exhaust_Vacuum	0.84	1.0	-0.41	-0.31	-0.87
Ambient_Pressure	-0.51	-0.41	1.0	0.1	0.52
Relative_Humidity	-0.54	-0.31	0.1	1.0	0.39
Energy_Production	-0.95	-0.87	0.52	0.39	1.0

Show 25 per page

Figure 6.17 : La nouvelle cellule de code pour calculer la matrice de corrélation et les résultats correspondants.

La matrice de corrélation est facile à lire. Pour trouver la corrélation entre deux caractéristiques, par exemple `Temp` et `Ambient_Pressure`, examinez la valeur qui se trouve dans la cellule au croisement de la colonne `Temp` et de la ligne `Ambient_Pressure` (ou inversement). Dans ce cas, cette valeur est de –0,51. Cela signifie qu'il existe une corrélation négative modérée entre ces deux caractéristiques : la diminution de la température augmente la pression ambiante, ou inversement.

Vous pouvez également visualiser cette matrice sous forme de carte thermique. Pour cela, saisissez le code suivant dans une nouvelle cellule et exécutez-la. Les deux instructions d'importation ajoutées précédemment dans la première cellule du notebook sont nécessaires à l'exécution de ce code. Les résultats sont présentés dans la Figure 6.18.

```
plt.figure(figsize=(10,6))
sns.heatmap(pandas_df.corr());
```

Avant de poursuivre, répondez aux questions suivantes qui concernent les données fournies :

- Quelles caractéristiques ont une forte corrélation avec `Energy_Production` ? Pourquoi ?
- Quelles caractéristiques ont une faible corrélation avec `Energy_Production` ? Pourquoi ?
- Quelles caractéristiques ont une corrélation modérée avec `Energy_Production` ? Pourquoi ?

```
[17] plt.figure(figsize=(10,6))
     sns.heatmap(pandas_df.corr())
```

<Axes: >

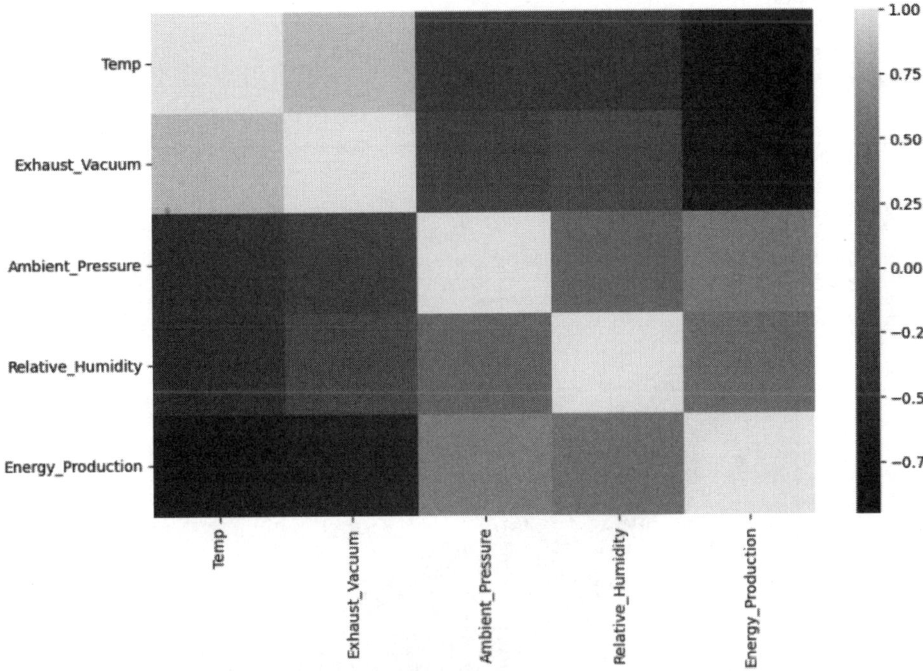

Figure 6.18 : Carte thermique de corrélation pour les caractéristiques. Les couleurs plus foncées correspondent à des corrélations négatives plus importantes et les couleurs plus claires à des corrélations positives plus importantes.

Une *colinéarité* ou une *multicolinéarité* existe lorsque deux ou plusieurs prédicteurs d'un modèle de régression sont modérément ou fortement corrélés. Autrement dit, les variables prédictives sont corrélées et déterminer le rôle que joue chacune d'elles est donc plus difficile. D'un point de vue mathématique, cela signifie que l'erreur type augmente. La multicolinéarité se produit lorsque des corrélations élevées existent entre les variables prédictives, conduisant à des estimations peu fiables et instables des coefficients de régression. La multicolinéarité peut limiter les conclusions tirées des recherches, en particulier avec les modèles linéaires tels que la régression linéaire.

Tracer les relations entre les caractéristiques et la cible

Mener une analyse exploratoire afin de visualiser la relation entre les caractéristiques et la cible est également un excellent moyen de comprendre celles qui seront les plus utiles pour le modèle. Vous pouvez continuer à utiliser le même notebook Google Colab pour visualiser les données.

Commencez par afficher la relation entre la caractéristique `Temp` et la cible `Energy_Production`, en exécutant le code suivant dans une nouvelle cellule. Comparez vos résultats à ceux donnés à la Figure 6.19.

```
ax = sns.regplot(
    x='Temp', y='Energy_Production',
    fit_reg=False, ci=None, truncate=True, data=pandas_df)
ax.figure.set_size_inches(10,8)
```

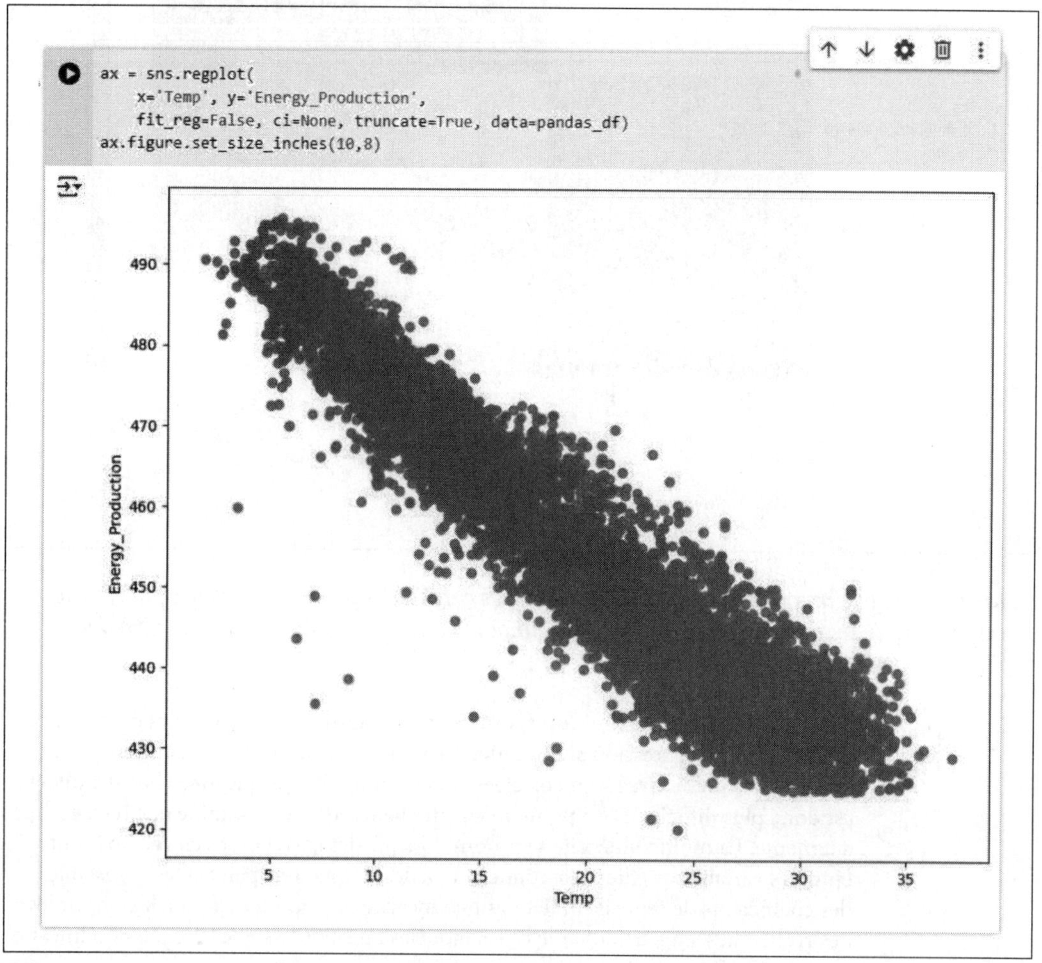

Figure 6.19 : Nuage de points visualisant la relation entre `Temp` et `Energy_Production`. Elle ressemble à une relation linéaire négative.

Visualisez à présent la relation entre la caractéristique `Ambient_Pressure` et la cible `Energy_Production`. Essayez d'abord d'écrire le code vous-même, mais vous le trouverez ci-après en cas de besoin. Comparez vos résultats à la Figure 6.20.

```
ax = sns.regplot(
    x='Ambient_Pressure', y='Energy_Production',
    fit_reg=False, ci=None, truncate=True, data=pandas_df)
ax.figure.set_size_inches(10,8)
```

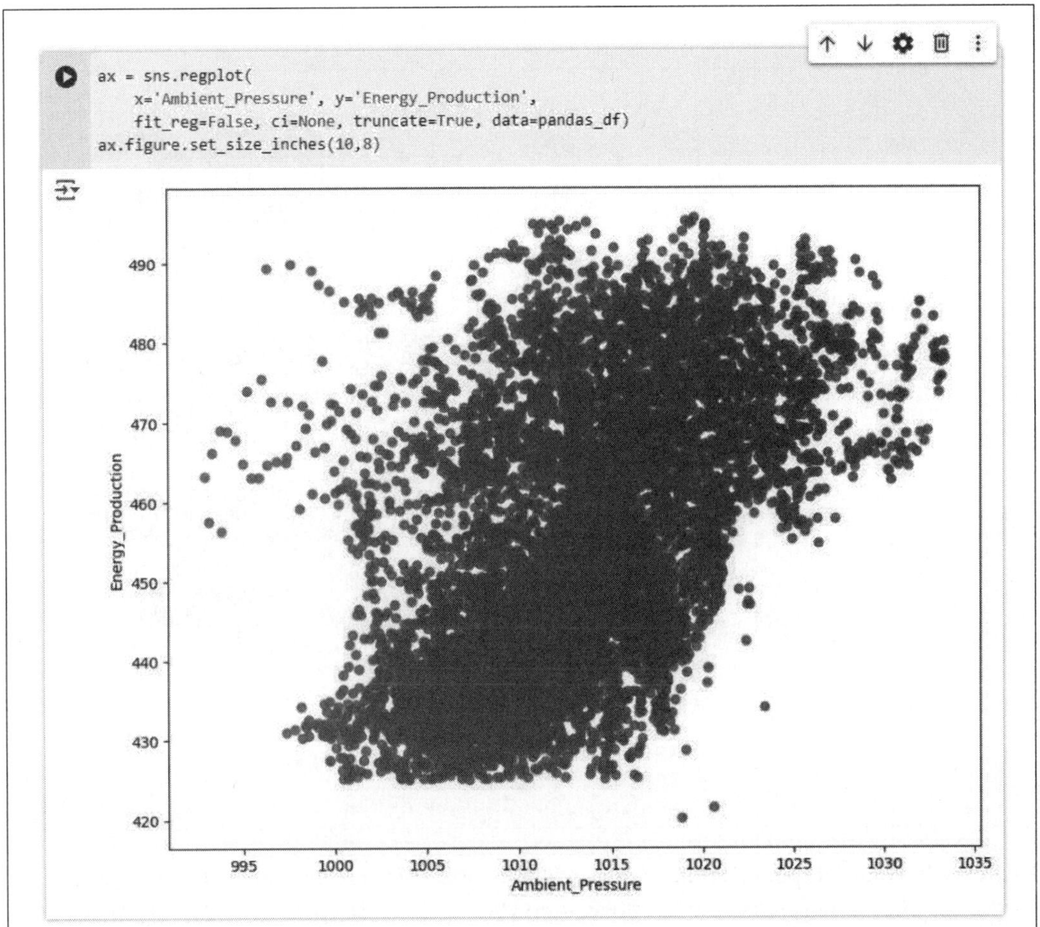

Figure 6.20 : Nuage de points visualisant la relation entre `Ambient_Pressure` et `Energy_Production`. Elle semble vaguement positive, mais elle n'est pas aussi claire que celle de `Temp`.

Pour finir, répétez ce processus pour les caractéristiques `Relative_Humidity` et `Exhaust_Vacuum`. Les lignes de code sont données ci-après. Comparez vos graphiques avec ceux des Figures 6.21 et 6.22.

```
ax = sns.regplot(
    x='Relative_Humidity', y='Energy_Production',
    fit_reg=False, ci=None, truncate=True, data=pandas_df)
ax.figure.set_size_inches(10,8)
```

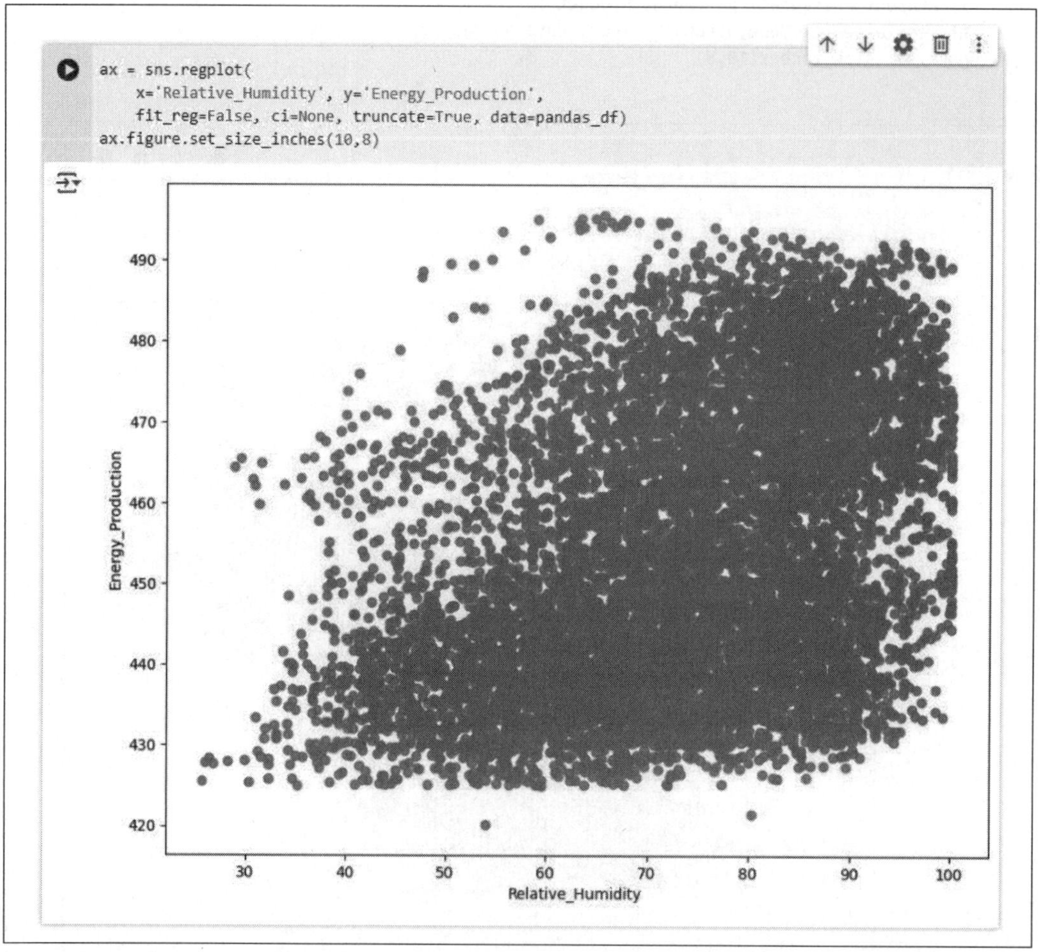

Figure 6.21 : Nuage de points visualisant la relation entre `Relative_Humidity` *et* `Energy_Production`*. Elle semble faiblement positive, mais elle n'est pas très claire avec ce graphique.*

```
ax = sns.regplot(
    x='Exhaust_Vacuum', y='Energy_Production',
    fit_reg=False, ci=None, truncate=True, data=pandas_df)
ax.figure.set_size_inches(10,8)
```

```
ax = sns.regplot(
    x='Exhaust_Vacuum', y='Energy_Production',
    fit_reg=False, ci=None, truncate=True, data=pandas_df)
ax.figure.set_size_inches(10,8)
```

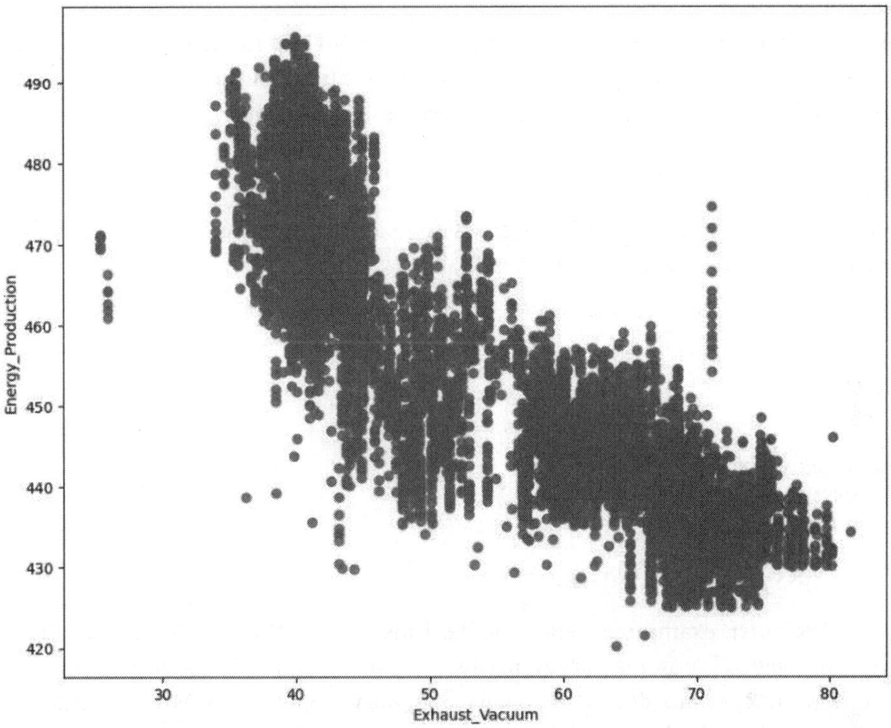

Figure 6.22 : Nuage de points visualisant la relation entre `Exhaust_Vacuum` *et* `Energy_Production`. *Elle semble être une relation linéaire négative.*

En résumé, il semble exister une forte relation « inverse » entre `Temp` et `Energy_Production` : plus la température est basse, plus la production d'électricité est élevée. En examinant la matrice de corrélation de la Figure 6.17, vous voyez que le coefficient de corrélation entre `Temp` et `Energy_Production` est égal à –0,948. Cela correspond au résultat affiché à la Figure 6.19, qui tend vers une relation linéaire négative.

N'oubliez pas que l'objectif est de prédire la production d'électricité en fonction de la température, de la pression ambiante, de l'humidité relative et de la pression du vide d'échappement. Est-il bon d'écarter les caractéristiques qui ont une faible corrélation ? Dans l'affirmative, le modèle multivarié devient un modèle univarié. Autrement dit, une seule caractéristique (`Temp`) sert à prédire la cible (`Energy_Production`). Ce modèle est-il généralisable ? Des données supplémentaires peuvent-elles être collectées pour déterminer l'importance des caractéristiques dans la production électrique ? Face à un tel scénario, vous devez vous poser ce genre de questions. Aidez-vous du modèle de décision commerciale décrit au Chapitre 1.

Instruction CREATE MODEL dans BigQuery ML

Dans cette section, vous créerez, à l'aide de BigQuery ML, un modèle de régression linéaire qui utilise toutes les caractéristiques du jeu de données sur la centrale électrique. Vous le verrez, puisque les données ont été préparées, le processus est très simple.

Utiliser CREATE MODEL

Retournez sur l'interface de BigQuery et saisissez les instructions SQL suivantes dans l'éditeur pour créer un modèle de régression linéaire :

```
CREATE OR REPLACE MODEL data_driven_ml.energy_production OPTIONS
  (model_type='linear_reg',
   input_label_cols=['Energy_Production']) AS
SELECT
  Temp,
  Ambient_Pressure,
  Relative_Humidity,
  Exhaust_Vacuum,
  Energy_Production
FROM
  'id-projet.data_driven_ml.ccpp_cleaned'
```

Avant de l'exécuter, examinons cette requête. L'instruction `CREATE OR REPLACE MODEL` crée un nouveau modèle ML nommé `energy_production`, ou remplace le modèle éponyme, dans l'ensemble de données `data_driven_ml`. Dans BigQuery, les modèles ML sont des objets inclus dans les ensembles de données à la manière des tables. La première option passée à `CREATE OR REPLACE MODEL`, `model_type`, précise le type du modèle (dans ce cas, une régression linéaire comme indiqué par `linear_reg`). La deuxième option, `input_label_cols`, désigne la colonne qui sert de cible. Il s'agit de la colonne `Energy_Production`.

Exécutez à présent la requête de façon à entraîner le modèle. Cela ne devrait prendre que quelques minutes. Attendez que l'entraînement soit terminé avant de passer à l'étape suivante.

Afficher les métriques d'évaluation du modèle entraîné

Les métriques du modèle sont visibles dans la console. Après que la table du modèle a été créée, ouvrez l'onglet Évaluation pour accéder aux métriques d'évaluation. Un exemple est présenté à la Figure 6.23. Les mesures que vous avez obtenues peuvent différer légèrement de celles indiquées sur la figure.

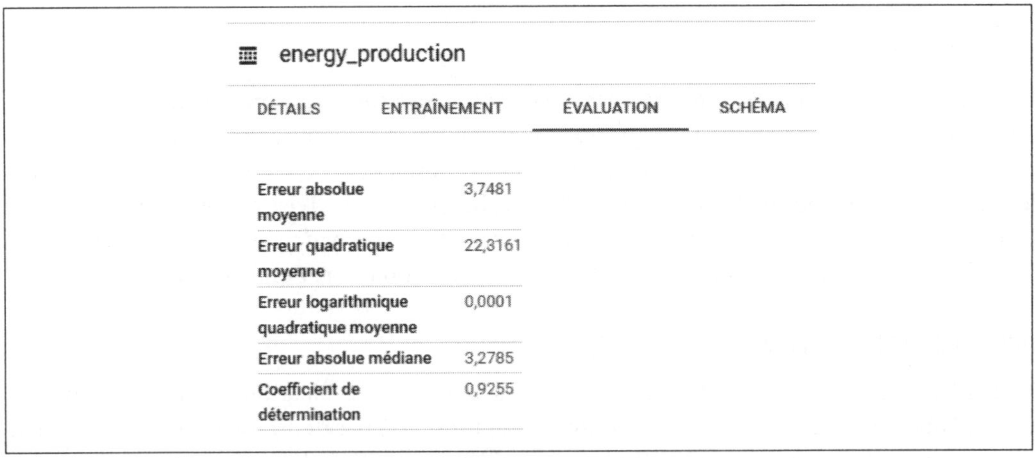

Figure 6.23 : Métriques d'évaluation du modèle de régression linéaire prédisant la production d'électricité.

La fonction `ML.EVALUATE` fournit également des métriques d'évaluation. Exécutez la requête SQL suivante pour obtenir celles de votre modèle :

```
SELECT
  *
FROM
  ML.EVALUATE(MODEL data_driven_ml.energy_production)
```

Le résultat au format JSON est donné à la Figure 6.24.

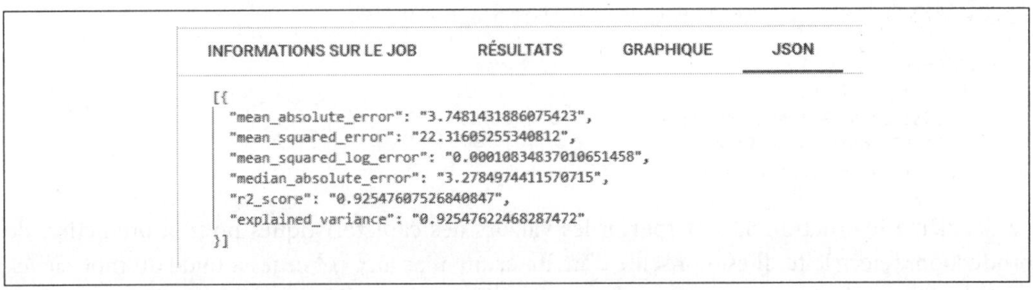

Figure 6.24 : Résultat de la commande `ML.EVALUATE`. La valeur `explained_variance` est la seule sortie non incluse dans la console.

Vous le constatez, la sortie de la console et celle de la fonction `ML.EVALUATE` sont identiques, à l'exception d'une valeur supplémentaire. `ML.EVALUATE` fournit également une métrique nommée « variance expliquée » au travers de la colonne `explained_variance`. La variance expliquée peut être vue comme une réponse à la question : « Quelle part de la variance de l'étiquette le modèle capture-t-il dans ses résultats ? » Nous n'entrerons pas dans les détails, mais si la valeur moyenne de l'étiquette et la valeur moyenne prédite sont identiques, alors nous nous attendons à ce que la variance expliquée et le score R^2 soient identiques. Cela s'appelle un *estimateur sans biais*, et la régression linéaire en est un exemple.

Pourquoi ces scores sont-ils différents ici ? Cela vient du fait que l'évaluation du modèle ne se fait pas sur le jeu d'entraînement ! Tant que les jeux d'évaluation et d'entraînement sont statistiquement similaires, il faut s'attendre à ce que ces métriques soient proches les unes des autres avec le jeu d'évaluation. Pour l'entraînement du modèle, BigQuery ML divise automatiquement le jeu de données en un jeu d'entraînement et un jeu d'évaluation. Cependant, des options permettant de mieux contrôler cette séparation des données existent, nous y reviendrons au Chapitre 7.

Utiliser ML.PREDICT pour servir des prédictions

Vous avez à présent entraîné le modèle et étudié les métriques d'évaluation. Quelle est l'étape suivante ? L'objectif final d'un apprentissage automatique est non pas d'entraîner le meilleur modèle possible, mais de fournir des prédictions pour les cas d'utilisation. Dès que vous disposez dans BigQuery ML d'un modèle dont les performances vous conviennent, il est très simple de l'utiliser pour faire des prédictions grâce à la fonction `ML.PREDICT`. Notez qu'elle ne fonctionnera que pour les prédictions sur les données dont dispose BigQuery pour le traitement.

Supposons que vous souhaitiez connaître la production horaire d'électricité lorsque la température moyenne est de 27,45 °C, la pression ambiante est de 1 001,23 millibars, l'humidité relative est de 84 % et la pression du vide d'échappement est de 65,12 cm Hg. Voici la requête qui permet d'effectuer cette prédiction :

```
SELECT
  *
FROM
  ML.PREDICT(MODEL 'id-projet.data_driven_ml.energy_production',
    (
    SELECT
      27.45 AS Temp,
      1001.23 AS Ambient_Pressure,
      84 AS Relative_Humidity,
      65.12 AS Exhaust_Vacuum) )
```

La deuxième instruction `SELECT` fournit les valeurs des caractéristiques pour la prédiction de production d'électricité. Il est conseillé d'attribuer un alias aux colonnes à l'aide du mot-clé `AS`, car cela permet de garantir que les valeurs sont correctement liées au modèle. Si vous incluez des colonnes supplémentaires qui ne correspondent pas aux caractéristiques, elles sont simplement transmises dans le résultat. Cela peut se révéler utile pour inclure la cible prédite en tant que colonne dans une table de résultats, mais aussi pour inclure des colonnes inutilisées dans le modèle.

Comparez vos résultats à ceux de la Figure 6.25, mais notez que la cible prédite de votre modèle peut légèrement différer de celle présentée ici. La colonne `predicted_Energy_Production` contient la production d'électricité prédite.

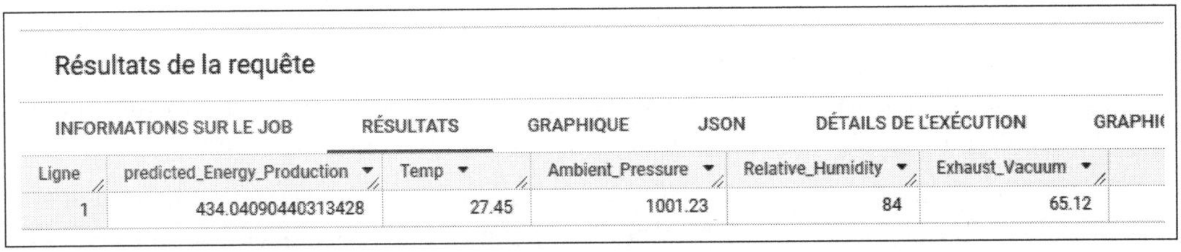

Figure 6.25 : Résultats de la fonction `ML.PREDICT`. La production d'électricité prévue pour les valeurs de caractéristiques données est de 434,04 MW.

La méthode employée ici convient parfaitement aux prédictions uniques, mais comment obtenir des prédictions pour un tableau de valeurs de caractéristiques ? Pour cela, il suffit d'utiliser la fonction `ML.PREDICT` de manière à obtenir des prédictions à partir de tables. La deuxième instruction `SELECT` de l'exemple précédent est alors remplacée par une table au lieu d'une seule ligne. Par exemple :

```
SELECT
  *
FROM
  ML.PREDICT(MODEL 'id-projet.data_driven_ml.energy_production',
    (
    SELECT
      Temp,
      Ambient_Pressure,
      Relative_Humidity,
      Exhaust_Vacuum
    FROM
      'id-projet.un_jeu_de_données.une_table') )
```

Avec de telles requêtes, BigQuery devient un formidable outil de prédiction par lots, lorsque vous avez besoin de prédictions sur un grand nombre d'instances à la fois.

Introduction à l'IA explicable

Au cours de la dernière décennie, avec le développement de l'apprentissage profond et des modèles plus complexes, l'*IA explicable* (XAI, *eXplainable Artificial Intelligence*) est devenue un domaine de recherche prolifique. Son objectif est de décrire le comportement d'un modèle en termes compréhensibles par l'être humain. Cette compréhension peut être utilisée de différentes manières : améliorer les performances du modèle, comprendre les problèmes du modèle, garantir que le modèle évite certains biais pour des raisons de conformité ou d'éthique, et pour d'autres objectifs. Cette section est une introduction à IA explicable dans le contexte de BigQuery ML.

La description de la XAI fait souvent référence aux explications locales et globales. Les explications locales se focalisent sur une seule instance, voire un petit groupe d'instances. L'idée est alors, par exemple, « Pourquoi mon modèle a-t-il donné cette prédiction pour cet exemple spécifique ? » Les prédictions globales s'intéressent au comportement du modèle dans son ensemble sur un certain jeu de données. Il s'agit, par exemple, de répondre à la question « Quelles sont les caractéristiques qui ont tendance à contribuer le plus aux prédictions de ce modèle ? ».

Comment ces explications sont-elles produites ? La plupart des méthodes sont utilisées *post hoc*, c'est-à-dire après que le modèle a été entraîné. Elles peuvent être spécifiques à certains types de modèles ou indépendantes du modèle utilisé. En général, les techniques *post hoc* prennent un jeu de données spécifique (par exemple, le jeu d'évaluation) et se fondent sur le comportement du modèle sur ce dernier et sur les perturbations pour fournir des explications.

Certains modèles sont intrinsèquement explicables, comme ceux de régression linéaire. Dans ce cas, les explications peuvent être directement déduites du modèle lui-même, sans qu'il soit nécessaire d'utiliser un jeu de données distinct. Il y a cependant un compromis à faire. En général, les modèles les plus complexes sont intrinsèquement moins explicables. Ainsi, les réseaux de neurones profonds, utilisés dans la plupart des modèles de traitement des images ou du langage, sont impossibles à expliquer à partir de leur définition. Il faut alors se fier à des méthodes *post hoc*.

Vous découvrirez certaines de ces méthodes au cours de ce chapitre et des suivants. Si vous souhaitez approfondir vos connaissances sur ces concepts, l'ouvrage *Explainable AI for Practitioners* par Michael Munn et David Pitman (O'Reilly, 2022) constitue une excellente ressource.

IA explicable dans BigQuery ML

La fonction `ML.EVALUATE` fournit des métriques d'évaluation, mais BigQuery propose également une fonction qui permet d'expliquer le modèle et les prédictions qu'il produit. Les explications globales et locales disponibles dans BigQuery exploitent le service Explainable AI de Google Cloud. Il fournit des « attributions de caractéristiques » qui indiquent quelles caractéristiques d'entrée sont les plus importantes pour le modèle dans son ensemble et pour des prédictions spécifiques. Pour obtenir des explications globales, vous devez modifier la requête `CREATE MODEL` et ajouter une option supplémentaire :

```
enable_global_explanation = TRUE
```

L'explicabilité globale renvoie l'influence globale d'une caractéristique sur le modèle, souvent obtenue en agrégeant les attributions de caractéristiques sur le jeu de données. Une valeur absolue plus élevée indique que la caractéristique a eu une plus grande influence sur les prédictions du modèle.

Les explications locales peuvent être calculées sans activer les explications globales. Vous verrez des exemples des deux types d'explications dans la suite.

Modifier l'instruction CREATE MODEL

Copiez la requête `CREATE OR REPLACE MODEL` d'origine dans une nouvelle fenêtre de requête, puis modifiez-la en ajoutant l'instruction `activate_global_explain=TRUE` :

```
CREATE OR REPLACE MODEL data_driven_ml.energy_production OPTIONS
  (model_type='linear_reg',
   input_label_cols=['Energy_Production'],
   enable_global_explain=TRUE) AS
SELECT
  Temp,
  Ambient_Pressure,
  Relative_Humidity,
  Exhaust_Vacuum,
  Energy_Production
FROM
  'id-projet.data_driven_ml.ccpp_cleaned'
```

Exécutez cette requête modifiée pour entraîner une nouvelle version du modèle dans laquelle les explications globales sont activées. Cela ne devrait prendre que quelques minutes. Attendez que le modèle ait terminé son entraînement avant de passer à l'étape suivante.

Utiliser la fonction ML.GLOBAL_EXPLAIN

Pour obtenir les explications, vous pouvez créer une simple instruction SQL `SELECT * FROM`. La différence tient ici dans la clause `FROM` qui ne fait plus référence à l'identifiant du projet, au jeu de données et à la table. Elle est modifiée de façon à invoquer la fonction `ML.GLOBAL_EXPLAIN`, qui appelle le modèle lui-même (dans ce cas, `energy_production`) pour récupérer les résultats. Exécutez la requête suivante dans la console BigQuery :

```
SELECT
  *
FROM
  ML.GLOBAL_EXPLAIN(MODEL 'data_driven_ml.energy_production')
```

La Figure 6.26 présente les résultats de la requête, c'est-à-dire les caractéristiques ayant les scores d'importance les plus élevés pour le modèle. L'analyse précédente fondée sur la corrélation laissait supposer que la caractéristique `Temp` aurait le score d'attribution le plus élevé. La requête le confirme.

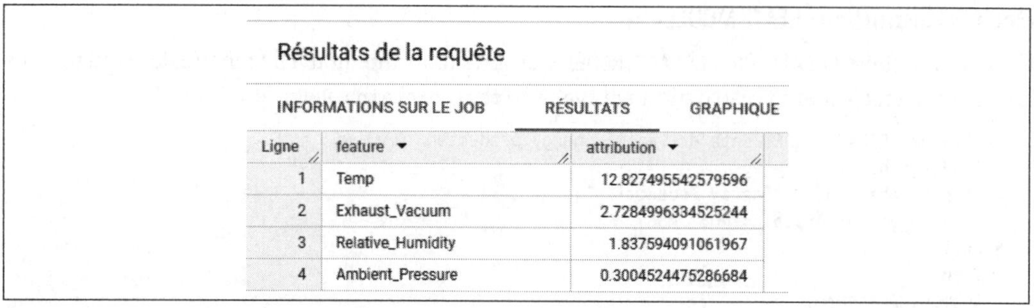

Résultats de la requête

INFORMATIONS SUR LE JOB | RÉSULTATS | GRAPHIQUE

Ligne	feature	attribution
1	Temp	12.827495542579596
2	Exhaust_Vacuum	2.7284996334525244
3	Relative_Humidity	1.837594091061967
4	Ambient_Pressure	0.3004524475286684

Figure 6.26 : `ML.GLOBAL_EXPLAIN` renvoie les attributions globales des caractéristiques obtenues en prenant l'attribution absolue moyenne que chaque caractéristique reçoit pour toutes les lignes du jeu d'évaluation.

Utiliser ML.EXPLAIN_PREDICT pour obtenir les explications locales

Rappelez-vous notre exemple précédent. Vous vouliez connaître la production d'électricité lorsque la température est en moyenne de 27,45 °C, la pression ambiante est de 1 001,23 millibars, l'humidité relative est de 84 % et la pression du vide d'échappement est de 65,12 cm Hg. La fonction `ML_PREDICT` avait permis de prédire que la production serait de 434,04 MW pour l'heure correspondante. D'après les attributions globales des caractéristiques du modèle, vous pensez que la température a l'impact le plus important. Cependant, les explications globales sont en général une agrégation sur l'ensemble du jeu de données. Qu'en est-il pour cet exemple précis ?

Vous pouvez remplacer `ML.PREDICT` par `ML.EXPLAIN_PREDICT` de façon à obtenir la prédiction avec des attributions de caractéristiques *locales*. La requête suivante donne les attributions pour les trois caractéristiques principales. Il est possible que votre résultat diffère de celui donné par la Figure 6.27.

```
SELECT
  *
FROM
  ML.EXPLAIN_PREDICT(
    MODEL 'id-projet.data_driven_ml.energy_production',
    (
    SELECT
      Temp,
      Ambient_Pressure,
      Relative_Humidity,
      Exhaust_Vacuum
    FROM
      'id-projet.data_driven_ml.ccpp_cleaned'),
    STRUCT(3 AS top_k_features) )
```

La syntaxe de la requête et les nouvelles colonnes du résultat méritent quelques explications. L'argument `STRUCT(3 AS top_k_features` ajouté à `ML.EXPLAIN_PREDICT` limite la sortie des attributions aux trois principales caractéristiques. La limite est donnée dans l'option `top_k_features` et `ML.`

EXPLAIN_PREDICT s'attend à la recevoir sous forme de STRUCT. En SQL, un STRUCT équivaut à une liste de valeurs (ou de colonnes) avec des noms spécifiques et, éventuellement, des types différents.

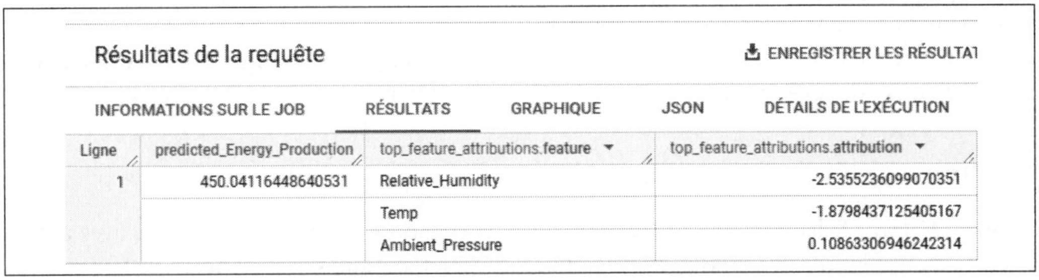

Figure 6.27 : Résultats de la fonction `ML.EXPLAIN_PREDICT`. Dans ce cas, la température affiche la plus grande contribution (en amplitude).

Parmi les nouvelles colonnes, `top_feature_attributions` est un `STRUCT` avec deux champs, `feature` et `attribution`. Le champ `feature` donne le nom de la caractéristique correspondante et `attribution` contient la valeur de l'attribution pour cette instance. Une autre nouvelle colonne, `baseline_prediction_value`, donne une référence avec laquelle il est possible de comparer l'instance afin d'obtenir des attributions de caractéristiques locales. Dans le cas des modèles de régression linéaire, cette référence est la valeur moyenne de la cible (production d'électricité) sur le jeu de données.

Alors, comment interpréter les valeurs d'attribution ? La cible prédite est inférieure à la prédiction de base et les attributions sont toutes négatives. La valeur de la température représente en moyenne une diminution d'environ 18,52 MW par rapport à la valeur de référence, l'humidité relative d'environ 2,16 MW et la pression ambiante d'environ 0,31 MW. La pression du vide d'échappement n'est pas incluse ici car elle ne figurait pas parmi les trois caractéristiques principales, mais, pour cet exemple, sa contribution était encore plus faible que celle de la pression ambiante. Vous constatez donc que l'écart par rapport à la production d'énergie de référence était essentiellement dû à la température, avec quelques contributions mineures des autres caractéristiques.

> L'expression « en moyenne » employée dans le paragraphe précédent peut paraître un peu étrange en première lecture. BigQuery ML utilise les valeurs de Shapley pour déterminer les attributions dans les modèles linéaires. Les valeurs de Shapley sont un outil issu de la théorie des jeux coopératifs et permettent de calculer la contribution moyenne des valeurs des caractéristiques dans différentes coalitions (différentes combinaisons de la valeur de la caractéristique concernée et de la valeur d'une caractéristique de base). Il existe une définition plus technique pour les modèles linéaires (voir *Interpretable Machine Learning: A Guide For Making Black Box Models Explainable* par Christoph Molnar [autopublié, 2022], par exemple), mais, pour des explications locales, elles peuvent être calculées simplement d'après les poids correspondants à cette caractéristique et la valeur de celle-ci.

Une autre option consiste à exploiter les bibliothèques d'explicabilité dans des notebooks Jupyter, par exemple sur Google Colab. LIME et SHAP sont deux bibliothèques Python populaires très employées dans de nombreux cas d'utilisation. Leur présentation dépasse le cadre de ce livre, mais nous vous recommandons l'article disponible à l'adresse *https://oreil.ly/YdZ5x*, ainsi que les autres références explicables sur l'IA mentionnées précédemment, pour des explications approfondies et des exemples explicites.

Exercices

Dans la section « Sélection des caractéristiques et corrélation » de ce chapitre, vous avez appris à mieux comprendre le processus de sélection des caractéristiques et découvert certaines techniques mises en œuvre. Et pourtant, dans la section précédente, toutes les caractéristiques ont été impliquées dans l'entraînement du modèle. Nous vous proposons donc les quelques exercices suivants :

- Entraînez de nouveaux modèles à l'aide d'un sous-ensemble de caractéristiques. Servez-vous de vos connaissances sur les corrélations et la colinéarité pour sélectionner ces caractéristiques.
- Évaluez ces nouveaux modèles. Quels ensembles de caractéristiques ont donné les meilleures performances ?
- Utilisez les fonctions d'explicabilité présentées pour découvrir les caractéristiques ayant le plus contribué aux performances des modèles à l'échelle globale et locale. Y a-t-il des surprises ?

Réseaux de neurones dans BigQuery ML

Vous avez entraîné des modèles de régression linéaire à l'aide de BigQuery ML. Il est temps à présent d'examiner un autre type de modèle ML répandu, les réseaux de neurones. Au cours de la dernière décennie, la popularité des réseaux de neurones n'a fait que croître, en raison de la disponibilité des ressources de calcul, de nouvelles architectures de modèles et de leur capacité à appliquer les connaissances d'un problème à un autre sous forme d'apprentissage par transfert. Cette section propose une introduction aux réseaux de neurones et montre comment créer un tel modèle dans BigQuery ML.

Introduction aux réseaux de neurones

À l'instar des modèles de régression linéaire, les réseaux de neurones sont des fonctions mathématiques qui prennent en entrée des valeurs de caractéristiques numériques et génèrent une prédiction pour la cible. Ils peuvent être utilisés à la fois pour des problèmes de régression et de classification, mais, dans cette section, nous nous intéressons particulièrement à la régression.

Pour expliquer les réseaux de neurones, décrivons la régression linéaire de façon visuelle. Rappelons que le problème de la prévision de la production d'électricité comportait quatre caractéristiques : la température, la pression ambiante, l'humidité relative et la pression du vide d'échappement. Par souci de simplicité, nous les écrivons x_1, x_2, x_3 et x_4. Un modèle de régression linéaire fondé sur ces quatre caractéristiques a la forme suivante :

$$f(\vec{x}) = y = w_0 + w_1x_1 + w_2x_2 + w_3x_3 + w_4x_4$$

Pour représenter cette équation sous forme de réseau, nous dessinons le graphique de la Figure 6.28. Les sommets correspondent aux caractéristiques et à la sortie y. Des flèches relient les sommets des caractéristiques au sommet de la sortie et ces arêtes sont étiquetées avec les poids w_1, w_2, w_3 et w_4, respectivement. En général, une telle représentation ne tient pas compte du biais w_0.

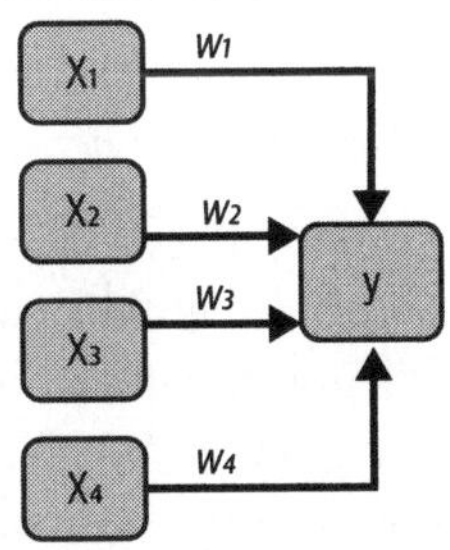

Figure 6.28 : Représentation graphique d'un modèle de régression linéaire.

Voilà, le modèle de régression linéaire a été représenté sous forme d'un réseau de neurones ! Avant de donner les formules des réseaux de neurones de façon générale, nous commencerons par la représentation graphique d'un modèle qui n'est pas une régression linéaire. Supposons à présent que vous souhaitiez combiner les caractéristiques d'origine en de nouvelles caractéristiques cachées z_1 et z_2, chacune étant une combinaison linéaire des caractéristiques initiales, ou bien une somme pondérée des caractéristiques. Techniquement, cela correspond à une expression de la forme suivante :

$$z_1 = c_0 + c_1x_1 + c_2x_2 + c_3x_3 + c_4x_4$$

où les c_i sont des nombres réels. La définition de la caractéristique cachée z_2 est similaire, avec des constantes différentes (par exemple, d_i à la place de c_i). Strictement parlant, le terme c_0 fait que le résultat n'est pas exactement une combinaison linéaire des caractéristiques elles-mêmes, mais en prenant 1 comme caractéristiques constante, la définition technique correspond à cette utilisation.

L'ensemble des caractéristiques cachées est appelé une *couche cachée*. Elles sont *cachées*, car elles ne sont visibles ni dans l'entrée ni dans la sortie du modèle, mais elles interviennent dans le calcul de la sortie à partir des entrées. Nous pouvons dessiner une représentation graphique semblable à la précédente, mais les sommets des caractéristiques d'entrée se connectent à présent aux nouvelles caractéristiques cachées z_1 et z_2, qui sont reliées à la sortie y (voir Figure 6.29).

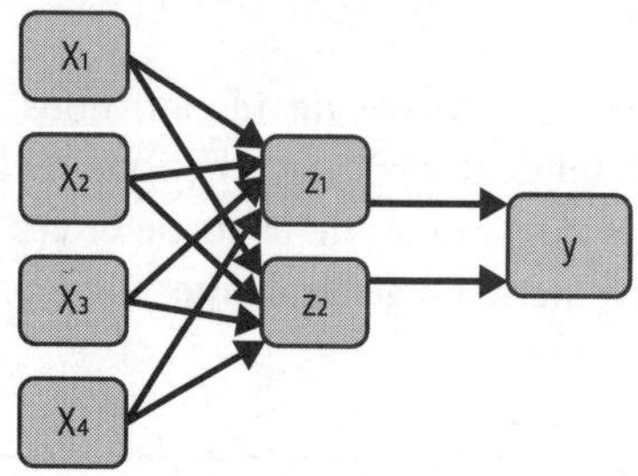

Figure 6.29 : Représentation graphique d'un réseau de neurones avec une couche cachée.

Cet exemple de réseau de neurones comprend une couche cachée. Mais comment peut-on déterminer ces caractéristiques cachées ? Autrement dit, comment trouver les meilleures valeurs pour les différents c_i et d_i ? Il n'existe aucune équation normale pour les réseaux de neurones, mais nous pouvons utiliser la descente de gradient ! Au lieu d'essayer différentes combinaisons, nous pouvons considérer que les c_i et d_i sont les poids du modèle de régression linéaire et entraîner celui-ci pour qu'il trouve les meilleures valeurs.

Fonctions d'activation et non-linéarité

Il manque toutefois une pièce au puzzle. Pour le comprendre, considérons un simple problème mathématique. Soient les fonctions $f(x) = 3 + 2x$ et $g(x) = 1 + 5x$. À quoi correspond $g(f(x))$? Pour effectuer une composition, la sortie de la fonction interne, ici $f(x)$, est reliée à la deuxième fonction :

$$g(f(x)) = g(3 + 2x) = 1 + 5(3 + 2x) = 16 + 10x$$

Quel est l'intérêt de cet exemple ? Vous remarquerez que $f(x)$ et $g(x)$ sont des fonctions linéaires de la forme $mx + b$ pour certains m et b. La réponse finale $g(f(x))$ est également une fonction linéaire de la même forme (avec simplement des m et b différents). Ce n'est pas une coïncidence ! En général, une composition de fonctions linéaires est toujours linéaire.

Quel est le rapport avec les réseaux de neurones ? Les caractéristiques cachées z_1 et z_2 sont des fonctions linéaires de x_1, x_2, x_3 et x_4, et y est une fonction linéaire de z_1 et z_2. Le réseau de neurones peut donc être vu comme une composition de deux fonctions linéaires. La première transforme (x_1, x_2, x_3, x_4) en (z_1, z_2) et la seconde transforme (z_1, z_2) en y. Les deux fonctions étant linéaires, la composition est également linéaire. Nous venons de trouver une manière plus compliquée d'écrire y sous forme d'une fonction linéaire de x_1, x_2, x_3 et x_4 !

Dans ce cas, les réseaux de neurones avec des couches cachées sont-ils inutiles ? Pas du tout, mais il manque encore une chose pour qu'ils deviennent intéressants : une fonction d'activation non linéaire. Les *fonctions d'activation* sont appliquées aux caractéristiques des couches masquées et les valeurs obtenues sont transmises à la couche suivante. Ainsi, les fonctions qui passent d'une couche à la suivante ne sont plus linéaires et le modèle peut apprendre un comportement plus intéressant. La fonction d'activation la plus utilisée avec les réseaux de neurones (et la plus simple) est la fonction ReLU (*rectified linear unit*, ou *unité linéaire rectifiée*). Elle prend une seule valeur et la renvoie si elle est positive, ou sinon retourne 0 (voir Figure 6.30).

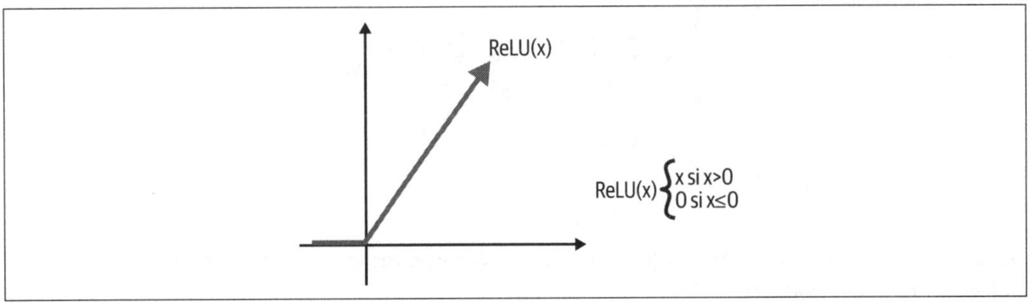

Figure 6.30 : Graphique de la fonction d'activation ReLU.

Pour les problèmes de régression, les fonctions d'activation sont appliquées aux couches cachées, mais pas à la sortie elle-même. Cette définition des réseaux de neurones apporte bien plus que les modèles de régression linéaire. Les fonctions résultantes, avec l'activation ReLU, restent linéaires par morceaux, mais le fait qu'elles ne soient pas linéaires globalement permet de modéliser des fonctions plus compliquées. La Figure 6.31 illustre l'ajout des fonctions d'activation.

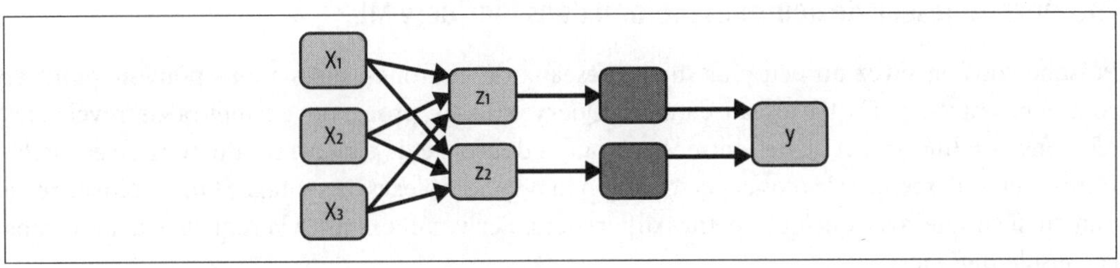

Figure 6.31 : Représentation graphique d'un réseau de neurones avec une couche cachée dotée d'une fonction d'activation ReLU. Les carrés gris foncé représentent l'application de la fonction ReLU à la valeur d'une caractéristique cachée, avant que le résultat ne soit utilisé pour calculer la sortie finale.

En général, un réseau de neurones peut comprendre autant de couches cachées que souhaité. Par exemple, avec deux couches cachées, nous pouvons imaginer conceptuellement que le réseau réalise les opérations suivantes. Après l'entraînement, le modèle aura appris les caractéristiques cachées pour deux couches cachées différentes. Les caractéristiques de la première couche cachée sont apprises à partir des caractéristiques d'entrée initiales, et celles de la deuxième couche cachée sont apprises à partir des caractéristiques de la première couche cachée. Bien sûr, rien de cela n'est visible directement à partir des entrées et de la sortie du modèle, mais ce fonctionnement correspond à la manière dont les réseaux de neurones sont capables de construire des concepts d'une couche à l'autre, pour finalement les appliquer au calcul du résultat final. La Figure 6.32 donne un exemple graphique d'un tel réseau de neurones.

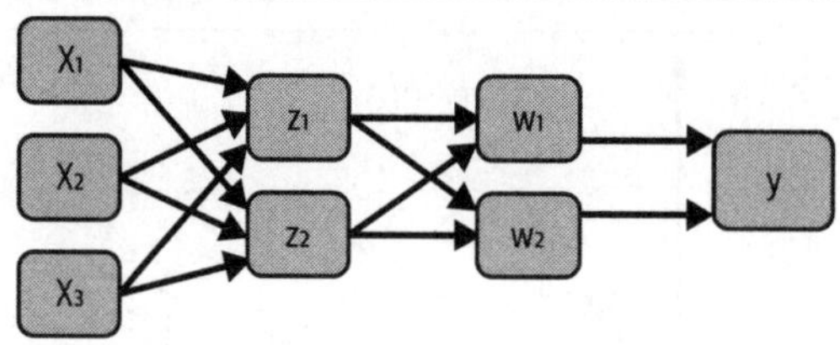

Figure 6.32 : Représentation graphique d'un réseau de neurones avec deux couches cachées. La fonction d'activation ReLU n'y est pas indiquée.

> Plus le nombre de couches cachées est grand, plus les modèles sont puissants, mais ils doivent optimiser un plus grand nombre de poids et leur entraînement demande donc une quantité de données plus importante et un temps plus long. Les réseaux de neurones plus petits (moins de couches cachées) sont plus faciles à entraîner, mais risquent d'être incapables d'apprendre des relations aussi complexes que le peuvent les réseaux de neurones plus grands.

Entraîner un réseau de neurones profond dans BigQuery ML

Puisque vous en savez un peu plus sur les réseaux de neurones, nous allons pouvoir montrer comment entraîner un tel réseau dans BigQuery ML. Ce processus permettra de révéler les relations non linéaires critiques entre les variables d'entrée et la cible, la production d'électricité. Heureusement, même si les concepts sont un peu plus complexes, la syntaxe SQL employée reste tout aussi simple, avec quelques petites différences. Écrivez et exécutez la requête suivante dans la console BigQuery :

```
CREATE OR REPLACE MODEL data_driven_ml.energy_production_nn
  OPTIONS
    (model_type='dnn_regressor',
     hidden_units=[32,16,8],
     input_label_cols=['Energy_Production']) AS
```

```
SELECT
  Temp,
  Ambient_Pressure,
  Relative_Humidity,
  Exhaust_Vacuum,
  Energy_Production
FROM
  'id-projet.data_driven_ml.ccpp_cleaned'
```

L'entraînement de ce modèle prendra plus de temps, pour deux raisons. Premièrement, il est plus complexe et, deuxièmement, BigQuery doit exporter les données vers Vertex AI pour effectuer l'entraînement d'un réseau de neurones.

Profitons de cette attente pour expliquer les quelques petits changements apportés à l'instruction SQL. Tout d'abord, le modèle est à présent de type `dnn_regressor`, ce qui correspond à un modèle de régression avec un réseau de neurones profond. Le terme *profond* signifie que le réseau de neurones peut inclure un nombre illimité de couches cachées, c'est-à-dire avoir une profondeur de plusieurs couches. L'autre nouvel argument est `hidden_units`. Une *unité cachée* ou *neurone* est le terme technique usuel pour désigner ce que l'on a nommé *caractéristiques cachées*. L'option `hidden_units` attend un tableau d'entiers. Dans cet exemple, nous avons passé le tableau `[32,16,8]`. Il indique que le réseau de neurones comprend trois couches cachées, la première étant constituée de 32 neurones, la seconde de 16 neurones et la troisième de 8 neurones. La représentation graphique de ce réseau serait un peu ardue, mais vous imaginez certainement à quoi elle pourrait ressembler par analogie avec les diagrammes précédents.

Lorsque l'entraînement du modèle est terminé, sélectionnez-le et ouvrez l'onglet Évaluation pour examiner ses métriques d'évaluation. Les valeurs que vous obtenez seront peut-être différentes des nôtres (voir Figure 6.33).

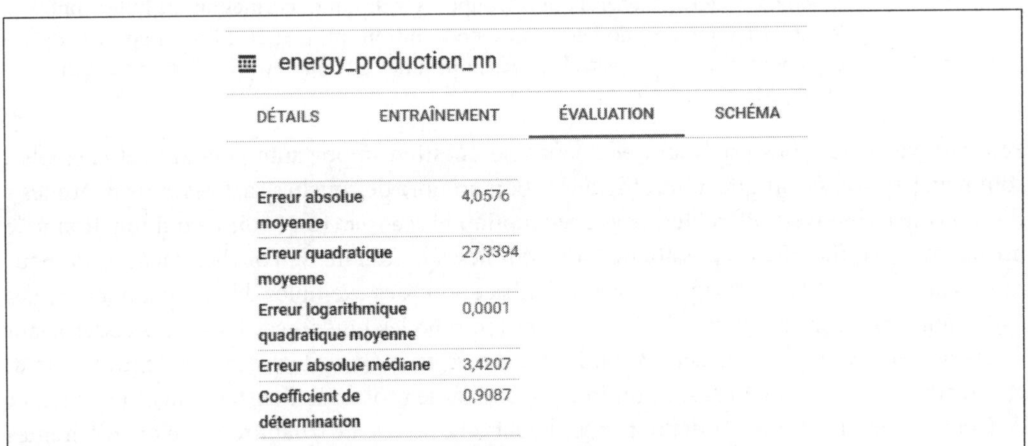

Figure 6.33 : Métriques d'évaluation du réseau de neurones entraîné.

Les résultats obtenus avec le réseau de neurones sont légèrement moins bons que ceux fournis par le modèle de régression linéaire basé sur l'erreur quadratique moyenne (et la RMSE, qui est la racine carrée de l'erreur quadratique moyenne). Il s'agit d'un exemple de *surajustement* ou *surapprentissage* (voir Figure 6.34). Le modèle surajusté peut prédire avec précision les cibles sur les données du jeu d'apprentissage, mais il passe à côté de la tendance quadratique globale des données. Les modèles peuvent également souffrir de sous-ajustement. Dans ce cas, le modèle est trop simple et n'est pas capable d'apprendre les tendances des données. La Figure 6.34 montre l'utilisation d'un modèle linéaire, qui n'est donc pas en mesure d'apprendre la tendance quadratique des données.

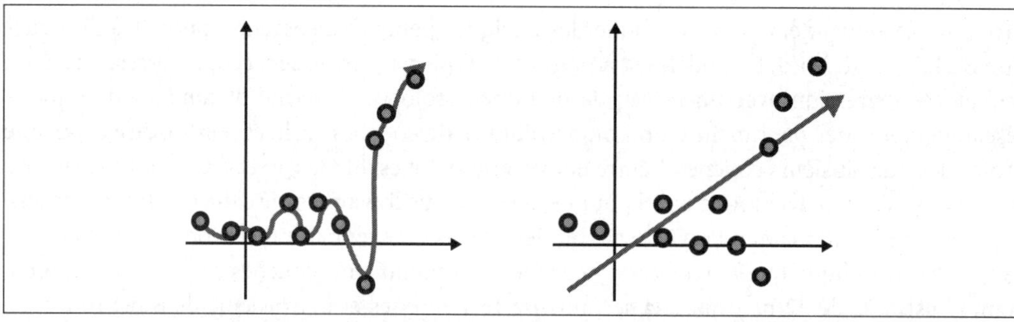

Figure 6.34 : Sous-ajustement et surajustement d'un modèle pour un jeu de données.

> Lors de l'entraînement d'un modèle ML, vous devez comparer les performances obtenues avec le jeu d'entraînement et celles du jeu d'évaluation pour vérifier que le modèle n'est pas surajusté. Pour cela, vous pouvez modifier l'architecture du modèle, en utilisant l'arrêt prématuré ou d'autres techniques de régularisation. La *régularisation* est un terme général qui regroupe les techniques permettant de lutter contre le surajustement des modèles. Nous y reviendrons plus en détail au Chapitre 8, qui présente certaines de ces techniques pour différents frameworks, notamment BigQuery ML.

Peut-être vous êtes-vous posé naturellement une question importante pendant cet exemple : comment peut-on savoir que nous utilisons le bon nombre de couches cachées et de neurones ? Il est possible d'essayer différentes listes avec l'option `hidden_units` et voir ce qui fonctionne le mieux, mais, en théorie, les possibilités sont infinies. Le nombre de couches cachées, de neurones par couche et la fonction d'activation utilisée sont des exemples d'hyperparamètres. Les *hyperparamètres* sont différents des paramètres (comme les poids), car ils sont précisés avant l'entraînement du modèle. Ils définissent l'architecture du modèle, le processus d'entraînement, etc., tandis que les paramètres sont optimisés pendant le processus d'entraînement pour tenter de trouver le meilleur modèle défini par ses hyperparamètres. Le Chapitre 8 explore différentes méthodes permettant de trouver les meilleurs hyperparamètres d'un modèle dans BigQuery ML, Vertex AI et d'autres frameworks d'apprentissage automatique répandus.

Exercices

Dans la section « Sélection des caractéristiques et corrélation » de ce chapitre, vous avez appris à mieux comprendre le processus de sélection des caractéristiques et découvert certaines techniques mises en œuvre. Et pourtant, dans la section précédente, toutes les caractéristiques ont été impliquées dans l'entraînement du modèle. Nous vous proposons donc les quelques exercices suivants :

- Entraînez un nouveau modèle en utilisant un réseau de neurones plus grand. Vous pouvez soit augmenter le nombre de neurones dans chaque couche, soit ajouter des couches. Comment cela affecte-t-il les performances du modèle ?
- Entraînez un autre modèle en utilisant un réseau de neurones plus petit. Vous pouvez soit supprimer des neurones dans chaque couche, soit supprimer des couches. Comment cela affecte-t-il les performances du modèle ?
- Utilisez les fonctions d'explicabilité présentées pour découvrir les caractéristiques ayant le plus contribué aux performances des modèles à l'échelle globale et locale. Y a-t-il des surprises ?

Utiliser Cloud Shell pour examiner un fichier sur Cloud Storage

Cloud Shell (*https://cloud.google.com/shell*) est un service gratuit de Google Cloud qui permet d'accéder en mode terminal à une petite machine virtuelle sur laquelle Google Cloud CLI (interface en ligne de commande) est installé. Vous pouvez ainsi exploiter la ligne de commande pour interagir avec les ressources Google Cloud. Toutes les fonctionnalités offertes ne pourront pas être décrites dans cet ouvrage, mais nous allons donner un exemple simple afin que vous sachiez comment afficher les premières lignes d'un fichier texte stocké dans Google Cloud Storage sans avoir à le télécharger.

Pour accéder à Cloud Shell, cliquez sur le bouton Activer Cloud Shell dans le coin supérieur droit de l'interface utilisateur de la console Google Cloud (voir Figure 6.35). Le provisionnement de la machine virtuelle peut prendre un peu de temps.

Figure 6.35 : Le bouton Activer Cloud Shell.

Chaque fois que vous ouvrez Cloud Shell (voir Figure 6.36), la machine virtuelle sous-jacente est nouvelle, mais le disque de stockage reste le même. Cela signifie que les données créées dans

Cloud Shell seront toujours disponibles, mais tout ce que vous avez pu installer devra être réinstallé à chaque nouvelle ouverture de Cloud Shell. Puisque vous utiliserez Google Cloud CLI ici, cela ne posera pas de problème.

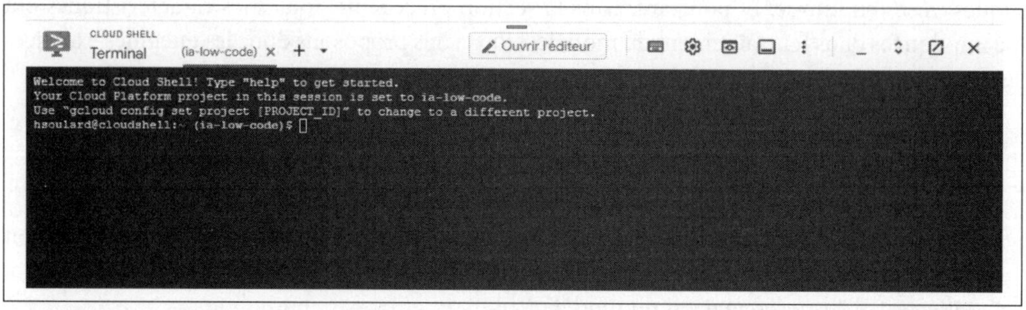

Figure 6.36 : Le terminal de Cloud Shell.

Tout d'abord, vérifiez que votre projet est actif dans Cloud Shell. Si c'est le cas, vous devriez voir une invite de terminal semblable à « `votre-login@cloudshell:~ (id-projet)$` ». Si l'identifiant du projet n'est pas indiqué, vous devez le définir, une procédure heureusement très simple avec Google Cloud CLI. Saisissez la commande suivante (en remplaçant `id-projet` par l'identifiant de votre projet) et appuyez sur la touche Entrée ou Retour :

```
gcloud config set project id-projet
```

L'identifiant du projet doit à présent apparaître dans la deuxième partie de l'invite du terminal. Vous pouvez également vérifier qu'il a été défini en exécutant la commande suivante :

```
gcloud config list project
```

La CLI étant configurée pour votre projet, vous pouvez examiner les premières lignes du fichier CSV. Pour cela, exécutez la commande suivante :

```
gcloud storage cat -r 0-250 gs://livre-ia-low-code/ccpp.csv
```

Contrairement aux précédentes, cette commande est probablement moins évidente à comprendre. `gcloud storage` correspond à la famille de commandes qui permettent d'interagir avec Google Cloud Storage, dont fait partie `cat`, la commande exécutée. Abréviation de *concaténer*, elle sert à lire un fichier depuis Google Cloud Storage et à afficher son contenu sur la sortie standard du terminal. La partie suivante de la commande, `-r 0-250`, précise que la lecture concerne non pas l'intégralité du fichier, mais uniquement les 250 premiers octets. Avec le fichier CSV d'exemple, cela permet d'examiner les premières lignes et d'avoir rapidement une idée du contenu. La commande se termine par l'URI (*Uniform Resource Identifier*) du fichier dans Google Cloud Storage : `gs://livre-ia-low-code/ccpp.csv`.

Voici le résultat de cette commande :

```
Temp,Exhaust_Vacuum,Ambient_Pressure,Relative_Humidity,Energy_Production
14.96,41.76,1024.07,73.17,463.26
25.18,62.96,1020.04,59.08,444.37
5.11,39.4,1012.16,92.14,488.56
20.86,57.32,1010.24,76.64,446.48
10.82,37.5,1009.23,96.62,473.9
26.27,59.44
```

La dernière ligne est incomplète, mais ce n'est pas grave ! L'objectif était simplement d'avoir une idée du contenu du fichier CSV. Il comprend cinq colonnes : `Temp`, `Exhaust_Vacuum`, `Ambient_Pressure`, `Relative_Humidity` et `Energy_Production`. Elles correspondent aux colonnes attendues. Dans les premières lignes, les données ne semblent pas étranges, mais le nombre total de lignes est probablement beaucoup plus important et le fichier contient bien plus d'informations que ce qui est affiché. Comment pouvez-vous le savoir ? Grâce à la commande `wc`, qui permet de compter le nombre de lignes dans un fichier :

```
gcloud storage cat gs://livre-ia-low-code/ccpp.csv | wc -l
```

La première partie de la commande est à présent connue : elle affiche sur la sortie le contenu du fichier CSV stocké dans Google Cloud Storage. Puisque le nombre d'octets à lire n'est pas précisé, le fichier est lu en entier. La dernière partie de la commande est nouvelle. Il s'agit en réalité de deux commandes différentes enchaînées à l'aide de l'opérateur `|`. L'opérateur *pipe* prend la sortie de la première commande et la « redirige » vers l'entrée de la deuxième commande. Dans ce cas, la deuxième commande est la commande `wc`, qui compte le nombre de lignes, de mots et de caractères dans le fichier CSV. L'option `-l` indique de n'afficher que le nombre de lignes. Dans ce cas, vous constatez que le fichier CSV comporte 9 590 lignes.

En résumé

Dans ce chapitre, vous avez analysé les données concernant la production d'une centrale électrique à l'aide de SQL et de Python. À partir des informations obtenues lors de l'analyse, vous avez créé, avec SQL dans BigQuery ML, un modèle de régression linéaire et un modèle de régression à réseau de neurones profond pour prédire la production de la centrale électrique. Vous avez également découvert de nouveaux concepts, comme l'explicabilité, et certaines bases mathématiques sous-jacentes aux réseaux de neurones.

Jusqu'à présent, nous nous sommes intéressés à des solutions no-code et low-code, mais, dans certaines situations, des approches plus souples peuvent se révéler indispensables. Dans le chapitre suivant, vous découvrirez les solutions fondées sur du code Python personnalisé qui utilise scikit-learn et Keras. Ces deux bibliothèques sont très accessibles et constituent un excellent point de départ à votre exploration de l'utilisation de Python dans l'apprentissage automatique.

CHAPITRE 7

Entraîner des modèles ML personnalisés en Python

Dans ce chapitre, vous apprendrez à utiliser deux bibliothèques Python populaires dans le monde de l'apprentissage automatique, scikit-learn et Keras, afin de créer des modèles de classification permettant de prédire le taux de désabonnement des clients. Tout d'abord, vous explorerez et nettoierez les données à l'aide de Pandas. Vous verrez ensuite comment utiliser scikit-learn pour transformer les caractéristiques catégorielles à l'aide d'un encodage one-hot, entraîner un modèle de régression logistique, comprendre ses performances à l'aide de métriques d'évaluation et l'améliorer. Vous découvrirez comment réaliser les mêmes opérations avec Keras dans le cadre d'un modèle de classification à réseau de neurones utilisant des données déjà préparées. Vous approfondirez également vos connaissances sur les métriques de performances des modèles de classification et sur les matrices de confusion pour mieux évaluer ces modèles.

Le jeu de données utilisé dans ce chapitre, Telco Customer Churn d'IBM (*https://oreil.ly/Rz3r2*), est souvent choisi pour apprendre à modéliser l'attrition des clients. Après avoir terminé les exercices de ce chapitre, n'hésitez pas à étudier d'autres manières d'exploiter ce jeu de données et d'étendre ainsi vos connaissances.

Prédiction du taux de désabonnement des clients

Vous travaillez pour un opérateur de télécommunications et votre objectif est de prédire le taux de désabonnement des clients, aussi appelé le taux d'*attrition*, c'est-à-dire le pourcentage de clients qui choisissent d'arrêter d'utiliser ses services. Les entreprises de télécommunications proposent souvent leurs produits sous forme d'un forfait mensuel ou de contrats annuels. L'*attrition* représente ici le moment où un client annule son abonnement ou son contrat au cours du mois suivant.

Les données sont initialement fournies dans un fichier CSV. Vous devrez donc les charger dans Pandas avant de pouvoir les explorer et finalement les utiliser pour créer le modèle ML à l'aide de différents frameworks. Le jeu de données contient à la fois des variables numériques et des variables catégorielles, dont les valeurs proviennent d'un ensemble discret de possibilités.

Le jeu de données comprend 21 colonnes dont les noms, les types de données et quelques informations sur les valeurs possibles sont recensés au Tableau 7.1.

Tableau 7.1 : Schéma et informations sur les valeurs des champs du jeu de données sur l'attrition des clients.

Nom de colonne	Type de colonne	Notes sur les valeurs des champs
`customerID`	Chaîne de caractères	Identifiant unique pour chaque client.
`gender`	Chaîne de caractères	Homme (`Male`) ou femme (`female`).
`SeniorCitizen`	Entier	1 si le client est une personne âgée, 0 sinon.
`Partner`	Chaîne de caractères	Indique si le client a un partenaire (conjoint(e) ou concubin(e)) dans le ménage.
`Dependents`	Chaîne de caractères	Indique si le client a des personnes à charge dans le ménage.
`tenure`	Entier	Nombre de mois pendant lesquels le client a utilisé le service.
`PhoneService`	Chaîne de caractères	Indique si le client est abonné au service téléphonique.
`MultipleLines`	Chaîne de caractères	Si le client est abonné, indique s'il paye pour plusieurs lignes.
`InternetService`	Chaîne de caractères	Le cas échéant, indique le type de service Internet auquel le client est abonné.
`OnlineSecurity`	Chaîne de caractères	Indique si le client est abonné au service de sécurité en ligne.
`OnlineBackup`	Chaîne de caractères	Indique si le client est abonné au service de sauvegarde en ligne.
`DeviceProtection`	Chaîne de caractères	Indique si le client est abonné au service de protection de l'appareil.
`TechSupport`	Chaîne de caractères	Indique si le client est abonné au service d'assistance technique en ligne.
`StreamingTV`	Chaîne de caractères	Indique si le client est abonné au service de télévision en streaming.
`StreamingMovies`	Chaîne de caractères	Indique si le client est abonné au service de vidéos en streaming.
`Contract`	Chaîne de caractères	Indique si le client possède un abonnement mensuel ou un contrat annuel.
`PaperlessBilling`	Chaîne de caractères	Indique si le client utilise la facturation dématérialisée.
`PaymentMethod`	Chaîne de caractères	Mode de paiement utilisé par le client.
`MonthlyCharges`	Nombre à virgule flottante	Frais mensuels pour le service client.
`TotalCharges`	Nombre à virgule flottante	Montant total payé par le client depuis le début.
`Churn`	Chaîne de caractères	Indique si le client a arrêté son abonnement au cours du mois suivant.

Vous découvrirez que nombre de ces caractéristiques peuvent être consolidées ou omises pour l'entraînement du modèle ML. Cependant, plusieurs devront être nettoyées et transformées afin de les préparer au processus d'entraînement.

Choisir entre une solution ML no-code, low-code et à code personnalisé

Avant d'explorer les outils d'apprentissage personnalisé comme scikit-learn et Keras, ou les autres options mentionnées au Chapitre 3, il est préférable de comprendre ce qui justifie la mise en place d'une solution personnalisée par rapport aux autres méthodes employées jusqu'à présent.

Solutions no-code

Elles sont parfaitement adaptées à deux cas spécifiques. Dans le premier, vous avez besoin d'un modèle ML, mais vous n'avez aucune expertise en apprentissage automatique. Si l'objectif de cet ouvrage est de vous apporter un peu plus d'informations sur la façon de prendre les bonnes décisions vis-à-vis des données dans le contexte de l'apprentissage automatique, il faut savoir qu'il existe des solutions sans code qui facilitent ces choix et évitent d'employer des méthodes plus complexes. Le deuxième cas concerne le prototypage rapide de modèles. Étant donné que les solutions no-code, à l'instar d'AutoML, prennent en charge des étapes comme l'ingénierie des caractéristiques et le réglage des hyperparamètres, elles constituent un moyen simple d'entraîner rapidement un modèle de référence. Par ailleurs, comme le montrent les Chapitres 4 et 5, le déploiement de ces modèles avec AutoML de Vertex AI n'a rien de complexe. Dans de nombreuses situations, les solutions no-code peuvent se révéler suffisamment robustes pour être utilisées immédiatement en production. Dans la pratique, les solutions personnalisées peuvent surpasser les solutions no-code si l'on y consacre suffisamment de temps et d'efforts. Toutefois, le gain obtenu au niveau des performances par les modèles personnalisés est souvent contrebalancé par celui gagné lors de la mise en production des solutions no-code.

Solutions low-code

Elles sont idéales lorsqu'une certaine personnalisation est indispensable et lorsque les données satisfont aux contraintes de l'outil employé. Par exemple, si vous travaillez avec des données structurées et que le type de problème à résoudre soit pris en charge par BigQuery ML, cet outil pourrait être un excellent choix. L'avantage d'une solution low-code est alors une réduction du temps consacré à la création du modèle, ce qui laisse plus de temps pour mener des expériences avec les données et ajuster le modèle. De nombreuses solutions low-code permettent de mettre le modèle en production soit directement, soit en l'exportant vers d'autres outils comme Vertex AI.

Solutions à code personnalisé

Elles sont de loin les plus souples et sont souvent employées par les data scientists et autres praticiens de l'IA qui aiment créer leurs propres modèles. À l'aide de frameworks ML tels que TensorFlow, XGBoost, PyTorch et scikit-learn, vous pouvez créer un modèle acceptant n'importe quel type de données et répondant à l'objectif choisi. D'une certaine manière, vous n'êtes soumis à aucune limite en termes de flexibilité et d'options de déploiement. S'il vous faut une transformation personnalisée, créez-la. Si vous devez déployer votre modèle dans le cadre d'une application Web, faites-le. Avec les bonnes données, l'expertise nécessaire et suffisamment de temps, les solutions à code personnalisé donneront les meilleurs résultats. Cependant, vous devrez passer du temps à apprendre les différents outils et techniques indispensables.

Quelle solution faut-il privilégier ? Il n'existe aucune bonne réponse unique pour tous les cas d'utilisation possibles. Tenez compte du temps dont vous disposez pour entraîner, ajuster et déployer le modèle. Tenez également compte du jeu de données et de l'objectif du problème. Une solution no-code ou low-code permet-elle de répondre au problème ? Si ce n'est pas le cas, la solution à code personnalisé peut être la seule option. Enfin, tenez compte de votre propre expertise. Si vous maîtrisez SQL, mais débutez en Python, alors un outil comme BigQuery ML sera peut-être le meilleur choix s'il permet de résoudre votre problème.

Le but de cet ouvrage n'est pas de faire de vous un expert dans l'utilisation de différents frameworks ML à code personnalisé. Cependant, il vous expose à ces outils et vous apporte certaines connaissances de base afin de vous aider à résoudre les problèmes et à collaborer avec des data scientists et des ingénieurs ML. Si Python ne vous est pas familier, nous vous recommandons de démarrer avec *Manuel de référence Python* (First/O'Reilly, 2023) d'Alex Martelli. Si vous souhaitez approfondir vos connaissances sur les frameworks ML présentés dans ce chapitre, l'ouvrage *Machine learning avec scikit-learn, 3e édition* (Dunod, 2023) d'Aurélien Géron constitue une excellente ressource reconnue par les data scientists et les ingénieurs ML.

Explorer le jeu de données avec Pandas, Matplotlib et Seaborn

Avant que vous ne découvriez scikit-learn et Keras, vous devez suivre le flux de travail décrit dans les chapitres précédents. Il implique la compréhension et la préparation des données en vue d'un apprentissage automatique. Vous avez déjà utilisé brièvement Google Colab pour charger les données dans un DataFrame à partir d'une table BigQuery et pour les visualiser, mais vous n'avez pas encore suivi l'intégralité du processus de préparation des données et d'entraînement du modèle dans un notebook Jupyter.

Cette section revisite le chargement des données dans un notebook Google Colab à l'aide de Pandas. Une fois cette opération réalisée, vous explorerez, nettoierez et transformerez les données avant de créer les jeux de données qui serviront à entraîner le modèle ML. Vous l'avez vu dans les chapitres précédents, une grande part du travail consiste non pas à entraîner le modèle, mais à comprendre et à préparer les données d'entraînement.

Tout le code de cette section, y compris quelques exemples supplémentaires, est inclus dans un notebook Jupyter disponible dans le dossier Chapter7 du dépôt *low-code-ai* sur GitHub (***https://oreil.ly/supp-lcai***).

Charger les données dans un DataFrame depuis un notebook Google Colab

Tout d'abord, rendez-vous sur Google Colab (*https://colab.research.google.com*) et ouvrez un nouveau notebook en suivant les instructions du Chapitre 2. Vous pouvez lui donner un nom plus significatif, comme *Modèle_Attrition_Clients.ipynb* (voir Figure 7.1).

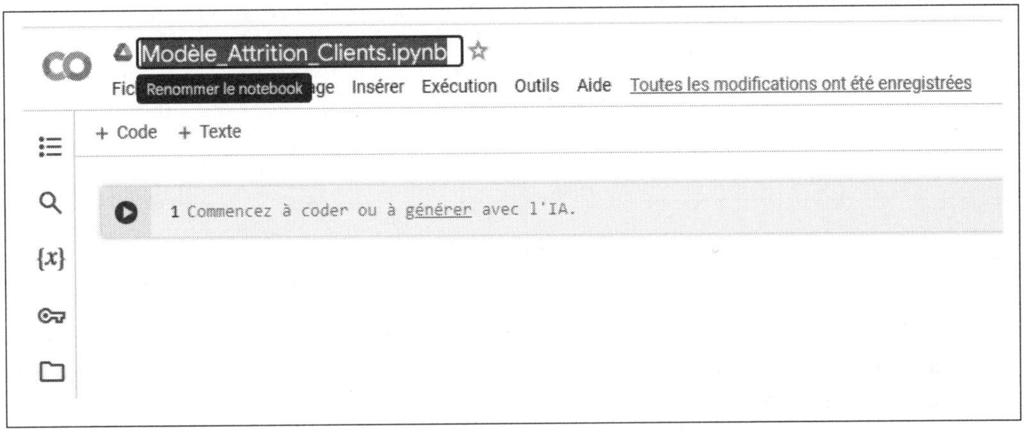

Figure 7.1 : Donner un nom plus significatif au notebook Google Colab.

Saisissez à présent le code suivant dans la première cellule de façon à importer les packages nécessaires à l'analyse et à la visualisation du jeu de données sur le désabonnement des clients :

```
import matplotlib.pyplot as plt
import numpy as np
import pandas as pd
import seaborn as sns
import sklearn
import tensorflow as tf
```

Vous avez déjà croisé certains de ces packages au Chapitre 2 lors de votre première utilisation des notebooks Colab, mais d'autres sont nouveaux. La ligne `import sklearn` importe scikit-learn, un framework populaire dans le monde de l'apprentissage automatique. Scikit-learn est sorti en 2007 et se fonde sur d'autres bibliothèques Python, comme NumPy et SciPy. Ce framework, facile à utiliser, permet de créer des modèles ML, notamment des modèles linéaires, des modèles arborescents et des machines à vecteurs de support. La ligne suivante, `import tensorflow as tf`, importe TensorFlow. Il s'agit d'une bibliothèque de calcul numérique très efficace conçue pour l'entraînement et le déploiement de réseaux de neurones profonds. TensorFlow comprend Keras, une bibliothèque qui facilite le développement de réseaux de neurones profonds et les transformations de données associées. Vous utiliserez Keras plus loin dans ce chapitre pour entraîner un modèle à réseau de neurones.

Exécutez la cellule afin d'importer les packages. Pour cela, cliquez sur le bouton Exécuter la cellule placé sur le côté gauche de la cellule (voir Figure 7.2) ou appuyez sur Maj + Entrée.

```
import matplotlib.pyplot as plt
import numpy as np
import pandas as pd
import seaborn as sns
import sklearn
import tensorflow as tf
```

Figure 7.2 : Le bouton Exécuter la cellule est visible en haut à gauche de la cellule.

Pour vérifier la bonne exécution des importations, vous pouvez afficher les versions des packages. Chacun comprend un attribut spécial, `__version__`, qui renvoie son numéro de version. Exécutez le code suivant dans une nouvelle cellule afin de vérifier la version de vos packages scikit-learn et TensorFlow :

```
print("scikit-learn version:", sklearn.__version__)
print("TensorFlow version:", tf.__version__)
```

Les versions indiquées (voir Figure 7.3) dépendront du moment où vous effectuez cet exercice, car ces bibliothèques sont en constant développement.

```
print("scikit-learn version:", sklearn.__version__)
print("TensorFlow version:", tf.__version__)
```

```
scikit-learn version: 1.3.2
TensorFlow version: 2.17.0
```

Figure 7.3 : Afficher la version de scikit-learn et de TensorFlow pour vérifier leur importation correcte.

Vous êtes alors prêt à importer les données. Rappelez-vous que le jeu de données est au format CSV. Comme précédemment, il vous faudrait donc le télécharger, importer les données dans le notebook, puis les charger dans un DataFrame Pandas. En réalité, vous pouvez procéder de manière différente, car Pandas offre la possibilité très intéressante d'importer directement un fichier CSV dans un DataFrame à partir d'un emplacement sur Internet. Pour cela, exécutez le code suivant dans une nouvelle cellule :

```
file_loc = 'https://storage.googleapis.com/low-code-ai-book/churn_dataset.csv'
df_raw = pd.read_csv(file_loc)
```

De façon générale, il est préférable d'examiner les premières lignes du DataFrame. Exécutez l'instruction `df_raw.head()` pour afficher les cinq premières lignes du DataFrame. Vous pouvez faire défiler rapidement les colonnes de données et constater que les types semblent correspondre à ce qui était attendu. Un extrait des colonnes est présenté au Tableau 7.2. L'examen du début des données est une première étape très rapide, mais, puisque ce jeu de données comprend bien d'autres lignes, des problèmes pourraient se cacher là où vous ne pouvez pas les voir.

Tableau 7.2 : Quelques colonnes des cinq premières lignes du DataFrame df_raw affichées grâce à la méthode head().

StreamingTV	StreamingMovies	Contract	PaperlessBilling	PaymentMethod	MonthlyCharges	TotalCharges	Churn
No	No	Month-to-month	Yes	Electronic check	29.85	29.85	No
No	No	One Year	No	Mailed check	56.95	1889.5	No
No	No	Month-to-Month	Yes	Mailed check	53.85	108.15	Yes
No	No	One year	No	Bank transfer (automatic)	42.30	1840.75	No
No	No	Month-to-month	Yes	Electronic check	70.70	151.65	Yes

Comprendre et nettoyer le jeu de données

Puisque les données se trouvent dans le DataFrame `df_raw`, vous pouvez commencer leur exploration et leur compréhension. L'objectif immédiat est d'avoir une idée de l'endroit où des problèmes pourraient se cacher afin de les résoudre avant de poursuivre. Vous devez également garder un œil sur la distribution globale et les autres propriétés des colonnes du DataFrame, car cela deviendra important lors de la transformation ultérieure des données.

Vérifier et convertir des types de données

Vous allez d'abord vérifier que les types de données déduits par Pandas correspondent à ceux attendus conformément au Tableau 7.1. Pourquoi est-ce utile ? Il s'agit d'un moyen simple d'identifier les données mal saisies, qui découlent souvent de soucis liés aux données elles-mêmes. Par exemple, que se passe-t-il si une chaîne de caractères est stockée dans une colonne supposée contenir des entiers ? Pandas importe cette colonne comme si elle contenait uniquement des chaînes de caractères, car les entiers peuvent être convertis en chaînes mais pas l'inverse, dans la plupart des cas. Pour vérifier les types de données du DataFrame, saisissez **`df_raw.dtypes`** dans une nouvelle cellule et exécutez-la.

Notez l'absence de parenthèses après `dtypes`. En effet, `dtypes` est non pas une fonction mais une propriété du DataFrame `df_raw`. Tout ce qui n'était pas un nombre à virgule flottante ou un entier a été importé en tant qu'objet. Ce comportement est normal pour un DataFrame Pandas. Cependant, si vous examinez plus attentivement le résultat, presque toutes les colonnes correspondent au type attendu, à l'exception de `TotalCharges`. Le Tableau 7.3 donne le résultat obtenu sur des dernières colonnes. Vérifiez que vous voyez la même chose dans votre notebook.

Tableau 7.3 : Les types de données pour les six dernières colonnes du DataFrame `df_raw` (la colonne `TotalCharges` n'est pas de type `float64` comme prévu).

`Contract`	object
`PaperlessBilling`	object
`PaymentMethod`	object
`MonthlyCharges`	float64
`TotalCharges`	object
`Churn`	object

La colonne `TotalCharges` n'est donc pas celle attendue. Avant d'aller plus loin, il est préférable d'étudier cette colonne et de comprendre ce qu'il se passe. Rappelez-vous que vous pouvez travailler avec une seule colonne d'un DataFrame en utilisant la syntaxe `df['Nom_Colonne']`, où `df` est le nom du DataFrame et `Nom_Colonne` le nom de la colonne.

Commencez par demander des statistiques de haut niveau sur la colonne `TotalCharges` à l'aide de la méthode `describe()`. Essayez de le faire par vous-même, sans regarder le code fourni :

```
df_raw['TotalCharges'].describe()
```

Vous devez obtenir le résultat présenté à la Figure 7.4. Puisque `TotalCharges` est traitée comme une variable catégorielle (dans ce cas comme une chaîne), seuls le nombre d'éléments, le nombre de valeurs uniques, la valeur ayant la fréquence la plus élevée et son nombre d'occurrences sont indiqués.

Dans ce cas, le problème apparaît presque immédiatement. La valeur la plus répandue est une chaîne vide, qui apparaît 11 fois. Voilà probablement pourquoi Pandas a donné à `TotalCharges` un type inattendu, qui vous a amené à découvrir un problème dans les données.

Lorsqu'il manque des données, vous pouvez vous demander quelle valeur il devrait-il y avoir. Pour essayer de trouver la réponse, examinez les lignes de données correspondantes dans le DataFrame et voyez si elles révèlent un motif expliquant l'absence de valeurs. Pour cela, il suffit de créer un *masque* et de l'appliquer au DataFrame. Le masque est une simple instruction qui renvoie vrai ou faux en fonction de la valeur d'entrée. Dans ce cas, il sera de la forme `mask=(df.raw['TotalCharges']==' ')`. L'opérateur `==` vérifie si la valeur de la colonne `TotalCharges` est égale à la chaîne constituée d'un seul espace. Dans l'affirmative, il renvoie `true`, sinon `false`. Exécutez le code suivant dans une nouvelle cellule :

```
mask = (df_raw['TotalCharges']==' ')
df_raw[mask].head()
```

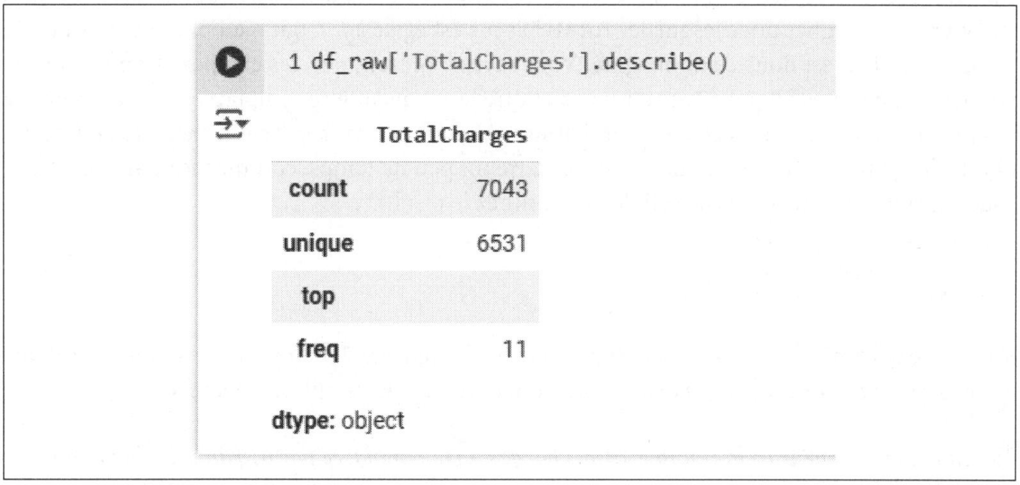

Figure 7.4 : Statistiques récapitulatives pour la colonne `TotalCharges`. La valeur la plus fréquente est une chaîne constituée d'un seul espace.

Le résultat est présenté dans le Tableau 7.4. Étudions-le. Avez-vous remarqué quelque chose qui pourrait expliquer pourquoi la colonne `TotalCharges` est vide pour ces clients ? Tournez-vous vers la colonne `tenure` et notez que sa valeur est 0 pour tous ces clients.

Tableau 7.4 : Les premières colonnes et lignes du DataFrame `df_raw` dont la valeur de `TotalCharges` est `' '`.

customerID	gender	SeniorCitizen	Partner	Dependents	tenure	PhoneService
4472-LVYGI	Female	0	Yes	Yes	0	No
3115-CZMZD	Male	0	No	Yes	0	Yes
5709-LVOEQ	Female	0	Yes	Yes	0	Yes
4367-NUYAO	Male	0	Yes	Yes	0	Yes
1371-DWPAZ	Female	0	Yes	Yes	0	No

Lorsque `tenure` vaut 0, cela signifie qu'il s'agit du premier mois d'abonnement pour le client, qui n'a donc pas encore été facturé. Cela explique pourquoi `TotalCharges` n'a aucune valeur pour ces clients. Confirmez à présent cette hypothèse en utilisant un masque différent qui comprend les lignes dont `tenure` est égale à 0. Essayez d'écrire le code vous-même, mais voici la solution en cas de besoin :

```
mask = (df_raw['tenure']==0)
df_raw[mask][['tenure','TotalCharges']]
```

Notez que ce code définit la liste de colonnes `['tenure','TotalCharges']`. Puisque vous recherchez uniquement le lien entre `tenure` et `TotalCharges`, les résultats seront ainsi plus faciles à analyser. Les 11 lignes pour lesquelles `TotalCharges` est égale à `' '` ont bien une colonne `tenure` égale à 0. Le lien est donc celui imaginé. Vous savez à présent que ces chaînes étranges correspondent à une valeur 0 pour `TotalCharges` et qu'elles peuvent être remplacées par le nombre à virgule flottante `0.0`. Pour cela, il suffit d'utiliser la méthode `df.replace()`. Puisque la description de la syntaxe de cette fonction peut prendre un peu de temps, commencez par exécuter le code suivant dans une nouvelle cellule et examinez le résultat :

```
df_1 = df_raw.replace({'TotalCharges': {' ': 0.0}})
mask = (df_raw['tenure']==0)
df_1[mask][['tenure','TotalCharges']]
```

Vous devez obtenir des résultats identiques à ceux du Tableau 7.5. Vous le constatez, les valeurs de `TotalCharges` qui étaient des chaînes de caractères ont été remplacées par `0.0`.

Tableau 7.5 : La valeur de la colonne `TotalCharges` a été remplacée par `0.0` dans les lignes où `tenure` vaut `0`.

	tenure	TotalCharges
488	0	0.0
753	0	0.0
936	0	0.0
1082	0	0.0
1340	0	0.0
3331	0	0.0
3826	0	0.0
4380	0	0.0
5218	0	0.0
6670	0	0.0
6754	0	0.0

Avec ces résultats à l'esprit, il devient plus facile de comprendre la syntaxe utilisée dans la première ligne de code, `df_raw.replace({'TotalCharges': {' ': 0.0}})`. La méthode utilise une structure de données Python nommée dictionnaire. Un *dictionnaire* est une liste non ordonnée de couples dans lesquels le premier élément est le nom d'une valeur et le second est la valeur elle-même. Dans ce cas, le premier élément est `TotalCharges`, c'est-à-dire le nom de la colonne dans laquelle des valeurs doivent être remplacées. Le second élément est aussi un dictionnaire, `{' ':0.0}`, dont le premier élément est la valeur à remplacer et le second la valeur de remplacement.

Avant d'explorer les statistiques récapitulatives de la colonne `TotalCharges` et des autres colonnes numériques, assurez-vous que Pandas sait que `TotalCharges` contient des nombres à virgule flottante. Pour cela, exécutez le code suivant dans une nouvelle cellule :

```
df_2 = df_1.astype({'TotalCharges':'float64'})
df_2.dtypes
```

Les arguments de la méthode `astype()` sont comparables à ceux de la méthode `replace()`. Ils sont passés dans un dictionnaire dans lequel le premier élément indique la colonne dont le type de données doit être modifié et le second précise le nouveau type de données (ici, `float64`). Le résultat de la cellule doit être similaire à celui décrit par le Tableau 7.6.

Tableau 7.6 : Les types de données des quatre dernières colonnes du nouveau DataFrame ***df_2****.*

PaymentMethod	object
MonthlyCharges	float64
TotalCharges	float64
Churn	object

Analyser les statistiques récapitulatives

Les problèmes liés aux types des données sont à présent résolus. Vous pouvez donc examiner les statistiques récapitulatives des colonnes numériques. Puisque vous avez déjà effectué ce travail au Chapitre 2, essayez de le réaliser à nouveau sans regarder le code donné ci-dessous. Le Tableau 7.7 présente les résultats.

```
df_2.describe()
```

Tableau 7.7 : Statistiques récapitulatives pour les colonnes numériques du jeu de données sur le désabonnement des clients.

	SeniorCitizen	tenure	MonthlyCharges	TotalCharges
count	7043	7043	7043	7043
mean	0.162147	32.371149	64.761692	2279.734304
std	0.368612	24.559481	30.090047	2266.79447
min	0	0	18.25	0
25%	0	9	35.5	398.55
50%	0	29	70.35	1394.55
75%	0	55	89.85	3786.6
max	1	72	118.75	8684.8

À première vue, le Tableau 7.7 ne révèle pas la présence de valeurs étranges ou d'autres problèmes, sauf peut-être pour `SeniorCitizen`. Rappelons que la valeur de `SeniorCitizen` est 0 ou 1. La valeur moyenne (`mean`) de cette colonne, 0,162..., correspond donc au pourcentage de clients âgés. Il serait préférable de considérer cette caractéristique comme catégorielle, mais le fait que sa valeur soit binaire (0 ou 1) signifie que des statistiques récapitulatives, telles que la moyenne, peuvent fournir des informations utiles.

Puisque nous abordons les caractéristiques catégorielles, comment est-il possible d'étudier leurs statistiques récapitulatives ? Par défaut, la méthode `describe()` traite uniquement les caractéristiques numériques. Pour qu'elle fournisse des statistiques sur les caractéristiques catégorielles, il faut ajouter le mot-clé facultatif `include='object'`. Il précise que seules doivent être prises en compte les colonnes de type `object`, qui est attribué par défaut aux colonnes non numériques dans Pandas. Dans une nouvelle cellule, incluez cet argument facultatif dans la méthode `describe()` et exécutez le code :

```
df_2.describe(include='object')
```

Vous obtenez alors des statistiques sur les caractéristiques catégorielles. Elles sont plus simples, car elles concernent des valeurs non pas numériques mais discrètes. Vous découvrez notamment le nombre de lignes ayant des valeurs non nulles, le nombre de valeurs uniques, la valeur la plus fréquente (ou l'une des valeurs les plus fréquentes en cas d'égalité) et la fréquence de cette valeur.

Examinons, par exemple, la colonne `customerID`. Son nombre de valeurs uniques est égal au nombre de lignes. On peut donc en conclure que chaque valeur de cette colonne est unique. Cette information peut également être déduite à partir de la fréquence d'occurrence de la valeur la plus répandue.

Analysez les statistiques récapitulatives et voyez ce que vous pouvez remarquer. Voici quelques observations qui seront utiles ultérieurement, mais d'autres peuvent être tirées de ces résultats :

- La répartition entre les deux valeurs possibles pour les colonnes `gender` et `Partner` est assez bien équilibrée.
- Une grande majorité de clients sont abonnés au service téléphonique, mais plus de la moitié n'ont qu'une ligne.
- Pour la plupart des colonnes, seules trois valeurs différentes sont possibles. Nous connaissons la classe la plus fréquente, mais nous n'avons, pour le moment, aucune information sur la répartition des différentes valeurs.
- La cible du jeu de données, `Churn`, est quelque peu déséquilibrée avec un rapport d'environ 5:2 entre les valeurs `No` et `Yes`.
- Toutes les colonnes, y compris les colonnes numériques, comportent 7 043 éléments. Il peut y avoir d'autres valeurs manquantes similaires à celles découvertes pour `TotalCharges`, mais il n'y a aucune valeur nulle.

Explorer des combinaisons de colonnes catégorielles

Vous l'avez vu au Chapitre 6, l'étude des interactions entre les différentes caractéristiques aide souvent à identifier les caractéristiques les plus importantes ainsi que la manière dont elles interagissent. Mais, alors que dans le projet du Chapitre 6 toutes les caractéristiques étaient numériques, dans le cas présent la plupart sont catégorielles. Pour comprendre les interactions entre ces caractéristiques, vous allez employer une méthode consistant à examiner la distribution de différentes combinaisons de valeurs de caractéristiques sur plusieurs colonnes.

Commençons par les colonnes `PhoneService` et `MultipleLines`. Le bon sens veut qu'un client ne possède pas plusieurs lignes téléphoniques s'il n'est pas abonné au service téléphonique. Pour le vérifier dans le jeu de données, vous pouvez utiliser la méthode `value_counts()`, qui prend en argument une liste de colonnes du DataFrame et renvoie le nombre de combinaisons de valeurs uniques. Exécutez le code suivant dans une nouvelle cellule pour obtenir les combinaisons de valeurs uniques dans les colonnes `PhoneService` et `MultipleLines` :

```
df_2.value_counts(['PhoneService','MultipleLines'])
```

Vos résultats doivent être identiques à ceux présentés ci-dessous. Notez que `MultipleLines` peut prendre trois valeurs différentes : `No`, `Yes` et `No phone service`. Sans surprise, `No phone service` se rencontre uniquement lorsque la caractéristique `PhoneService` a la valeur `No`. Autrement dit, `MultipleLines` inclut toutes les informations données par `PhoneService`. Cette caractéristique est donc redondante et pourra être retirée du jeu d'entraînement.

```
PhoneService MultipleLines
Yes          No               3390
             Yes              2971
No           No phone service 682
```

D'autres caractéristiques du jeu de données sont-elles « corrélées » de manière comparable ? Sans surprise, c'est effectivement le cas. À titre d'exercice, écrivez du code dans une nouvelle cellule pour explorer la relation entre `InternetService`, `OnlineSecurity`, `OnlineBackup`, `StreamingTV` et `StreamingMovies`.

De nouveau, vous constaterez une certaine redondance entre ces caractéristiques, mais elle est moins nette. Lorsque `InternetService` vaut `No`, la valeur de toutes les autres colonnes est `No internet service`. Cependant, il existe deux types de connexions à Internet, par fibre optique (`Fiber optic`) et par ligne filaire (`DSL`), et l'existence d'une redondance dans ces cas-là n'est pas aussi claire. Bien que les colonnes `DeviceProtection` et `TechSupport` soient absentes de cet examen, elles présentent la même relation avec `InternetService`. Explorez-la par vous-même. Nous verrons comment tenir compte de ces informations dans la section suivante lors de la transformation des caractéristiques.

Outre l'examen du nombre de combinaisons de valeurs spécifiques, d'autres techniques permettent de comprendre la corrélation entre les différentes valeurs de caractéristiques catégorielles. Le test du khi-deux et le coefficient V de Cramer sont deux d'entre elles. Le *test du khi-deux* vérifie si deux variables catégorielles sont liées ou non, tandis que le *coefficient V de Cramer* détermine le niveau de cette relation, à la manière du coefficient de corrélation de Pearson pour les variables numériques.

Vous devez également explorer la relation entre les caractéristiques catégorielles et la cible `Churn`. Par exemple, considérons `Contract`, dont les trois valeurs possibles sont `Month-to-month`, `One year` et `Two year`. Intuitivement, que pouvez-vous déduire de cette caractéristique et quel est son rapport avec `Churn` ? Raisonnablement, vous pouvez supposer que des périodes contractuelles plus longues conduisent à un taux de désabonnement plus faible, tout au moins si le client n'arrive pas au terme de son abonnement. La méthode `value_counts()` peut servir à étudier cette relation, mais il est souvent plus facile de comprendre visuellement les relations que de consulter un tableau de valeurs. Pour cela, exécutez le code suivant dans une nouvelle cellule :

```
(df_2.groupby('Contract')['Churn'].value_counts(normalize=True)
  .unstack('Churn')
  .plot.bar(stacked=True))
```

Il s'agit en réalité d'une seule très longue ligne de code. Les parenthèses au début et à la fin indiquent à Python de traiter cela comme une seule ligne de code plutôt que comme trois lignes distinctes. Tout d'abord, la fonction `groupby()` regroupe les lignes en fonction des différentes valeurs de `Contract`. Puisque nous souhaitons examiner la relation avec `Churn`, cette colonne est sélectionnée, puis la fonction `value_counts` est appliquée au résultat. L'argument supplémentaire `normalize=True` fait que le nombre de valeurs pour chaque couple est remplacé par un pourcentage. L'intérêt est d'obtenir pour chaque contrat le pourcentage de clients qui sont partis par rapport à ceux qui sont restés, au lieu de comparer des quantités entre des groupes inégaux. La fonction `unstack()` met le tableau dans un format plus lisible. Ensuite, les outils de tracé de graphiques de Pandas sont mis à contribution. Dans ce cas, nous traçons un graphique à barres empilées pour comparer visuellement et rapidement les différentes valeurs de `Contract` (voir Figure 7.5).

Vous constatez que le taux de désabonnement des clients est plus élevé pour les contrats mensuels que pour les contrats d'un ou deux ans. D'après le graphique, plus de 40 % des clients bénéficiant d'un contrat mensuel ont arrêté leur abonnement, contre environ 15 % dans le cas d'un contrat d'un an et moins de 5 % pour un contrat de deux ans. Autrement dit, le type de contrat sera presque à coup sûr une caractéristique dont il faudra tenir compte.

À titre d'exercice, effectuez ce type d'analyse pour les autres caractéristiques catégorielles. Notez celles qui montrent des pourcentages de désabonnement différents selon les valeurs et celles qui sont plus ou moins identiques. Ces informations seront utiles lors de la sélection des caractéristiques.

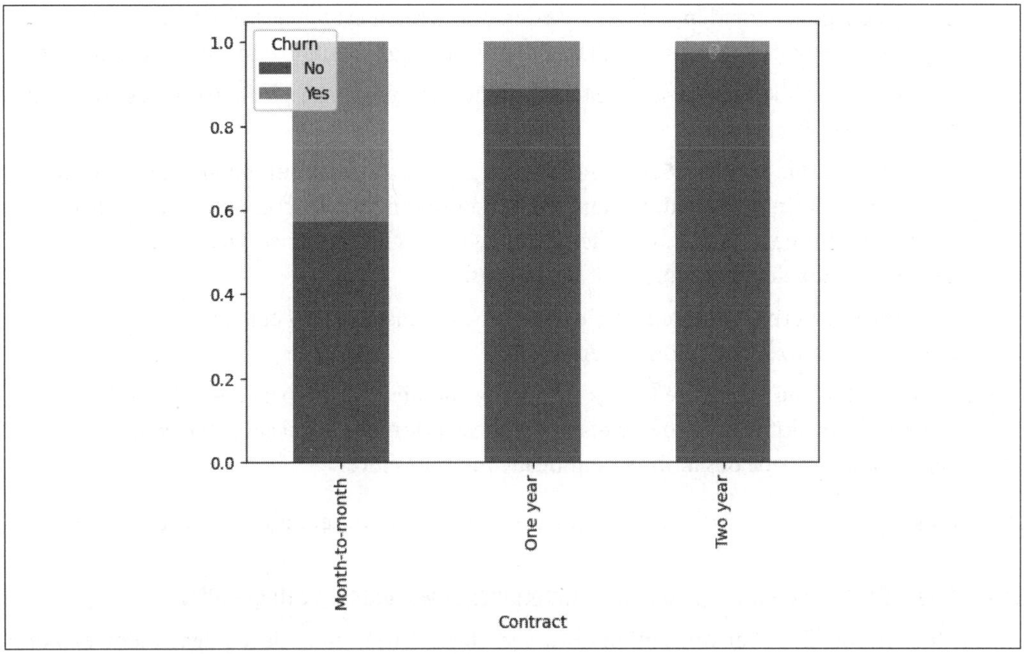

Figure 7.5 : Visualisation de la proportion de clients qui ont quitté l'opérateur téléphonique par rapport à ceux qui sont restés, en fonction du type de contrat.

Lorsque des blocs de code comparable doivent être exécutés en Python, il sera plus efficace de créer une fonction et d'exécuter celle-ci. Par exemple, voici comment créer une fonction qui produit le graphique de répartition de la Figure 7.5 :

```
def plot_cat_feature_dist(feature_name):
  (df_2.groupby(feature_name)['Churn'].value_counts(normalize=True)
    .unstack('Churn')
    .plot.bar(stacked=True))
```

`def` est le mot-clé Python qui permet de définir une fonction. Il est suivi du nom de la fonction, `plot_cat_feature_dist`, et de la variable d'entrée, `feature_name`, placée entre parenthèses. L'appel `plot_cat_feature_dist('Contract')` générera alors le même graphique que celui de la Figure 7.5. Vous pouvez ensuite utiliser cette fonction pour toutes les variables catégorielles.

Voici quelques observations que vous pourriez faire en explorant les caractéristiques catégorielles :

- Le taux de désabonnement est environ deux fois plus élevé pour les personnes âgées.
- Les valeurs de `gender`, `StreamingTV` et `StreamingMovies` ne semblent pas affecter le taux de désabonnement.

- Plus le ménage est grand, plus le taux de désabonnement est faible. En d'autres termes, avoir un partenaire ou des personnes à charge dans le ménage réduit le taux de désabonnement.
- Pour les clients abonnés au service téléphonique, le fait d'avoir plusieurs lignes augmente le taux de désabonnement.
- La caractéristique `InternetService` influe sur le taux de désabonnement. L'accès à Internet par fibre optique présente un taux de désabonnement beaucoup plus élevé que dans le cas d'une connexion DSL. Les clients qui ne disposent pas du service d'accès à Internet affichent le taux de désabonnement le plus bas.
- Les services Internet complémentaires, comme `OnlineSecurity` et `DeviceProtection`, diminuent le taux de désabonnement.
- `PaperlessBilling` augmente le taux de désabonnement. La plupart des valeurs de `PaymentMethod` donnent le même résultat, à l'exception de `Electronic Check`, qui conduit à un taux de désabonnement beaucoup plus élevé.

Avez-vous remarqué autre chose ? N'oubliez pas de noter ces observations pour plus tard.

Explorer les interactions entre les colonnes numériques et les colonnes catégorielles

Avant de réfléchir aux transformations des caractéristiques, vous devez également explorer la relation entre les variables numériques et la cible. N'oubliez pas que `SeniorCitizen` est en réalité une colonne catégorielle puisque les deux valeurs représentent deux classes discrètes. Les colonnes numériques restantes sont `tenure`, `MonthlyCharges` et `TotalCharges`. Les colonnes auraient une relation simple si un client avait payé le même montant chaque mois. Autrement dit, `tenure × MonthlyCharges = TotalCharges`. Vous l'avez constaté précédemment lorsque `tenure` valait 0.

À quelle fréquence cette relation se vérifie-t-elle ? Intuitivement, et peut-être par expérience, les frais mensuels ont tendance à évoluer. Cela peut être dû à la fin des tarifs promotionnels, mais également à des facteurs tels que la modification des services. Pour vérifier cette intuition, vous pouvez utiliser des fonctions de Pandas. Exécutez le code suivant dans une nouvelle cellule afin d'obtenir des statistiques récapitulatives sur une nouvelle colonne qui compare `tenure × Monthly Charges` et `TotalCharges` :

```
df_2['AvgMonthlyCharge'] = df_2['TotalCharges']/df_2['tenure']
df_2['DiffCharges'] = df_2['MonthlyCharges']-df_2['AvgMonthlyCharge']
df_2['DiffCharges'].describe()
```

Deux nouvelles colonnes sont créées dans le DataFrame `df_2`. `AvgMonthlyCharge` représente les frais mensuels moyens sur la durée d'abonnement du client, tandis que `DiffCharges` donne la différence entre les frais mensuels moyens et les frais mensuels actuels. Voici les résultats :

```
count 7032.000000
mean  -0.001215
std   2.616165
min   -18.900000
25%   -1.160179
50%   0.000000
75%   1.147775
max   19.125000
Name: DiffCharges, dtype: float64
```

Vous observerez que le nombre de lignes du résultat est inférieur de 11 au nombre total de lignes. Pourquoi ? Rappelez-vous que 11 lignes ont une valeur de `tenure` égale à 0. Dans Pandas, une division par zéro produit la valeur `NaN` et ne génère aucune erreur. Hormis ce point, la répartition semble assez symétrique. La valeur moyenne est presque nulle, la valeur médiane est 0 et les valeurs min et max sont presque opposées.

Pour supprimer les valeurs `NaN`, il suffit d'utiliser la méthode `replace()`. Exécutez le code suivant dans une nouvelle cellule pour effectuer cette opération :

```
df_2['AvgMonthlyCharge'] = (df_2['TotalCharges'].div(df_2['tenure'])
                                               .replace(np.nan,0))
df_2['DiffCharges'] = df_2['MonthlyCharges']-df_2['AvgMonthlyCharge']
df_2['DiffCharges'].describe()
```

Le choix de remplacer une valeur nulle par zéro est un exemple de stratégie d'imputation. Le processus d'*imputation* consiste à remplacer des valeurs inconnues par des valeurs de substitution adaptées au problème en question. Puisque vous souhaitez examiner la différence entre les frais mensuels et les frais mensuels moyens, indiquer qu'« il n'y a pas de différence » est une approche raisonnable qui permet de ne pas écarter des données éventuellement utiles. Sans imputation, toutes les lignes dont `tenure` vaut 0 seraient perdues et le modèle ne serait pas en mesure de prédire avec précision ces cas. Lorsque les jeux de données sont suffisamment volumineux et si les données manquantes ne concernent pas qu'un seul groupe, une mise à l'écart de ces données sera souvent adoptée. C'était le cas au Chapitre 6.

Quel est le lien entre `DiffCharges` et `Churn` ? La méthode utilisée pour comprendre les relations entre les colonnes catégorielles ne fonctionne plus vraiment ici, car `DiffCharges` est numérique. En revanche, vous pouvez regrouper les valeurs de la colonne `DiffCharges` et employer l'approche précédente. Le *compartimentage* (*bucketisation*) a pour but de diviser une colonne numérique en plages de valeurs nommées *compartiments* (*buckets*). La caractéristique numérique devient catégorielle si l'on se demande : « À quel compartiment cette valeur appartient-elle ? » Dans Pandas, la fonction `cut()` définit des compartiments pour une colonne numérique. Vous pouvez indiquer soit le nombre de compartiments, soit une liste de points limites. Pour regrouper la colonne `DiffCharges` et explorer son effet sur le taux de désabonnement, exécutez le code suivant dans une nouvelle cellule :

```
df_2['DiffBuckets'] = pd.cut(df_2['DiffCharges'], bins=5)
plot_cat_feature_dist('DiffBuckets')
```

Le graphique obtenu (voir Figure 7.6) montre que plus la différence (positive ou négative) entre `MonthlyCharges` et `AvgMonthlyCharge` est grande, plus le taux de désabonnement est élevé pour la plage de valeurs correspondante. À titre d'exercice, essayez différents nombres de compartiments et voyez quels motifs apparaissent.

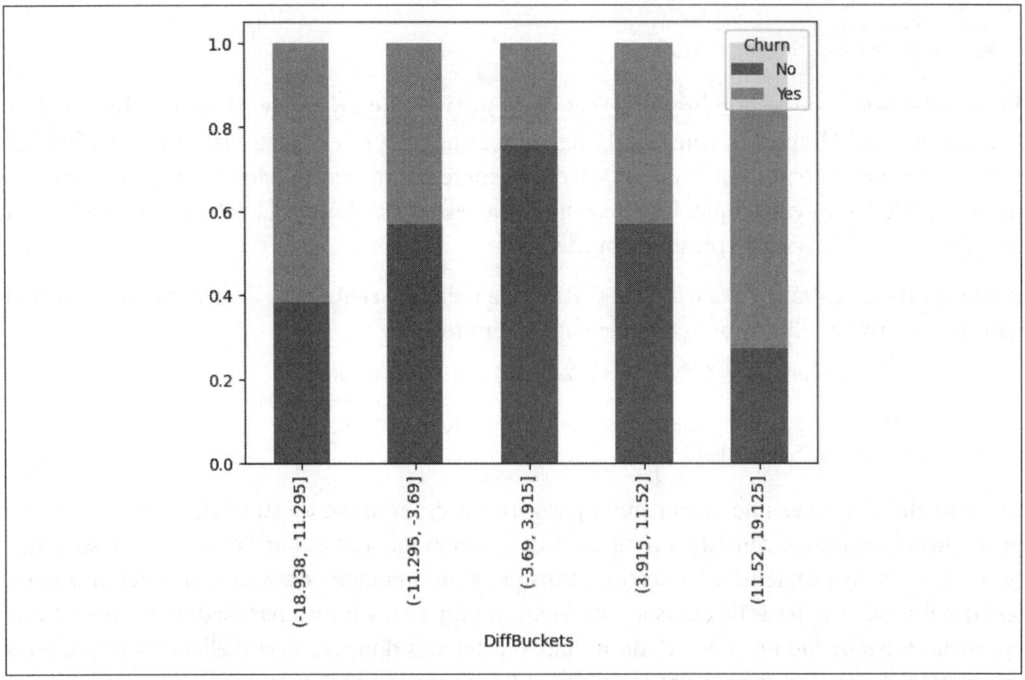

Figure 7.6 : Taux de désabonnement pour chaque compartiment de la colonne `DiffCharges`.

Le taux de désabonnement pour chaque compartiment n'est pas vraiment linéaire. Il diminue avant d'augmenter ensuite, en fonction de la distance entre le compartiment et le centre de la plage totale. Dans de tels cas, il peut être plus intéressant de traiter l'appartenance au compartiment en tant que variable catégorielle plutôt que conserver la caractéristique numérique.

Vous pouvez également explorer les caractéristiques numériques sans aucune manipulation. Par exemple, étudions la relation entre `MonthlyCharges` et `Churn` en utilisant le code suivant (voir le graphique de la Figure 7.7) :

```
df_2['MonthlyBuckets'] = pd.cut(df_2['MonthlyCharges'], bins=3)
plot_cat_feature_dist('MonthlyBuckets')
```

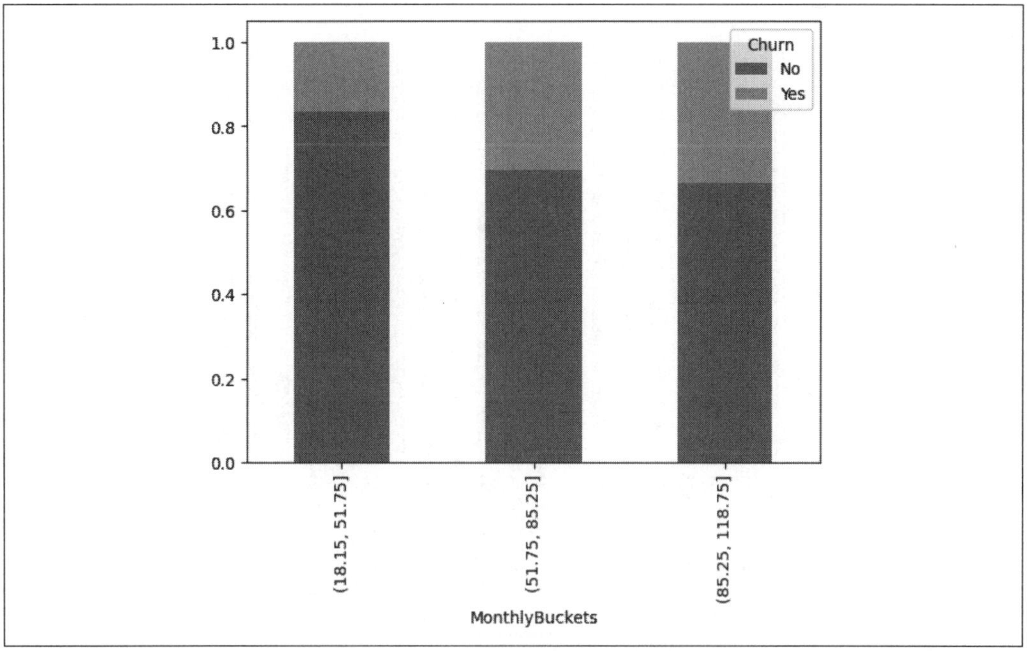

Figure 7.7 : Taux de désabonnement des clients par compartiment pour `MonthlyCharges`. Il augmente à mesure que les frais mensuels augmentent, le plus élevé étant pour les charges comprises entre 85,25 et 118,75.

La Figure 7.7 révèle que le taux de désabonnement a tendance à augmenter à mesure que la valeur de `MonthlyCharges` augmente. Cette colonne sera donc utile pour la prédiction du taux de désabonnement.

Trouver le bon nombre de compartiments pour les colonnes numériques peut être délicat. S'il est trop faible, vous risquez de manquer des motifs importants. S'il est trop élevé, les motifs peuvent devenir très bruyants, voire trompeurs. La Figure 7.8 donne un exemple dans lequel un trop grand nombre de compartiments conduit à un modèle bruyant duquel il est difficile de tirer des informations. Par ailleurs, puisque la plage de valeurs de chaque compartiment est assez réduite, le nombre de clients par compartiment est faible.

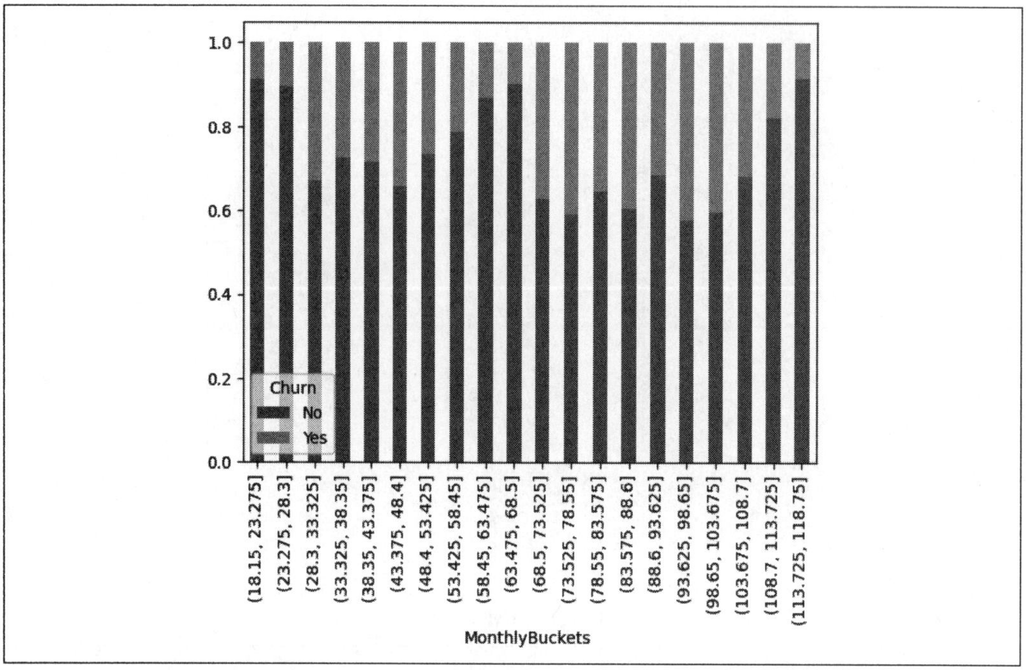

Figure 7.8 : Taux de désabonnement des clients par compartiment pour `MonthlyCharges` avec trop de compartiments. Le motif se perd dans le bruit et il est difficile de déterminer une relation à partir de ce graphique.

À titre d'exercice, effectuez vous-même cette analyse pour les colonnes `tenure` et `TotalCharges`. Vous devriez constater qu'à mesure que `tenure` et `TotalCharges` augmentent, le taux de désabonnement diminue. Il semble logique que ces deux colonnes aient une relation comparable avec le taux d'attrition, car un engagement plus long entraîne normalement un montant de frais plus élevé sur la durée du contrat. En utilisant le code donné dans les chapitres précédents, étudiez la corrélation entre ces deux caractéristiques. Vous verrez qu'elles sont effectivement fortement corrélées, avec un taux d'environ 0,82.

Transformer des caractéristiques avec Pandas et scikit-learn

Arrivé à ce stade, vous avez exploré les différentes colonnes du jeu de données et leurs interactions, plus particulièrement avec la cible. Vous allez à présent préparer les données de façon à les utiliser dans des modèles personnalisés. Vous commencerez par sélectionner les colonnes qui serviront à entraîner le modèle ML, puis les transformerez pour leur donner une forme plus adaptée à l'entraînement. N'oubliez pas que les caractéristiques doivent être numériques avec des magnitudes significatives. Vous devrez en tenir compte lors de leur sélection.

Sélectionner les caractéristiques

Au cours de la section précédente, vous avez étudié les relations entre les différentes caractéristiques du jeu de données et la colonne Churn représentant le désabonnement des clients. Vous avez constaté que certaines n'étaient pas prédictives (leurs valeurs n'affectaient pas le taux de désabonnement) ou étaient redondantes. L'objectif est de supprimer les colonnes qui ne seront pas utilisées pour entraîner le modèle, en commençant par faire une copie du DataFrame df_2. Pourquoi faire une copie ? Si vous supprimez des colonnes de df_2, il vous faudra peut-être reprendre le code qui l'a créé afin de pouvoir de nouveau accéder à ces données. Nous ne l'avons pas indiqué explicitement, mais c'est la raison pour laquelle df_2 a été créé au lieu de modifier le DataFrame df_raw d'origine. En supprimant les colonnes dans une copie, les données d'origine restent disponibles en cas de besoin.

Vous avez découvert que les colonnes gender, StreamingTV et StreamingMovies ne permettaient pas de prédire la cible Churn. Par ailleurs, vous avez constaté que les informations apportées par PhoneLine étaient redondantes et incluses dans MultipleLines. Sa suppression permet d'éviter les problèmes liés à la colinéarité. Le Chapitre 6 a expliqué que la colinéarité se produit lorsque des corrélations fortes existent entre des variables prédictives, conduisant à une estimation peu fiable et instable des coefficients de régression. Ces problèmes sont amplifiés dans les modèles linéaires. Pour lutter contre ce problème, une solution consiste à n'utiliser qu'une seule colonne parmi celles qui sont colinéaires.

La fonction drop() représente le moyen le plus simple de supprimer des colonnes dans un DataFrame Pandas. Exécutez le code suivant dans une nouvelle cellule pour faire une copie du DataFrame et supprimer les colonnes inutiles :

```
df_3 = df_2.copy()
df_3 = df_3.drop(columns=['gender','StreamingTV',
                          'StreamingMovies','PhoneService'])
df_3.columns
```

La ligne df_3.columns permet de connaître les colonnes restantes. Le résultat exact variera en fonction des explorations précédentes, mais, à titre d'exemple, vous devez obtenir un résultat semblable à celui-ci :

```
Index(['customerID', 'SeniorCitizen', 'Partner', 'Dependents',
       'tenure', 'MultipleLines', 'InternetService', 'OnlineSecurity',
       'OnlineBackup','DeviceProtection', 'TechSupport', 'Contract',
       'PaperlessBilling', 'PaymentMethod', 'MonthlyCharges',
       'TotalCharges', 'Churn', 'AvgMonthlyCharge', 'DiffCharges',
       'DiffBuckets', 'MonthlyBuckets', 'TenureBuckets,
       'TotalBuckets'], dtype='object')
```

Dans cet exemple, AvgMonthlyCharge, DiffCharges, DiffBuckets, MonthlyBuckets, TotalBuckets et TenureBucket avaient été ajoutées. Vous avez découvert que DiffBuckets serait une caractéristique intéressante et que tenure était étroitement liée à TotalCharges. Pour éviter les problèmes de colinéarité, supprimez TotalCharges et toutes les caractéristiques ajoutées, à l'exception de

DiffBuckets. Le code nécessaire sera peut-être différent du suivant, selon les explorations réalisées :

```
df_3 = df_3.drop(columns=['TotalCharges','AvgMonthlyCharge',
                          'DiffCharges','MonthlyBuckets',
                          'TenureBuckets', 'TotalBuckets'])
```

Enfin, que faut-il faire de la colonne customerID ? Elle est trop granulaire pour être utile dans un modèle prédictif. En effet, elle identifie de manière unique chaque ligne. Le risque est que le modèle apprenne à associer de façon directe la valeur de cette caractéristique à la valeur de Churn, surtout avec les transformations qui vont suivre. Sa présence convient parfaitement avec un jeu d'entraînement, mais lorsque le modèle rencontrera une nouvelle valeur pour customerID, il ne pourra plus l'utiliser de manière significative. Voilà pourquoi il est préférable de supprimer cette colonne avant l'entraînement du modèle. À titre d'exercice, écrivez le code correspondant dans une nouvelle cellule et exécutez-la. Voici comment procéder, mais essayez de trouver la solution vous-même :

```
df_3 = df_3.drop(columns=['customerID'])
df_3.dtypes
```

Finalement, il reste 15 caractéristiques et 1 cible, Churn. Grâce à df_3.dtypes, vous pouvez comparer votre DataFrame à la référence suivante :

```
SeniorCitizen          int64
Partner               object
Dependents            object
tenure                 int64
MultipleLines         object
InternetService       object
OnlineSecurity        object
OnlineBackup          object
DeviceProtection      object
TechSupport           object
Contract              object
PaperlessBilling      object
PaymentMethod         object
MonthlyCharges       float64
Churn                 object
DiffBuckets         category
```

DiffBuckets est une colonne non pas de type object mais de type category. Cela vient du processus de compartimentage qui ajoute des informations complémentaires, c'est-à-dire les intervalles représentant les compartiments.

Encoder des caractéristiques catégorielles à l'aide de scikit-learn

Avant de commencer le processus d'entraînement, les caractéristiques catégorielles doivent être transformées en caractéristiques numériques. SeniorCitizen en sera un excellent exemple. À la place des valeurs Yes et No, les valeurs sont encodées en 1 et 0, respectivement. Il s'agit essentiellement de la transformation appliquée aux caractéristiques en utilisant scikit-learn.

Tout d'abord, notez que nombre des caractéristiques catégorielles sont binaires. C'est le cas de Partner, Dependents, OnlineSecurity, OnlineBackup, DeviceProtection, TechSupport et PaperlessBilling. Pour OnlineSecurity, OnlineBackup, DeviceProtection et TechSupport, ce n'est pas totalement vrai, mais la valeur No Internet Service est déjà incluse dans InternetService. Avant d'encoder les caractéristiques, remplacez toutes les instances de valeurs No Internet Service dans les différentes colonnes par No. Voici le code requis :

```
df_prep = df_3.replace('No internet service', 'No')
df_prep[['OnlineSecurity', 'OnlineBackup',
        'DeviceProtection', 'TechSupport']].nunique()
```

La méthode nunique() détermine le nombre de valeurs uniques par colonne. Sa sortie doit montrer que OnlineSecurity, OnlineBackup, DeviceProtection et TechSupport n'ont que deux valeurs uniques, c'est-à-dire No et Yes. Le DataFrame df_prep va être conservé et servira ultérieurement pour toute ingénierie des caractéristiques supplémentaire.

Vous êtes maintenant prêt à effectuer un *encodage one-hot*. Ce processus de transformation donne une représentation numérique à une caractéristique catégorielle ayant des valeurs indépendantes. Cette représentation correspond à une liste d'entiers, un pour chaque valeur possible de la caractéristique. Par exemple, InternetService a trois valeurs possibles : No, DSL et Fiber Optic. L'encodage unique de ces valeurs serait, respectivement [1,0,0], [0,1,0] et [0,0,1]. On peut également voir cela comme la création d'une nouvelle colonne pour chaque valeur de caractéristique. Autrement dit, si la valeur de InternetService est égale à No, la valeur de la première colonne est 1, sinon 0. Les deux autres colonnes correspondent au même test, mais pour DSL and Fiber Optic, respectivement. En voyant l'encodage one-hot ainsi, une caractéristique comme Partner qui n'a que deux valeurs, No et Yes, sera encodée avec 0 et 1, respectivement, au lieu de [1,0] et [0,1].

Scikit-learn dispose d'une bibliothèque de prétraitement qui offre des transformateurs spécialisés pour les caractéristiques et les cibles. L'application d'un encodage one-hot aux caractéristiques catégorielles se fait à l'aide de la classe OneHotEncoder. Le code suivant en montre un exemple sur les colonnes catégorielles de notre jeu de données :

```
from sklearn.preprocessing import OneHotEncoder

numeric_columns = ['SeniorCitizen', 'tenure', 'MonthlyCharges']
categorical_columns = ['Partner', 'Dependents', 'MultipleLines',
                       'InternetService','OnlineSecurity',
                       'OnlineBackup','DeviceProtection',
                       'TechSupport','Contract','PaperlessBilling',
                       'PaymentMethod','DiffBuckets']

X_num = df_prep[numeric_columns]
X_cat = df_prep[categorical_columns]

ohe = OneHotEncoder(drop='if_binary')
X_cat_trans = ohe.fit_transform(X_cat)
```

Avant de poursuivre, expliquons ce code ligne par ligne. Tout d'abord, la classe `OneHotEncoder` est importée depuis le package scikit-learn grâce à `from sklearn.preprocessing import OneHotEncoder`. Ensuite, les colonnes sont séparées selon qu'elles sont numériques ou catégorielles. Puisque `SeniorCitizen` a déjà été encodée, elle peut être incluse dans les colonnes numériques. Les deux lignes de code suivantes divisent `df_prep` en deux DataFrames distincts : `X_num` pour les caractéristiques numériques et `X_cat` pour les caractéristiques catégorielles.

La classe `OneHotEncoder` de scikit-learn peut alors être utilisée. L'encodeur one-hot est tout d'abord créé avec `ohe = OneHotEncoder(drop='if_binary')`. L'argument `drop='if_binary'` demande de remplacer la valeur d'une caractéristique binaire par 0 ou 1 plutôt que de renvoyer l'encodage one-hot complet.

La dernière ligne effectue la transformation. La fonction `fit_transform` réalise deux opérations différentes. La partie *fit* de `fit_transform` fait référence à la découverte des différentes valeurs pour les caractéristiques et l'affectation des valeurs one-hot par `OneHotEncoder`. Ce point est important, car vous souhaiterez peut-être parfois inverser le processus et revenir aux valeurs d'origine. Par exemple, après avoir fait une prédiction, vous souhaitez connaître le mode de paiement utilisé par le client. Pour cela, il suffit d'utiliser la méthode `inverse_transform()` de `OneHotEncoder` de façon à retrouver l'entrée d'origine à partir de l'entrée numérique. Prenons, par exemple, les deux lignes de code suivantes exécutées dans des cellules distinctes :

```
X_cat_trans.toarray()[0]
ohe.inverse_transform(X_cat_trans.toarray())[0]
```

La première renvoie la sortie suivante :

```
[1., 0., 0., 1., 0., 1., 0., 0., 0., 1., 0., 0., 1., 0., 0., 1., 0., 0., 1.,
0., 0., 0., 1., 0., 0., 0.]
```

Tandis que la seconde produit le résultat suivant :

```
Partner                           Yes
Dependents                         No
MultipleLines        No phone service
InternetService                   DSL
OnlineSecurity                     No
OnlineBackup                      Yes
DeviceProtection                   No
TechSupport                        No
Contract               Month-to-month
PaperlessBilling                  Yes
PaymentMethod        Electronic check
DiffBuckets            (-3.69, 3.915]
```

Après que `OneHotEncoder` a été adapté aux données, vous pouvez passer des valeurs d'origine aux valeurs encodées, et inversement, à l'aide de `transform()` et `inverse_transform()`.

Pour finir, les caractéristiques numériques et les caractéristiques catégorielles encodées doivent être de nouveau combinées. Puisque les caractéristiques catégorielles encodées sont renvoyées sous forme de tableau NumPy, le DataFrame Pandas doit être converti en un tableau NumPy et les deux tableaux doivent être réunis. Il faut également créer un tableau NumPy pour la cible `Churn`. Effectuez ces opérations en exécutant le code suivant dans une nouvelle cellule :

```
X = np.concatenate((X_num.values,X_cat_trans.toarray()), axis=1)
y = df_prep['Churn'].values
```

La fonction `concatenate()` de NumPy prend deux tableaux et renvoie un seul tableau. `X_num` est un DataFrame, mais les valeurs d'un DataFrame Pandas sont en réalité stockées sous forme de tableau NumPy. L'accès à ce tableau se fait au travers de la propriété `values`. `X_cat_trans` est un type de tableau NumPy spécial appelé matrice creuse. Les matrices *creuses*, dont la plupart des entrées sont à 0, sont intéressantes car de nombreuses optimisations permettent de les stocker plus efficacement. Toutefois, vous avez besoin du tableau complet correspondant. Vous pouvez utiliser la méthode `toarray()` pour y accéder. Enfin, les DataFrames doivent être concaténés « horizontalement », en combinant les colonnes côte à côte. C'est pourquoi l'argument `axis=1` est ajouté. Avec `axis=0`, les tableaux seraient empilés « verticalement », en ajoutant une liste de lignes à l'autre.

Généraliser et fractionner les données

Après tout ce travail de préparation du jeu de données, l'entraînement du modèle va pouvoir commencer. Eh bien non, pas encore. Les données doivent d'abord être séparées en un jeu d'entraînement et un jeu de test afin que le modèle puisse être correctement évalué.

Pour cela, scikit-learn fournit dans le module `model_selection` une fonction utilitaire intéressante nommée `train_test_split`. Même si c'est à vous d'effectuer le fractionnement du jeu de données en vue de l'entraînement et de l'évaluation, que ce soit dans scikit-learn ou d'autres frameworks, la plupart d'entre eux, voire la totalité, offrent des outils qui facilitent cette opération.

Pour diviser les données en un jeu d'entraînement et un jeu de test, exécutez le code suivant dans une nouvelle cellule :

```
from sklearn.model_selection import train_test_split

X_train, X_test, y_train, y_test = train_test_split(X,y,test_size=0.20,
                                                    random_state=113)

X_train.shape
```

La première ligne importe la fonction `train_test_split` de la bibliothèque `model_selection` de scikit-learn. La deuxième réalise le fractionnement. `train_test_split` prend en arguments les tableaux à diviser (ici, `X` et `y`), ainsi que `test_size` pour fixer la taille du jeu d'entraînement en pourcentage. Vous pouvez éventuellement ajouter `random_state` afin que les autres personnes qui exécuteront ce code obtiennent les mêmes jeux d'entraînement et de test. La dernière ligne affiche la taille du jeu d'entraînement avec `X_train.shape`. Il s'agit d'un tableau de dimensions `(5634, 29)`, c'est-à-dire contenant 5 634 observations et 29 caractéristiques après encodage one-hot. Le jeu de test contient donc 1 409 observations.

Créer un modèle de régression logistique avec scikit-learn

Vous disposez à présent d'un jeu d'entraînement et d'un jeu de test. L'entraînement du modèle ML peut commencer. Cette section explique comment entraîner des modèles dans scikit-learn et propose une introduction à la régression logistique, le type du modèle concerné. Vous découvrirez ensuite différentes façons d'évaluer et d'améliorer un modèle de classification. Enfin, vous découvrirez les *pipelines* dans scikit-learn, qui permettent de consolider les différentes transformations effectuées sur le jeu de données et l'algorithme d'entraînement utilisé.

La régression logistique

L'objectif d'un modèle de régression logistique est de prédire l'appartenance à l'une des deux classes discrètes. Par souci de simplicité, désignons ces deux classes par $y = 1$ et $y = 0$. L'une des classes est souvent considérée comme la classe « positive », l'autre comme la classe « négative ». À l'instar de la régression linéaire, les entrées sont une liste de valeurs numériques. En revanche, la sortie est la probabilité prédite pour la classe positive étant donnée la liste de caractéristiques $\vec{x}$. Cette probabilité est notée $P(y = 1|\vec{x})$. Dans le cas où $y = 1$, elle doit être aussi proche que possible de 1, alors que pour $y = 0$, elle doit être le plus proche possible de 0.

Comment cette probabilité est-elle calculée ? Pour la régression linéaire, nous avions utilisé l'équation $f(x) = w_0 + w_1x_1 + ... + w_nx_n$ pour les poids $w_0, ..., w_n$. Dans le cas de la régression logistique, l'équation est comparable :

$$g(\vec{x}) = \frac{1}{1 + \exp(-f(\vec{x}))}$$

À première vue, cette formule peut sembler effrayante, mais analysons-la. $g(x)$ est une composition de deux fonctions : la fonction $f(x)$ dénommée *logit* et la fonction *sigmoïde* (ou *logistique*) :

$$\sigma(t) = \frac{1}{1 + \exp(-t)}$$

La fonction sigmoïde, ainsi que ses variantes, se rencontre dans de nombreux domaines différents, notamment l'écologie, la chimie, l'économie, les statistiques et bien sûr l'apprentissage automatique. Elle possède des propriétés qui la rendent intéressante pour les modèles de classification. Premièrement, ses valeurs varient entre 0 et 1, ce qui permet d'interpréter les résultats comme une probabilité. En termes techniques, il s'agit d'un exemple de fonction de distribution cumulative puisque les valeurs augmentent toujours à mesure que la variable indépendante augmente. Deuxièmement, sa *dérivée* (le taux de variation à un instant donné) est facile à calculer. Ce point est important pour la descente de gradient, car le coût d'entraînement du modèle devient raisonnable. La Figure 7.9 présente la courbe de la fonction logistique.

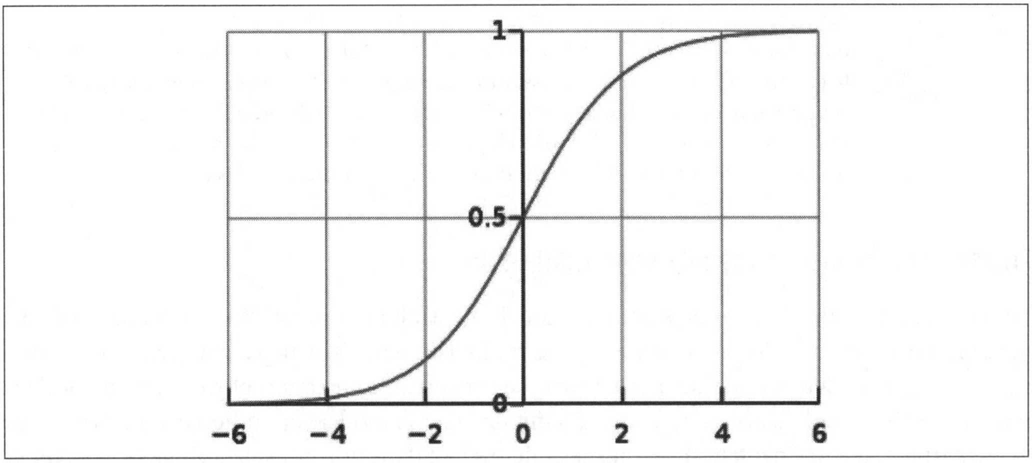

Figure 7.9 : Courbe de la fonction logistique. La plage de valeurs est comprise entre 0 et 1.

Rappelez-vous que, lors de l'entraînement d'un modèle de régression linéaire, l'objectif était de minimiser l'erreur quadratique moyenne. Dans le cas de la régression logistique, la fonction de perte est différente et se nomme *entropie croisée*. Elle est définie comme suit :

$$L(g, D) = -\frac{1}{N}\sum(\log(g(\vec{x}))y + \log(1 - g(\vec{x}))(1 - y))$$

La somme se fait sur toutes les observations du jeu de données D. L'argument D est inclus ici pour rappeler que l'entropie croisée dépend autant du jeu de données utilisé pour la calculer que du modèle évalué. Puisque soit y, soit $1 - y$ sera nul, un seul des termes de la somme pour chaque observation sera différent de zéro. Le terme correspondant, c'est-à-dire $\log(g(\vec{x}))$ ou $\log(1 - g(\vec{x}))$, contribuera à la fonction de perte. Si le modèle est 100 % certain de ce que sera la bonne réponse, alors ce terme sera nul. Dans le cas contraire, la valeur qui contribue à la fonction de perte augmente de façon exponentielle à mesure que la confiance diminue.

Prenons un exemple concret. Supposons que $g(\vec{x}) = 0,6$ et que $y = 1$. Autrement dit, le modèle conclut qu'il y a 60 % de chance que la cible soit 1. Quelle est alors la contribution à la fonction de perte ? Dans ce cas, la seule contribution vient de $\log(g(\vec{x}))$. $\log(0,6)$ est environ égal à –0,222. Dans le calcul de la fonction de perte elle-même, le signe est finalement inversé en raison du signe moins placé devant. Mais si $g(\vec{x}) = 0,4$, alors $\log(0,4)$ est à peu près égal à –0,398. Dans ce cas, plus la probabilité prédite $g(\vec{x})$ s'éloigne de 1, plus la contribution à la fonction de perte est importante.

L'entropie croisée est apparue pour la première fois en tant que concept dans le domaine de la *théorie de l'information*. De façon grossière, l'entropie croisée mesure la quantité d'informations nécessaires pour représenter un événement lorsque l'on suppose une certaine loi de probabilité alors que la loi de probabilité réelle est différente. Dans le cas d'une régression logistique, la loi de probabilité supposée provient de la sortie du modèle et la distribution réelle est donnée par les cibles.

Entraîner et évaluer un modèle dans scikit-learn

Les données ont été préparées et le type de modèle à entraîner pour prédire le taux de désabonnement des clients a été identifié (une régression logistique). Vous pouvez à présent entraîner votre premier modèle à l'aide de scikit-learn. Le processus de création et d'entraînement d'un modèle est très simple dans scikit-learn. Il suffit de créer le modèle en indiquant son type, puis de démarrer son entraînement. Exécutez le code suivant dans une nouvelle cellule pour créer et entraîner un modèle de régression logistique :

```
from sklearn.linear_model import LogisticRegression

cls = LogisticRegression()

cls.fit(X_train, y_train)
```

L'exécution du code va probablement générer le message suivant, ou un message similaire :

```
/usr/local/lib/python3.10/dist-packages/sklearn/linear_model/_logistic.py:460:
ConvergenceWarning: lbfgs failed to converge (status=1):
STOP: TOTAL NO. of ITERATIONS REACHED LIMIT.

Increase the number of iterations (max_iter) or scale the data as shown in:
    https://scikit-learn.org/stable/modules/preprocessing.html
Please also refer to the documentation for alternative solver options:
    https://scikit-learn.org/stable/modules/linear_model.html#logistic-regression
  n_iter_i = _check_optimize_result(
LogisticRegression()
```

Que s'est-il passé ? Par défaut, scikit-learn effectue une descente de gradient, avec un certain nombre d'itérations, afin d'essayer de trouver les meilleurs poids pour le modèle. Dans ce contexte, une *itération* correspond au calcul de la descente de gradient sur l'intégralité du jeu de données. Le processus d'entraînement se termine lorsque l'amélioration de la fonction de perte, l'entropie croisée, devient très faible (par défaut, 10^{-4}) entre les itérations. Dans notre cas, le modèle n'a jamais atteint ce seuil. En pratique, cela signifie qu'il est encore possible de l'améliorer en prolongeant son entraînement.

Quelle peut être la cause d'un tel problème ? Il existe plusieurs raisons différentes, mais l'une des plus fréquentes vient des plages des caractéristiques. Si les plages de valeurs pour les différentes caractéristiques varient considérablement, la descente de gradient aura besoin d'un plus grand nombre d'itérations pour converger vers la meilleure solution.

Pour le comprendre, faisons une analogie avec le fait de faire rouler une balle dans un bol depuis son bord. Supposons tout d'abord que le bol soit parfaitement rond, son bord étant donc un cercle parfait. En y plaçant une balle et en la poussant, elle roule immédiatement jusqu'au fond du bol. Que se passe-t-il si le bol a plutôt une forme ovale ou oblongue ? La balle risque non pas de rouler directement vers le centre, mais d'osciller d'avant en arrière tout au long de la descente. C'est essentiellement ce qu'il se passe avec la descente de gradient. La *courbure*, c'est-à-dire l'écart entre un « bol » parfaitement plat et la réalité, affecte le comportement de la descente de gradient. Lorsque la courbure est constante (par exemple, lorsque le bol est parfaitement rond), nous obtenons le premier comportement. En revanche, si la courbure n'est pas constante, comme dans le cas où les valeurs des caractéristiques ont des échelles différentes, nous risquons d'obtenir les oscillations évoquées.

Pour résoudre ce problème, une solution consiste simplement à entraîner le modèle sur un plus grand nombre d'itérations. Pour cela, il suffit de fixer la valeur de l'argument facultatif `max_iter`. Si cette approche est adaptée aux jeux de données de petite taille, elle ne peut pas être envisagée dès que les jeux de données sont plus volumineux. Dans ce cas, la meilleure solution consiste à redimensionner les caractéristiques de façon à leur donner une plage standard, par exemple entre 0 et 1. Dans scikit-learn, c'est précisément le rôle du transformateur `MinMaxScaler()`. Exécutez le code suivant dans une nouvelle cellule afin de redimensionner le jeu d'entraînement, puis d'entraîner un nouveau modèle de régression logistique :

```
from sklearn.preprocessing import MinMaxScaler

scaler = MinMaxScaler()
X_train_scaled = scaler.fit_transform(X_train)

cls = LogisticRegression()

cls.fit(X_train_scaled, y_train)
```

Cette fois-ci, le modèle devrait avoir convergé avec succès. Au lieu de consacrer plus de temps de calcul à la convergence du modèle, il a suffi de redimensionner les données afin que le processus d'entraînement soit plus efficace. Voilà une bonne pratique non seulement lors de l'utilisation de scikit-learn ou lors de l'entraînement d'un modèle de régression logistique, mais également lors de l'entraînement des modèles ML en général.

Maintenant que le modèle a été entraîné, l'étape suivante consiste à l'évaluer. Dans scikit-learn, vous pouvez utiliser la méthode `score` du modèle entraîné pour réaliser une évaluation à partir du jeu de test. Cette méthode donne la précision moyenne du modèle sur le jeu de test exprimée sous forme décimale. Dans une nouvelle cellule, exécutez `cls.score(X_test, y_test)` pour déterminer la précision du modèle entraîné.

La précision de votre modèle est probablement d'environ 48 %, même si elle risque de varier légèrement en fonction des états aléatoires. Ce modèle ne semble pas très bon et jouer à pile ou face donnerait peut-être de meilleurs résultats. Avez-vous remarqué le problème avec l'approche mise en œuvre ? Avant d'entraîner le modèle, les caractéristiques d'entraînement ont été redimensionnées afin qu'elles soient comprises entre 0 et 1. Mais cette même transformation n'a pas été effectuée sur le jeu de test. Puisque le modèle a été entraîné avec des plages de valeurs différentes de celles fournies pour l'évaluation, il a mal fonctionné. Voilà un exemple classique d'*asymétrie entraînement/service.*

La même mise à l'échelle doit être réalisée sur le jeu de test et sur le jeu d'entraînement. La méthode `fit_transform()` a été utilisée pour que `MinMaxScaler()` puisse apprendre les valeurs minimale et maximale de chaque caractéristique et mettre à l'échelle les valeurs dans une plage de 0 à 1. Il est inutile de réajuster le transformateur, qui peut servir à transformer le jeu de test afin de préparer l'évaluation. Pour cela, exécutez le code suivant, puis comparez de nouveau les performances :

```
X_test_scaled = scaler.transform(X_test)

cls.score(X_test_scaled, y_test)
```

Votre modèle doit à présent afficher une précision d'environ 80 %. Elle est bien meilleure que celle obtenue sans mettre à l'échelle le jeu d'évaluation. L'important à retenir ici est que les mêmes transformations doivent être effectuées lors de l'entraînement et lors de l'évaluation pour être certain d'obtenir des résultats précis. Cela reste également vrai lors des prédictions. Les transformations réalisées sur les données doivent donc être documentées et les outils offerts, comme les pipelines de scikit-learn, doivent être exploités pour garantir une application cohérente de ces transformations.

Métriques d'évaluation de la classification

L'exactitude est une métrique simple et facile à comprendre souvent utilisée avec les modèles de classification. Cependant, utiliser uniquement cette métrique peut poser quelques problèmes. L'exactitude de votre modèle est d'environ 80 %. Un modèle qui se contenterait de prédire aucun désabonnement des clients aurait une précision d'environ 73,5 %. 80 % c'est mieux que 73,5 %, mais la valeur commerciale du modèle qui prédit l'absence des désabonnements pourrait être nettement inférieure à celle de tout autre modèle. Si l'objectif était de prédire le taux d'attrition des clients et d'essayer d'empêcher leur départ, alors le modèle « sans désabonnement » ne donnerait jamais d'informations exploitables et n'aurait en fait aucune valeur.

Vous l'avez appris au Chapitre 5, des métriques comme le rappel, la précision et l'exactitude permettent de donner une image plus claire des performances du modèle. En bref, le *rappel* peut être vu comme le vrai taux de positivité. Dans l'exemple du désabonnement des clients, le rappel représente le pourcentage de clients ayant annulé leur abonnement correctement prédit par le modèle. La *précision* peut être vue comme la capacité de prédiction positive du modèle. Pour le cas présent, elle correspond au pourcentage prédit de clients annulant leur abonnement qui l'annulent effectivement. Si l'objectif est de contacter de manière proactive ces clients, le rappel sera alors une métrique très importante. Il faudrait même être prêt à sacrifier un peu d'exactitude ou de précision pour améliorer le rappel. Il y a bien sûr un compromis à trouver, car contacter des clients qui n'envisageaient pas d'annuler a un coût.

Prenons l'exemple d'un modèle qui ne prédit aucune perte de clientèle. Dans ce cas, le rappel est égal à 0, car aucun des clients ayant annulé son abonnement n'est correctement identifié. Pourtant, on attendrait un rappel plus élevé pour le modèle entraîné.

Rappelez-vous que la matrice de confusion décompose les prédictions en un tableau basé sur la classe prédite et la classe réelle (voir Tableau 7.8).

Tableau 7.8 : Matrice de confusion pour un problème général.

	Positifs prédits	Négatifs prédits
Positifs réels	Vrais positifs (VP)	Faux négatifs (FN)
Négatifs réels	Faux positifs (FP)	Vrais négatifs (VN)

Avec scikit-learn, le calcul de la matrice de confusion pour le modèle que vous avez entraîné est facile. Il suffit d'utiliser la fonction `confusion_matrix` de la bibliothèque `sklearn.metrics`. Exécutez le code suivant dans une nouvelle cellule pour obtenir la matrice de confusion du modèle :

```
from sklearn.metrics import confusion_matrix

y_pred = cls.predict(X_test_scaled)

confusion_matrix(y_test, y_pred, labels=['Yes','No'])
```

`confusion_matrix` prend trois arguments. Le premier correspond aux cibles réelles du jeu de test, `y_test`. Le deuxième concerne les cibles prédites par le modèle. Pour calculer ces prédictions, utilisez la méthode `predict` sur le modèle, en fournissant les entrées de test transformées `X_test_scaled`. Bien que facultatif, le dernier argument est utile. `labels` attend une liste de valeurs d'étiquette, ici `'Yes'` et `'No'`, qui fixe l'ordre des étiquettes dans la matrice de confusion. Vous devriez obtenir une matrice de confusion semblable à la suivante :

```
array([[185, 187],
       [ 94, 943]])
```

Que signifie-t-elle ? Parmi les observations du jeu test, 185 + 187 = 372 clients ont annulé leur abonnement au service et 94 + 943 = 1 037 clients l'ont conservé. Le modèle a correctement prédit que 185 clients annuleraient (vrais positifs), mais il est passé à côté des 187 clients qui ont annulé (faux négatifs). Il a également prédit correctement que 943 clients conserveraient leur abonnement (vrais négatifs), mais que 94 clients l'ayant gardé l'annuleraient (faux positifs).

À partir de là, vous pouvez calculer la précision et le rappel de deux manières différentes. La première se fonde sur les informations données par la matrice de confusion, la seconde passe par les fonctions `precision_score` et `recall_score` de scikit-learn. Le code suivant emploie cette dernière approche pour calculer la précision et le rappel du modèle :

```
from sklearn.metrics import precision_score, recall_score

print("Précision :", precision_score(y_test, y_pred,
                                    labels=['Yes','No'], pos_label='Yes'))

print("Rappel :", recall_score(y_test, y_pred,
                               labels=['Yes','No'], pos_label='Yes'))
```

Avant d'examiner les résultats, expliquons ce code. Les trois premiers arguments sont identiques à ceux de la fonction `confusion_matrix` précédente. Si des étiquettes indexées (comme 0 et 1) ne sont pas utilisées, `labels` est obligatoire. L'argument supplémentaire, `pos_label`, définit la « classe positive ». Puisque le rappel et la précision sont des mesures relatives à une « classe positive », il est indispensable de la préciser. Vos résultats devraient être similaires à ceux-ci :

```
Précision : 0.6630824372759857
Rappel : 0.49731182795698925
```

En d'autres termes, parmi les clients qui, selon le modèle, annuleraient leur compte, 66,3 % d'entre eux l'ont effectivement annulé. Mais il n'a identifié que 49,7 % des clients qui ont effectivement annulé. Il peut donc être encore amélioré. Vous voyez clairement que ce modèle a une valeur commerciale supérieure à un modèle incapable de détecter tout désabonnement.

Servir des prédictions avec un modèle entraîné

Dans la section précédente, vous avez vu comment servir des prédictions avec la méthode `predict` afin d'évaluer le modèle à l'aide de différentes métriques. Vous avez alors été naturellement confronté au problème d'asymétrie entraînement/service : au moment de la prédiction, les données n'avaient pas encore été transformées et les résultats reçus étaient donc inexacts. Ce problème peut survenir de différentes manières.

Un autre problème courant vient du format des données utilisées pour les prédictions. Il arrive qu'il soit différent de celui des données ayant servi à l'entraînement. Dans notre exemple, les données d'entraînement étaient au format CSV, mais il est possible que les données disponibles pour les prédictions soient au format JSON, un format très utilisé dans les applications Web.

La réflexion sur la manière de servir les prédictions doit tenir compte de toutes les transformations qui ont été effectuées. Une approche intéressante consiste à les regrouper dans une même fonction et de fournir celle-ci avec le modèle au moment de la prédiction.

Voici les différentes transformations qui ont été apportées aux données :

1. Nettoyage des données pour garantir que `TotalCharges` était un nombre à virgule flottante.
2. Création d'une nouvelle caractéristique `DiffBuckets`.
3. Suppression de `CustomerID`, `gender`, `StreamingTV`, `StreamingMovies`, `PhoneService` et d'autres colonnes temporaires.

4. Encodage one-hot des caractéristiques catégorielles.
5. Mise à l'échelle des caractéristiques numériques dans la plage 0 à 1.

Ces mêmes étapes doivent être répétées pour servir les prédictions. Vous allez à présent réunir tout le code de prétraitement dans une seule fonction afin de pouvoir l'appliquer facilement aux données entrantes. Supposons que vous souhaitiez prédire si un client spécifique annulera son abonnement à la fin du mois. Les données correspondantes ont été fournies au format JSON :

```
{"customerID": "7520-HQWJU", "gender": "Female", "SeniorCitizen": 0,
"Partner": "Yes", "Dependents": "Yes", "tenure": 66, "PhoneService": "Yes",
"MultipleLines": "Yes", "InternetService": "DSL", "OnlineSecurity": "Yes",
"OnlineBackup": "Yes", "DeviceProtection": "Yes", "TechSupport": "No",
"StreamingTV": "No", "StreamingMovies": "No", "Contract": "Month-to-month",
"PaperlessBilling": "Yes", "PaymentMethod": "Bank transfer (automatic)",
"MonthlyCharges": 67.45, "TotalCharges": "4508.65"}
```

Vous devez les analyser, effectuer les transformations répertoriées et fournir une prédiction à l'aide du modèle entraîné. Pour analyser les données, vous pouvez utiliser le package `json` intégré à Python. Il offre une fonction utile, `json.loads()`, qui charge des données JSON dans un dictionnaire Python. Ensuite, il est très facile de transformer les données. Saisissez le code suivant, ou copiez-collez celui donné dans le notebook de la solution (*https://oreil.ly/_XAAH*), puis exécutez la cellule :

```
import json

example = json.loads("""{"customerID": "7090-HPOJU", "gender": "Female",
"SeniorCitizen": 0, "Partner": "Yes", "Dependents": "Yes", "tenure": 66,
"PhoneService": "Yes", "MultipleLines": "Yes", "InternetService": "DSL",
"OnlineSecurity": "Yes", "OnlineBackup": "Yes", "DeviceProtection": "Yes",
"TechSupport": "No", "StreamingTV": "No", "StreamingMovies": "No",
"Contract": "Month-to-month", "PaperlessBilling": "Yes",
"PaymentMethod": "Bank transfer (automatic)", "MonthlyCharges": 67.45,
"TotalCharges": "4508.65"}""")

ex_df = pd.DataFrame([example])
ex_df['TotalCharges'] = ex_df['TotalCharges'].astype('float64')
ex_df = ex_df.drop(columns=['customerID','gender',
                            'StreamingTV','StreamingMovies',
                            'PhoneService'])

ex_df['AvgMonthlyCharge'] = ex_df['TotalCharges']/ex_df['tenure']
ex_df['DiffCharges'] = ex_df['MonthlyCharges']-ex_df['AvgMonthlyCharge']
ex_df['DiffBuckets'] = pd.cut(ex_df['DiffCharges'],
                        bins=[-18.938,-11.295,-3.69,3.915,11.52,19.125])
ex_df.pop('DiffCharges')

numeric_columns = ['SeniorCitizen', 'tenure', 'MonthlyCharges']
categorical_columns = ['Partner', 'Dependents', 'MultipleLines',
                      'InternetService','OnlineSecurity','OnlineBackup',
                      'DeviceProtection','TechSupport','Contract',
                      'PaperlessBilling','PaymentMethod','DiffBuckets']
```

```
X_num = df_prep[numeric_columns]
X_cat = df_prep[categorical_columns]

X_cat_trans = ohe.transform(X_cat)

X = np.concatenate((X_num.values,X_cat_trans.toarray()), axis=1)
X_scaled = scaler.transform(X)

cls.predict(X)
```

Vous trouvez probablement que cela fait beaucoup de code, mais vous en avez déjà rencontré la quasi-totalité. La première partie représente sans doute la plus grande nouveauté. Elle charge les données JSON à l'aide de `json.loads()` afin d'obtenir un dictionnaire. Puisque bon nombre des transformations ont été effectuées dans un DataFrame Pandas, mieux vaut les placer dans une telle structure de données. Ensuite, `TotalCharges` est converti en `float64` et les colonnes inutiles au modèle sont retirées. Puis la caractéristique `DiffBuckets` est créée. Dans ce cas, au lieu de préciser le nombre de compartiments à la fonction `pd.cut()`, leurs valeurs limites sont précisées. En effet, ces valeurs dépendent des données et nous voulons être certains que les compartiments soient les mêmes qu'au moment de l'entraînement. Enfin, les colonnes catégorielles sont séparées afin de réaliser un encodage one-hot et une mise à l'échelle min-max, avant de demander la prédiction.

Dans ce cas, vous verrez que cette cliente n'est pas censée annuler son abonnement. Si vous souhaitez rendre ce code plus facile à exécuter, vous pouvez créer une fonction. En voici un exemple :

```
def custom_predict_routine(example):
    # Insérer le code précédent, avec une indentation.
    return cls.predict(X)
```

> Vous ne devez utiliser la méthode `fit_transform` qu'avec des transformateurs comme `OneHotEncoder` et `MinMaxScaler` au moment de l'entraînement. Pour les prédictions, utilisez plutôt la méthode `transform` afin que la transformation des caractéristiques soit cohérente avec celle réalisée lors de l'entraînement.

Les prédictions seront souvent effectuées dans un environnement différent de celui dans lequel le modèle aura été entraîné. Il faudra alors fournir non seulement les fichiers du modèle, mais également le code de prétraitement et les transformateurs. Vous pouvez stocker des objets, comme le `cls` du modèle entraîné, à l'aide de packages tels que `joblib`. La méthode `dump` de `joblib` sérialise un objet Python et l'enregistre sur le disque, à partir duquel il peut ensuite être rechargé grâce à la méthode `load`. En voici un exemple :

```
import joblib

joblib.dump(cls, 'nom_fichier.joblib')

cls = joblib.load('nom_fichier.joblib')
```

Cette solution est applicable non seulement au modèle, mais également aux transformateurs et aux autres objets utilisés.

Introduction aux pipelines

Cette section aborde les pipelines de scikit-learn, un sujet plus avancé. Lors de votre première lecture, n'hésitez pas à la considérer facultative et à y revenir plus tard ou lorsque vous souhaiterez apprendre à gérer les transformateurs dans scikit-learn.

Lorsque vous avez réuni les différentes transformations dans une seule fonction, vous avez probablement trouvé le processus un tantinet fastidieux. Il s'agit pourtant d'une étape très importante si l'on veut éviter l'asymétrie entraînement/service. Pour simplifier la procédure, scikit-learn apporte une construction nommée `Pipeline`. Un *pipeline* contient une séquence d'objets qui sont tous des transformateurs (comme `OneHotEncoder`), à l'exception du dernier, qui est un modèle (comme `LinearRegression`).

Cependant, une partie du traitement a nécessité des opérations Pandas sans rapport avec des transformateurs scikit-learn. Comment peuvent-elles être incluses dans un pipeline ? Il suffit d'utiliser `FunctionTransformer()` de scikit-learn. Lors de la définition du transformateur, elle prend en argument une fonction Python. Au moment de l'appel à `fit_transform()` ou à `transform()` sur ce transformateur, la fonction indiquée est appliquée à l'entrée et sa sortie est retournée. Il s'agit d'un excellent moyen d'inclure une logique de traitement NumPy ou Pandas dans un pipeline scikit-learn.

Dans notre cas, à quoi ressemblerait le pipeline ? Voici les étapes qui ont été réalisées :

1. Chargement des données dans un DataFrame Pandas.
2. Nettoyage et préparation des données à l'aide des fonctions Pandas.
3. Séparation des colonnes catégorielles et des colonnes numériques pour leur transformation distincte.
4. Encodage one-hot des caractéristiques catégorielles et recombinaison des caractéristiques.
5. Mise à l'échelle min-max sur le jeu de données avant d'entraîner le modèle.

Les étapes ont été volontairement réorganisées par rapport à la section précédente afin que le passage vers un pipeline scikit-learn soit un peu plus clair. La première étape (chargement du DataFrame) ne change pas. Les deuxième et troisième étapes impliquent `FunctionTransformer()`. Pour la quatrième, vous aurez besoin de deux transformateurs : le `OneHotEncoder()`, que vous connaissez déjà, et un `ColumnTransformer()`, tout nouveau. Ce dernier permet d'appliquer différentes transformations aux colonnes, exactement ce dont vous avez besoin. `OneHotEncoder()` sera appliqué aux colonnes catégorielles et `MinMaxScaler()` aux colonnes numériques.

Tout d'abord, réunissez la logique de prétraitement Pandas dans une seule fonction :

```
def transform_fn(df):
    df = df.replace({'TotalCharges': {' ': 0.0}})
    df = df.astype({'TotalCharges':'float64'})

    df['AvgMonthlyCharge']= df['TotalCharges'].div(df['tenure'], fill_values=0.0)
    df['DiffCharges'] = df['MonthlyCharges']-df['AvgMonthlyCharge']
    df['DiffBuckets'] = pd.cut(df['DiffCharges'], bins=5)
    df = df.drop(columns=['AvgMonthlyCharge', 'gender','StreamingTV',
                          'StreamingMovies','PhoneService',
                          'customerID', 'DiffCharges'])
    return df
```

Ensuite, incluez le code qui définit les colonnes numériques et les colonnes catégorielles :

```
numeric_columns = ['SeniorCitizen', 'tenure', 'MonthlyCharges']
categorical_columns = ['Partner', 'Dependents', 'MultipleLines',
                       'InternetService','OnlineSecurity',
                       'OnlineBackup', 'DeviceProtection',
                       'TechSupport','Contract',
                       'PaperlessBilling','PaymentMethod',
                       'DiffBuckets']
```

Définissez à présent les transformateurs et le modèle que vous prévoyez d'utiliser dans le pipeline :

```
from sklearn.compose import ColumnTransformer
from sklearn.preprocessing import FunctionTransformer

fn_transformer = FunctionTransformer(transform_fn)
col_transformer = ColumnTransformer(
    [('ohe', OneHotEncoder(drop='if_binary'), categorical_columns),
    ('sca', MinMaxScaler(), numeric_columns)])
model = LogisticRegression()
```

Examinons ce code. Les deux premières lignes importent `FunctionTransformer` et `ColumnTransformer`. Pour créer le `FunctionTransformer`, nous devons lui passer en seul argument la fonction Python contenant la logique de transformation. Puisque la fonction doit être non pas *appelée* mais *incluse*, nous écrivons `transform_fn` à la place de `transform_fn(df)`. En Python, les fonctions étant des objets, nous pouvons les utiliser comme entrées d'autres fonctions. Pour le `ColumnTransformer`, nous fournissons une liste de triplets ordonnés. Le premier élément de chaque triplet est un nom attribué au transformateur, le deuxième est le transformateur lui-même et le troisième correspond aux colonnes à transformer.

Pour définir le `Pipeline`, utilisez le code suivant :

```
from sklearn.pipeline import Pipeline

pipe = Pipeline([('preproc', fn_transformer),
                 ('col_trans', col_transformer),
                 ('model', model)])
```

`Pipeline` attend une liste de paires ordonnées. Le premier élément de chaque paire est le nom de l'objet (transformateur ou modèle) et le deuxième est le transformateur ou modèle lui-même. Le pipeline est un bon moyen de regrouper tout le code, mais quel est son intérêt hormis obtenir un code plus propre ?

La méthode `fit` de `Pipeline` appellera `fit_transform` sur tous les transformateurs, puis la méthode `fit` sur le modèle. Sa méthode `predict` invoquera la méthode `transform` de chaque transformateur dans l'ordre, avant d'appeler `predict` sur le modèle. En bref, un pipeline peut être vu comme un modèle incluant toutes les transformations.

Un pipeline présente également un intérêt de portabilité. Il peut être exporté à l'aide des bibliothèques `pickle` ou `joblib` après l'exécution de la méthode `fit`. Ce pipeline exporté contiendra non seulement les informations du modèle entraîné, mais également les transformateurs ajustés. Il s'agit d'un bon moyen de transférer les transformations et le modèle vers un emplacement différent afin de maintenir la cohérence des prédictions.

À titre d'exercice, terminez la réécriture du code de votre modèle de façon à utiliser un pipeline, entraînez le modèle à l'aide de la méthode `fit`, puis évaluez-le pour calculer son exactitude, sa précision et son rappel.

Construire un réseau de neurones avec Keras

Vous avez créé un modèle de régression logistique avec scikit-learn et entraîné votre premier modèle ML grâce à du code personnalisé. Dans cette section, vous construirez un autre type de modèle en utilisant Keras. Ce framework permet de développer facilement des réseaux de neurones personnalisés dans le cadre du SDK TensorFlow plus général.

Rappelons qu'un réseau de neurones se compose de plusieurs couches, chacune constituée d'un certain nombre de neurones, chacun ayant une fonction d'activation. Dans les modèles de régression, ReLU est souvent utilisée comme fonction d'activation pour les couches cachées, la couche de sortie n'en ayant aucune. Dans les modèles de classification, l'idée est comparable, mais le résultat final doit être converti en probabilité pour la classe positive. Dans la régression logistique, cette conversion a été réalisée à l'aide de la fonction sigmoïde et ce sera aussi le cas pour la classification avec les réseaux de neurones.

Introduction à Keras

TensorFlow est sorti fin 2015 en tant que kit de développement logiciel (SDK, *software development kit*) gratuit et open source pour la création de modèles ML. Le nom *TensorFlow* fait référence à la fois aux tenseurs et à la notion de flux ou de graphe de calcul. Un *tenseur* est simplement un tableau ayant un certain nombre de dimensions, ou *rang* du tenseur. Par exemple, une ligne de texte peut être vue comme un tenseur de mots ou de chaînes de rang 1. Une page de texte serait un tenseur de rang 2 puisqu'il s'agit d'un tableau de lignes. Un livre pourrait être un tenseur de rang 3, et ainsi de suite. Les tenseurs sont une structure de données très répandue dans le domaine du calcul scientifique et sont employés dans de nombreux contextes différents. Un *graphe de calcul* correspond à l'ensemble des instructions que TensorFlow construit pour que le CPU (ou le GPU/TPU) effectue les calculs nécessaires. Cette approche a notamment l'avantage de permettre l'application de techniques d'optimisation en arrière-plan et d'offrir la possibilité de répartir les calculs sur plusieurs machines.

Malgré tous les avantages de TensorFlow, sa version initiale était connue pour être difficile à exploiter en raison de l'approche adoptée. Au fil du temps, de nouvelles bibliothèques et fonctionnalités ont été ajoutées à TensorFlow et ont rendu son utilisation plus facile et plus accessible aux débutants. 2019 a vu la sortie de TensorFlow 2.0, avec comme interface de haut niveau Keras pour créer et entraîner des réseaux de neurones artificiels, ainsi que fournir des prédictions. Keras a tout d'abord été développée en tant qu'interface Python pour créer des réseaux de neurones destinés à Theano, une bibliothèque Python définissant, optimisant et évaluant efficacement des expressions mathématiques impliquant des tableaux multidimensionnels. Keras a ensuite été étendue pour prendre en charge TensorFlow et, avec TensorFlow 2.0, Keras est une bibliothèque qui fait désormais officiellement partie du framework TensorFlow. Elle est facile à utiliser et vous permettra de créer un réseau de neurones avec seulement quelques lignes de code.

Entraîner un classificateur à réseau de neurones

Puisque les données ont déjà été préparées à l'aide de scikit-learn et Pandas, vous pouvez vous lancer rapidement dans l'entraînement d'un nouveau modèle ML. Les jeux de données TensorFlow pour l'entraînement et les tests seront créés à l'aide de l'API Dataset, puis le modèle de réseau de neurones sera défini. Ensuite, le réseau de neurones sera entraîné et évalué. La fonction personnalisée écrite précédemment pour le modèle scikit-learn sera revue afin de servir des prédictions à l'aide du modèle Keras.

Avant de démarrer ce travail, un petit prétraitement supplémentaire est nécessaire. À l'aide du modèle `LogisticRegression` de scikit-learn, il est possible de créer un modèle de classification binaire pour prédire deux classes, `Yes` et `No`. Dans Keras, vous devez utiliser les étiquettes numériques `1` et `0` à la place des chaînes précédentes. Heureusement, scikit-learn inclut le transformateur `LabelEncoder` pour effectuer cette opération. Servez-vous du code suivant pour encoder les étiquettes `Yes` et `No` en `1` et `0`, respectivement :

```
from sklearn.preprocessing import LabelEncoder

le = LabelEncoder()
y_train_enc = le.fit_transform(y_train)
y_test_enc = le.transform(y_test)

le.inverse_transform([1])
```

Dans la sortie, vous verrez que `Yes` est considéré comme la classe positive, soit `1`. Vous pouvez également garantir l'ordre des étiquettes en adaptant le transformateur à l'ensemble `["No","Yes"]` et en transformant simplement `y_train` et `y_test`.

Une fois les étiquettes correctement encodées, créez les jeux de données TensorFlow. L'API `tf.data.Dataset` permet de créer des pipelines d'ingestion de données afin de les fournir pendant l'entraînement du modèle. Puisque les données arrivent un lot à la fois, elles peuvent être envoyées vers plusieurs machines. Cela permet d'entraîner de grands modèles sur des jeux de données éventuellement volumineux en utilisant plusieurs machines différentes. Dans notre cas, le jeu de données tient en mémoire, mais l'utilisation de cette API permet un changement d'échelle sans avoir à modifier le code d'entraînement. L'API Dataset est facile d'emploi et son utilisation fait partie des bonnes pratiques avec TensorFlow et Keras.

Le schéma habituellement mis en place avec `tf.data.Dataset` consiste à créer tout d'abord un jeu de données source à partir des données d'entrée. Dans notre cas, la source sera les tableaux NumPy générés à partir des DataFrames Pandas. Ensuite, toutes les transformations souhaitées seront réalisées en utilisant des outils comme les fonctions `map()` et `filter()`. En ce qui nous concerne, les transformations sont déjà terminées. L'API `tf.data.Dataset` s'occupera de l'envoi des lots de données à la boucle d'entraînement et assurera le fonctionnement transparent de ce processus.

Puisque vous manipulez déjà des tableaux NumPy, vous allez créer le jeu de données à l'aide de la méthode `from_tensor_slices`. Elle prend en argument un tableau NumPy et traite chaque « tranche » comme une observation dans le jeu de données d'entraînement. Par exemple, `X_train` est un tableau de rang 2 ou une matrice. `from_tensor_slices` traite alors chaque ligne de cette matrice comme une observation distincte. De plus, en passant un couple de tableaux, Keras traite le premier comme des observations et le second comme des étiquettes, ce qui est précisément ce que vous souhaitez. Pour créer les `Dataset`, utilisez le code suivant :

```
import tensorflow as tf
import tensorflow.keras as keras

train_dataset=(tf.data.Dataset.from_tensor_slices((X_train_scaled, y_train_enc)).batch(128))

test_dataset=(tf.data.Dataset.from_tensor_slices((X_test_scaled, y_test_enc)).batch(1))
```

La seule partie du code qui pourrait demander quelques explications est la méthode `batch()`. Rappelez-vous que les objets `Dataset` envoient à la boucle d'entraînement des lots de données pris dans le jeu de données. La méthode `batch()` fixe la taille de ces lots. La taille exacte d'un lot dépend du jeu de données et du type de modèle, et nécessite souvent une phase de réglage avant d'être correcte. De façon générale, plus la taille du modèle ou de l'échantillon est grande, plus la taille du lot doit être petite. Cependant, plus la taille du lot est petite, plus le processus d'entraînement risque d'être *bruyant*. Autrement dit, la descente de gradient empruntera un chemin moins direct vers l'ensemble de poids optimal, et la convergence vers le meilleur modèle pourrait prendre plus de temps. La taille du lot est un exemple parfait d'hyperparamètre qui définit le modèle et son processus d'entraînement.

Les données étant prêtes pour l'entraînement, il ne reste plus qu'à créer le modèle. Rappelez-vous que dans BigQuery ML vous aviez spécifié une liste d'entiers. Le nombre d'éléments dans la liste correspond au nombre d'unités cachées et la valeur de chaque entier correspond au nombre de neurones dans cette couche cachée. Les mêmes informations sont utilisées avec Keras, mais le format est légèrement différent. L'API `keras.Sequential` permet d'indiquer la liste des couches souhaitées dans le modèle, puis de créer le modèle correspondant. Les couches abordées dans le chapitre précédent sont appelées couches denses dans Keras. Il s'agit de couches dans lesquelles tous les neurones de la couche précédente se connectent à chaque neurone de la couche suivante, formant les sommes pondérées vues au Chapitre 6. Voici un exemple de couche dense :

```
keras.layers.Dense(
            units=64, input_shape=(28,), activation="relu",
            name="input_layer"
        )
```

Dans cet exemple, quatre arguments sont transmis. Le premier, `units`, stipule le nombre d'unités. Il correspond simplement au nombre de neurones dans la couche. Le deuxième, `input_shape`, n'est nécessaire qu'au moment de la définition de la première couche du modèle et fixe la forme des observations entrantes. Pour les couches suivantes, Keras reçoit les informations de la couche précédente. Rappelons qu'après l'encodage one-hot, il y avait 28 caractéristiques distinctes. Pour le vérifier, consultez la valeur de `X_train.shape`. La forme de `X_train` est (5634, 28). Il existe donc 5 634 observations, chacun ayant 28 valeurs de caractéristiques. La notation `(28,)` peut sembler étrange, mais c'est ainsi que Python représente une liste d'un élément. Dans le cas où les observations entrantes sont de dimension supérieure, par exemple avec des images, alors `input_shape` sera une liste de nombreux éléments. Le troisième argument, `activation`, indique la fonction d'activation. Pour un modèle de classification binaire, la couche finale aura besoin d'une sortie et d'une fonction sigmoïde pour l'activation. Pour les couches cachées, la fonction ReLU est la plus utilisée, comme l'a expliqué le Chapitre 6. Enfin, l'agument `name` permet d'attribuer un nom personnalisé à la couche.

Le code suivant définit le réseau de neurones dans Keras. Il lui affecte trois couches cachées de 64, 32 et 16 neurones, respectivement.

```
model = keras.Sequential(
    [
        keras.layers.Dense(
            units=64, input_shape=(28,), activation="relu",
            name="input_layer"
        ),
        keras.layers.Dense(units=32, activation="relu",
                           name="hidden_1"),
        keras.layers.Dense(units=16, activation="relu",
                           name="hidden_2"),
        keras.layers.Dense(units=1, activation="sigmoid",
                           name="output"),
    ]
)
```

Après que le modèle a été défini, il reste à le compiler. Ce processus traduit le modèle en opérations TensorFlow et le configure en vue de son entraînement. Heureusement, Keras gère tout cela avec seulement quelques lignes de code :

```
loss_fn = keras.losses.BinaryCrossentropy()
metrics = [tf.keras.metrics.BinaryAccuracy(),
           tf.keras.metrics.Precision(),
           tf.keras.metrics.Recall()]

model.compile(optimizer="adam", loss=loss_fn, metrics=metrics)
```

`keras.losses.BinaryCrossentropy()` est l'implémentation de l'entropie croisée par Keras, une fonction de perte que nous avons expliquée précédemment. Trois métriques sont indiquées afin d'évaluer les performances du modèle. `BinaryAccuracy()`, `Precision()` et `Recall()` sont respectivement l'implémentation par Keras des métriques d'exactitude, de précision et de rappel, qui avaient été employées pour le modèle créé avec scikit-learn. Lors de la compilation par la méthode `compile()`, il faut préciser la fonction de perte, toutes les métriques à utiliser et l'optimiseur. Une description détaillée des optimiseurs sort du cadre de cet ouvrage, mais l'optimiseur Adam est considéré comme un bon choix par défaut pour l'entraînement d'un réseau de neurones. Il reprend l'algorithme de descente de gradient original et apporte quelques modifications permettant de résoudre certains pièges liés à cette technique. Pour de plus amples informations sur les optimiseurs, consultez l'ouvrage *Machine learning avec scikit-learn, 3e édition* (Dunod, 2023) d'Aurélien Géron.

Le modèle étant désormais défini et compilé, l'étape suivante consiste à l'entraîner. Dans Keras, la méthode `fit()` démarre l'entraînement d'un modèle compilé. Les jeux d'entraînement et d'évaluation doivent être indiqués, ainsi que la durée de l'entraînement. Le code suivant en montre un exemple :

```
history = model.fit(
    x=train_dataset,
    epochs=20,
    validation_data=test_dataset
)
```

L'argument `x` correspond au jeu d'entraînement. Si un `tf.data.Dataset` n'est pas utilisé, les étiquettes doivent être précisées séparément dans l'argument `y`. Dans notre cas, `train_dataset` contient à la fois les caractéristiques et les étiquettes. `validation_data` est comparable au premier argument `x`, mais il concerne le jeu d'évaluation. Il est facultatif, mais il s'avère généralement judicieux de suivre la manière dont les paramètres d'entraînement et d'évaluation évoluent côte à côte. Enfin, l'argument du milieu, `epochs`, précise la durée du processus d'entraînement. En apprentissage automatique, une *époque* équivaut à un passage complet sur le jeu de données à des fins d'entraînement. N'oubliez pas que la boucle d'entraînement reçoit les observations par lots de 128 et que le jeu d'entraînement en contient 5 634. Après 44 lots (ou *étapes*), l'intégralité du jeu de données aura été parcourue, et donc une époque aura été accomplie. La suivante commencera lorsque Keras reprendra le parcours du jeu de données.

Quelle doit-être la durée d'entraînement du modèle ? Il n'existe aucune règle générale sur laquelle vous pourriez vous appuyer en pratique. Cependant, il y a quelques signes auxquels vous pouvez prêter attention. Premièrement, si le modèle ne montre plus d'amélioration d'une époque à l'autre, c'est le signe d'une convergence du processus d'entraînement. Le deuxième signe apparaît lorsque les résultats du modèle sur le jeu d'évaluation commencent à devenir moins bons. Cela signifie que le modèle souffre de surapprentissage et qu'il faut arrêter l'entraînement, même si les performances continuent de s'améliorer sur le jeu d'entraînement.

La méthode `fit()` possède également un argument facultatif pour les fonctions de rappel. Une *fonction de rappel* (*callback*) est une fonction qui peut effectuer des actions à différentes étapes de l'entraînement, comme enregistrer des points de contrôle du modèle à chaque époque ou arrêter l'entraînement si ses performances sont au point mort ou se détériorent sur le jeu d'évaluation. Cette deuxième utilisation correspond à l'*arrêt prématuré*. Utilisez le code suivant pour entraîner votre modèle, en ajoutant la fonction de rappel `keras.callbacks.EarlyStopping()` pour déclencher un arrêt prématuré si nécessaire :

```
early_stopping = keras.callbacks.EarlyStopping(patience=5, restore_best_weights=True)

history = model.fit(
    x=train_dataset,
    epochs=100,
    validation_data=test_dataset,
    callbacks = [early_stopping]
)
```

L'argument `patience` passé à `keras.callbacks.EarlyStopping()` précise que vous souhaitez attendre cinq époques avec des performances figées ou dégradées avant d'arrêter le processus d'entraînement. En raison des différents endroits où le hasard entre en jeu, l'entraînement peut être bruyant. Il ne faudrait pas arrêter le processus trop tôt à cause de ce bruit. L'argument `patience` est donc utile pour éviter cette situation. Cependant, pour le cas où les performances du modèle se détérioreraient tout au long de cette période d'attente, l'argument `restore_best_weights` défini à `True` permet de replacer le modèle dans la configuration présentant ses meilleures performances avant de mettre fin à l'entraînement. Si ce n'est pas déjà fait, exécutez le code ci-dessus pour entraîner votre modèle. Cela prendra quelques minutes dans Colab.

Pendant le déroulement du processus, des métriques seront affichées pour chaque époque d'entraînement. Les premières sont spécifiques au jeu d'entraînement, la seconde moitié est liée au jeu de test. Vous pouvez également utiliser la méthode `model.evaluate(x=test_dataset)` pour évaluer le modèle. Elle peut servir pour le jeu de test ou d'autres jeux de données, selon la manière dont le jeu de données est divisé pour l'entraînement et l'évaluation. La sortie de `model.evaluate()` devrait ressembler à ceci :

```
12/12 [==============================] - 0s 6ms/step - loss: 0.4390
- binary_accuracy: 0.7928 - precision: 0.6418 - recall: 0.4866
```

Bonne nouvelle, vous avez entraîné avec succès un modèle ML à l'aide de Keras. Malheureusement, dans ce cas, le modèle à réseau de neurones montre une exactitude, une précision et un rappel légèrement moins bons. Peut-on en conclure qu'un réseau de neurones est automatiquement pire ? Non. Cela signifie que des réglages supplémentaires et une ingénierie des caractéristiques seront probablement nécessaires pour améliorer les performances de ce modèle.

Construire des modèles ML personnalisés avec Vertex AI

Vous avez créé, entraîné et évalué avec succès plusieurs modèles ML. Vous avez employé scikit-learn pour entraîner un modèle de régression logistique et Keras pour entraîner un classificateur à réseau de neurones. Le jeu de données utilisé était assez petit. En pratique, vous aurez probablement à entraîner des modèles avec du code personnalisé sur des jeux de données volumineux. Au Chapitre 5, vous avez appris à entraîner un modèle de classification AutoML avec Vertex AI. Cette section propose une introduction à l'entraînement de modèles basé sur du code personnalisé avec Vertex AI Training. Elle aborde des sujets Python plus complexes, comme la création de packages. Les détails ne seront pas donnés, mais vous en apprendrez suffisamment pour commencer.

Vertex AI permet d'entraîner un modèle dans un environnement de conteneur sur un cluster de machines. De façon générale, vous pouvez considérer un *conteneur* comme un ordinateur constitué d'un matériel et d'un système d'exploitation abstraits de sorte que le développeur se concentre uniquement sur le logiciel qu'il souhaite exécuter. Lorsque vous utilisez des frameworks ML standard, vous pouvez utiliser des conteneurs prédéfinis, comme ceux pour scikit-learn, TensorFlow, XGBoost et PyTorch. Pour utiliser le service Vertex AI Training dans Cloud Console, procédez de la manière suivante :

1. Assurez-vous que le jeu de données est disponible dans Google Cloud Storage, BigQuery ou les ensembles de données gérés de Vertex AI.
2. Rassemblez le code Python dans un seul script.
3. Mettez à jour le code de façon à enregistrer les résultats dans un bucket de Google Cloud Storage.
4. Créez une distribution du code source.

Heureusement, la première étape est déjà franchie. Le jeu de données est disponible dans un bucket public de Google Cloud Storage. L'étape suivante consiste à réunir le code Python dans un seul script. Il s'agit de tout le code qui a été utilisé pour charger les données dans un DataFrame Pandas, pour préparer les données en vue de l'entraînement et pour créer et entraîner le modèle ML. Vous devrez également ajouter le code d'enregistrement du modèle quelque part en dehors des ressources Vertex AI ayant servi à entraîner le modèle.

> Vertex AI provisionne des ressources pour une tâche d'entraînement uniquement pendant la durée de cette tâche, puis elles sont supprimées. Vous devez donc sauvegarder localement tout ce que vous souhaitez conserver. L'avantage est que seules les ressources dont vous avez besoin sont utilisées.

Avant de continuer, vous devez créer un répertoire pour contenir les fichiers destinés à votre package Python. Pour cela, dans Colab, exécutez le code suivant :

```
!mkdir trainer
```

Le point d'exclamation placé au début du code demande à Colab d'exécuter la commande dans un terminal Linux. `mkdir` crée un nouveau répertoire nommé, dans ce cas, *trainer*.

Le code Python de ce chapitre a été réuni dans un fichier disponible dans le dossier Chapter7 du dépôt *low-code-ai* sur GitHub (*https://oreil.ly/supp-lcai*). Essayez de créer ce fichier vous-même. Vous pouvez le faire dans un notebook en utilisant une commande spéciale dans une cellule, `%%writefile`. Elle indique à Colab d'écrire le contenu de la cellule dans le fichier indiqué au lieu d'exécuter le code. Elle s'utilise de la manière suivante :

```
%%writefile trainer/trainer.py

<Le code Python à écrire dans le fichier trainer.py.>
```

Avant de poursuivre votre lecture, vous devez soit regrouper le code de votre notebook dans une cellule de manière à l'écrire dans *trainer/trainer.py* avec `%%writefile`, soit recopier celui disponible dans le dépôt GitHub. Les parties du code qui ont servi aux visualisations et aux vérifications des résultats ne sont pas nécessaires. Si vous combinez vous-même votre code Python dans le fichier, vérifiez-le en le comparant à celui donné dans la solution.

En étudiant le code de la solution, vous remarquerez immédiatement que toutes les instructions d'importation ont été déplacées au début du script. Il s'agit d'une bonne pratique en Python. Si l'importation est effectuée avant que le module importé ne soit utilisé, ce n'est pas un problème. Vers la fin du fichier, des instructions `print` ont été ajoutées afin d'afficher les différentes métriques du modèle. Si vous n'affichez pas les résultats, ils seront perdus. Grâce à ces instructions `print`, vous pourrez retrouver les métriques dans les journaux d'entraînement.

Enfin, la dernière ligne du script Python utilise `joblib.dump()` pour écrire le modèle sur Google Cloud Storage. Notez la différence dans la référence à Cloud Storage ici : 'gcs/*<NOM-DU-BUCKET>*/sklearn_model/'. Les buckets de Google Cloud Storage sont montés dans Vertex AI Training à l'aide de Cloud Storage FUSE et sont traités comme un système de fichiers. Vous devrez inclure le nom de votre bucket Cloud Storage créé au Chapitre 4 ou en créer un nouveau.

Le script est à présent écrit dans *trainer\trainer.py*. L'étape suivante consiste à créer les autres fichiers du package, tout simplement avec `%%writefile`. Pour que Python reconnaisse un dossier comme un package, il a besoin d'un fichier *__init__.py* dans le répertoire *trainer*. Ce fichier contient le code d'initialisation du package, mais il peut également être vide si un tel code n'est pas nécessaire. L'autre fichier requis se nomme *setup.py*. Son rôle est de garantir une installation correcte du package sur la ou les machines qui exécutent la tâche d'entraînement. Il s'agit d'un composant standard de tout package Python. Cela dit, lorsque l'entraînement scikit-learn sur Vertex AI se fait avec le conteneur prédéfini standard, la majeure partie de ce processus est simple et implique principalement du code générique. Pour créer le fichier *__init__.py* dans le répertoire *trainer*, exécutez le code suivant dans une nouvelle cellule :

```
%%writefile trainer/__init__.py
# Aucune initialisation requise.
```

La ligne `# Aucune initialisation requise.` est un exemple de commentaire en Python. Le symbole # indique à Python qu'il ne doit pas traiter la ligne et qu'elle est uniquement destinée à la personne qui lit le code. Puisqu'aucune initialisation ne sera nécessaire dans le package que vous créerez, Python traitera simplement ce fichier *__init__.py* comme un fichier vide.

Pour créer *setup.py*, exécutez le code suivant dans une nouvelle cellule :

```
%%writefile setup.py
""" Utiliser 'setuptools' pour créer une distribution source. """

from setuptools import find_packages, setup

setup(
    name="churn_sklearn",
    version="0.1",
    packages=find_packages(),
    include_package_data=True,
    install_requires=['gcsfs'],
    description="Package d'entraînement pour l'attrition des clients.",
)
```

Ce code est principalement générique. Dans la fonction `setup`, vous définissez le nom du package, le numéro de sa version, les packages à installer dans le cadre de la distribution et une description. La fonction `find_packages()` détecte automatiquement les packages du répertoire. L'argument `install_requires=['gcsfs']` s'assure que le package `gcsfs` est installé afin que Cloud Storage FUSE puisse être utilisé.

Tous les fichiers étant en place, vous pouvez à présent créer le package en exécutant le code suivant dans une nouvelle cellule :

```
!python ./setup.py sdist --formats=gztar
```

La commande exécute le script Python *./setup.py* avec l'option `sdist`. Cela crée une distribution source Python avec le format de compression `tar.gz`. La Figure 7.10 montre ce à quoi devraient ressembler vos fichiers, avec les dossiers pertinents développés.

Figure 7.10 : Arborescence des fichiers après avoir créé la distribution du code source du package d'entraînement.

La partie difficile du processus est terminée. Vous devez à présent déplacer le package vers un emplacement sur Google Cloud Storage pour l'utiliser dans Vertex AI. La méthode la plus simple consiste à autoriser Colab à accéder à votre compte Google Cloud, puis d'utiliser l'outil `gcloud storage`. Pour que Colab puisse accéder à vos ressources Google Cloud, exécutez le code suivant dans une nouvelle cellule et répondez aux invites :

```
import sys
if "google.colab" in sys.modules:
    from google.colab import auth
    auth.authenticate_user()
```

Au terme de la procédure, vous pouvez déplacer le fichier vers le bucket Cloud Storage de votre choix. Exécutez le code suivant dans une nouvelle cellule, en remplaçant *`id-projet`* par l'identifiant du projet et *`nom-du-bucket`* par le nom de votre bucket :

```
!gcloud config set project id-projet
!gcloud storage cp ./dist/churn_sklearn-0.1.tar.gz gs://nom-du-bucket/
```

Tout est en place, l'entraînement du modèle peut débuter. La tâche d'entraînement est lancée *via* Cloud Console. Ouvrez une nouvelle fenêtre ou un nouvel onglet de navigateur et accédez à *http://console.cloud.google.com*. Cliquez sur le bouton Afficher tous les produits, sélectionnez la catégorie Intelligence artificielle et cliquez sur Vertex AI. Dans le menu situé à gauche de la page de Vertex AI, allez à la rubrique Model Development et choisissez Entraînement (voir Figure 7.11).

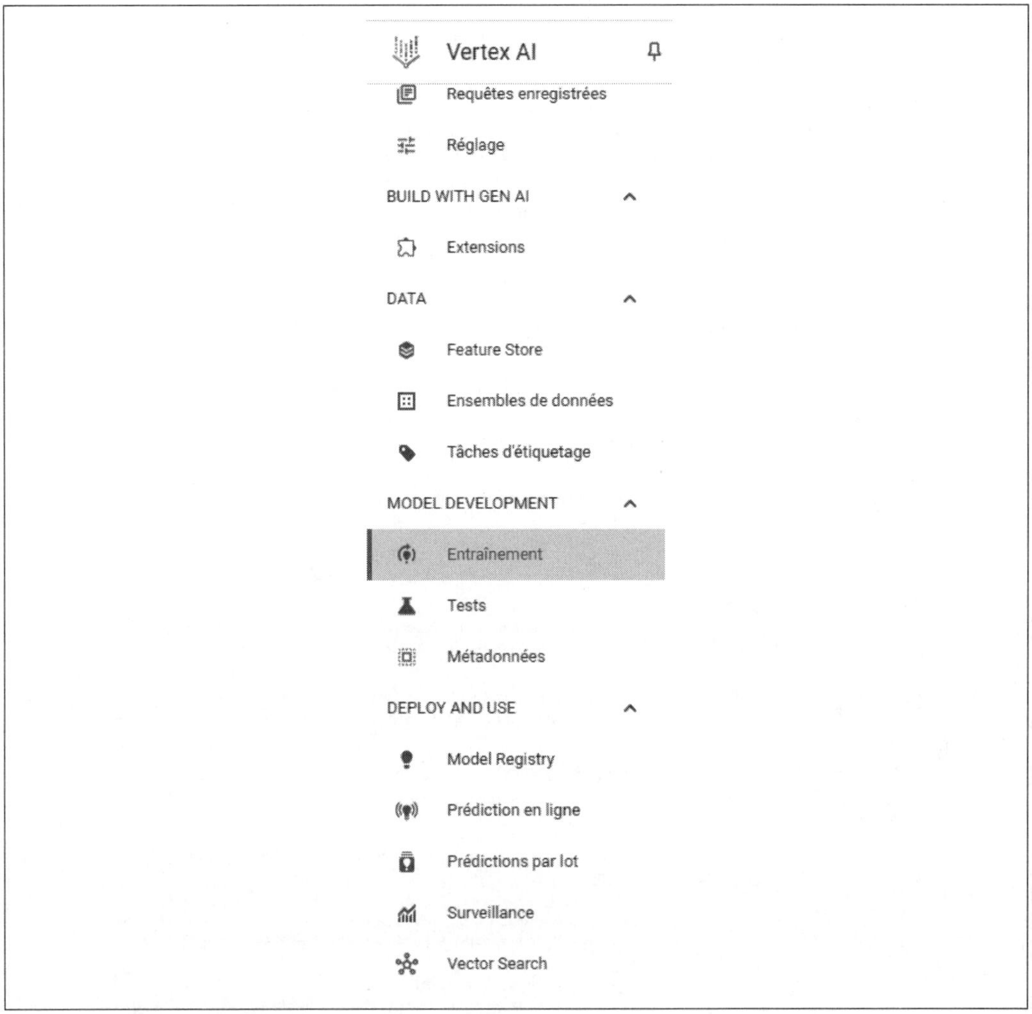

Figure 7.11 : L'option Entraînement dans Vertex AI.

Cliquez à présent sur Entraîner le nouveau modèle pour commencer à créer une nouvelle tâche d'entraînement (voir Figure 7.12). Vous devez définir quelques options avant de pouvoir lancer le processus d'entraînement. La configuration à mettre en place sur les différentes pages est donnée dans les Figures 7.13 à 7.16. Les différentes valeurs sont récapitulées dans le Tableau 7.9.

Toutes les options non mentionnées doivent être laissées à leur valeur par défaut. Sur chaque page, cliquez sur le bouton Continuer jusqu'à ce que le bouton Démarrer l'entraînement soit disponible.

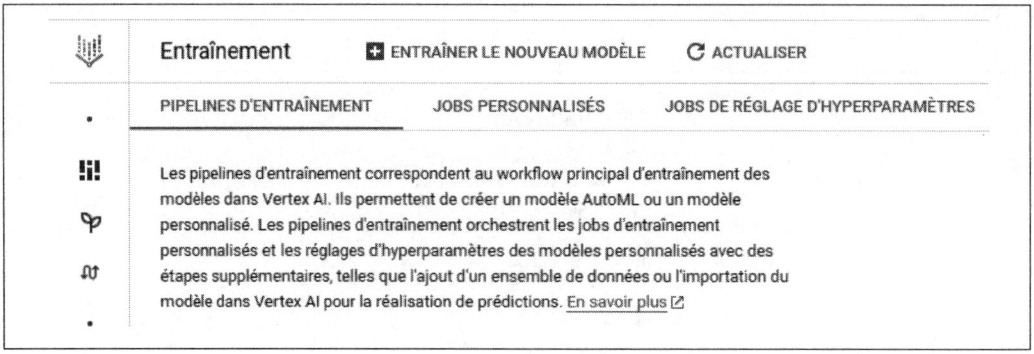

Figure 7.12 : Le bouton Entraîner le nouveau modèle dans la console de Vertex AI Training.

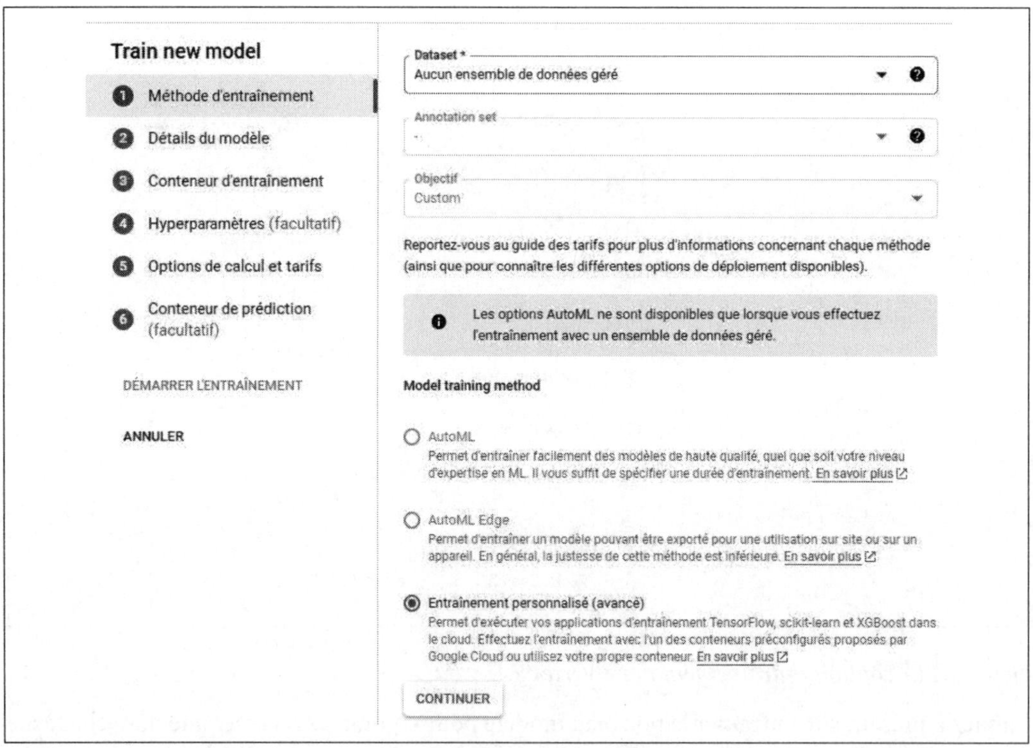

Figure 7.13 : Configuration de la page Méthode d'entraînement.

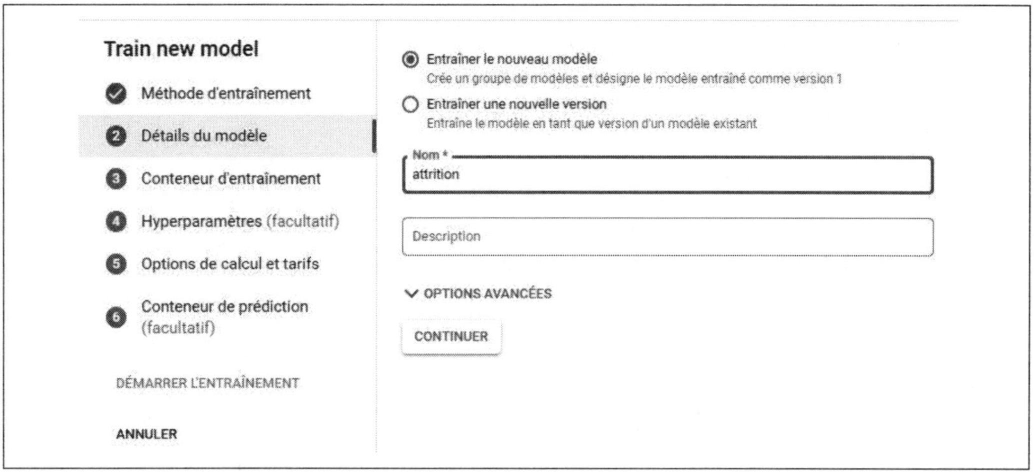

Figure 7.14 : Configuration de la page Détails du modèle.

Figure 7.15 : Configuration de la page Conteneur d'entraînement. N'oubliez pas d'indiquer le bucket que vous utilisez.

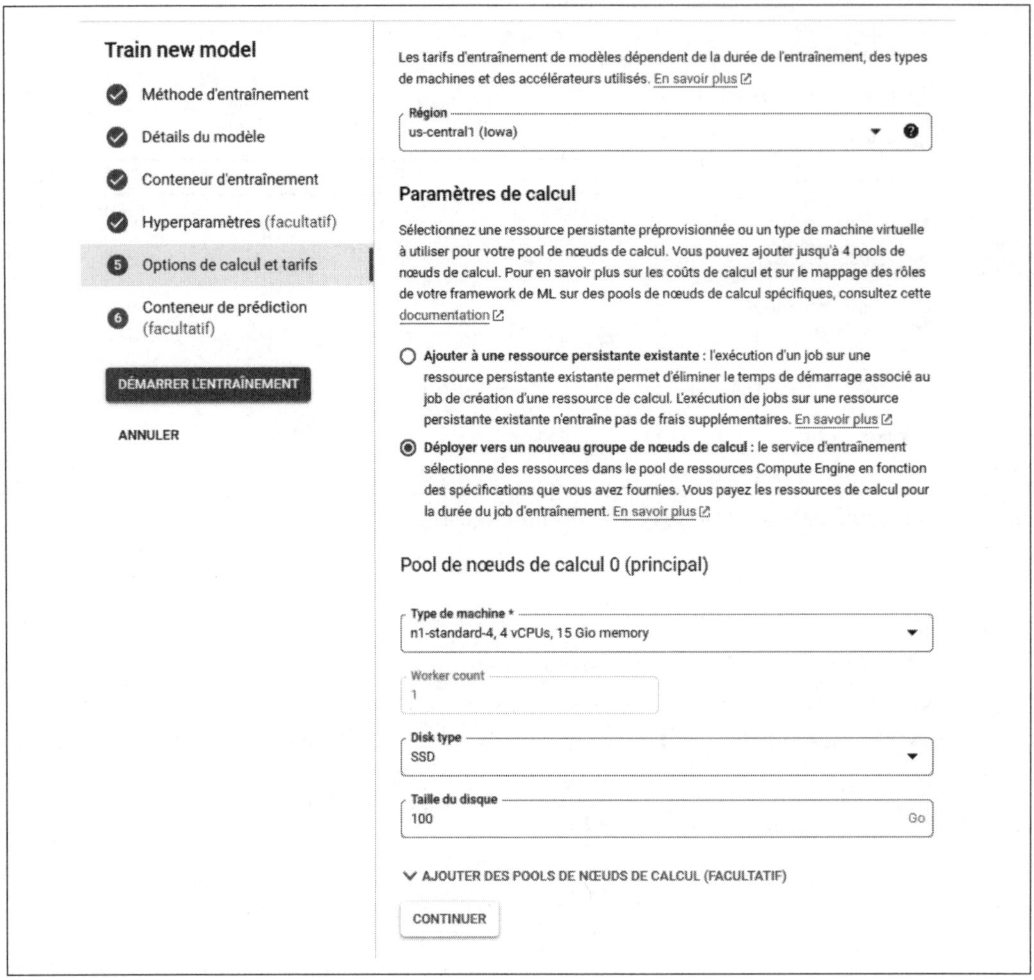

Figure 7.16 : Configuration de la page Options de calcul et tarifs. Choisissez une région proche de votre bucket.

Tableau 7.9 : Récapitulatif de la configuration de la tâche d'entraînement dans Vertex AI Training.

Page Méthode d'entraînement	
Jeu de données	Aucun ensemble de données géré
Model training method	Entraînement personnalisé (avancé)
Page Détails du modèle	
Boutons radio	Entraîner le nouveau modèle
Nom	attrition

Page Conteneur d'entraînement	
Boutons radio	Conteneur préconfiguré
Framework de modèle	scikit-learn
Version du framework de modèle	0.23
Emplacement du package	gs://nom-du-bucket/churn_sklearn-0.1.tar.gz
Module Python	trainer.trainer
Page Options de calcul et tarifs	
Région	Une région proche de l'emplacement du bucket
Boutons radio	Déployer vers nouveau groupe de nœuds de calcul
Type de machine type	n1-standard-4

L'exécution du pipeline d'entraînement que Vertex AI va créer prend environ trois minutes. Lorsque l'opération est terminée, vous pouvez consulter les journaux en revenant sur la page Entraînement de Vertex AI, puis en cliquant sur Jobs personnalisés et en choisissant « attrition-custom-job » (voir Figure 7.17). La page du job personnalisé présente un tableau d'informations. Cliquez sur le lien Afficher les journaux qui se trouve à la fin. En faisant défiler la fenêtre vers le bas, vous arrivez aux métriques de la tâche d'entraînement (voir Figure 7.18).

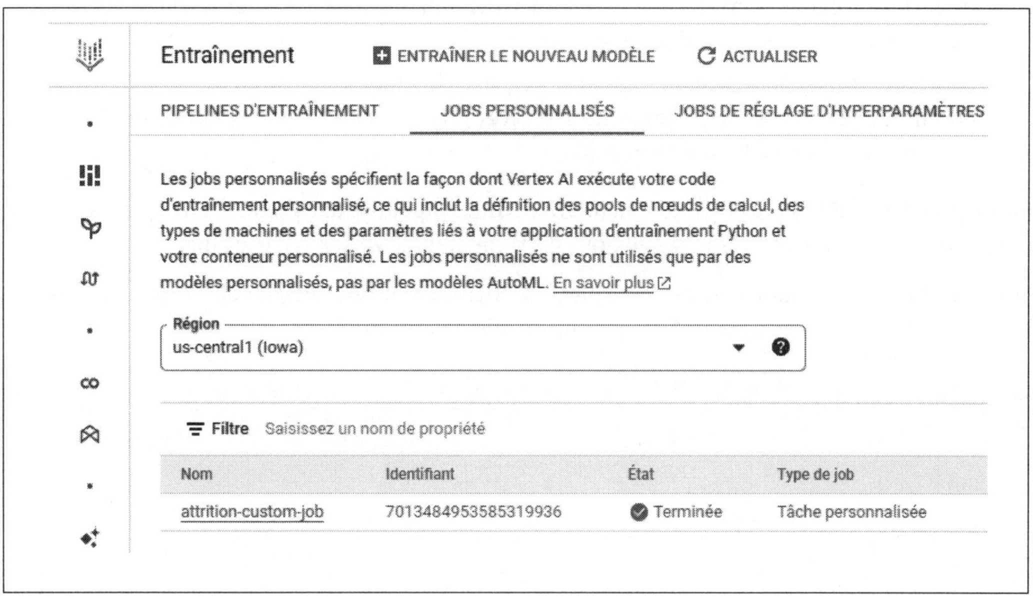

Figure 7.17 : La page Jobs personnalisés avec la tâche d'entraînement terminée, attrition-custom-job.

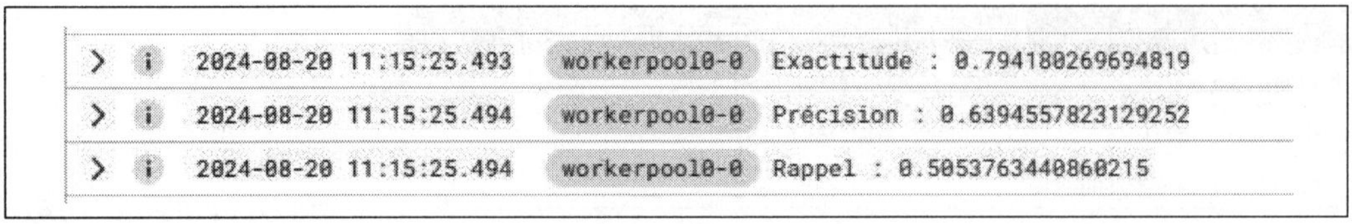

Figure 7.18 : Métriques de la tâche d'entraînement personnalisée.

Vous avez réussi à entraîner un modèle à l'aide de scikit-learn sur Vertex AI. La procédure peut sembler excessive compte tenu du temps nécessaire à la configuration et de la quantité de données manipulées. Lorsque les jeux de données sont de petite taille, il est sans doute préférable de travailler localement ou dans un notebook Colab. Mais plus les jeux de données deviennent volumineux, plus il est avantageux d'exploiter de plus grands pools de ressources. Dans Vertex AI, la même procédure de base sera mise en place lorsque vous travaillerez avec des jeux de données dont la taille croît constamment. Votre modèle est désormais stocké sous forme de fichier *.joblib* et il est prêt à être chargé là où des prédictions doivent être servies.

À titre d'exercice, suivez la même procédure pour le modèle Keras. Voici quelques conseils :

- Utiliser un conteneur prédéfini pour TensorFlow. Vous pouvez vérifier la version utilisée dans votre notebook Colab en exécutant la commande `tf.__version__`.
- Puisque les images TensorFlow prédéfinies incluent le package `sklearn`, vous pouvez facilement réutiliser votre code de prétraitement.
- Au lieu d'appeler `joblib.dump()` pour enregistrer le modèle, les modèles TensorFlow disposent d'une méthode intégrée nommée `save()`. Utilisez `model.save()` pour stocker votre modèle dans Google Cloud Storage.

Enfin, pour ceux qui ont lu la section facultative sur les pipelines dans scikit-learn, placez le code de la version `Pipeline` et soumettez-le pour entraînement à Vertex AI Training.

Pour de plus amples informations, consultez la documentation officielle de Vertex AI Custom Training (*https://cloud.google.com/vertex-ai/docs/training/overview*).

En résumé

Dans ce chapitre, vous avez appris à créer un modèle avec du code personnalisé de façon à prédire le taux de désabonnement des clients pour un opérateur de télécommunications. Vous avez exploré deux des frameworks ML les plus populaires de scikit-learn et TensorFlow, et avez créé des modèles de classification simples avec chacun d'eux. Vous avez ensuite appris à entraîner votre modèle à l'aide du service Vertex AI Training sur Google Cloud. Tous les sujets abordés dans ce chapitre ne sont que la partie émergée de l'iceberg et, espérons-le, vous serviront de tremplin vers une découverte plus poussée de l'apprentissage automatique. Dans le chapitre suivant, vous verrez comment améliorer vos modèles à l'aide de techniques telles que le réglage des hyperparamètres dans BigQuery ML et l'utilisation de code personnalisé dans Vertex AI.

CHAPITRE 8

Améliorer les performances d'un modèle personnalisé

Les Chapitres 6 et 7 ont expliqué comment préparer les données et créer des modèles personnalisés en utilisant SQL, BigQuery ML et Python avec scikit-learn et Keras. Ces outils seront de nouveau employés dans ce chapitre, mais en mettant l'accent sur l'ingénierie des caractéristiques et le réglage des hyperparamètres. Contrairement aux chapitres précédents, vous commencerez avec des données préparées et un modèle déjà entraîné. Votre travail consistera à l'améliorer. Si vous êtes perdu lors de l'examen du code employé avec les modèles créés précédemment ou lors de l'accès à l'interface utilisateur de BigQuery, relisez les explications données dans les Chapitres 6 et 7.

Prix des voitures d'occasion vendues aux enchères

L'objectif de ce projet est d'améliorer les performances d'un modèle ML entraîné à prédire le prix des voitures d'occasion vendues aux enchères. Le modèle initial est un modèle de régression linéaire développé avec scikit-learn qui ne répond pas parfaitement aux objectifs commerciaux. Vous allez explorer les outils de scikit-learn, Keras et BigQuery ML qui permettent d'améliorer les performances du modèle *via* l'ingénierie des caractéristiques et le réglage des hyperparamètres.

Le jeu de données qui a servi à entraîner le modèle de régression linéaire est arrivé sous forme de fichier CSV. Il a été nettoyé (les valeurs manquantes et incorrectes ont été corrigées de manière appropriée) et le code employé pour créer le modèle avec scikit-learn a également été fourni. Votre collègue qui a entraîné le modèle a rédigé quelques notes sur ses performances et les premières conclusions quant à l'utilisation de Keras pour l'apprentissage. Il a également décrit la séparation des données effectuée pour l'entraînement et l'évaluation du modèle. Il a créé un jeu de test distinct qui n'a pas encore été utilisé et dont vous pourrez vous servir pour valider les performances finales de votre modèle. Votre tâche consiste à effectuer une ingénierie des caractéristiques de façon à améliorer l'ensemble des caractéristiques du modèle et à régler les hyperparamètres afin d'obtenir la meilleure architecture possible pour le modèle. Vous verrez comment réaliser ces tâches dans scikit-learn, Keras et BigQuery ML.

Aux États-Unis, l'un des principaux indicateurs du prix de vente des voitures dans le commerce de gros est le MMR (Manheim Market Report, *https://www.manheim.com*). Les calculs des valeurs du MMR se fondent sur plus de 10 millions de transactions réalisées au cours des 13 mois précédents. Le jeu de données comprend les prix de vente qui ont été calculés lors de l'extraction initiale des données. Cependant, puisqu'il n'est pas certain que vous ayez accès à ces informations à l'avenir, il vous a été demandé d'éviter d'utiliser cette caractéristique dans vos explorations. L'objectif commercial est d'avoir une RMSE du prix de vente inférieure à 2 000 $ sans utiliser la caractéristique MMR. Vous partirez du notebook fourni par votre collègue afin de charger les données et reproduire l'entraînement du modèle effectué.

Le jeu de données comprend 13 colonnes dont les noms, les types de données et quelques informations sur les valeurs possibles sont recensés au Tableau 8.1.

Tableau 8.1 : Schéma et informations sur les valeurs des champs du jeu de données des ventes de voitures.

Nom de colonne	Type de colonne	Notes sur les valeurs des champs
`year`	Entier	Année de fabrication du véhicule.
`make`	Chaîne de caractères	Marque du véhicule.
`model`	Chaîne de caractères	Modèle du véhicule.
`trim`	Chaîne de caractères	Version spécifique ou variante du modèle.
`body`	Chaîne de caractères	Type de véhicule (par exemple, berline).
`transmission`	Chaîne de caractères	Boîte de vitesse automatique ou manuelle.
`state`	Chaîne de caractères	État dans lequel la voiture sera vendue.
`condition`	Nombre à virgule flottante	État de la voiture noté de 0 à 5.
`odometer`	Entier	Nombre de kilomètres parcourus au moment de la vente.
`color`	Chaîne de caractères	Couleur du véhicule.
`interior`	Chaîne de caractères	Couleur de l'intérieur.
`mmr`	Nombre à virgule flottante	Prix MMR .
`sellingprice`	Nombre à virgule flottante	Prix de vente réel du véhicule (cible).

Améliorer le modèle dans scikit-learn

Dans cette section, vous utiliserez scikit-learn pour améliorer le modèle de régression linéaire fourni par votre collègue. Vous explorerez d'abord les données, le pipeline de prétraitement et le modèle lui-même. Vous étudierez ensuite les caractéristiques plus attentivement et verrez comment améliorer les performances du modèle en appliquant les techniques d'ingénierie des caractéristiques habituelles ou nouvelles. Enfin, vous tirerez parti du réglage des hyperparamètres pour vous assurer que les nouvelles caractéristiques créées pour votre problème spécifique le sont de manière optimale.

Charger le notebook avec le modèle préexistant

Allez sur le site *https://colab.research.google.com*. Vous y importerez directement un notebook stocké dans le dossier Chapter8 du dépôt *low-code-ai* sur GitHub (*https://oreil.ly/supp-lcai*) au lieu d'en créer un nouveau. Cliquez sur le bouton GitHub et saisissez l'URL du dépôt *low-code-ai* (*https://github.com/maabel0712/low-code-ai*) sous l'invite Saisissez une URL GitHub ou effectuez une recherche par organisation ou par utilisateur. Appuyez sur Entrée (ou cliquez sur la loupe) pour rechercher des notebooks dans le dépôt. Faites défiler vers le bas jusqu'à atteindre `chapter8/sklearn_model.ipynb` et cliquez sur le bouton Ouvrir le notebook dans un nouvel onglet placé à l'extrême droite (voir Figure 8.1). Le notebook `sklearn_model.ipynb` s'ouvre alors dans un nouvel onglet du navigateur.

Le code permettant de charger les données de vente aux enchères des voitures, de préparer les données, d'entraîner le modèle ML et de l'évaluer est déjà inclus dans le notebook. Dans ce chapitre, nous ne décrirons pas ce code avec le même niveau de détail qu'au Chapitre 7. À la place, vous l'examinerez simplement, avant de démarrer le processus d'amélioration du modèle.

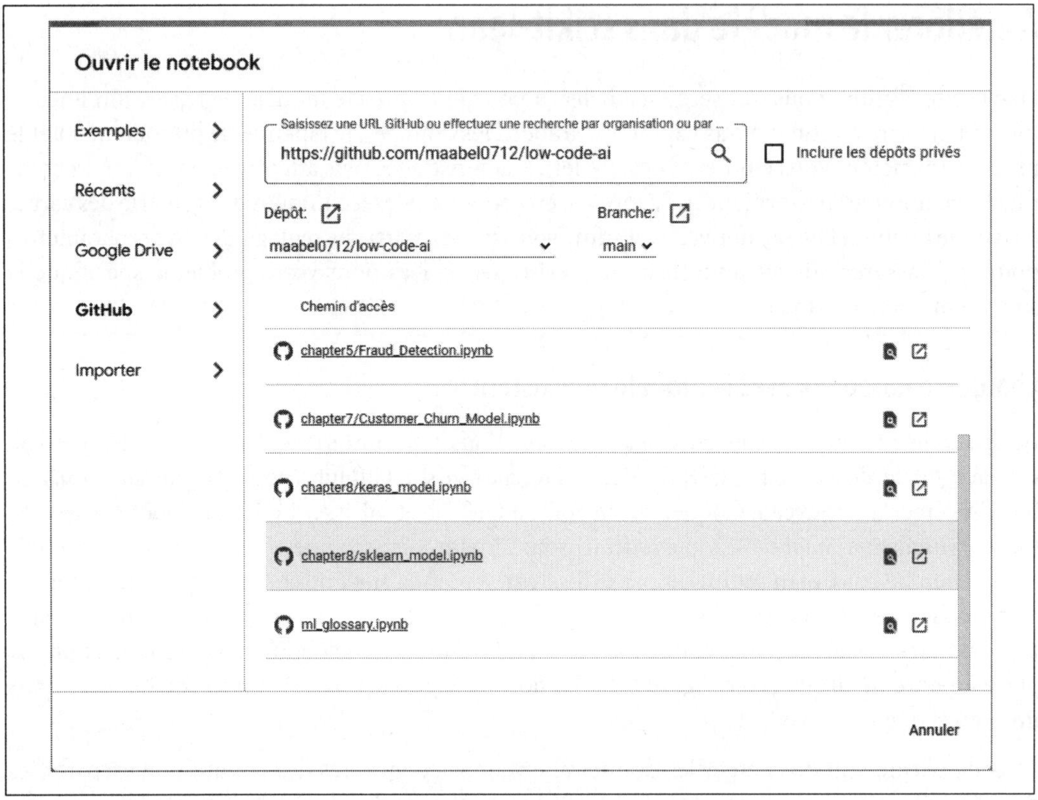

Figure 8.1 : Connexion à GitHub depuis Google Colab pour ouvrir directement un notebook.

Charger les jeux d'entraînement, de validation et de test

Tout d'abord, exécutez les cellules qui chargent les jeux d'entraînement, de validation et de test dans des DataFrames :

```
!wget -q https://storage.googleapis.com/low-code-ai-book/car_prices_train.csv
!wget -q https://storage.googleapis.com/low-code-ai-book/car_prices_valid.csv
!wget -q https://storage.googleapis.com/low-code-ai-book/car_prices_test.csv

import pandas as pd
train_df = pd.read_csv('./car_prices_train.csv')
valid_df = pd.read_csv('./car_prices_valid.csv')
test_df = pd.read_csv('./car_prices_test.csv')
```

Ce code devrait vous paraître familier, excepté peut-être pour la commande `wget`. Elle télécharge simplement le fichier à partir de l'URL indiquée et le stocke dans le répertoire local. L'option `-q` évite que `wget` n'affiche des messages. Dans les instructions de chargement des données dans des DataFrames, l'emplacement du fichier commence par `./`. Le caractère « `.` » est un raccourci qui signifie « le répertoire de travail actuel », c'est-à-dire le dossier dans lequel `wget` place les trois fichiers demandés.

Après avoir chargé chaque jeu de données dans son DataFrame, vérifiez que les données correspondent à ce que vous attendez en utilisant la méthode `head()` sur chaque DataFrame. Voici les premières colonnes affichées par `train_df.head()` :

```
   Unnamed: 0  year        make       model          trim       body
0           0  2012    Infiniti     G Sedan  G37 Journey    g sedan
1           1  2012   Chevrolet       Cruze           LS      Sedan
2           2  2005        Jeep    Wrangler            X        SUV
3           3  2011         Kia     Sorento           SX        SUV
4           4  2002  Volkswagen  New Beetle          GLS  Hatchback
```

La toute première est l'indice du DataFrame `train_df`, mais d'où vient la deuxième, `Unnamed: 0` ? Il s'agit d'une colonne sans nom présente dans le fichier CSV chargé dans le DataFrame et elle n'a pas été mentionnée dans le Tableau 8.1. Il s'agit très probablement de l'indice d'un DataFrame précédent qui a été recopié par erreur et non d'une caractéristique importante. Vous verrez dans la section suivante que votre collègue a supprimé cette colonne dans le cadre du prétraitement des données.

> Vous pouvez également utiliser Pandas pour lire directement le fichier à partir de son emplacement dans Google Cloud Storage, comme cela a été fait au Chapitre 7. Mais, avec la commande `wget`, vous disposez désormais de votre propre copie locale des données. L'approche la plus intéressante dépend du flux de travail et de la manière dont vous travaillez avec les données.

Avant de poursuivre, rappelons que, dans les chapitres précédents, vous avez utilisé deux jeux de données : un jeu d'entraînement et un jeu de test pour évaluer le modèle après l'entraînement. Dans le cas présent, vous avez trois jeux de données : un pour l'entraînement, un pour la validation (ou évaluation) et un pour les tests. Pourquoi ? Le premier est évidemment utilisé pour entraîner le modèle, et le deuxième pour son évaluation. Dans ce projet, de nombreux modèles différents seront comparés. Le jeu d'entraînement servira à entraîner chaque modèle, qui sera ensuite évalué avec le jeu de validation. Le « modèle final » sera celui qui aura obtenu les meilleures performances sur le jeu de validation. Cependant, le modèle final risque d'être biaisé, car il aura été choisi spécifiquement d'après ses résultats avec le jeu de validation.

Le jeu de test va alors entrer en scène. Il s'agit d'un jeu de données indépendant qui servira à vérifier les performances du modèle final. Si celui-ci obtient des performances similaires sur le jeu de test et sur le jeu de validation, alors il pourra être utilisé. Dans le cas où il présente des performances nettement inférieures sur le jeu de test, vous saurez qu'il cache un problème avant de le sélectionner et de le mettre en production.

Pour éviter cette situation, une solution consiste à s'assurer que les jeux d'entraînement, de validation et de test ont des distributions de données similaires. À titre d'exercice, explorez les jeux de données à l'aide de la méthode `describe(include='all')` et constatez que les trois jeux de données affichent des distributions similaires, à quelques valeurs aberrantes près.

Explorer le modèle de régression linéaire avec scikit-learn

Passez à présent à la cellule suivante du notebook. Elle contient le code scikit-learn pour la préparation des données, l'entraînement du modèle ML et son évaluation. Nous ne détaillerons pas ce code, car le concept d'un pipeline scikit-learn a été décrit au Chapitre 7. Nous n'en ferons qu'une brève description, accompagnée de quelques notes supplémentaires intéressantes. Commençons par le traitement des données qui suit les instructions d'importation :

```
y_train = train_df['sellingprice']
X_train = train_df.drop('sellingprice', axis=1)

def drop_columns(df, columns):
    return df.drop(columns, axis=1)

preproc_cols = FunctionTransformer(drop_columns,
    kw_args={"columns":['Unnamed: 0', 'mmr']})

numeric_columns = ['year', 'condition', 'odometer']
categorical_columns = ['make', 'model', 'trim', 'body',
                       'transmission', 'state', 'color', 'interior']

col_transformer = ColumnTransformer(
  [
    ('ohe', OneHotEncoder(drop='if_binary',
                          handle_unknown='infrequent_if_exist'),
                          categorical_columns),
    ('minmax', MinMaxScaler(), numeric_columns)
  ]
)
```

Tout d'abord, le DataFrame est séparé en deux. La première colonne correspond à la cible (`sellingprice`), les autres étant des colonnes de caractéristiques placées dans un seul DataFrame. Les colonnes `Unnamed: 0` et `mmr` sont ensuite retirées des jeux d'entraînement, de validation et de test. Pour cela, une fonction `drop_columns` est définie et appliquée au travers d'un `FunctionTransformer`. Le nouveau paramètre `kw_args` ajouté dans la définition du `FunctionTransformer` contient les valeurs des arguments qui seront passés à la fonction définie, à l'exception du premier. Pour `preproc_cols`, le premier argument est le DataFrame concerné par la suppression des colonnes et il sera fourni dans le pipeline. Le deuxième est la liste des colonnes à supprimer. Elle est précisée sous forme d'un dictionnaire pour la clé `columns`.

La colonne `Unnamed: 0` peut sembler étrange, mais comme indiqué précédemment, il s'agit probablement d'un artefact du mélange des données par la méthode `sample()` d'un DataFrame Pandas. Elle aura conservé l'index d'origine en tant que nouvelle colonne. Dans le contexte du projet, elle n'a aucun rapport avec la cible et a été supprimée. La colonne `mmr` est, sans surprise, fortement corrélée à la cible `sellingprice`, mais, puisqu'il vous a été demandé d'éviter d'utiliser cette caractéristique, elle est également retirée.

Pour ce qui est du code restant, il est similaire à celui donné dans la section « Introduction aux pipelines » du Chapitre 7. Les colonnes sont réparties en colonnes numériques et en colonnes catégorielles (`numeric_columns` et `categorical_columns`, respectivement), puis `ColumnTransformer()` applique les transformations aux différents ensembles de colonnes. `OneHotEncoder()` est utilisé pour les colonnes catégorielles et `MinMaxScaler()` pour les colonnes numériques.

Examinons à présent le reste du code, qui définit le modèle et le pipeline :

```
model = LinearRegression()

pipeline = Pipeline(steps=[('preproc_cols' , preproc_cols),
                           ('col_transformer', col_transformer),
                           ('model', model)])

pipeline.fit(X_train, y_train)
```

Le modèle utilisé est de type régression linéaire. Un objet `Pipeline` définit le prétraitement et le modèle sous forme d'une séquence d'étapes. Le transformateur de fonction `preproc_cols` est tout d'abord appliqué au DataFrame, puis `col_transformer` appliquera la transformation appropriée aux colonnes en fonction de leur type. Pour finir, le modèle de régression linéaire sera entraîné lors de l'appel à `pipeline.fit`. La dernière ligne déclenche à la fois l'ajustement des transformateurs et l'entraînement du modèle. Les transformateurs résultants sont enregistrés dans le pipeline au moment de la prédiction. Lorsque l'entraînement du modèle est terminé, vous obtenez une représentation graphique du pipeline (voir Figure 8.2). Si vous le souhaitez, vous pouvez le développer pour l'étudier en détail et confirmer qu'il correspond au code que vous attendez.

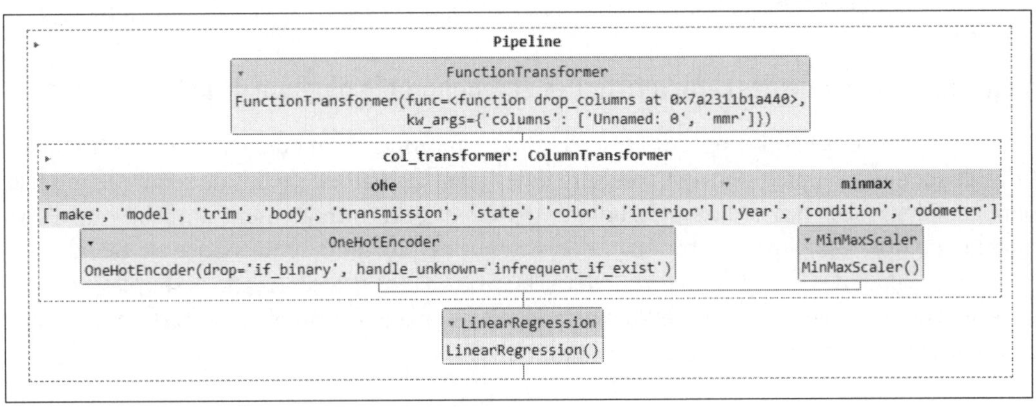

Figure 8.2 : Représentation graphique du pipeline scikit-learn utilisé pour entraîner le modèle.

L'entraînement du modèle dans l'environnement du notebook est terminé. Il peut à présent être évalué. Rappelez-vous qu'avec les pipelines scikit-learn, vous pouvez utiliser la méthode `score()`

comme pour n'importe quel autre objet de modèle. Vous pouvez également importer d'autres métriques telles que RMSE et MAE. Exécutez dans la cellule suivante le code donné ci-dessous afin d'examiner les métriques d'évaluation du modèle :

```
import math
from sklearn.metrics import mean_squared_error, mean_absolute_error

y_valid = valid_df['sellingprice']
X_valid = valid_df.drop('sellingprice', axis=1)

print('R2:', pipeline.score(X_valid, y_valid))
print('RMSE:',math.sqrt(mean_squared_error(y_valid, pipeline.predict(X_valid))))
print('MAE:', mean_absolute_error(y_valid, pipeline.predict(X_valid)))
```

Vous verrez que le score R^2 est d'environ 0,876. Cela signifie que, grossièrement, les caractéristiques décrivent 87,6 % de la variabilité de la cible. Vous verrez également que la RMSE est d'environ 3 384,60 et la MAE d'environ 2 044,26. Rappelez-vous que votre objectif commercial était d'avoir une RMSE inférieure à 2 000 $. Comme l'avait indiqué votre collègue, le modèle ne répond pas au besoin, mais tout est maintenant prêt pour travailler à son amélioration.

> En général, lorsque l'on travaille en équipe, il est préférable d'éviter tout caractère aléatoire lié aux processus de répartition et d'entraînement au moment la comparaison des résultats. Le risque est d'être induit en erreur en comparant les résultats de modèles entraînés dans des environnements différents. Dans le cadre de ce projet, on vous a fourni la répartition réelle des données plutôt que le code. Cette solution est préférable car, en général, le mélange et la division seront aléatoires. Vous pouvez définir une graine aléatoire pour que la répartition soit déterministe ou enregistrer les jeux d'entraînement, de validation et de test correspondants, comme cela a été fait ici. C'est un aspect à considérer lors de l'initialisation et de l'entraînement des modèles.

Mener une ingénierie des caractéristiques et améliorer le pipeline de prétraitement

Souvent, le choix et la création des caractéristiques appropriées, même dans le cas d'architectures de modèles simples, peuvent conduire à des résultats fiables. Le fait de rendre le modèle plus complexe n'est pas toujours la bonne approche. Son entraînement aura besoin d'une quantité de données plus importante et nécessitera une plus grande puissance de calcul, tout comme le réglage des hyperparamètres. Même la mise en œuvre de corrections simples, comme la recherche de valeurs étranges et la suppression des caractéristiques non pertinentes, peut conduire à une amélioration significative du modèle.

Rechercher des améliorations faciles

Votre collègue a effectué une analyse minutieuse du jeu de données d'origine et vous a informé qu'il avait supprimé toutes les valeurs nulles et les colonnes (comme le numéro d'identification du véhicule) en lien direct avec la cible. Mais il est souhaitable d'explorer le jeu de données afin de savoir si d'autres points pourraient être améliorés. Pour cela, exécutez la commande `train_df.describe()` dans une nouvelle cellule du notebook. Le Tableau 8.2 donne un exemple du résultat attendu.

Tableau 8.2 : Sortie partielle de `train_df.describe()`.

	year	condition	odometer	mmr	sellingprice
count	385000.000000	385000.000000	385000.000000	385000.000000	385000.000000
mean	2010.120177	3.339402	67732.957974	13695.356558	13544.324018
std	3.879672	1.117698	52521.619238	9525.243974	9599.953488
min	1990.000000	-1.000000	1.000000	25.000000	1.000000
25%	2008.000000	2.700000	28494.000000	7200.000000	7000.000000
50%	2012.000000	3.600000	52122.000000	12200.000000	12100.000000
75%	2013.000000	4.200000	98188.000000	18150.000000	18000.000000
max	2015.000000	5.000000	999999.000000	182000.000000	183000.000000

Les colonnes `Unnamed: 0` et `mmr` étant retirées par le pipeline de prétraitement, vous n'avez pas à vous en soucier dans votre analyse. Un rapide coup d'œil à la colonne `year` montre qu'elle semble correcte ; l'année modèle des voitures s'étend de 1990 à 2015, la distribution des données allant vers les voitures plus récentes. En revanche, vous devriez remarquer quelque chose d'étrange dans la colonne `condition`. Sa valeur minimale est `-1.0`. Cela signifie probablement que votre collègue y a glissé un nombre magique. Lorsque l'on effectue l'analyse de nombreuses colonnes d'un jeu de données, il est parfois facile de passer à côté de quelque chose d'aussi simple. Voilà pourquoi une paire d'yeux supplémentaire est toujours précieuse.

Puisque `condition` est un nombre à virgule flottante, il n'est pas facile de simplement traiter `-1.0` comme une valeur distincte sans effectuer une transformation. Plusieurs options sont possibles. Si vous prévoyez que le prix de vente a une relation linéaire avec la valeur de `condition`, vous pouvez alors créer une nouvelle caractéristique binaire `condition_recorded`, avec la valeur `0` ou `1`, et remplacer les instances de `-1.0` par `0.0` afin que ces valeurs soient traitées différemment des valeurs normales de `condition`. Cependant, comme vous l'avez peut-être constaté par ailleurs, l'effet des notations est rarement linéaire. Pour résoudre ce problème, une solution simple consiste à regrouper les valeurs, puis à appliquer un encodage one-hot au compartiment correspondant. Ainsi, une absence de note sera traitée de manière totalement différente des autres notes (par exemple, entre 2 et 3), et vous pourrez ajuster le nombre de compartiments pour voir lequel donne au modèle les meilleures performances.

Pour adopter cette seconde approche, créez une nouvelle cellule dans le notebook et ajoutez le code suivant, mais ne l'exécutez pas encore :

```
import pandas as pd

from sklearn.preprocessing import (OneHotEncoder, MinMaxScaler,
                                   FunctionTransformer,
                                   KBinsDiscretizer)
from sklearn.compose import ColumnTransformer
from sklearn.linear_model import LinearRegression
from sklearn.pipeline import Pipeline

y_train = train_df['sellingprice']
X_train = train_df.drop('sellingprice', axis=1)

def preproc_cols(df, drop_cols):
    return df.drop(drop_cols, axis=1)

drop_cols = FunctionTransformer(preproc_cols,
                               kw_args={"drop_cols":['Unnamed: 0', 'mmr']})
ohe = OneHotEncoder(drop='if_binary', handle_unknown='infrequent_if_exist')
minmax = MinMaxScaler()
bucket_cond = KBinsDiscretizer(n_bins=10, encode='onehot', strategy='uniform')
```

Ce code est en grande partie identique à celui que vous avez reçu, mais prenons le temps d'étudier les quelques changements. Le transformateur `KBinsDiscretizer` a été ajouté ; il s'agit de l'outil fourni par scikit-learn pour compartimenter les données. Notez que les transformateurs sont désormais définis sur des lignes séparées plutôt que dans `ColumnTransformer`. Cela permet d'améliorer non seulement la lisibilité du code, mais également sa *modularité*, c'est-à-dire la possibilité de le découper plus facilement à mesure que vous continuez à améliorer le modèle.

La dernière ligne définit `KBinsDiscretizer`. L'argument `n_bins` est fixé à `10` de manière à obtenir dix compartiments différents. `encode` indique au transformateur d'effectuer un encodage one-hot. `strategy` demande au transformateur de diviser les compartiments de manière égale (`uniform`). Ainsi, `-1.0` va se retrouver dans son propre compartiment, séparé des autres plages. Terminez la définition du pipeline à l'aide du code suivant et exécutez la cellule pour entraîner le nouveau modèle :

```
numeric_columns = ['year', 'odometer']
categorical_columns = ['make', 'model', 'trim', 'body',
                       'transmission', 'state', 'color', 'interior']

col_transformer = ColumnTransformer(
  [('ohe', ohe, categorical_columns),
   ('minmax', minmax, numeric_columns),
   ('bucket_cond', bucket_cond, ['condition'])])

pipeline = Pipeline(steps=[('drop_cols' , drop_cols),
                           ('col_transformer', col_transformer),
                           ('model', model)])

pipeline.fit(X_train, y_train)
```

Pour évaluer ce nouveau modèle, exécutez le code utilisé auparavant dans une nouvelle cellule :

```
print('R2:', pipeline.score(X_valid, y_valid))
print('RMSE:',math.sqrt(mean_squared_error(y_valid, pipeline.predict(X_valid))))
print('MAE:', mean_absolute_error(y_valid, pipeline.predict(X_valid)))
```

Le changement a permis une légère amélioration des performances. La RMSE est passée d'environ 3 384,60 à 3 313,63. Dans cet exemple, l'amélioration est faible, mais, dans de nombreux cas, la détection de problèmes comme le précédent peut conduire à une augmentation importante des performances du modèle.

Pendant l'évaluation du modèle, vous avez probablement remarqué le message d'avertissement suivant :

```
UserWarning: Found unknown categories in columns [2, 3] during transform.
These unknown categories will be encoded as all zeros
```

Que signifie-t-il réellement ? Les colonnes 2 et 3 correspondent à `trim` et à `body`. Le message indique que ces colonnes ont dans le jeu de validation des valeurs qu'elles n'ont pas dans le jeu d'entraînement. La vérification des asymétries entre les jeux de données, par exemple l'apparition de valeurs différentes dans les jeux d'entraînement et de validation, est une étape importante de la compréhension des données. Cependant, il est fort possible qu'un problème inattendu apparaisse lors de l'entraînement et de l'évaluation des modèles. Il est donc utile de savoir où porter son attention.

À l'aide du code suivant, vous pouvez vérifier rapidement combien de valeurs de la colonne `trim` apparaissent exactement une fois :

```
(train_df.trim.value_counts()==1).sum()
```

Vous verrez que, dans le jeu d'entraînement, il existe 124 valeurs uniques pour la colonne `trim`. De même, dans le jeu de validation, il existe 273 valeurs uniques. Votre collègue semble avoir compris ce problème et l'a traité dans la définition de `OneHotEncoder` au travers de l'argument `handle_unknown='infrequent_if_exist'`. `handle_unknown` définit le comportement adopté lorsqu'une valeur inconnue apparaît au moment de la prédiction. La valeur `'infrequent_if_exist'` déclenche l'affectation des caractéristiques inconnues à une catégorie peu fréquente si elle existe. Pour créer une catégorie « peu fréquente », vous pouvez définir l'argument `min_frequency`. De nouveau, il s'agit d'un paramètre qui peut être ajusté.

En donnant une valeur élevée à `min_frequency`, de nombreuses catégories auront la même contribution à la sortie du modèle, réduisant ainsi l'intérêt de la caractéristique. D'un autre côté, si sa valeur est trop basse, le risque est d'avoir un grand nombre de caractéristiques qui n'apparaissent qu'une seule fois ou d'être confronté au problème précédent dans lequel il est difficile d'obtenir une distribution appropriée des valeurs des caractéristiques entre les jeux de données.

Fixez `min_frequency` à 1, puis réexécutez le code d'entraînement pour voir si cela modifie les performances. Vous verrez qu'elles n'évoluent que très légèrement. En bref, vous avez stipulé que toutes les catégories qui apparaissent moins d'une fois (ou zéro fois) dans le jeu d'entraînement doivent être traitées de la même manière. Il pourrait être plus judicieux d'augmenter `min_frequency` afin de considérer que toutes les variables peu fréquentes sont de la même catégorie, `infrequent`. Nous y reviendrons plus loin lors du réglage des hyperparamètres.

Croisement de caractéristiques

Attardons-nous sur les caractéristiques `model` et `trim`. En général, elles sont considérées ensemble plutôt que séparément. Si vous dites « J'ai acheté une Honda CR-V », cela ne décrit pas complètement la voiture. Il peut y avoir de nombreuses versions ou finitions pour la voiture. Par exemple, dans le cas d'une Honda CR-V de 2023, trois des finitions sont « LX », « EX » et « EX-L ». Il est tout à fait possible que ces mêmes noms puissent également être utilisés pour d'autres véhicules. Par exemple, la Honda Pilot de 2023 existe aussi dans les finitions « LX » et « EX-L ». En conséquence, la valeur de la variable `trim` ne suffit pas à elle seule pour décrire la voiture. Les deux caractéristiques sont nécessaires pour identifier le véhicule.

Pourtant, dans le modèle, `model` et `trim` sont traitées comme des variables complètement distinctes. N'oubliez pas que l'utilisation de l'encodage one-hot crée une caractéristique binaire pour chaque valeur de caractéristique et qu'un modèle de régression linéaire attribue un poids à chacune de ces caractéristiques binaires. Puisque l'encodage one-hot est utilisé, la valeur de `trim` pour LX se verra donc attribuer son propre poids, indépendamment de la valeur de la variable `model`. Autrement dit, la valeur « LX » pour la caractéristique `trim` sera traitée de la même manière, peu importe si le modèle de la voiture (`model`) est « Pilot » ou « CR-V ». En revanche, il est plutôt logique de considérer la marque (`make`) séparément, car certaines marques ont tendance à être plus chères que d'autres.

Comment traiter les valeurs des deux caractéristiques par paire ? Une façon d'aborder ce problème consiste à utiliser le *croisement de caractéristiques*. Il produit une caractéristique synthétique formée par la concaténation de deux caractéristiques ou plus. Intuitivement, il s'agit de considérer la valeur des deux variables en même temps, plutôt que séparément.

Comment cela fonctionne-t-il pour les caractéristiques catégorielles ? Rappelons que la valeur d'une caractéristique produite par un encodage one-hot est 0 ou 1. Dans ce cas, le croisement de caractéristiques devrait donner 1 si les deux caractéristiques ont la même valeur, sinon 0. Par exemple, prenons « CR-V LX » pour `model` et `trim`. La valeur de la caractéristique « CR-V » (après encodage one-hot) serait 1, comme celle de « LX ». Ainsi, la valeur de « CR-V LX » donnée par le croisement des caractéristiques `model` et `trim` serait 1. En revanche, la valeur pour « Pilot LX » serait 0 car la caractéristique « Pilot » a une valeur de 0 dans cet exemple.

Cette caractéristique semble simple à créer et à utiliser. Lorsque, dans les Chapitres 4 et 5, vous avez utilisé AutoML, il a notamment créé ce genre de caractéristiques pour vous au cours de sa recherche du meilleur modèle pour le jeu de données. Le croisement de caractéristiques peut se révéler extrêmement puissant, même dans le cas de simples modèles de régression linéaire. Pouvez-vous identifier d'autres paires de caractéristiques qui pourraient bénéficier d'un croisement ?

Pour voir le croisement de caractéristiques en action, commencez par remplacer le code de la fonction `preproc_cols` par le suivant :

```
def preproc_cols(df, drop_cols):

    df['model_trim'] = df['model'] + df['trim']
    df['model_trim'] = df['model_trim'].str.lower()

    df['color_interior'] = df['color'] + df['interior']
    df['color_interior'] = df['color_interior'].str.lower()

    return df.drop(drop_cols, axis=1)
```

Examinons les deux premières lignes de cette fonction. Une nouvelle colonne, `model_trim`, est créée dans le DataFrame. Elle est formée par la concaténation de la valeur des colonnes `model` et `trim`. Ainsi, sa valeur dépend à la fois du modèle et de la finition de la voiture. La deuxième ligne convertit la chaîne correspondante en minuscules. Il s'agit d'une bonne pratique qui évite que les différences aléatoires dans l'écriture n'entraînent des valeurs de caractéristiques différentes. `color` et `interior` sont un autre bon exemple de caractéristiques liées qui profiteront d'un croisement. Les troisième et quatrième lignes leur appliquent le même traitement.

Pour finir, à l'instar des autres variables catégorielles, un encodage one-hot doit être effectué sur les nouvelles colonnes générées par le croisement des caractéristiques. Pour cela, mettez à jour la liste `categorical_columns` en lui ajoutant les noms des nouvelles caractéristiques :

```
categorical_columns = ['make', 'model', 'trim', 'model_trim', 'body',
                       'transmission', 'state', 'color', 'interior',
                       'color_interior']
```

Exécutez le code modifié et réévaluez les performances du modèle. Si vous êtes bloqué, le code complet est disponible dans le notebook. Vous devriez voir que la RMSE est désormais d'environ 3 122,14. Grâce au croisement de caractéristiques, vous avez pu réduire la RMSE d'environ 2 % et vous rapprocher de votre objectif.

À titre d'exercice, et avant de passer à la section suivante, voyez si d'autres caractéristiques mériteraient d'être compartimentées ou croisées. Votre objectif est d'arriver à un modèle dont la RMSE est inférieure à 3 000.

Régler les hyperparamètres

Les opérations effectuées dans la section précédente ont créé de nouvelles caractéristiques utiles qui ont permis de réduire la RMSE du modèle. L'objectif d'une RMSE de 2 000 $ n'est peut-être pas encore atteint, mais vous avez fait de bons progrès. Le processus décrit dans cette section se nomme *réglage des hyperparamètres*. Un *hyperparamètre* est une variable qui n'est pas mise à jour pendant l'entraînement, mais qui définit des éléments tels que l'architecture du modèle (par exemple, pour les réseaux de neurones, le nombre de couches cachées ou le nombre de neurones par couche cachée), la manière dont les caractéristiques sont travaillées (par exemple, le nombre de compartiments) et la manière dont le processus d'entraînement est exécuté (par exemple, le taux d'apprentissage ou la taille d'un lot). Lorsque vous avez compartimenté la caractéristique `condition`, vous avez fixé le nombre de compartiments. Mais comment déterminer le nombre optimal ? Le réglage des hyperparamètres a pour but de répondre à ce genre de questions.

Stratégies de réglage des hyperparamètres

Trois stratégies sont principalement utilisées pour le réglage des hyperparamètres : la recherche par grille, la recherche aléatoire et la recherche bayésienne. Pour les trois, la première étape est la même. Elle commence par la sélection des valeurs candidates pour les hyperparamètres à régler. En fonction de l'hyperparamètre, il peut s'agir d'une plage de valeurs ou d'un ensemble discret de valeurs. Par exemple, pour ajuster le taux d'apprentissage de l'optimiseur, vous pouvez définir une plage comme [0, 1]. Précédemment, vous avez réparti la caractéristique `condition` dans 6 compartiments. Ce choix était totalement arbitraire, alors qu'il existe sans doute un meilleur découpage. Dans ce cas, vous pouvez définir une plage des candidats allant de 5 à 15.

Si le nombre de compartiments est trop faible, de grandes plages de valeurs de `condition` seront traitées de la même manière dans le modèle. Par exemple, avec deux compartiments, toutes les valeurs de `condition` comprises entre `3.0` et `5.0` peuvent se trouver dans le même compartiment. D'un autre côté, si leur nombre est trop élevé, vous risquez alors un surajustement, car le nombre d'exemples par compartiment que le modèle peut mémoriser sera petit. Compte tenu de cette analyse, 5 à 15 semble être une fourchette raisonnable.

Après que les plages candidates pour les hyperparamètres ont été définies, l'étape suivante consiste à choisir une méthode de réglage. La *recherche par grille* est très simple : « tout essayer et voir ce qui fonctionne le mieux ». Par exemple, supposons que le réglage concerne deux hyperparamètres. Pour le premier, 4 valeurs sont possibles, tandis que le second a 3 valeurs candidates. Il existe donc 12 combinaisons d'hyperparamètres à vérifier. La Figure 8.3 donne une représentation de ce cas.

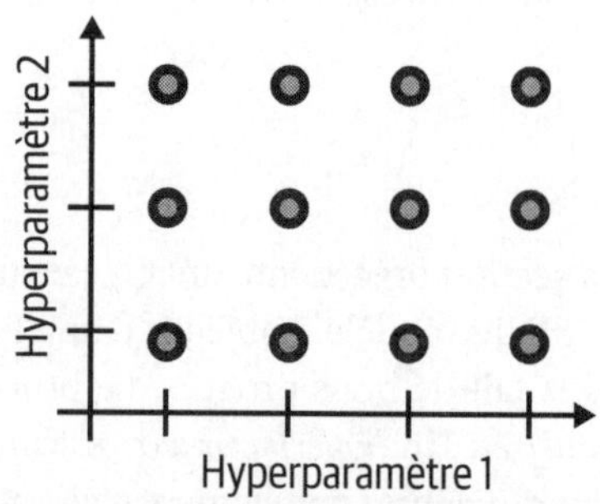

Figure 8.3 : Représentation de la méthode de recherche par grille pour deux hyperparamètres.

Pour sélectionner le meilleur ensemble d'hyperparamètres, le modèle doit être entraîné avec chacun d'eux sur le jeu d'entraînement et évalué à l'aide du jeu de validation. Ainsi, vous êtes certain de disposer des meilleurs hyperparamètres (dans les plages candidates) puisque toutes les valeurs possibles ont été essayées.

L'inconvénient de cette méthode devrait vous sauter aux yeux. Si le nombre d'hyperparamètres est limité, chacun avec une plage de valeurs candidates réduite, le nombre de modèles à entraîner reste raisonnable. En revanche, si les hyperparamètres à régler sont nombreux et ont chacun un grand nombre de valeurs candidates, le processus global peut rapidement devenir irréalisable. Par exemple, avec quatre hyperparamètres à régler et 10 valeurs candidates pour chacun, 10 000 modèles doivent être entraînés.

C'est pourquoi deux autres approches sont souvent préférées. La *recherche aléatoire* est une stratégie de recherche partielle qui sélectionne de manière aléatoire un nombre prédéfini de modèles candidats. Ces modèles sont entraînés et comparés. Elle a l'avantage de laisser un contrôle sur le temps et les efforts nécessaires à la recherche parmi l'ensemble des modèles candidats, mais le risque est de passer à côté du meilleur modèle si vous n'avez pas eu de chance dans le processus de sélection aléatoire.

La troisième approche est la *recherche* ou *optimisation bayésienne*. Il s'agit d'une recherche partielle plus intelligente. Les détails dépassent le cadre de cet ouvrage, mais l'idée centrale est assez simple. Au départ, un petit nombre de modèles candidats choisis au hasard sont entraînés. Sur la base des métriques d'évaluation de ces modèles initiaux, l'algorithme d'optimisation bayésienne sélectionne un nouvel ensemble de modèles candidats dans l'espace de recherche. Il s'agit des candidats qui devraient obtenir les meilleures métriques d'évaluation. Ce processus se poursuit pendant un certain nombre d'étapes fixé au préalable. L'ensemble suivant de modèles candidats est choisi en fonction des performances des candidats précédents. Bien que cette approche présente le même inconvénient que la recherche aléatoire en termes de non-épuisement de l'espace de recherche, l'avantage est que la recherche se fait de façon « plus intelligente ».

Réglage des hyperparamètres dans scikit-learn

Les stratégies de recherche par grille et de recherche aléatoire sont faciles à mettre en œuvre avec scikit-learn. Dans la suite, vous implémenterez une variante de la stratégie de recherche par grille afin de trouver un meilleur ensemble d'hyperparamètres pour le modèle. Commencez par ajouter de nouveaux transformateurs de manière à compartimenter les colonnes `odometer` et `year`. Ensuite, supprimez la liste des colonnes numériques, car elles vont être compartimentées sous forme de colonnes catégorielles. Incluez également les nouvelles transformations `KBinsDiscretizer` dans `ColumnTransformer`. Pour vous aider, voici le code correspondant :

```
bucket_cond = KBinsDiscretizer(n_bins=10, encode='onehot',
    strategy='uniform')
bucket_odo = KBinsDiscretizer(n_bins=10, encode='onehot',
    strategy='quantile')
bucket_year = KBinsDiscretizer(n_bins=10, encode='onehot',
    strategy='uniform')
```

```
categorical_columns = ['make', 'model', 'trim', 'model_trim', 'body',
                       'transmission', 'state', 'color', 'interior',
                       'color_interior']

col_transformer = ColumnTransformer(
  [('ohe', ohe, categorical_columns),
   ('minmax', minmax, numeric_columns),
   ('bucket_cond', bucket_cond, ['condition']),
   ('bucket_odo', bucket_odo, ['odometer']),
   ('bucket_year', bucket_year, ['year'])]
   )
```

Le réglage va concerner les quatre hyperparamètres suivants : le nombre de compartiments pour les colonnes `odometer`, `condition` et `year`, ainsi que la fréquence minimale du transformateur `OneHotEncoder` pour qu'une caractéristique ne soit pas considérée `infrequent`. Dans scikit-learn, vous devez définir les plages candidates sous forme de dictionnaire de valeurs. Étant donné qu'un pipeline est utilisé pour le modèle et les transformations, la syntaxe peut sembler un peu étrange à première vue. Voici le code :

```
grid_params = {'col_transformer__bucket_cond__n_bins': range(8,13),
               'col_transformer__bucket_odo__n_bins': range(8,13),
               'col_transformer__bucket_year__n_bins': range(8,13),
               'col_transformer__ohe__min_frequency': range(1,6)
              }
```

Le dictionnaire contient des couples de la forme `'nom_hyperparamètre' : plage_candidate`. La plage d'un hyperparamètre peut étonner, mais elle n'est pas trop difficile à analyser. Par exemple, le premier hyperparamètre porte le nom `col_transformer__bucket_cond__n_bins`. Il correspond à la valeur `n_bins` pour le transformateur `bucket_cond`, qui fait partie de `col_transformer`. La plage candidate associée est une liste de valeurs possibles pour le paramètre `n_bins` de `bucket_cond`. `range(8,13)` est une syntaxe pratique qui équivaut à la liste `[8,9,10,11,12]`. Notez que le deuxième point limite, `13`, est absent de la liste. Pour l'hyperparamètre `min_frequency`, la plage candidate est `range(1,6)`.

Puisque les plages candidates sont fixées, vous devez à présent préciser la stratégie, puis entraîner les modèles correspondants. Avec les différents choix d'hyperparamètres définis, cela fait 625 modèles candidats. Ce nombre n'est pas excessif, mais il faudra probablement au moins une heure pour les entraîner tous. Scikit-learn propose une variante de la stratégie de recherche par grille connue sous le nom de *recherche par grille réduite de moitié*.

Pour effectuer une recherche par grille réduite de moitié, commencez par entraîner tous les modèles candidats, mais uniquement pour une petite partie des données d'entraînement. En fonction de l'évaluation de ces modèles, conservez une partie de l'ensemble des modèles candidats. Le nom de l'approche suggère d'en conserver la moitié, mais rien ne vous empêche de réduire le nombre de modèles de manière plus importante. Après en avoir retiré certains, entraînez ceux restants en utilisant une plus grande quantité de données d'entraînement. Le processus global est répété jusqu'à choisir le meilleur modèle candidat.

Il est tout à fait possible que les modèles qui fonctionnent bien sur un sous-ensemble des données ne soient pas aussi performants sur le jeu de données complet et qu'ils soient éliminés lors des cycles suivants. Par ailleurs, il est possible qu'un modèle qui a obtenu de mauvais résultats sur un petit sous-ensemble de données se révèle très performant sur l'intégralité du jeu d'entraînement. Ce modèle candidat pourrait être écarté avant que vous ne constatiez son amélioration avec des données plus volumineuses. En général, toutes les méthodes autres que la recherche par grille comportent de tels risques, mais la recherche par grille réduite de moitié a tendance à être plus efficace que la recherche aléatoire.

Quelques lignes de code suffisent à implémenter cette recherche dans scikit-learn :

```
from sklearn.experimental import enable_halving_search_cv
from sklearn.model_selection import HalvingGridSearchCV

grid_search = HalvingGridSearchCV(pipeline, grid_params,
                                  cv=3, verbose=1,
                                  scoring='neg_root_mean_squared_error')
```

Au moment de l'écriture de ces lignes, la recherche par grille réduite de moitié est encore expérimentale dans scikit-learn, elle est donc activée grâce à la première ligne. La deuxième ligne importe la classe `HalvingGridSearchCV` qui implémente cette recherche. La troisième ligne crée l'objet qui la réalisera. Le premier argument est le modèle ou le pipeline à utiliser. Le deuxième est le dictionnaire `grid_params` défini précédemment. L'argument `cv` fait référence à une méthode de rééchantillonnage connue sous le nom de validation croisée. En bref, `cv` correspond au nombre d'essais effectués pour chaque modèle candidat en utilisant différents découpages du jeu d'entraînement complet en un jeu plus petit et un jeu d'évaluation. Des valeurs de `cv` plus élevées conduiront à des métriques d'évaluation plus précises, mais nécessiteront des calculs plus longs. L'argument `verbose` prend une valeur entière entre 0 et 3. Plus elle est élevée, plus la quantité d'informations générées pendant le processus de réglage sera importante. Enfin, le dernier argument précise la métrique qui doit être optimisée pendant le processus de réglage. Puisque nous essayons d'optimiser la RMSE, nous indiquons `neg_root_mean_squared_error`.

> Vous vous demandez peut-être pourquoi nous utilisons la racine négative de l'erreur quadratique moyenne. Dans une modélisation statistique, la fonction de score doit augmenter lorsqu'un modèle s'améliore, tandis que la fonction de perte doit diminuer. Dans scikit-learn, les méthodes de réglage des hyperparamètres sont configurées de manière à utiliser des fonctions de score. Heureusement, nous pouvons obtenir une fonction de score en prenant plutôt la RMSE négative.

Vous êtes prêt à effectuer le réglage des hyperparamètres. Ajoutez le code suivant après la définition de l'objet `grid_search` et exécutez la cellule afin de trouver le meilleur modèle candidat :

```
grid_search.fit(X_train, y_train)
print(grid_search.best_params_)
```

La deuxième ligne ajoutée affiche les hyperparamètres donnant le meilleur modèle. Le processus de réglage prendra entre 35 et 40 minutes dans Google Colab. Vous devriez voir un résultat similaire au suivant, bien que le résultat exact puisse différer en fonction du caractère aléatoire du processus d'échantillonnage :

```
{'col_transformer__bucket_cond__n_bins': 11,
 'col_transformer__bucket_odo__n_bins': 12,
 'col_transformer__bucket_year__n_bins': 11,
 'col_transformer__ohe__min_frequency': 1}
```

Vous pouvez vérifier les performances du meilleur modèle sur le jeu de validation afin de le comparer aux modèles précédents. Exécutez le code suivant dans une nouvelle cellule de façon à générer les métriques d'évaluation (RMSE) du meilleur modèle obtenu grâce à une recherche par grille :

```
# Charger le jeu de validation pour le cas où il ne le serait pas encore.
y_valid = valid_df['sellingprice']
X_valid = valid_df.drop('sellingprice', axis=1)

print('RMSE:', math.sqrt(mean_squared_error(y_valid,
                                            grid_search.predict(X_valid))))
```

Lorsque vous invoquez la méthode `predict()` sur `grid_search`, elle appelle cette méthode sur le meilleur modèle résultant de la recherche par grille. La RMSE du meilleur modèle est de 2 915,02. En comparaison du résultat produit par le modèle initial, avec sa RMSE supérieure à 3 300, l'amélioration est significative, cela grâce à l'ingénierie des caractéristiques et au réglage des hyperparamètres. À titre d'exercice, poursuivez les expériences afin de voir si vous pouvez trouver de nouvelles caractéristiques et régler les nouveaux hyperparamètres qui apparaissent de manière à encore améliorer le modèle.

Enfin, lorsque vous pensez détenir le meilleur modèle possible, évaluez-le sur le jeu de test. Toutefois, attendez un peu avant d'effectuer ce travail, car nous allons explorer d'autres architectures de modèles avec Keras.

Améliorer le modèle avec Keras

Cette section présente différentes architectures de modèles à réseau de neurones conçus pour traiter le problème de prix de vente aux enchères des voitures en utilisant Keras. La sélection et l'ingénierie des caractéristiques ne seront pas reprises, mais vous découvrirez les couches de prétraitement de Keras, qui sont l'analogue des transformateurs scikit-learn. Après avoir recréé la partie ingénierie des caractéristiques du pipeline scikit-learn, vous apprendrez à régler les hyperparamètres en utilisant le package Tuner de Keras et la méthode d'optimisation bayésienne introduite à la section précédente.

Introduction aux couches de prétraitement dans Keras

Grâce aux couches de prétraitement de Keras, il est facile de créer des fonctions de prétraitement des données dans la fonction du modèle, de manière semblable à la création d'un pipeline dans scikit-learn. Au Chapitre 7 et dans la section précédente, vous avez vu à quel point il était pratique d'inclure la logique de prétraitement dans le modèle lui-même. Même si vous n'avez pas exporté le modèle dans la section précédente, l'exportation du pipeline entraîné ne pose aucune difficulté grâce à la bibliothèque `joblib` (voir le Chapitre 7).

Repensez aux transformations apportées au jeu de données dans la section précédente. Un encodage one-hot a été appliqué aux caractéristiques catégorielles, les caractéristiques numériques ont été compartimentées et des croisements de caractéristiques ont été réalisés. Avant de commencer à créer le modèle dans Keras, il est préférable de comprendre les couches de prétraitement qui seront utilisées.

Dans Keras, la couche `Discretization` sert à compartimenter les caractéristiques numériques, à l'instar du transformateur `KBinsDiscretizer` de scikit-learn. Vous pouvez indiquer les limites des compartiments ou utiliser la méthode `adapt()` pour que Keras les choisisse en fonction des données et du nombre de compartiments précisé. La méthode `adapt()` attend que vous indiquiez le jeu de données à utiliser. La plage de valeurs de ce jeu de données servira à choisir les limites des compartiments. En règle générale, il est préférable d'utiliser le jeu d'entraînement complet ou un échantillon représentatif.

> La sortie de la méthode `adapt()` est une liste de points limites correspondant au nombre de compartiments choisi. Le point limite le plus à gauche est en fait le point limite de droite d'un premier compartiment, et le point limite le plus à droite est en fait le point limite de gauche du dernier compartiment.
>
> Par exemple, si le nombre de compartiments est fixé à quatre et si vous recevez les points limites `[0.0, 1.0, 2.0]`, alors les compartiments réels sont `(-inf, 0.0)`, `(0.0, 1.0)`, `(1.0, 2.0)` et `(2.0, +inf)`. En d'autres termes, toutes les valeurs inférieures à 0 appartiendront au premier compartiment, et toutes celles supérieures à 2.0 appartiendront au dernier.

La couche `StringLookup` est une autre couche de prétraitement qui correspond aux transformations effectuées avec scikit-learn. Elle est utilisée pour encoder les colonnes catégorielles dont les valeurs sont des chaînes de caractères. Il existe différents encodages, mais vous utiliserez l'encodage one-hot pour votre modèle. Une autre option consiste à encoder les colonnes sous forme d'entiers, puis à effectuer un encodage one-hot, ou d'autres transformations, dans les couches ultérieures.

Enfin, vous avez également effectué un croisement de caractéristiques lors du prétraitement avec scikit-learn. Le processus était quelque peu manuel : vous avez concaténé les chaînes correspondant aux valeurs de chaque caractéristique, puis vous avez effectué un encodage one-hot des valeurs concaténées. Dans Keras, le croisement de caractéristiques est mis en œuvre par une couche de prétraitement nommée `HashedCrossing`. Elle prend deux caractéristiques catégorielles et crée leur croisement pour vous.

Il existe de nombreuses autres couches de prétraitement intéressantes. Pour de plus amples informations sur ces couches supplémentaires, consultez le guide « Utilisation des couches de prétraitement » dans la documentation de TensorFlow (*https://oreil.ly/K6TLx*).

Créer le jeu de données et les couches de prétraitement pour le modèle

Vous allez à présent remettre en place le pipeline de prétraitement créé précédemment dans scikit-learn afin de pouvoir explorer de nouvelles architectures de modèles dans Keras.

Allez sur le site de Colaboratory (*https://colab.research.google.com*) et créez un nouveau notebook nommé *modèle_keras.ipynb*. Vous y ajouterez du code tout au long des prochaines sections, mais si vous êtes bloqué, vous trouverez le notebook complet dans le répertoire Chapter8 du dépôt *low-code-ai* sur GitHub (*https://oreil.ly/AVf5n*) ; il se nomme *keras_model.ipynb*.

Commencez par importer les jeux d'entraînement et de validation dans des DataFrames, comme cela a été fait précédemment avec scikit-learn. Séparez-les en un DataFrame de caractéristiques et de cibles. Si vous avez besoin d'aide, voici le code correspondant :

```
import pandas as pd

!wget -q https://storage.googleapis.com/low-code-ai-book/car_prices_train.csv
!wget -q https://storage.googleapis.com/low-code-ai-book/car_prices_valid.csv
!wget -q https://storage.googleapis.com/low-code-ai-book/car_prices_test.csv

train_df = pd.read_csv('./car_prices_train.csv')
y_train = train_df['sellingprice']
X_train = train_df.drop('sellingprice', axis=1)

valid_df = pd.read_csv('./car_prices_valid.csv')
y_valid = valid_df['sellingprice']
X_valid = valid_df.drop('sellingprice', axis=1)
```

Vous devrez préparer les caractéristiques d'entrée dans Keras. Lorsque des couches de prétraitement différentes sont appliquées à différentes caractéristiques, l'API séquentielle utilisée au Chapitre 7 pour construire un réseau de neurones dans Keras ne peut plus être employée. Il faut passer à l'API fonctionnelle, dont l'utilisation est comparable, avec juste une syntaxe légèrement différente. Vous devez tout d'abord créer un `Input` pour chaque caractéristique d'entrée. Copiez le code suivant dans une nouvelle cellule du notebook et exécutez-la :

```
import tensorflow as tf
from tensorflow.keras.layers import (StringLookup, HashedCrossing,
                                     Discretization, Concatenate)
```

```
cat_cols = ['make', 'model', 'trim', 'body', 'transmission', 'state',
            'color', 'interior']
num_cols = ['odometer', 'year', 'condition']

inputs = {}

for col in cat_cols:
  inputs[col] = tf.keras.Input(shape=(1,), name=col,
                               dtype = tf.string)

for col in num_cols:
  inputs[col] = tf.keras.Input(shape=(1,), name=col, dtype = tf.int64)
```

Prenons le temps d'analyser ce code. Il commence par l'importation des couches de prétraitement qui seront nécessaires ultérieurement. La liste des colonnes est ensuite séparée en colonnes numériques (`num_cols`) et colonnes catégorielles (`cat_cols`). Puis un dictionnaire vide est créé pour recevoir les couches `Input`, une pour chaque caractéristique. L'instruction `for col in cat_cols` indique que le code qui suit sera exécuté pour chaque colonne de la liste `cat_cols`. `tf.keras.Input` correspond au nom complet des couches `Input`. Le premier argument, `shape`, indique que, pour chaque exemple, chaque caractéristique ne sera qu'une seule valeur. Le nom de chaque `Input` est fixé au nom de la colonne correspondante dans `cat_cols`. Enfin, le type de données (`dtype`) est fixé à `tf.string`, c'est-à-dire une chaîne de caractères dans TensorFlow. Les concepts sont les mêmes pour `num_cols`, sauf que le type de données est `tf.int64`, c'est-à-dire des entiers 64 bits.

Puisque les couches `Input` sont prêtes, les couches de prétraitement peuvent être ajoutées. Tout d'abord, effectuez un encodage one-hot de chaque colonne catégorielle à l'aide du code suivant :

```
preproc_layers = {}
for col in cat_cols:
  layer = StringLookup(output_mode='one_hot')
  layer.adapt(X_train[col])
  preproc_layers[col] = layer(inputs[col])
```

Un dictionnaire vide qui contiendra les couches utilisées pour le prétraitement est tout d'abord créé. Ensuite, une couche `StringLookup` est instanciée pour chaque colonne catégorielle, en fixant `output_mode` à `'one_hot'` afin qu'un encodage one-hot soit appliqué à sa sortie. La méthode `adapt()` est invoquée sur la colonne correspondante du jeu d'entraînement de manière à apprendre le vocabulaire de l'encodage one-hot. Si une valeur inconnue apparaît lors de la transformation des données, `'[UNK]'` lui est attribuée. La façon de prendre en charge les valeurs inconnues peut être définie. Enfin, l'entrée de la colonne au moment de l'entraînement et de la prédiction est précisée et est stockée dans le dictionnaire `preproc_layers`. Vous trouverez tous les détails dans la documentation de `StringLookup` à l'adresse *https://oreil.ly/cGDlm*.

Viennent ensuite les couches `Discretization` pour le compartimentage des colonnes numériques. Le code suivant permet de les créer :

```
for col in num_cols:
  layer = Discretization(num_bins=10,
                         output_mode='one_hot')
  layer.adapt(X_train[col])
  preproc_layers[col] = layer(inputs[col])
```

La procédure est similaire à la précédente, où, pour chaque colonne numérique, une couche `Discretization` est créée. Pour le moment, chacune d'elles sépare les données en dix compartiments, puis applique un encodage one-hot au contenu du compartiment. Enfin, la méthode `adapt()` ajuste le compartimentage aux colonnes individuelles.

Avec le modèle scikit-learn, la dernière ingénierie des caractéristiques qui avait été effectuée était le croisement de caractéristiques. Pour recréer ces caractéristiques avec Keras, il suffit d'utiliser des couches `HashedCrossing` :

```
model_trim=tf.keras.layers.HashedCrossing(num_bins=1000, output_mode='one_hot')(
        (inputs['model'], inputs['trim']))
color_int=tf.keras.layers.HashedCrossing(num_bins=400, output_mode='one_hot')(
        (inputs['color'], inputs['interior']))

preproc_layers['model_trim'] = model_trim
preproc_layers['color_int'] = color_int
```

La colonne `HashedCrossing` n'est pas tout à fait identique au résultat du croisement de caractéristiques réalisé avec scikit-learn. Une fonction de hachage est un type de fonction particulier qui prend une chaîne en entrée et renvoie un entier en retour. La sortie est déterministe. Autrement dit, la même valeur entière de sortie est toujours générée pour la même chaîne en entrée. Cependant, les sorties sont distribuées de telle manière qu'il est presque impossible de les prédire. La colonne `HashedCrossing` lit la sortie de la fonction de hachage et l'utilise pour choisir un compartiment dans lequel placer l'élément correspondant. La couche `model_trim` comprend 1 000 compartiments, la couche `color_interior`, 400.

D'où proviennent ces quantités ? En raison des valeurs qui apparaissent dans le jeu de données, il existe plus d'un million de combinaisons différentes de modèles et de finitions possibles. De même, il existe environ 300 combinaisons de couleurs et d'intérieurs possibles. Puisque la distribution des valeurs est effectivement aléatoire, plusieurs valeurs peuvent se retrouver dans le même compartiment. Une exagération du nombre de compartiments permet de réduire la probabilité de ce scénario. Il y a cependant une contrepartie : chaque compartiment correspond à une caractéristique du modèle, et cela correspond à de multiples poids selon le nombre de neurones présents dans la première couche cachée. Voilà pourquoi nous avons choisi 1 000 compartiments pour la caractéristique `model_trim` et non plus d'un million. Ce compromis fait également du nombre de compartiments un excellent candidat au réglage des hyperparamètres.

Construire un modèle à réseau de neurones

Les couches de prétraitement ont été définies, il ne reste plus qu'à assembler le tout. La première étape consiste à réunir toutes ces couches en une seule pour l'entrée dans le réseau de neurones. Le code suivant effectue cette opération :

```
prepared_layer = Concatenate()(preproc_layers.values())
prepared_layer = tf.reshape(prepared_layer, [-1,3903])
```

Ce code est assez simple. Un objet `Concatenate` est créé et une liste de couches d'entrée lui est passée. Puisque toutes les couches de prétraitement ont été placées dans un dictionnaire, il suffit d'en extraire les valeurs. `prepared_layer` est un tenseur de longueur 3903, qui prend en compte toutes les valeurs possibles pour les caractéristiques compartimentées et encodées one-hot. La deuxième ligne transforme `prepared_layer` en un tenseur de rang 2, comme attendu par l'API fonctionnelle pour la couche suivante.

Avec toutes les entrées sous forme de couche unique, la suite du processus de création d'un modèle est plus ou moins identique à celle décrite au Chapitre 7. La différence, mineure, vient de l'API fonctionnelle de Keras, mais elle sera plus facile à expliquer après avoir vu le code :

```
hid_1 = tf.keras.layers.Dense(16, activation='relu')(prepared_layer)
hid_2 = tf.keras.layers.Dense(16, activation='relu')(hid_1)
output = tf.keras.layers.Dense(1)(hid_2)

model = tf.keras.Model(inputs=inputs, outputs=output)
```

La première ligne crée une nouvelle couche nommée `hid_1`. Il s'agit d'une couche dense avec 16 neurones et une fonction d'activation ReLU. Dans l'API fonctionnelle, une entrée doit être précisée pour chaque couche, comme avec une fonction. Dans ce cas, il s'agira de la couche préparée précédemment. Ensuite, une deuxième couche, `hid_2`, est définie avec les mêmes paramètres que la première, mais en utilisant `hid_1` comme couche d'entrée. Enfin, la couche de sortie, `output`, est créée en tant que couche dense avec un seul neurone de sortie et aucune fonction d'activation. Rappelez-vous que pour les modèles de régression, la sortie doit être un seul nombre, la valeur prédite.

Vous devez à présent créer l'objet `Model`. Pour cela, utilisez `tf.keras.Model` et indiquez les entrées du modèle (celles définies précédemment, `inputs`), ainsi que sa sortie (la couche `output`). La suite de la procédure est la même qu'au Chapitre 7, avec quelques différences mineures. Exécutez le code suivant pour compiler et entraîner le modèle :

```
model.compile(optimizer='adam', loss='mse')

train_ds = tf.data.Dataset.from_tensor_slices(
    (dict(X_train), y_train)).batch(100)
valid_ds = tf.data.Dataset.from_tensor_slices(
    (dict(X_valid), y_valid)).batch(1000)
```

```
history = model.fit(
    x=train_ds,
    epochs=25,
    verbose=1,
    validation_data=valid_ds
)
```

Tout d'abord, le modèle est compilé, en prenant l'optimiseur Adam et l'erreur quadratique moyenne (MSE) comme fonction de perte. Ensuite, les `tf.Datasets` pour l'entraînement et la validation sont créés à partir des DataFrames correspondants. La taille du lot est fixée à 100 pour l'entraînement et à 1 000 pour la validation. L'entraînement du modèle est déclenché avec la méthode `fit()`.

Les performances de votre modèle peuvent varier légèrement en fonction du caractère aléatoire impliqué dans l'initialisation et l'entraînement d'un réseau de neurones, mais vous devriez obtenir une MSE d'environ 10 719 103 $, c'est-à-dire une RMSE de 3 274 $. Les performances sont similaires à celles du modèle créé avec scikit-learn avant le réglage des hyperparamètres. Mais, puisque le choix de l'architecture du réseau de neurones était arbitraire, il y a donc encore une marge d'amélioration.

Régler les hyperparamètres dans Keras

Vous disposez à présent d'un modèle fonctionnel dans Keras. Il est donc temps de travailler à son amélioration. Le réglage des hyperparamètres peut se faire aisément à l'aide du package Keras Tuner.

Google Colab n'inclut pas le package Keras Tuner par défaut, mais il est facile à installer. `pip` (acronyme récursif de *Pip Installs Packages*) est un outil de gestion Python permettant d'installer et de gérer des packages. La commande `pip install` télécharge et installe des packages à partir de Python Package Index ou de PyPI. Exécutez la commande suivante dans une nouvelle cellule pour installer le package Keras Tuner :

```
!pip install -q keras-tuner
```

Puisque `pip` est un outil de ligne de commande, il faut utiliser `!` pour exécuter la ligne comme une commande bash. L'option `-q` supprime la plupart des messages produits par l'installation afin d'éviter d'encombrer l'environnement du notebook. Keras Tuner étant installé, vous pouvez commencer à modifier le code du modèle pour le préparer au réglage des hyperparamètres.

Pour utiliser Keras Tuner, vous devez créer une fonction, nommée par exemple `build_model`, qui prend en entrée les hyperparamètres et renvoie le modèle compilé. Pour chaque modèle candidat, cette fonction sera exécutée avec différents hyperparamètres de manière à générer le modèle à entraîner. Vous l'avez remarqué précédemment, il faut quelques minutes pour exécuter la méthode `adapt()` sur toutes les couches de prétraitement. Dans l'idéal, ce code devra donc se trouver en dehors de la fonction build_model. Voici comment créer la fonction build_model pour Keras Tuner :

```
import keras_tuner as kt
from functools import partial

def _build_model_fn(hp, prepared_layer):

  units_1 = hp.Int('units_1', min_value=8, max_value=64, step=4)
  units_2 = hp.Int('units_2', min_value=4, max_value=64, step=4)
  units_3 = hp.Int('units_3', min_value=4, max_value=32, step=2)

  hid_1 = tf.keras.layers.Dense(units_1,
                              activation='relu')(prepared_layer)
  hid_2 = tf.keras.layers.Dense(units_2, activation='relu')(hid_1)
  hid_3 = tf.keras.layers.Dense(units_3, activation='relu')(hid_2)
  output = tf.keras.layers.Dense(1, activation='linear')(hid_3)

  model = tf.keras.Model(inputs=inputs, outputs=output)

  model.compile(optimizer='adam', loss='mse')

  return model

build_model = partial(_build_model_fn, prepared_layer=prepared_layer)
```

Le code débute par l'importation du package keras_tuner et la fonction partial, tous deux utilisés ultérieurement. Ensuite, il définit une fonction « intermédiaire », _build_model_fn. Le tiret bas placé au début du nom de la fonction est une convention Python. Il signifie que la fonction n'est pas destinée à être utilisée directement. Notez qu'elle prend deux arguments. Le premier, hp, sera fourni par Keras Tuner, tandis le second, prepared_layer, correspondra à la couche éponyme créée précédemment.

La ligne units_1 = hp.Int('units_1', min_value=8, max_value=64, step=4) est un exemple de définition d'un hyperparamètre à l'aide de Keras Tuner. hp.Int stipule que l'hyperparamètre est de type entier. Vous pouvez également définir des hyperparamètres de type nombres à virgule flottante (hp.Float), de type booléens (hp.Boolean) ou choisis dans une liste de valeurs possibles (hp.Choice). Pour de plus amples informations, consultez la documentation de Keras Tuner (*https://keras.io/keras_tuner/*).

Pour les hyperparamètres entiers, une valeur minimale, une valeur maximale et une taille de pas doivent être précisées. Dans cet exemple, les valeurs possibles sont donc 8, 12, 16, 20, ..., 64. Le code précédent crée trois hyperparamètres nommés units_1, units_2 et units_3. Puis les trois couches cachées du modèle sont définies. Pour chaque couche cachée, le nombre de neurones est remplacé par les objets hp.Int. Le reste du code est comparable à celui utilisé pour créer et compiler un modèle. La fonction _build_model_fn renvoie le modèle compilé.

Pour être utilisée avec Keras Tuner, la fonction `build_model` doit uniquement prendre `hp` en argument. C'est là que la fonction `partial` entre en scène. Elle permet de créer une nouvelle fonction à partir d'une ancienne, mais avec certains arguments fixes déjà inclus dans la fonction d'origine. Ainsi, `partial(_build_model_fn, prepared_layer=prepared_layer)` prend la fonction `_build_model_fn` et crée une nouvelle fonction dans laquelle la couche `prepared_layer` est toujours associée à l'argument correspondant.

La fonction `build_model` ayant été créée, instanciez l'objet `tuner` qui prendra en charge le processus de réglage des hyperparamètres. Le code suivant crée cet objet et effectue la recherche des hyperparamètres :

```
tuner = kt.BayesianOptimization(
    build_model,
    objective=kt.Objective("val_loss", direction="min"),
    max_trials=20)

tuner.search(
    x=train_ds,
    epochs=5,
    verbose=1,
    validation_data=valid_ds)
```

`tuner` se fonde sur l'optimisation bayésienne pour trouver les meilleurs hyperparamètres. Un `Objective` est créé afin de définir l'objectif du processus de réglage. Dans ce cas, la perte (MSE) du jeu de validation doit être minimisée. `val_loss` est donc l'objectif et `direction` est fixé à `min` pour préciser que l'idée est de minimiser `val_loss`. Le nombre maximal d'essais ou de modèles candidats à entraîner est également indiqué.

Pour lancer le processus de réglage, il suffit d'exécuter la méthode `search()` sur `tuner`, en précisant le jeu d'entraînement, le nombre d'époques d'entraînement des modèles candidats, le niveau d'affichage des détails (de 0 à 3) et le jeu de validation. Notez que le nombre d'époques est assez faible puisque de nombreux modèles sont entraînés. Souvent, mais pas toujours, les modèles les plus performants apparaîtront après seulement quelques époques d'entraînement, sans avoir à les entraîner jusqu'à la convergence. Votre sortie et vos résultats doivent ressembler à ceux de la Figure 8.4.

Les résultats que vous obtiendrez varieront en fonction du caractère aléatoire du processus, mais la valeur `val_loss` du meilleur modèle sera probablement autour de 6 000 000 $, c'est-à-dire une RMSE de 2 470 $. L'amélioration par rapport au modèle précédent est donc bien présente, même après seulement cinq époques. Vous devriez donc entraîner ce meilleur modèle candidat plus longtemps pour voir s'il est possible d'arriver à des résultats encore meilleurs. Pour cela, vous devez récupérer les meilleurs hyperparamètres. Exécutez le code suivant dans une nouvelle cellule pour retrouver les hyperparamètres du meilleur modèle candidat :

```
best_hps=tuner.get_best_hyperparameters(num_trials=1)[0]
print('units_1:', best_hps.get('units_1'))
print('units_2:', best_hps.get('units_2'))
print('units_3:', best_hps.get('units_3'))
```

```
tuner = kt.BayesianOptimization(
    build_model,
    objective=kt.Objective("val_loss", direction="min"),
    max_trials=20)

tuner.search(
    x=train_ds,
    epochs=5,
    verbose=1,
    validation_data=valid_ds)
```

```
Trial 20 Complete [00h 06m 26s]
val_loss: 6105608.5
```

Figure 8.4 : Un exemple de sortie du processus de réglage des hyperparamètres à l'aide de Keras Tuner.

Les meilleurs hyperparamètres trouvés peuvent à nouveau varier d'une exécution à l'autre en raison du caractère aléatoire du processus. Pour l'exécution décrite dans ce chapitre, les meilleures valeurs pour `units_1`, `units_2` et `units_3` étaient respectivement 52, 64 et 32.

Pour faciliter les choses, Keras Tuner fournit la méthode `tuner.hypermodel.build()` à laquelle nous pouvons donner les meilleurs hyperparamètres, qu'elle transmettra à la méthode `build_model` afin de recréer le meilleur modèle candidat. Exécutez le code suivant pour mettre cela en place, en créant une fonction de rappel pour l'arrêt prématuré et en entraînant le meilleur modèle jusqu'à ce que l'amélioration de `val_loss` cesse :

```
best_model = tuner.hypermodel.build(best_hps)

early_stopping = tf.keras.callbacks.EarlyStopping(monitor='val_loss', patience=5)

history = best_model.fit(
    x=train_ds,
    epochs=1000,
    verbose=1,
    callbacks = [early_stopping],
    validation_data=valid_ds
)
```

Après avoir entraîné le modèle, la RMSE de validation a encore diminué, jusqu'à moins de 2 000. Vous disposez enfin d'un modèle qui répond aux objectifs initiaux ! À titre d'exercice, effectuez un réglage d'autres hyperparamètres, comme le nombre de compartiments pour les couches `HashedCrossing`.

Nous avons choisi le modèle en fonction de ses performances sur le jeu de validation. Cependant, il est possible qu'il soit tout simplement biaisé en faveur de ce jeu de données. C'est là que le jeu de test devient intéressant. Puisqu'il n'a encore été utilisé à aucun moment du processus d'entraînement du modèle, il représente ce qui s'approche le plus de ce qu'un modèle en production pourrait recevoir.

Nous avons choisi notre modèle final et nous pouvons donc utiliser le jeu de test comme dernière vérification de ses performances. Pour cela, utilisez le code suivant :

```
test_df = pd.read_csv('./car_prices_test.csv')
y_test = test_df['sellingprice']
X_test = test_df.drop('sellingprice', axis=1)
test_ds = tf.data.Dataset.from_tensor_slices(
                        (dict(X_test), y_test)).batch(1000)

best_model.evaluate(test_ds)
```

Comment le modèle s'est-il comporté avec ce jeu de test ? Si ses performances ont été similaires, tout est bon et vous pouvez le transmettre afin qu'il soit déployé. Dans le cas contraire, il vous faudra sans doute recombiner les jeux de données, effectuer une nouvelle séparation en jeux d'entraînement, de validation et de test, puis reprendre la procédure depuis le début. Vous devrez vérifier que les trois jeux de données présentent une distribution similaire. Dans la pratique, une forte baisse des performances lors de l'évaluation sur le jeu test provient souvent d'une différence dans la distribution de chaque jeu de données.

Devoir recommencer peut être frustrant. Mais, une fois que l'indépendance du jeu de test est compromise en l'utilisant dans une prise de décision, cela reste la meilleure approche pour continuer à améliorer les performances du modèle.

Régler les hyperparamètres dans BigQuery ML

Dans cette section, le modèle créé avec scikit-learn et avec Keras sera repris cette fois-ci dans BigQuery ML. Vous chargerez dans BigQuery les jeux de données du prix des voitures vendues aux enchères utilisés précédemment, explorerez l'ingénierie des caractéristiques dans BigQuery ML et entraînerez un modèle à réseau de neurones. Pour finir, vous apprendrez à effectuer un réglage des hyperparamètres dans BigQuery ML.

Nous ne reviendrons pas sur tous les concepts de BigQuery et de BigQuery ML dans cette section. Si vous avez besoin d'informations complémentaires sur certaines tâches effectuées ici, reportez-vous au Chapitre 6.

Charger et transformer des données sur les ventes aux enchères

Ouvrez Google Cloud Console (*http://console.cloud.google.com*) et accédez à BigQuery (en développant la liste des produits ou en passant par la barre de recherche). Depuis l'explorateur, cliquez sur le bouton Afficher les actions (trois points verticaux) placé à droite de l'identifiant de votre projet, puis choisissez ensuite Créer un ensemble de données (voir Figure 8.5).

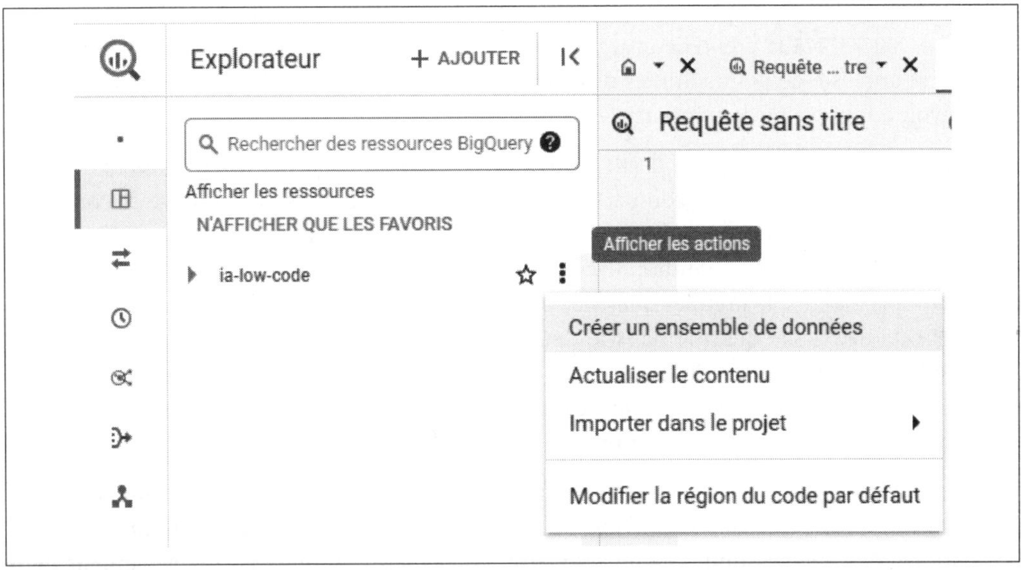

Figure 8.5 : Emplacement du bouton Afficher les actions et de l'action Créer un ensemble de données dans l'interface utilisateur de BigQuery.

Créez un nouvel ensemble de données, `car_sales_prices`, dans la région des États-Unis. Lorsque c'est fait, utilisez le bouton Afficher les actions à côté de l'ensemble de données pour créer une table BigQuery. Créez trois tables, une pour chacun des trois jeux de données, en utilisant les informations fournies par le Tableau 8.3. Notez que vous devrez remplacer *<jeu_de_données>* des champs Sélectionnez un fichier du bucket GCS ou utilisez un modèle d'URI et Table par `train`, `valid` et `test` pour les trois jeux de données différents.

Tableau 8.3 : Options de configuration des trois tables à créer.

Champ	Valeur
Créer une table à partir de	Google Cloud Storage
Sélectionnez un fichier du bucket GCS ou utilisez un modèle d'URI	`low-code-ai-book/car_prices_`*<jeu_de_données>*`.csv`
Format de fichier	CSV
Table	`car_prices_`*<jeu_de_données>*
Schéma	Détection automatique

Avant de commencer à créer le modèle, vous devez reproduire les transformations effectuées dans scikit-learn et Keras. Rappelez-vous que vous avez effectué un encodage one-hot sur les colonnes catégorielles. N'oubliez pas que, dans BigQuery ML, toutes les colonnes contenant des chaînes de caractères subissent automatiquement un tel encodage. Vous n'aurez donc rien à faire pour ces colonnes.

Qu'en est-il des colonnes numériques que vous avez compartimentées ? BigQuery ML fournit deux fonctions pour appliquer ce traitement aux caractéristiques numériques. La première se nomme `ML.BUCKETIZE` et prend deux arguments. Le premier est la colonne à compartimenter, le second est une liste de points limites des compartiments que vous devez fournir. Vous devrez donc savoir à l'avance quels compartiments utiliser.

Il existe également la fonction `ML.QUANTILE_BUCKETIZE`, qui prend aussi deux arguments. Le premier est à nouveau la colonne à compartimenter, mais le second précise le nombre de compartiments dans lesquels les données doivent être réparties. `ML.QUANTILE_BUCKETIZE` se fonde sur des quantiles déterminés par le nombre de compartiments indiqué. Par exemple, si vous spécifiez quatre compartiments, le premier quartile (25 % des données) sera placé dans le premier compartiment, le deuxième quartile dans le deuxième compartiment, et ainsi de suite. La sortie réelle de ces fonctions sera de la forme `bin_n` pour les données placées dans le compartiment `n`, puis BigQuery ML effectuera un encodage one-hot de la colonne, comme n'importe quelle autre colonne contenant des chaînes de caractères.

La dernière transformation réalisée était un croisement de caractéristiques. Dans BigQuery ML, elle est mise en œuvre par la fonction `ML.FEATURE_CROSS`. Cette fonction prend un `STRUCT` de colonnes de caractéristiques et renvoie leurs croisements. Si vous passez seulement deux colonnes, le résultat de leur croisement sera renvoyé. Si vous en passez trois, vous recevrez trois résultats du croisement, un pour chaque paire possible.

La syntaxe de `ML.FEATURE_CROSS` peut sembler un peu étrange au premier abord :

```
ML.FEATURE_CROSS(STRUCT(colonne1,colonne2))
```

Le mot-clé `STRUCT` est nécessaire pour créer le `STRUCT`, c'est-à-dire une liste ordonnée de colonnes éventuellement de types différents. Sans ce mot-clé, vous recevrez un message d'erreur.

Vous êtes maintenant prêt à prétraiter les données. Écrivez et exécutez la requête SQL suivante dans la console BigQuery afin de réaliser les transformations souhaitées :

```
SELECT
  * EXCEPT (int64_field_0, mmr, odometer, year, condition),
  ML.QUANTILE_BUCKETIZE(odometer, 10) OVER() AS odo_bucket,
  ML.QUANTILE_BUCKETIZE(year, 10) OVER() AS year_bucket,
  ML.QUANTILE_BUCKETIZE(condition, 10) OVER() AS cond_bucket,
  ML.FEATURE_CROSS(STRUCT(make,model)) AS make_model,
  ML.FEATURE_CROSS(STRUCT(color,interior)) AS color_interior
FROM
  'car_sales_prices.car_prices_train'
LIMIT 10
```

L'instruction SELECT * EXCEPT(...) renvoie toutes les colonnes de la table à l'exception de celles indiquées. int64_field_0 est le nom de la colonne précédemment nommée Unnamed: 0. La colonne mmr doit également être retirée car elle ne peut pas être utilisée pour l'entraînement. Enfin, les valeurs numériques de odometer, year et condition n'avaient pas été exploitées, car ces caractéristiques avaient été compartimentées et ne sont pas renvoyées dans les résultats.

Les colonnes odometer, year et condition sont ensuite réparties dans 10 compartiments avec ML.QUANTILE_BUCKETIZE. La clause OVER() permet de diviser les données en différents ensembles (en fonction du paramètre passé à OVER), puis de les compartimenter en quantiles. Dans ce cas, le compartimentage se fait simplement en quantiles, sans aucune autre séparation.

Pour finir, les croisements de caractéristiques sont réalisés avec ML.FEATURE_CROSS. Dans ce cas, l'instruction LIMIT 10 permet de consulter uniquement les premières lignes de données. Un exemple des résultats possibles est présenté dans le Tableau 8.4.

Tableau 8.4 : Sortie des requêtes de prétraitement pour les transformations ML.QUANTILE_BUCKETIZE et ML.FEATURE_CROSS.

odo_bucket	year_bucket	cond_bucket	make_model	color_interior
bin_10	bin_1	bin_1	Nissan_300ZX	red_red
bin_7	bin_1	bin_1	Chevrolet_Corvette	red_-
bin_10	bin_1	bin_2	Lexus_LS 400	silver_silver
bin_10	bin_1	bin_4	Jeep_Cherokee	white_gray
bin_9	bin_1	bin_2	Mazda_MX-5 Miata	red_blue
bin_10	bin_1	bin_2	Honda_Accord	blue_-

Notez que la sortie pour les colonnes compartimentées est bin_n, comme prévu. Par ailleurs, les colonnes issues du croisement des caractéristiques sont de la forme valeur1_valeur2. Ces valeurs concaténées feront l'objet d'un encodage one-hot par BigQuery ML, en adoptant une approche similaire à celle utilisée avec scikit-learn.

Entraîner un modèle de régression linéaire et utiliser la clause TRANSFORM

Vous êtes prêt à entraîner un modèle de régression linéaire à l'aide de la requête écrite précédemment pour prétraiter les données. Si vous transformez les données avec cette requête, enregistrez les résultats, puis entraînez le modèle à partir de la nouvelle table, tout fonctionne parfaitement. Cependant, les mêmes transformations doivent être réalisées au moment des prédictions. Cela devient délicat si vous ne savez pas précisément comment l'encodage one-hot a été effectué et si vous ne disposez pas des points limites du compartimentage.

Grâce à la clause TRANSFORM de BigQuery ML, ces transformations peuvent être intégrées au modèle. La structure générale de l'instruction CREATE MODEL est la suivante :

```
CREATE OR REPLACE MODEL 'dataset.nom_modèle'
TRANSFORM (<sql_transformation>)
OPTIONS (<options_modèle>)
AS SELECT …
```

`<sql_transformation_sql>` correspond à la partie `SELECT` de la requête précédente dans laquelle les colonnes à utiliser ont été précisées, ainsi que leurs transformations. Écrivez et exécutez l'instruction SQL suivante pour entraîner un modèle de régression linéaire à l'aide des transformations placées dans une clause `TRANSFORM` :

```
CREATE OR REPLACE MODEL
  'car_sales_prices.linear_car_model'
  TRANSFORM (
    * EXCEPT (int64_field_0, mmr, odometer, year, condition),
    ML.QUANTILE_BUCKETIZE(odometer, 10) OVER() AS odo_bucket,
    ML.QUANTILE_BUCKETIZE(year, 10) OVER() AS year_bucket,
    ML.QUANTILE_BUCKETIZE(condition, 10) OVER() AS cond_bucket,
    ML.FEATURE_CROSS(STRUCT(make,model)) AS make_model,
    ML.FEATURE_CROSS(STRUCT(color,interior)) AS color_interior)
  OPTIONS (
    model_type='linear_reg',
    input_label_cols=['sellingprice'],
    data_split_method='NO_SPLIT') AS
SELECT
  *
FROM
  'car_sales_prices.car_prices_train';
```

Cette requête devrait vous sembler en grande partie familière. Hormis quelques modifications, elle reprend ce que vous avez vu au Chapitre 6. Tout d'abord, l'ajout de la clause `TRANSFORM` permet d'intégrer la logique de transformation dans le modèle afin qu'elle puisse être appliquée au moment des inférences. Lors de l'appel à `ML.PREDICT` pour effectuer des prédictions, la clause `TRANSFORM` sera exécutée sur la table d'entrée avant d'être transmise au modèle pour les prédictions. Cela signifie que les éléments requis, comme les points limites des compartiments, sont désormais inclus dans le modèle lui-même. Dans scikit-learn et Keras, vous aviez utilisé, respectivement, des pipelines et des couches de prétraitement pour arriver à cette même fonctionnalité.

Avez-vous remarqué l'existence d'une nouvelle option ? `data_split_method` stipule la manière dont les données seront séparées pour l'entraînement et la validation. Étant donné qu'il existe déjà un jeu de validation séparé, l'option `NO_SPLIT` permet d'indiquer que l'intégralité du jeu de données doit servir à l'entraînement. L'évaluation du modèle entraîné à partir du jeu de validation peut se faire à l'aide de l'instruction SQL suivante :

```
SELECT SQRT(mean_squared_error)
FROM ML.EVALUATE(MODEL 'car_sales_prices.linear_car_model',
    (SELECT * FROM 'car_sales_prices.car_prices_valid'))
```

Étant donné que vous aviez précédemment utilisé la RMSE pour l'évaluation, elle le sera de nouveau ici. Votre RMSE pourrait être assez élevée, voire peut-être supérieure à 8 000 $. Vous pouvez également vérifier la RMSE pour le jeu d'entraînement avec la requête suivante :

```
SELECT SQRT(mean_squared_error)
FROM ML.EVALUATE(MODEL 'car_sales_prices.linear_car_model',
    (SELECT * FROM 'car_sales_prices.car_prices_train'))
```

La RMSE obtenue avec le jeu d'entraînement sera plus proche de 3 000 $ et de ce que vous attendiez de votre modèle scikit-learn. Il s'agit d'un exemple classique de surajustement, mais d'où provient-il ? Les croisements de caractéristiques impliquent un très grand nombre de valeurs possibles, ce qui conduit à un très grand nombre de caractéristiques pour le modèle. Vous pouvez le connaître grâce à la requête suivante :

```
SELECT
    COUNT(ML.FEATURE_CROSS(STRUCT(color,interior))) +
    COUNT(ML.FEATURE_CROSS(STRUCT(make,model)))
FROM
    'car_sales_prices.car_prices_train'
```

Vous découvrez qu'il existe 770 000 valeurs de caractéristiques différentes issues des croisements de caractéristiques. Un nombre aussi important par rapport au nombre d'observations peut très facilement conduire à un surapprentissage. La section suivante expliquera comment les techniques de régularisation peuvent résoudre ce problème.

Enfin, les prédictions s'obtiennent en utilisant le modèle de la même manière qu'au Chapitre 6 :

```
SELECT *
FROM ML.PREDICT(MODEL 'car_sales_prices.linear_car_model',
    (SELECT * FROM 'car_sales_prices.car_prices_valid'))
```

L'entraînement d'un modèle de régression à réseau de neurones profond se fait de manière très similaire en modifiant simplement les options :

```
CREATE OR REPLACE MODEL
  'car_sales_prices.dnn_car_model'
  TRANSFORM (
    * EXCEPT (int64_field_0, mmr, odometer, year, condition),
    ML.QUANTILE_BUCKETIZE(odometer, 10) OVER() AS odo_bucket,
    ML.QUANTILE_BUCKETIZE(year, 10) OVER() AS year_bucket,
    ML.QUANTILE_BUCKETIZE(condition, 10) OVER() AS cond_bucket,
    ML.FEATURE_CROSS(STRUCT(make,model)) AS make_model,
    ML.FEATURE_CROSS(STRUCT(color,interior)) AS color_interior)
  OPTIONS (
    model_type='dnn_regressor',
    hidden_units=[64, 32, 16],
    input_label_cols=['sellingprice'],
    data_split_method='NO_SPLIT') AS
SELECT
  *
FROM
  'car_sales_prices.car_prices_train';
```

Configurer une tâche de réglage des hyperparamètres dans BigQuery ML

Après avoir écrit le code d'entraînement d'un modèle, il suffit d'apporter quelques petites modifications pour commencer le réglage des hyperparamètres. Vous devez d'abord inclure une nouvelle option, `num_trials`. Elle fixe le nombre de modèles différents qui seront entraînés pendant le processus de réglage des hyperparamètres. Vous pouvez également définir la valeur de `num_parallel_trials`. Cela vous permettra d'exécuter plusieurs essais en parallèle. La quantité totale de ressources servant à l'entraînement sera la même, mais la possibilité d'exécuter plusieurs modèles en parallèle réduira le temps de traitement global. Cependant, il existe une contrepartie à l'utilisation de l'optimisation bayésienne dans BigQuery ML et Vertex AI. Plus le nombre d'essais effectués en parallèle est élevé, plus le nombre d'itérations réalisées avant d'atteindre le nombre maximal d'essais est faible. Pourtant, en général, l'optimisation bayésienne apprend à chaque itération.

Lorsque l'option `num_trials` est définie, il reste à configurer les hyperparamètres. Dans BigQuery ML, seuls certains hyperparamètres peuvent être réglés. Pour les modèles à réseau de neurones profond (DNN, *deep neural network*), il s'agit de `batch_size`, `dropout`, `hidden_units`, `learn_rate`, `optimizer`, `l1_reg`, `l2_reg` et `activation_fn`. Nous allons nous intéresser plus particulièrement à `dropout`, `l1_reg` et `hidden_units`, mais explorez d'autres hyperparamètres à titre d'exercice.

Régularisation

Les exemples précédents vous ont familiarisé avec `hidden_units`. Mais qu'en est-il de `dropout` et `l1_reg` ? Le *dropout* est une technique de régularisation. De façon générale, les techniques de régularisation servent à réduire le risque de surajustement d'un modèle. Le surajustement se produit lorsque le modèle est plus performant sur le jeu d'entraînement que sur le jeu d'évaluation. Le plus souvent, le modèle « mémorise » le jeu de données et commence à rater les motifs généraux indispensables au bon fonctionnement sur d'autres jeux de données. L'une des principales approches pour diminuer ce risque de surajustement consiste à réduire la complexité du modèle.

Les régularisations L1 et L2 sont généralement les premières techniques apprises par les praticiens du ML. Supposons la fonction de perte $L(x, D)$. Rappelons que l'objectif du processus d'entraînement est de minimiser cette fonction de perte. L'idée de la régularisation L1/L2 est d'ajouter un terme supplémentaire à la fonction de perte pour forcer l'algorithme d'apprentissage à équilibrer la minimisation de la fonction de perte d'origine et du nouveau « terme de pénalité ». Soit W_2 la somme des carrés de tous les poids du modèle. Pour la régularisation L2, la nouvelle fonction de perte ressemble à ceci :

$$L_{reg}(x, D) = L(x, D) + \lambda * W_2$$

L'idée générale est que pour qu'un modèle soit plus complexe, les valeurs de poids doivent être augmentées afin d'avoir un effet plus important sur le résultat. Cette nouvelle fonction de perte équilibre la fonction de perte d'origine et la « complexité » du modèle telle que mesurée par W_2. λ est nommé *taux de régularisation*. Il contrôle le niveau de pondération de la fonction de perte d'origine par rapport à la complexité du modèle. Plus la valeur de λ est élevée, plus la complexité est pénalisée dans le processus d'entraînement. De même pour la régularisation L1, le terme W_2 est remplacé par la somme des valeurs absolues de tous les poids W_1. Ces types de régularisation peuvent être utilisés ensemble dans ce que l'on appelle la régularisation Elastic Net. La fonction de perte correspondante est la suivante :

$$L_{en}(x, D) = L(x, D) + \lambda_1 \times W_1 + \lambda_2 \times W_2$$

Notez que λ_1 et λ_2 sont des constantes différentes qui contrôlent séparément l'influence des régularisations L1 et L2.

Vous connaissez maintenant les définitions des régularisations L1 et L2, mais quel effet ont-elles réellement sur le modèle ? Les mathématiques sous-jacentes dépassent le cadre de cet ouvrage, même si elles ne sont pas trop complexes, avec des effets finaux faciles à décrire. La régularisation L2 a tendance à pousser les poids vers des valeurs plus faibles. La régularisation L1 a tendance à pousser vers zéro les poids qui n'ont pas d'influence sur les performances du modèle. Cela se révélera utile lorsque le nombre de caractéristiques éparses est élevé. Cela peut se produire, par exemple, lorsque le croisement de caractéristiques se fait sur deux caractéristiques ayant un grand nombre de valeurs. C'est précisément le cas dans le modèle de régression linéaire entraîné dans BigQuery ML. En général, lorsqu'un croisement de caractéristiques est mis en place, il est préférable d'inclure une régularisation L1. Les paramètres de régularisation contrôlent le niveau d'intervention sur les valeurs des poids pendant le processus d'entraînement.

Le dropout est un autre type de régularisation, dans le sens où il est appliqué non pas à la fonction de perte mais au modèle lui-même pendant l'entraînement. Avec les réseaux de neurones, l'idée du dropout est de « désactiver » un certain pourcentage de neurones pour chaque lot de données. Dans ce cas, *désactiver* signifie, pour ce lot de données spécifique, fixer à zéro les sommes pondérées correspondantes de certains neurones dans les couches cachées. L'objectif d'une telle technique est d'empêcher la complexité du modèle pendant la période d'apprentissage. Cela évite qu'il devienne trop complexe, tout en lui permettant d'en apprendre davantage sur les données. En revanche, aucun dropout n'est utilisé pendant les prédictions afin que la pleine puissance du modèle soit disponible.

Au cours de la dernière décennie, les chercheurs ont découvert qu'un dropout au moment des prédictions peut également être bénéfique[3]. Il peut servir à représenter l'incertitude d'un modèle pour les tâches de classification et de régression, et rendre les prédictions d'un modèle non déterministes.

3 Par exemple, voir Y. Gal et Z. Ghahramani, « *Dropout as a Bayesian Approximation: Representing Model Uncertainty in Deep Learning* » (actes de la 33e conférence internationale sur l'apprentissage automatique, 2016).

Utiliser le réglage des hyperparamètres dans l'instruction CREATE MODEL

Puisque vous en savez un peu plus sur la régularisation, vous pouvez configurer le réglage des hyperparamètres dans BigQuery ML. Examinons l'instruction SQL suivante :

```
CREATE OR REPLACE MODEL
  'car_sales_prices.dnn_hp_car_model'
  TRANSFORM (
    * EXCEPT (int64_field_0, mmr, odometer, year, condition),
    ML.QUANTILE_BUCKETIZE(odometer, 10) OVER() AS odo_bucket,
    ML.QUANTILE_BUCKETIZE(year, 10) OVER() AS year_bucket,
    ML.QUANTILE_BUCKETIZE(condition, 10) OVER() AS cond_bucket,
    ML.FEATURE_CROSS(STRUCT(make,model)) AS make_model,
    ML.FEATURE_CROSS(STRUCT(color,interior)) AS color_interior)
  OPTIONS (
    model_type='dnn_regressor',
    optimizer='adagrad',
    hidden_units=hparam_candidates([STRUCT([64,32,16]),
                                    STRUCT([32,16]),
                                    STRUCT([32])]),
    l1_reg=hparam_range(0,1),
    dropout=hparam_range(0,0.8),
    input_label_cols=['sellingprice'],
    num_trials = 10,
    hparam_tuning_objectives=['mean_squared_error'])
 AS SELECT
   *
 FROM
   'car_sales_prices.car_prices_train';
```

L'instruction de création d'une tâche de réglage des hyperparamètres est similaire à celle utilisée auparavant, avec quelques différences clés liées à l'objectif. Tout d'abord, remarquez l'option `hidden_units`. La liste d'unités cachées est remplacée par la fonction `hparam_candidates`. Cette fonction prend une liste de structures donnant les valeurs de réglage des hyperparamètres et les transmet au modèle pendant le processus de réglage. Dans ce cas, il est demandé au modèle de choisir la meilleure architecture entre trois possibilités. La première est un réseau avec 64 neurones dans la première couche cachée, 32 dans la deuxième et 16 dans la troisième. La deuxième option correspond à deux couches cachées avec respectivement 32 et 16 neurones. Enfin, la dernière option a une seule couche cachée de 32 neurones. Par ailleurs, la meilleure `l1_reg` et le meilleur `dropout` sont recherchés en utilisant `hparam_range`. Cette option permet de trouver la meilleure valeur à l'intérieur d'une plage de nombres à virgule flottante. Par exemple, la plage de `dropout` est ici comprise entre 0 et 0,8 pour le pourcentage de neurones des couches cachées affectés par le dropout au cours de l'entraînement.

Enfin, de nouvelles options doivent être définies avant de démarrer l'entraînement : `num_trials`, mentionnée précédemment, et `hparam_tuning_objectives`. Puisque l'optimisation concerne la RMSE, `hparam_tuning_objectives` est fixé à `mean_squared_error`. Lancez à présent le processus de réglage. Il devrait durer environ une heure.

Dans la requête de création de la tâche de réglage des hyperparamètres, l'optimiseur a été indiqué avec `optimizer='adagrad'`. L'optimiseur par défaut, `adam`, ne prend pas en charge la régularisation L1. Pour plus de détails, consultez la documentation de BigQuery ML sur la création de modèles à réseaux de neurones profonds (*https://oreil.ly/6hZQN*).

Une fois le processus d'entraînement terminé, vous pouvez explorer les résultats de l'essai et les hyperparamètres choisis en exécutant la requête suivante :

```
SELECT
  *
FROM
  ML.TRIAL_INFO(MODEL 'car_sales_prices.dnn_hp_car_model')
ORDER BY
  hparam_tuning_evaluation_metrics.mean_squared_error ASC
```

Le Tableau 8.5 montre la sortie que vous devriez obtenir. Notez les hyperparamètres et les métriques retenus (les valeurs exactes de votre sortie seront sans doute différentes ; les noms de certaines colonnes ont été condensés pour faciliter la lecture).

Tableau 8.5 : Résultats de la requête d'information pour les trois meilleurs essais.

<table>
<tr><th>trial_id</th><th>l1_reg</th><th>hidden_units</th><th>dropout</th><th>mean_squared_error</th></tr>
<tr><td rowspan="3">10</td><td rowspan="3">1.0</td><td>64</td><td rowspan="3">0.0</td><td rowspan="3">194784591.6</td></tr>
<tr><td>32</td></tr>
<tr><td>16</td></tr>
<tr><td rowspan="3">8</td><td rowspan="3">0.00031591034078693391</td><td>64</td><td rowspan="3">0.0</td><td rowspan="3">213445602.34905455</td></tr>
<tr><td>32</td></tr>
<tr><td>16</td></tr>
<tr><td rowspan="3">9</td><td rowspan="3">1.0</td><td>64</td><td rowspan="3">0.25599690406708309</td><td rowspan="3">218611976.60226983</td></tr>
<tr><td>32</td></tr>
<tr><td>16</td></tr>
</table>

Si vous utilisez `ML.PREDICT` avec `car_sales_prices.dnn_hp_car_model` comme modèle, BigQuery utilisera automatiquement le meilleur essai par défaut :

```
SELECT *
FROM ML.PREDICT(MODEL 'car_sales_prices.dnn_hp_car_model',
    (SELECT * FROM 'car_sales_prices.car_prices_valid'))
```

Solutions pour le réglage des hyperparamètres des grands modèles

Les frameworks et techniques abordés dans ce chapitre conviennent parfaitement aux jeux de données et aux modèles pas trop volumineux. En revanche, l'utilisation de scikit-learn et de Keras sur des ordinateurs locaux ou dans des notebooks Colab avec des jeux de données et des modèles très volumineux risque de prendre beaucoup de temps, voire être impossible en raison de contraintes de mémoire et de traitement. L'entraînement et le réglage de modèles volumineux sont un art à part entière, et les fournisseurs de cloud public proposent des outils pour rendre cette tâche beaucoup plus facile. Nous ne détaillerons pas ces produits, car ils impliquent généralement un développement de code personnalisé assez conséquent, mais donnerons simplement quelques options et références pour ceux qui seraient intéressés.

Entraînement et réglage dans Vertex AI

Au Chapitre 7, vous avez vu comment créer un package Python pour entraîner un modèle scikit-learn et le soumettre à Vertex AI Training. Vous pourriez faire de même avec le code scikit-learn ou Keras de ce chapitre pour le réglage des hyperparamètres.

Dans le cadre de Vertex AI Training, un service de réglage des hyperparamètres est également proposé. Il se fonde sur la bibliothèque Python `cloudml-hypertune` pour fournir à Vertex AI les métriques obtenues à partir de différents essais, éventuellement exécutés dans différents clusters à l'aide de Vertex AI Training. À l'instar de Keras Tuner, Vertex AI utilise l'optimisation bayésienne pour trouver les meilleurs hyperparamètres du modèle.

Vous trouverez de plus amples informations sur l'utilisation de ce service en consultant la documentation de Vertex AI (*https://oreil.ly/qcLDL*).

Réglage automatique du modèle avec Amazon SageMaker

Amazon SageMaker comprend un service de réglage automatique des modèles nommé SageMaker AMT (*https://oreil.ly/boB_A*). Vous pouvez l'utiliser avec des algorithmes intégrés, des algorithmes personnalisés ou des conteneurs SageMaker prédéfinis pour les frameworks ML comme scikit-learn, TensorFlow et PyTorch.

Les détails sont donnés dans la documentation de SageMaker AMT (*https://oreil.ly/boB_A*).

Azure Machine Learning

Azure Machine Learning propose le réglage des hyperparamètres dans le cadre de la bibliothèque cliente Python et de l'interface en ligne de commande. À l'instar des autres solutions mentionnées, vous pouvez fournir un modèle personnalisé développé dans le framework que vous avez choisi, créer les hyperparamètres du modèle pour une fonction qui le génère, préciser l'espace de recherche des hyperparamètres et spécifier une configuration de tâche à soumettre pour exécuter le balayage des hyperparamètres sur Azure Machine Learning. Vous trouverez les informations nécessaires dans la documentation d'Azure Machine Learning (*https://oreil.ly/vrKRr*).

En résumé

Dans ce chapitre, vous avez pris un modèle à code personnalisé créé par un collègue et l'avez amélioré grâce à l'ingénierie des caractéristiques et le réglage des hyperparamètres. Vous avez exploité de nouveaux transformateurs dans scikit-learn et effectué une recherche par grille pour régler les hyperparamètres du modèle de régression linéaire initial. Vous avez appris à réaliser la même ingénierie des caractéristiques dans Keras avec des couches de prétraitement et à régler les hyperparamètres du modèle à réseau de neurones à l'aide de Keras Tuner. Enfin, vous avez appris à effectuer ces mêmes tâches dans BigQuery ML en utilisant SQL.

Ce chapitre et le précédent sur les modèles à code personnalisé ont dû vous donner un avant-goût des possibilités de création de modèles ML. Les approches no-code et low-code constituent un excellent point de départ et peuvent très bien vous permettre d'atteindre votre objectif sans avoir à écrire du code personnalisé. Cependant, il n'est pas nécessaire d'être un data scientist pour mener des explorations à l'aide d'un code personnalisé, et cela n'implique pas l'écriture de centaines et de centaines de lignes de code.

Dans le prochain et dernier chapitre, vous découvrirez certaines des étapes à suivre pour aller plus loin dans l'apprentissage automatique. Vous avez déjà constitué une boîte à outils très puissante, mais le domaine est en constante évolution. Les nombreux nouveaux outils et développements deviennent accessibles et ne sont plus réservés aux seuls chercheurs.

CHAPITRE 9

Prochaines étapes de votre voyage dans le monde de l'IA

Tout au long de cet ouvrage, vous avez découvert comment les données peuvent orienter les prises de décision au sein de votre entreprise grâce à un flux de travail ML, vous avez appris à comprendre les données dans le but de créer des modèles ML et vous avez découvert les outils qui le permettent. Vous avez vu comment utiliser AutoML pour entraîner des modèles de régression et de classification, comment créer des modèles low-code personnalisés à l'aide de SQL dans BigQuery ML, comment créer des modèles à code personnalisé à l'aide des frameworks scikit-learn et TensorFlow, et enfin comment améliorer les performances d'un modèle personnalisé grâce à l'ingénierie des caractéristiques et au réglage des hyperparamètres. Nous espérons que vous avez trouvé ce voyage aussi enrichissant qu'agréable. Pour nombre d'entre vous, cela devrait suffire amplement et vous permettre d'intégrer l'apprentissage automatique dans vos processus de résolution des problèmes.

Pour les autres, il ne s'agissait que du début d'un voyage plus long dans le monde de l'apprentissage automatique et de l'intelligence artificielle. Ce chapitre décrit la suite de ce périple. Nous vous proposons de découvrir d'autres sujets importants en science des données et en opérations ML (MLOps), sans oublier de vous donner de nombreuses ressources complémentaires pour approfondir vos connaissances.

Aller plus loin en science des données

Il n'existe pas de définition universellement acceptée pour la *science des données* (*data science*) ou le *scientifique des données* (*data scientist*). De manière peut-être un peu approximative, on pourrait dire que la science des données est la discipline qui utilise divers outils provenant d'autres disciplines pour extraire des informations à partir de jeux de données. Ces outils sont fournis par les mathématiques, les statistiques et l'informatique, et parfois par des domaines différents selon le problème à résoudre.

Tous les jeux de données avec lesquels vous avez travaillé dans cet ouvrage contenaient des données structurées. Ils avaient un schéma bien défini. La plupart des problèmes commerciaux impliquent des données structurées, et vous avez acquis de nombreuses compétences pour explorer de telles données. Cependant, les jeux de données non structurées prennent de plus en plus d'importance à mesure que l'apprentissage automatique gagne en maturité. Au Chapitre 2, nous avons indiqué que les données non structurées comprennent les images, les vidéos, les fichiers audio et le texte. De nombreuses recherches menées ces dix dernières années se sont focalisées sur divers aspects du ML pour ces données.

L'*IA générative* est probablement la branche de l'intelligence artificielle dont le développement a été le plus important ces derniers temps. Elle fait référence à des modèles qui génèrent divers types de données, comme des images, des vidéos, etc. Récemment, l'IA générative a été popularisée par l'arrivée de modèles de génération d'images tels que Midjourney (*http://www.midjourney.com*) et Craiyon (*http://craiyon.com*), ainsi que des chatbots (génération de texte contextuel) tels que ChatGPT (*https://openai.com/blog/chatgpt*) et Gemini (*https://gemini.google.com/*). Par ailleurs, certaines capacités de l'IA générative ont été incluses dans de nombreux produits commerciaux comme ChatGPT dans Bing (*https://www.bing.com*), Search Generative Experience (*https://oreil.ly/szZB7*) dans Google Search (*http://google.com*) et Amazon CodeWhisperer (*https://aws.amazon.com/codewhisperer*).

Plus les modèles sont complexes, plus ils sont difficiles à comprendre. Par exemple, lorsque vous avez étudié la régression linéaire au Chapitre 6, vous avez vu que les poids du modèle donnaient une compréhension claire de l'importance des différentes caractéristiques. En revanche, même dans le cas d'un réseau de neurones avec une seule couche cachée, il est impossible de décrire facilement le lien entre les poids du modèle et l'importance des caractéristiques utilisées. Cela devient encore plus compliqué avec les très grands modèles utilisés pour les problèmes basés sur des données non structurées et avec les modèles génératifs.

Cette section va un peu plus loin dans les descriptions de certaines ressources et propose des pistes à explorer si ces sujets vous intéressent.

Exploiter des données non structurées

Les données non structurées n'ont pas de schéma. Certains exemples classiques ont été mentionnés précédemment, comme les images et le texte. Rappelons que les modèles ML sont en fin de compte des fonctions mathématiques qui prennent des entrées numériques et produisent des sorties numériques, qui sont ensuite interprétées. Comment une image ou une phrase est-elle interprétée en tant qu'entrée numérique ?

Travailler avec des images

Pour les images, la réponse est plus simple que vous ne le pensez probablement. Chaque image est représentée sous forme d'un tableau de valeurs de pixels. Par exemple, prenons l'image pixellisée d'un chiffre manuscrit (voir Figure 9.1). La partie de gauche de la figure est une version basse résolution du chiffre manuscrit 2. Cette image se compose d'une grille de 12 × 12 blocs appelés pixels. Les *valeurs des pixels* de cette image en niveaux de gris sont comprises entre 0 et 255. 0 représente le noir et 255 représente le blanc. Les valeurs intermédiaires correspondent à différents niveaux de gris. La partie droite de la figure montre les valeurs réelles des pixels de l'image sous forme de tableau.

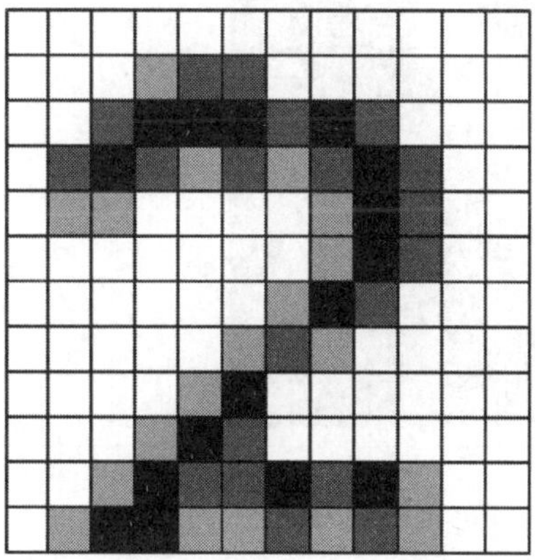

255	255	255	255	255	255	255	255	255	255	255	255
255	255	255	183	102	102	255	255	255	255	255	255
255	255	102	0	0	0	102	0	102	255	255	255
255	102	0	102	183	102	183	102	0	102	255	255
255	183	183	255	255	255	255	183	0	102	255	255
255	255	255	255	255	255	255	183	0	102	255	255
255	255	255	255	255	255	183	0	102	255	255	255
255	255	255	255	255	183	102	183	255	255	255	255
255	255	255	255	183	0	255	255	255	255	255	255
255	255	255	183	0	102	255	255	255	255	255	255
255	255	183	0	102	102	0	102	0	183	255	255
255	183	0	0	183	183	102	183	102	183	255	255

Figure 9.1 : Image basse résolution en niveaux de gris d'un 2 manuscrit et les valeurs des pixels correspondants.

Pour les images en couleurs, l'idée est comparable. Ces images sont constituées de trois *canaux* : rouge, vert et bleu. Pour chaque pixel, il existe une valeur comprise entre 0 et 255 pour chacun de ces canaux. Ensemble, ces trois valeurs sont généralement appelées *valeurs RVB*. Par exemple, le blanc est représenté par `[255,255,255]` et le jaune par `[255,255,0]`. Il existe de nombreux outils simples, comme celui proposé par RapidTables (*https://oreil.ly/gby4M*), pour explorer les couleurs et obtenir les valeurs RVB correspondantes.

Puisque vous comprenez à présent que les images sont des tableaux bidimensionnels (images en noir et blanc) ou tridimensionnels (images en couleurs) de valeurs numériques, peut-être avez-vous une idée de la manière dont ces valeurs pourraient être utilisées pour l'apprentissage automatique. Elles sont tout simplement les entrées numériques des modèles d'images.

Dans le domaine de la classification d'images, l'exemple « Bonjour tout le monde » est le problème de la reconnaissance de chiffres manuscrits basée sur le jeu de données MNIST (*Modified National Institute of Standards and Technology*). Il comprend 60 000 images d'entraînement et

10 000 images de test, avec une bonne répartition globale des 10 chiffres (0 à 9). Ces images en niveaux de gris font 28 × 28 pixels. La Figure 9.2 en montre un exemple.

Figure 9.2 : Exemple d'un 7 manuscrit dans le jeu de données MNIST.

La classification de chaque image en fonction du chiffre correspondant est un exemple de problème de classification multiclasse. Dans les exemples de ce livre, nous ne sommes pas allés au-delà de deux classes, mais l'idée générale est similaire. Le modèle prédit une probabilité pour chaque chiffre, et le chiffre ayant la probabilité la plus élevée devient la cible prédite. La classification linéaire et les classificateurs à réseaux de neurones peuvent être utilisés de manière comparable au Chapitre 7, mais d'autres outils, comme les couches de convolution, sont très utiles lorsque les données sont des images. Ils dépassent le cadre de cet ouvrage, mais les ressources suivantes permettront d'aller plus loin :

- compétition Kaggle et didacticiels pour travailler avec le jeu de données MNIST (*https://oreil.ly/Vvp1d*) ;
- cours accéléré sur la classification des images proposé par Google (*https://oreil.ly/_ea_0*).

Travailler avec du texte

Les données textuelles, des données non structurées, sont également très répandues dans les modèles ML. Par exemple, l'idée pourrait être d'utiliser les commentaires laissés par les clients dans les avis pour comprendre pourquoi ils ont attribué des notes positives ou négatives. Dans ce cas, une méthode permettant de transformer les données textuelles en données numériques est indispensable.

La solution la plus simple consiste à réaliser un encodage one-hot, comme cela a été fait pour les données catégorielles dans les problèmes précédents. Par exemple, avec le vocabulaire `['rouge', 'bleu', 'vert']`, le mot `'bleu'` donnerait l'encodage `[0,1,0]`.

Toutefois, cette approche peut vite devenir très compliquée. Si chaque mot différent a un encodage correspondant différent, la caractéristique sera de très grande dimension. Certains mots apparaîtront rarement, voire pas du tout, dans le jeu d'entraînement et le modèle pourra avoir du mal à apprendre leur signification.

Une autre stratégie consiste à utiliser des *n-grammes* à la place des mots individuels. Les n-grammes sont des séquences continues de *n* mots. Par exemple, dans la phrase *The cow jumped over the moon*[4], les 2-grammes (ou *bigrammes*) sont `['The cow','cow jumped', 'jumped over', 'over the', 'the moon']`. Pour la détection des pourriels, les 3-grammes et les 4-grammes ont tendance à être plus utiles que les mots individuels. Nous pouvons le comprendre intuitivement avec un exemple explicite. Le corps d'un pourriel pourrait contenir une phrase comme « Vous avez gagné à la loterie et êtes maintenant riche ! ». Les 1-grammes et les 2-grammes conduiront à des fragments de la phrase trop granulaires pour capturer le contexte, à l'exception de « maintenant riche ! », qui pourrait indiquer à une personne ou à un modèle que le courrier électronique est indésirable. Par exemple, « gagné », « la » et « loterie » ne contiennent pas le contexte nécessaire pour confirmer que le message est un spam. En revanche, le 4-grammes « gagné à la loterie » déclencherait immédiatement un signal d'alarme pour la plupart des personnes à la recherche des courriers indésirables.

Les *plongements lexicaux* constituent une autre stratégie. Il s'agit d'une représentation d'un mot dans un certain nombre de dimensions afin d'essayer de saisir sa signification et sa relation avec d'autres mots. Par exemple, le mot *roi* pourrait être représenté par `[0.5, 0.7]`. Idéalement, un *plongement lexical* place les mots similaires à proximité les uns des autres. Par exemple, comme indiqué à la Figure 9.3, les plongements pour *chien* et *chiot* seront proches, tout comme ceux de *chat* et *chaton*.

Notez que la distance et la direction entre le couple « chien » et « chiot » et celles entre le couple « chat » et « chaton » sont très similaires. Avec un plongement lexical, une relation similaire est attendue entre n'importe quel animal et ses petits (par exemple, « mouton » et « agneau »).

4 Tirée de la comptine *Hey! Diddle Diddle.*

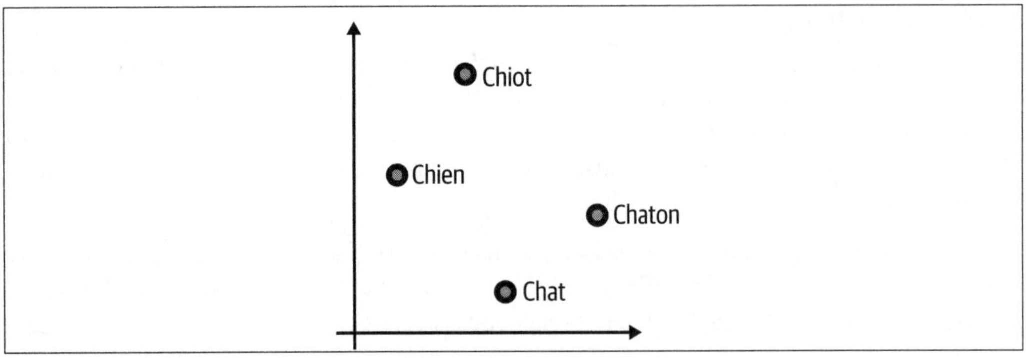

Figure 9.3 : Exemple de plongement lexical bidimensionnel pour « chien », « chiot », « chat » et « chaton ».

Les plongements lexicaux sont des modèles à part entière et sont souvent entraînés dans le contexte d'un problème spécifique. Plus généralement, il existe différents modèles et outils de prétraitement pour convertir des mots et des fragments de phrases en entrées numériques. Le prétraitement BERT (*Bidirectionnel Encoder Representations from Transformers*) en est un exemple très répandu.

Voici quelques ressources qui vous permettront d'en savoir plus sur l'utilisation du texte dans les modèles ML :

- plongement lexical dans Keras/TensorFlow (*https://oreil.ly/WQesS*) ;
- prétraitement des données dans TensorFlow avec BERT (*https://oreil.ly/Sqn-7*) ;
- travailler avec des données textuelles dans scikit-learn (*https://oreil.ly/4EgWi*) ;
- jeu de données d'évaluation Yelp (*https://oreil.ly/-NlFC*) : un excellent jeu de données pour travailler avec des données textuelles afin de prédire les notes.

IA générative

Les modèles de classification abordés jusqu'à présent sont des *modèles discriminatifs*, qui ont pour objectif de prédire la classe à laquelle appartient une instance. Par exemple, ils sont employés pour prédire si une transaction est frauduleuse ou légitime. Les modèles génératifs ont en quelque sorte une approche inverse. Ils génèrent l'instance à partir de la cible. Par exemple, étant donné la cible « un chat jouant du banjo », une image d'un chat jouant du banjo est générée.

Des outils gratuits, comme craiyon.com (*http://craiyon.com*), permettent de s'amuser avec ce genre de modèles. La Figure 9.4 montre l'image générée à partir de la cible précédente.

Figure 9.4 : Image générée par craiyon.com à partir de l'invite « un chat jouant du banjo ».

L'IA générative est devenue un sujet de discussion majeur en raison de son utilisation dans les chatbots, notamment ChatGPT et Gemini. Ces produits reposent sur de grands modèles de langage, ou LLM (*large language model*). Le terme *LLM* est un peu vague, mais il est utilisé pour les modèles de langage entraînés sur des jeux de données volumineux avec une très grande quantité de paramètres. Par exemple, GPT-3.5, le modèle original sous-jacent à ChatGPT, comptait plus de 175 milliards de paramètres et un corpus de plus d'un demi-billion de jetons.

Il existe de nombreux débats intéressants sur le rôle de l'IA générative dans la société et sur la manière dont nous, en tant que société, devrions interagir avec elle. Une discussion approfondie sur l'éthique d'une utilisation responsable de l'IA générative dépasse l'objectif de cet ouvrage, mais le sujet est important pour l'avenir.

Pour en savoir plus sur l'IA générative, l'article « *What is ChatGPT?* » sur Coursera (*https://oreil.ly/KrRFm*) est une excellente ressource sur l'utilisation et les implications de cette nouvelle technologie.

IA explicable

Les Chapitres 4 et 5 ont introduit les attributions de caractéristiques dans les modèles et le Chapitre 6 a présenté l'*IA explicable*, ou XAI, de façon générale pour les données structurées. Il existe également de nombreuses techniques XAI pour les données non structurées.

Les approches XAI peuvent être divisées en techniques intrinsèques et *post hoc*. Les techniques *intrinsèques* se fondent sur la structure du modèle pour fournir des explications aux prédictions. Certains types de modèles, comme les modèles linéaires et les arbres de décision, sont intrinsèquement explicables. Pour les modèles linéaires, détaillés dans les Chapitres 6 et 7, les poids donnent l'importance relative des caractéristiques.

Les techniques *post hoc*, en revanche, utilisent les prédictions du modèle pour comprendre son comportement. Elles sont appliquées après l'entraînement d'un modèle et sont souvent effectuées sur une partie du jeu d'évaluation. Il en existe deux grandes catégories : les techniques locales et les techniques globales. Les techniques *locales* se focalisent sur une seule instance et tentent d'expliquer pourquoi une prédiction spécifique a été faite pour cette instance précise. Les techniques *globales* s'attachent au comportement du modèle sur un jeu de données complet. En général, les techniques locales peuvent être transformées en techniques globales en agrégeant les résultats d'une technique locale sur le jeu de données.

Les techniques locales et globales peuvent être subdivisées en techniques indépendantes du modèle et techniques spécifiques au modèle. Les techniques *indépendantes du modèle* ont tendance à modifier les données et à comprendre en quoi cela impacte les prédictions effectuées. Les attributions de caractéristiques vues aux Chapitres 4 et 5 lors de l'utilisation d'AutoML en sont un bon exemple. Elles sont calculées à l'aide d'une technique appelée *importance de la caractéristique de permutation*, ou PFI (*permutation feature importance*). Elle consiste à calculer tout d'abord la perte du modèle pour le jeu de données à utiliser. Ensuite, la perte est de nouveau calculée après avoir permuté sur place la première colonne de données. Autrement dit, la première colonne est permutée tout en gardant inchangées les autres colonnes (voir Tableau 9.1). La différence entre la perte sur le jeu de données d'origine et sur celui avec la première colonne permutée donne un « score » d'importance de la première caractéristique.

Tableau 9.1 : Permutation sur place d'une colonne ; dans cet exemple, la colonne A est la colonne permutée.

Colonne A	Colonne B	Colonne C
1	4	7
2	5	8
3	6	9

Colonne A	Colonne B	Colonne C
3	4	7
1	5	8
2	6	9

Ce processus est répété pour chaque colonne. La PFI d'une colonne est le score normalisé obtenu à partir de ce processus. *Normalisé* signifie ici que les scores sont mis à l'échelle de sorte que la somme de tous les scores normalisés donne 1. En pratique, la PFI est facile à interpréter et à calculer, mais elle dépend du caractère aléatoire de la permutation. En général, le calcul du score d'une colonne se fait avec plusieurs permutations différentes et en prenant la moyenne afin d'essayer de minimiser les effets du caractère aléatoire.

D'autres techniques sont *spécifiques aux modèles*, comme les *importances/contributions de la caractéristique directionnelle* propres aux modèles à base d'arbres, qu'il s'agisse des arbres de décision, des forêts aléatoires ou des arbres à gradient renforcé. Une technique populaire avec les réseaux de neurones est celle des *gradients intégrés*, qui exploitent le fait que les réseaux de neurones sont des modèles différentiables. La *différentiabilité* est une propriété mathématique importante également exploitée lors de la minimisation des fonctions de perte à l'aide de l'algorithme de descente de gradient. Les détails mathématiques dépassent le cadre de cet ouvrage, mais l'idée est assez simple.

Prenons l'exemple d'un modèle de classification d'images. Supposons que nous ayons entraîné un modèle à classer des images en fonction de leur sujet principal. Le modèle prend une photo d'un bateau-pompe et prédit correctement qu'il s'agissait d'un tel bateau. Pourquoi a-t-il fait cette prédiction ? En faisant court, la méthode des gradients intégrés examine la façon dont les prédictions changent à mesure que les caractéristiques sont modifiées et accumule ces changements pour chaque caractéristique individuelle. Dans les modèles d'images, les caractéristiques sont les valeurs des pixels individuels. Avec les gradients intégrés, un point de départ, ou *ligne de base*, est défini. Pour les modèles d'images, cette ligne de base est souvent une image complètement noire, bien que d'autres images de référence, par exemple complètement blanches ou avec un bruit aléatoire, puissent être utilisées en fonction des circonstances. Au début, on commence avec la probabilité prédite pour la cible bateau-pompe sur l'image totalement noire. Ensuite, les pixels sont éclaircis proportionnellement jusqu'à obtenir progressivement l'image d'origine. À chaque étape, le changement dans la probabilité prédite du bateau-pompe est calculé en fonction des valeurs de pixels. Pour cela, le calcul du *gradient* peut être employé. Cet outil mathématique permet de comprendre le taux de variation d'une sortie en fonction de plusieurs entrées. Enfin, ces taux de variation sont accumulés, ou *intégrés*, pour chaque pixel. Les pixels présentant les taux les plus élevés correspondent aux pixels les plus importants pour la prédiction. Les Figures 9.5 et 9.6 illustrent cette interpolation d'images et les importances des pixels correspondantes à l'aide de gradients intégrés.

Pour en savoir plus sur l'IA explicable, consultez l'excellent article de Christoph Molnar « *Interpretable Machine Learning: A Guide for Making Black Box Models Explainable* » (*https://oreil.ly/4CyIF*).

Figure 9.5 : L'image de base à gauche et l'image originale du bateau-pompe à droite. L'image du milieu correspond à une interpolation intermédiaire.

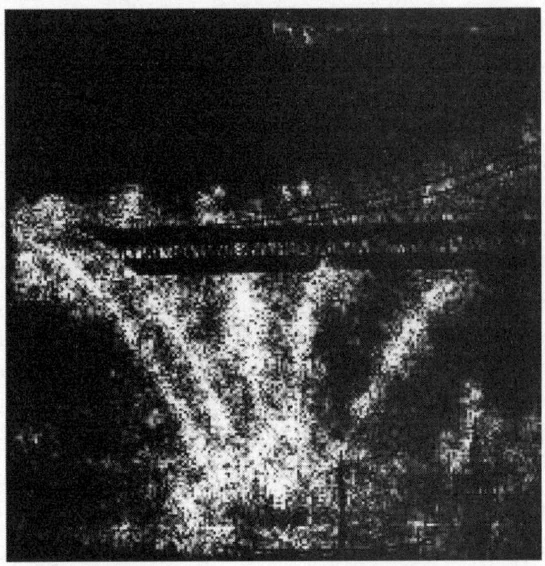

Figure 9.6 : Image du bateau-pompe ; les pixels les plus importants, identifiés par des gradients intégrés, sont plus lumineux. Les gradients intégrés mettent en évidence les jets d'eau provenant du bateau, ce qui explique pourquoi il s'agit d'une image d'un bateau-pompe.

Opérations ML (MLOps)

Au Chapitre 7, vous avez entraîné un modèle ML pour prédire le taux de désabonnement des clients et avez pu obtenir des prédictions depuis le notebook. Il ne s'agissait que d'une première étape vers la mise en production du modèle ML. Vous l'avez alors constaté, s'assurer que les données sont prêtes pour l'entraînement demande du travail. Mais cela ne prend pas en compte l'infrastructure informatique nécessaire à la fois pour l'entraînement et la diffusion des modèles, la gestion et l'optimisation de la consommation des ressources, la réflexion sur la manière de proposer le modèle aux clients et la supervision du modèle au fil du temps. La Figure 9.7 illustre le travail impliqué dans le code ML par rapport aux autres aspects de la production des modèles ML.

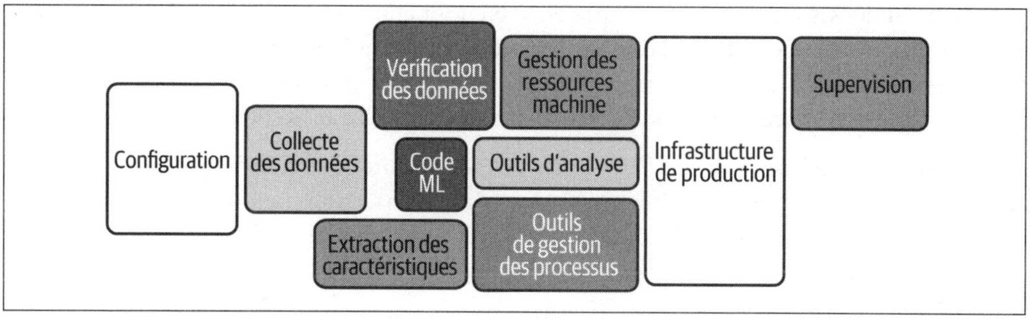

Figure 9.7 : Les complexités cachées de la création de modèles ML exploitables.

Les opérations ML, ou MLOps, correspondent aux différentes tâches qui entourent la création du modèle lui-même. Cela comprend la gestion de l'infrastructure, la manière de déployer le modèle et de le rendre accessible, ainsi que la surveillance et la mise à jour du modèle si nécessaire.

Les MLOps incombent généralement aux ingénieurs ML, aux ingénieurs de données et aux data scientists. Cependant, même si vous n'occupez pas l'un de ces postes, il vous sera très utile de bien comprendre les différents aspects de l'utilisation des modèles ML en production. En tant que créateur de modèles, vous pouvez rédiger et partager des notes pertinentes sur les outils et les sources de données utilisés, sur le prétraitement des données à effectuer et sur les caractéristiques attendues par le modèle au moment des prédictions. L'intégration de la logique de prétraitement dans le modèle lui-même et l'utilisation des transformateurs dans scikit-learn ou des couches de prétraitement dans Keras faciliteront le déploiement des pipelines d'entraînement et de prédiction par les ingénieurs lors de la mise en production du modèle. Mais, dans la plupart des entreprises, tout ce travail ne sera pas assuré par une seule et même personne. Une bonne communication est donc primordiale.

Pour plus de plus amples informations sur les sujets connexes aux MLOps, consultez les ressources suivantes :

- introduction aux MLOps (*https://oreil.ly/E1K_3*) ;
- *MLOps: Continuous Delivery and Automation Pipelines in Machine Learning* (*https://oreil.ly/X6jv0*) ;

- *Designing Machine Learning Systems* de Chip Huyen (O'Reilly, 2022) (*https://www.oreilly.com/library/view/designing-machine-learning/9781098107956*).

Entraînement et évaluation en continu

Au Chapitre 5, vous avez entraîné un modèle à l'aide d'AutoML afin de classer les transactions comme frauduleuses ou légitimes. Le modèle a bien fonctionné sur le jeu de données fourni, mais après quelques mois d'utilisation en production, les équipes du service clients de votre entreprise ont indiqué que les clients leur rapportaient après coup de plus en plus de transactions frauduleuses. Pourquoi le modèle n'a-t-il pas repéré la plupart d'entre elles ?

Au fil du temps, différents types de *dérives* peuvent se produire et affecter les performances d'un modèle. Par exemple, il peut y avoir un nouveau type de transaction frauduleuse qui était absent du jeu d'entraînement d'origine. Il ne sera donc pas détecté par le modèle existant. Dans ce cas, il s'agit d'une *dérive des données*, c'est-à-dire d'un changement dans la distribution des données.

Un autre type de dérive, appelé *dérive conceptuelle*, peut survenir. Il se produit lorsque la relation entre les caractéristiques et les cibles évolue. Un bon exemple est celui des prévisions de la demande dans le commerce de détail. Les tendances d'achat changent au fil du temps et le même produit se vendra différemment en fonction des tendances du moment. Le produit est le même, mais la relation entre le produit et les ventes a changé.

L'*entraînement continu* correspond au processus de réentraînement automatique du modèle en fonction d'un certain critère. Le plus souvent, ce critère est le temps ou les performances du modèle. Par exemple, vous pouvez souhaiter réentraîner le modèle chaque semaine ou lorsqu'un certain seuil de transactions frauduleuses signalées par les clients est manqué. Avec la plupart des modèles utilisés en production, cette pratique est très courante et très importante.

L'*évaluation continue* est souvent un élément important pour décider du moment où un modèle doit être réentraîné et constitue une partie essentielle du suivi de ses performances. Lorsque le modèle effectue des prédictions sur de nouvelles données, un échantillon de ces dernières est étiqueté. En général, ces étiquettes sont établies par des experts du domaine. Le modèle est ensuite évalué sur la base de ces données en prenant en compte les nouvelles étiquettes. Si ses performances diminuent au fil du temps, cela peut signaler une forme de dérive et il est alors peut-être temps de le réentraîner.

Si vous faites partie du public visé par cet ouvrage, vous réfléchirez probablement à ces questions avec d'autres personnes. Toutefois, même si cela n'est pas de votre responsabilité, il est important d'être conscient des préoccupations des autres intervenants et des outils qu'ils emploient. Vous pourrez ainsi prendre dans votre approche des décisions plus éclairées, ce qui facilitera leur travail et fera de vous un meilleur collaborateur.

En résumé

En lisant ce livre, vous avez parcouru un long chemin dans le monde de l'apprentissage automatique ! Nous espérons que vous vous sentez désormais à l'aise pour réfléchir à la manière de transformer vos questions en projets ML et que vous vous sentez prêt à créer des modèles à l'aide des outils présentés. À partir de maintenant, vous pouvez utiliser différentes ressources et emprunter de nombreuses voies. N'hésitez pas à approfondir les sujets qui vous intéressent. L'apprentissage automatique et l'intelligence artificielle sont des domaines en plein développement, avec une demande à la croissance exponentielle au cours de la dernière décennie. Et cela va probablement se poursuivre au cours des prochaines années.

Index

A

B

C

D

E

F

G

H

I

N

O

P

Q

R

S

T

U

V

W

X